亜童

ADOU

1

Amano Jaku

Inhalt

Kapitel eins / Riko und Eight

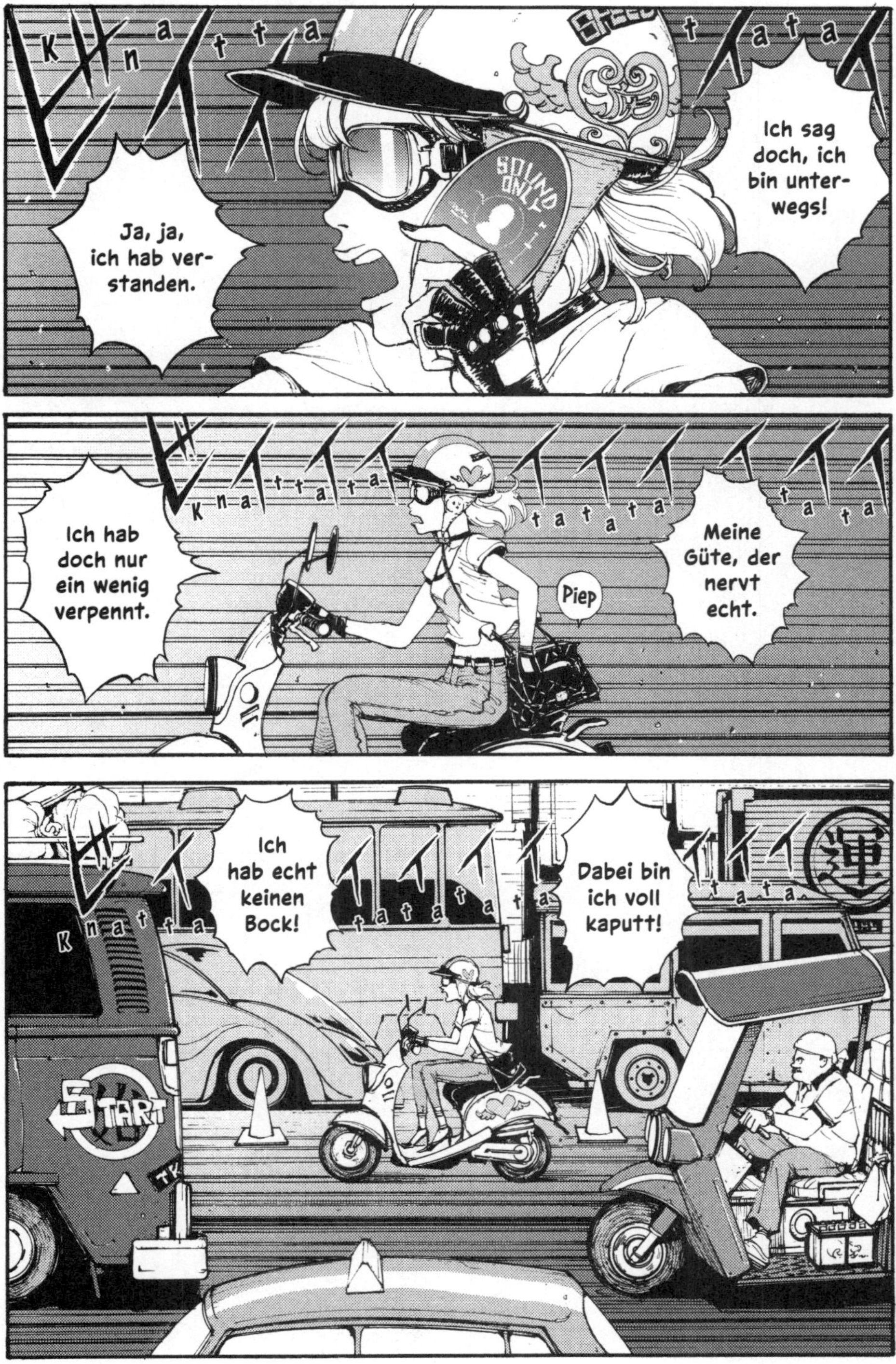

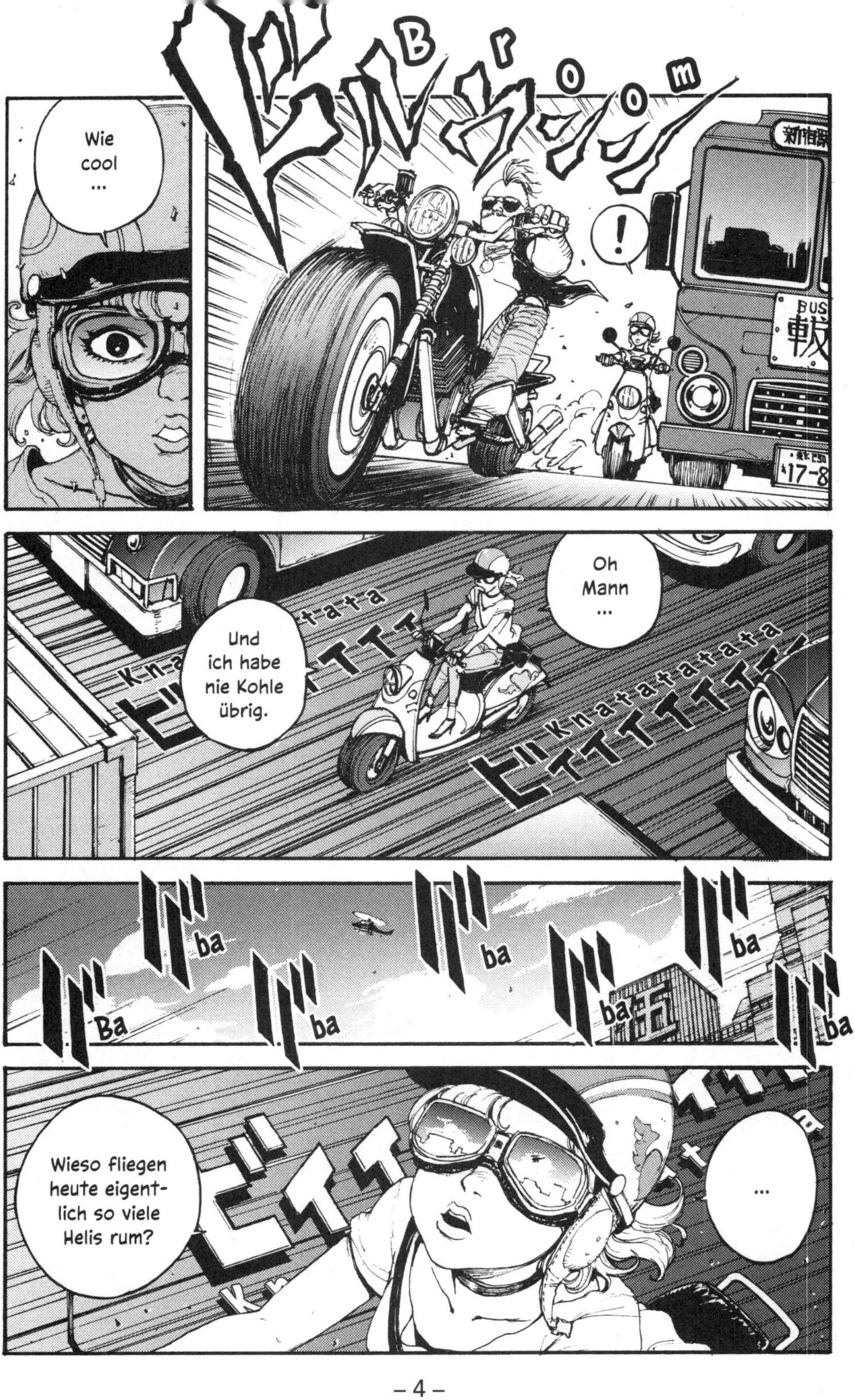

Broom
!
Wie cool ...
Oh Mann ...
Knatatata
Und ich habe nie Kohle übrig.
Knatatata
Ba ba ba ba ba ba
...
Wieso fliegen heute eigentlich so viele Helis rum?

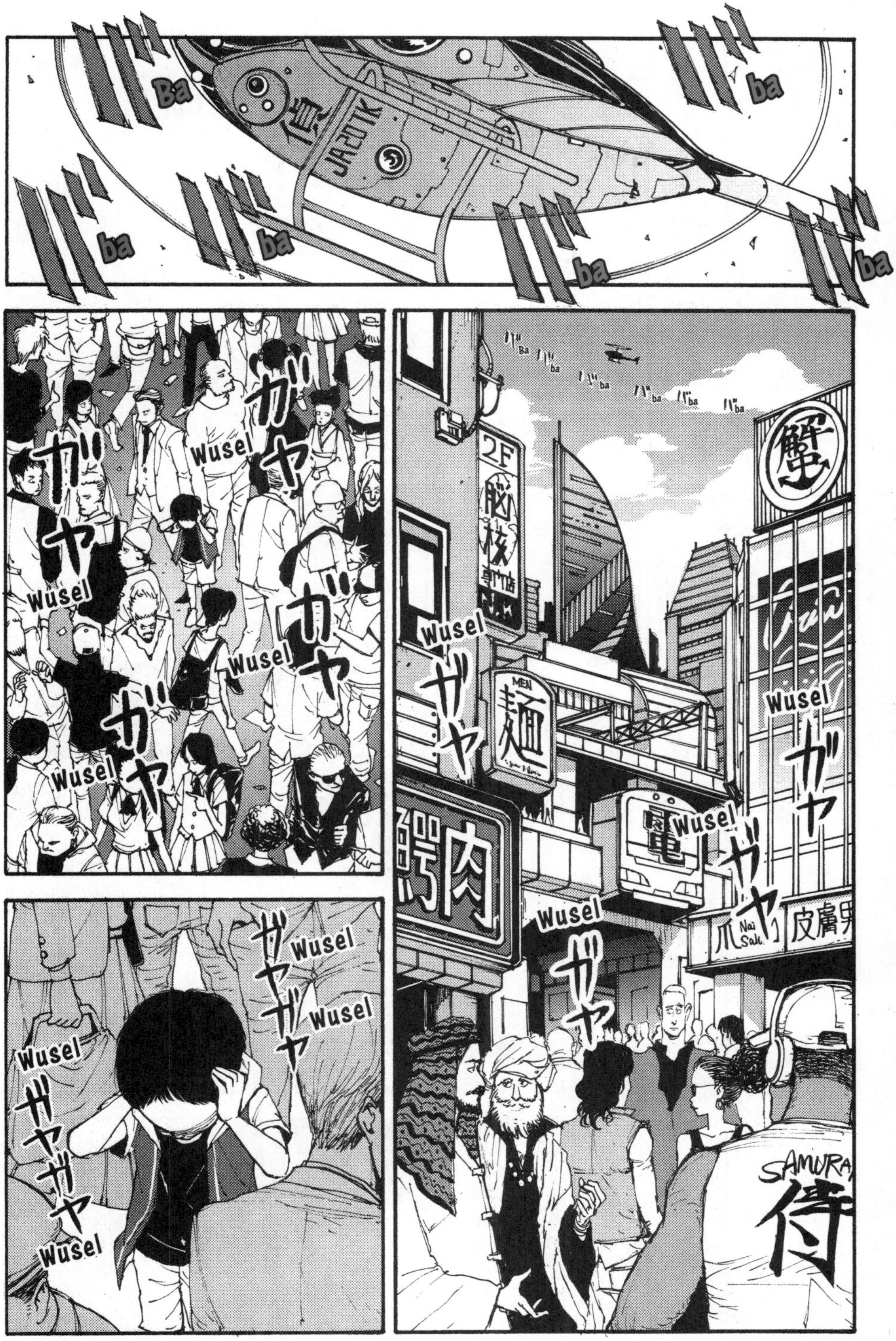
バ Ba
バ ba
バ ba
バ ba
バ ba
バ ba
バ ba バ ba バ ba バ ba バ ba バ ba
2F 脳核
麺 MEN
肉
電
爪 Nail Salon
皮膚
ガヤ Wusel
ガヤ Wusel
ガヤ Wusel
ガヤ Wusel
ガヤ Wusel
ガヤ Wusel
ガヤ Wusel
ガヤ Wusel
ガヤ Wusel
ガヤガヤ Wusel
ガヤガヤ Wusel
Wusel
Wusel
SAMURAI 侍

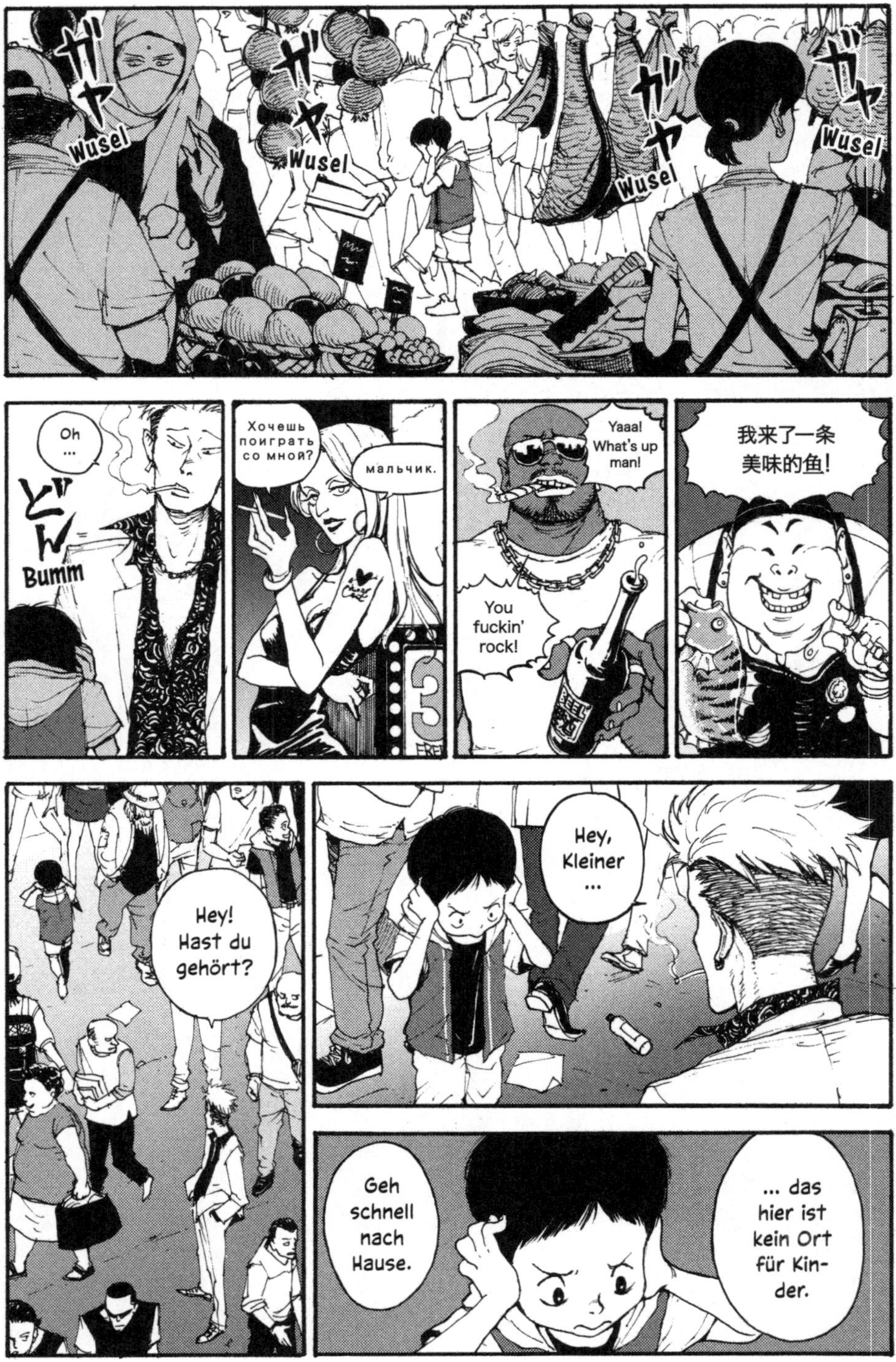
ガヤ
Wusel
ガヤ
Wusel
ガヤ
Wusel
ガヤ
Wusel
我来了一条美味的鱼!
Yaaa! What's up man!
You fuckin' rock!
Хочешь поиграть со мной?
мальчик.
Oh ...
どん
Bumm
Hey, Kleiner ...
... das hier ist kein Ort für Kin-der.
Geh schnell nach Hause.
Hey! Hast du gehört?

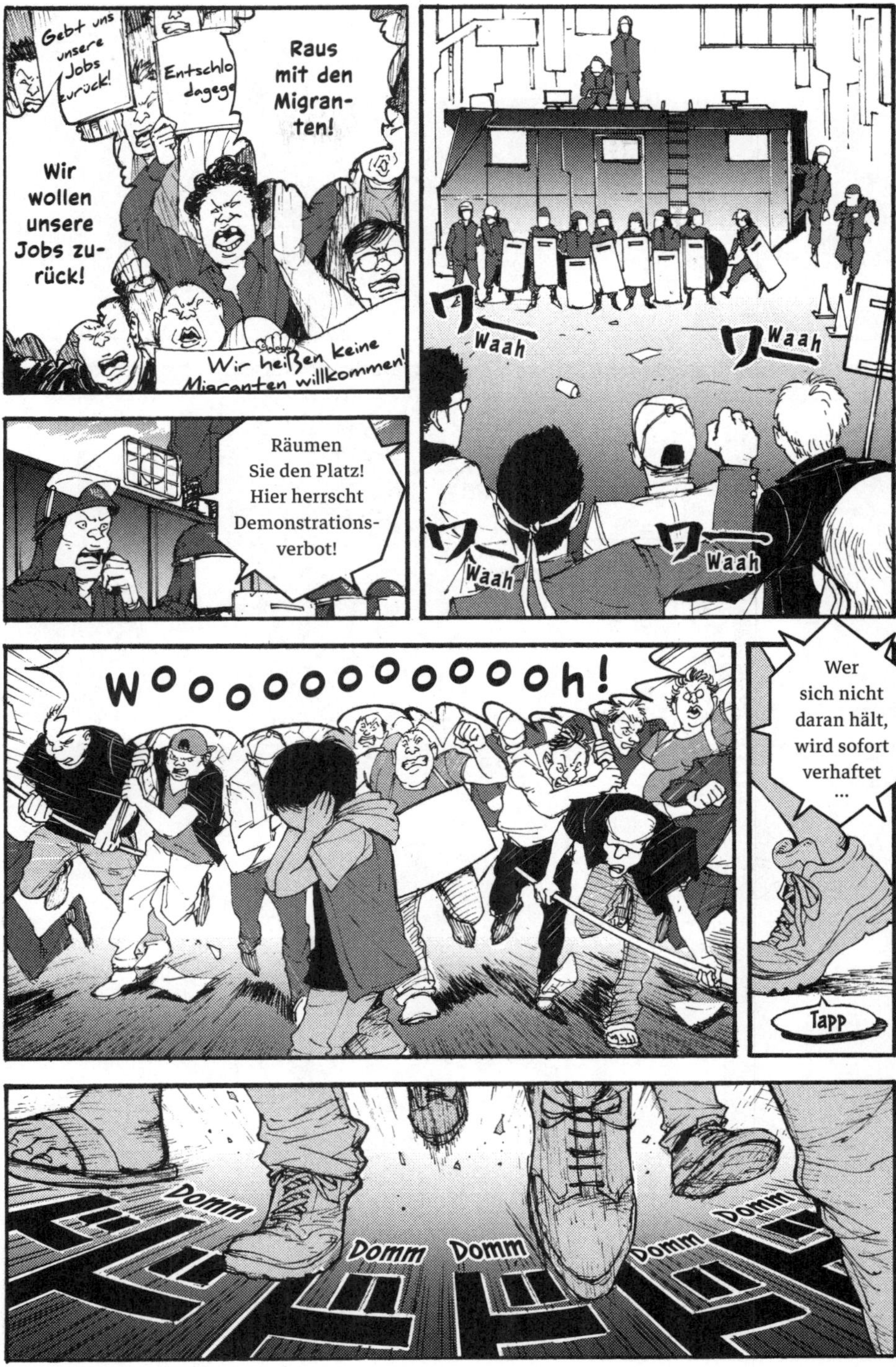
Waah
Waah
Waah
Waah
Gebt uns unsere Jobs zurück!
Entschlo dagege
Raus mit den Migranten!
Wir wollen unsere Jobs zurück!
Wir heißen keine Migranten willkommen!
Räumen Sie den Platz! Hier herrscht Demonstrationsverbot!
Wer sich nicht daran hält, wird sofort verhaftet …
Tapp
Wooooooooooooh!
Domm
Domm
Domm
Domm
Domm

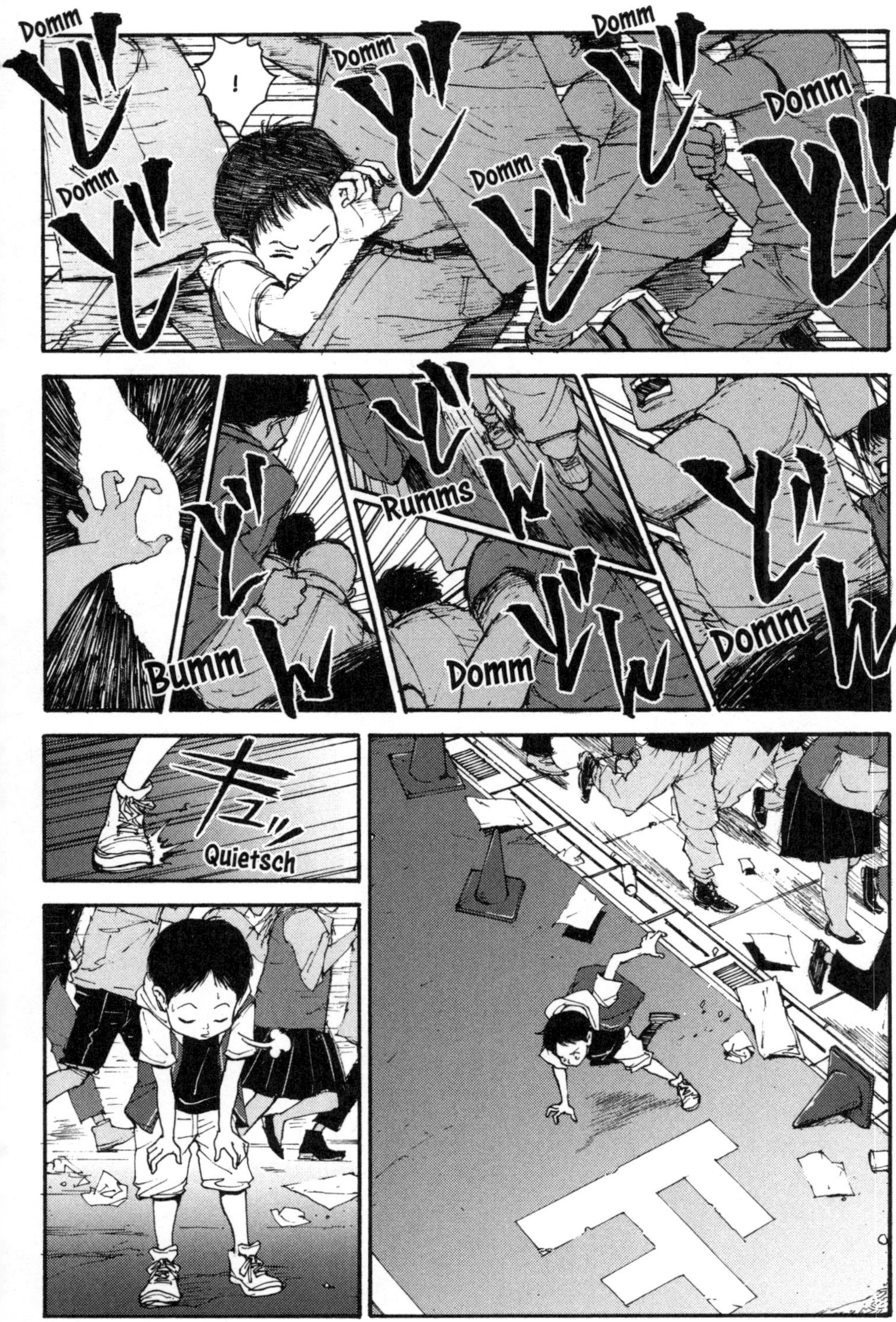
Domm
Domm
Domm
Domm
Domm
!
Domm
Domm
Domm
Rumms
Bumm
Quietsch

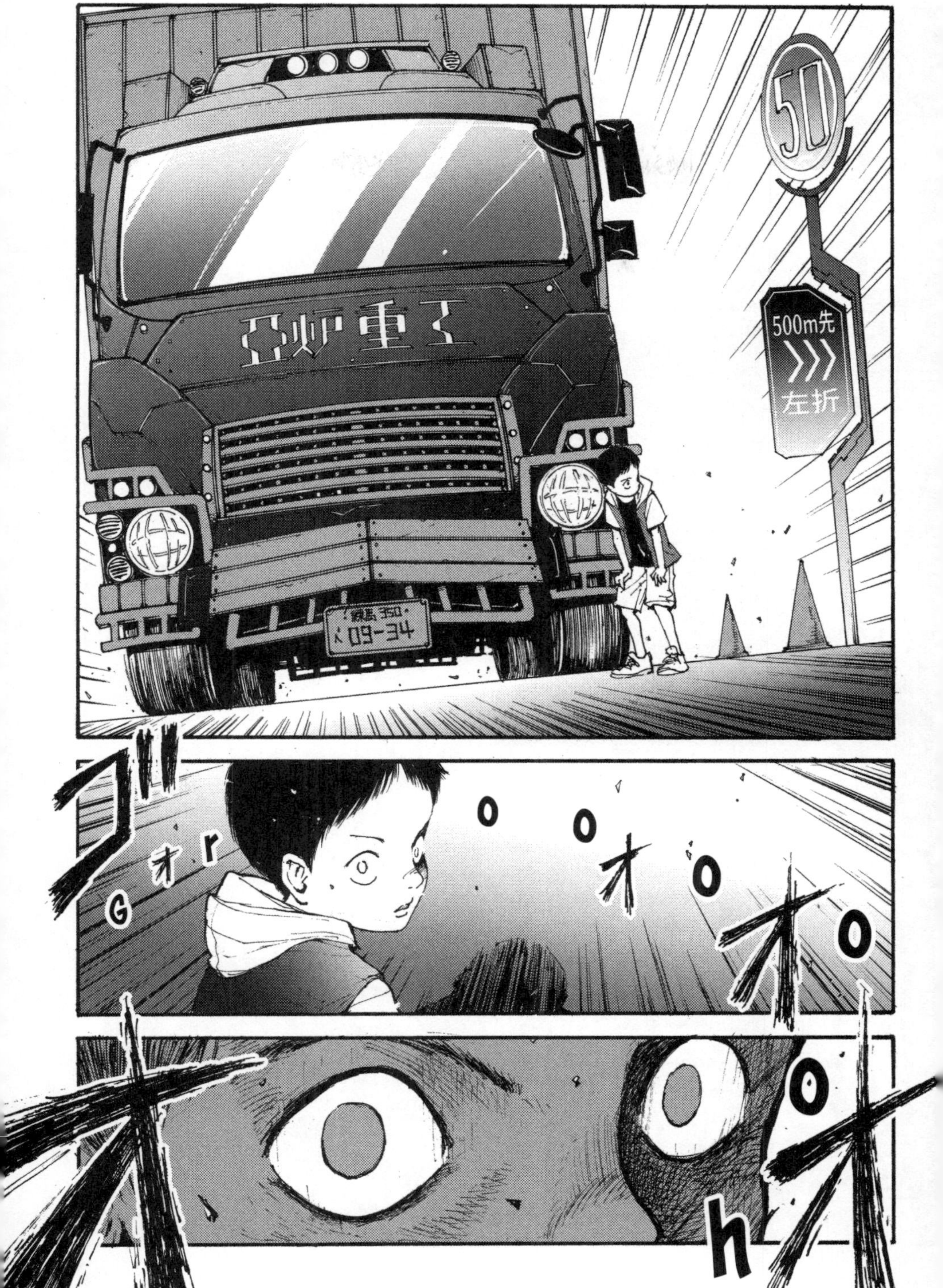
50
500m先
左折
ゴオオオオ
Groooooh

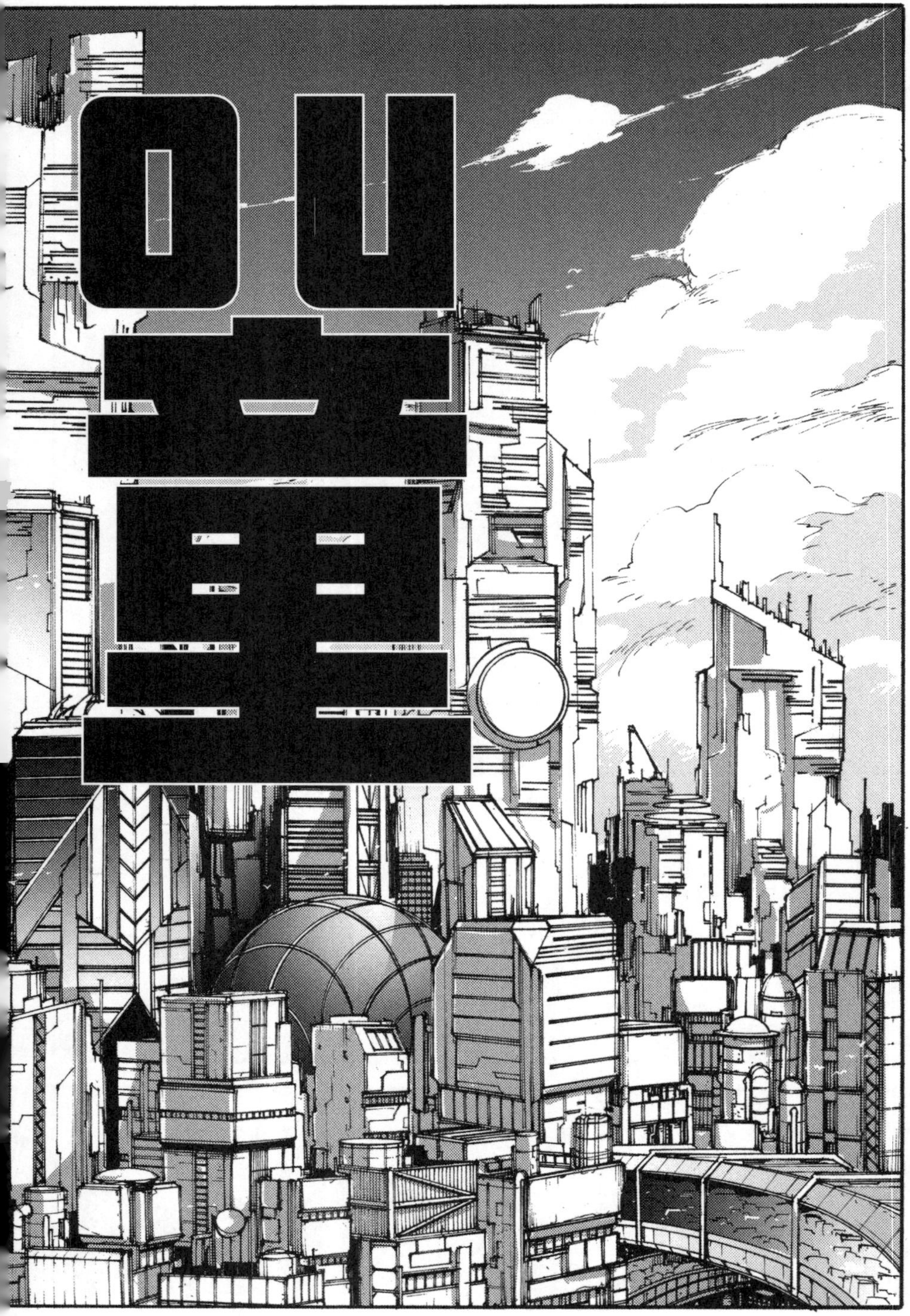

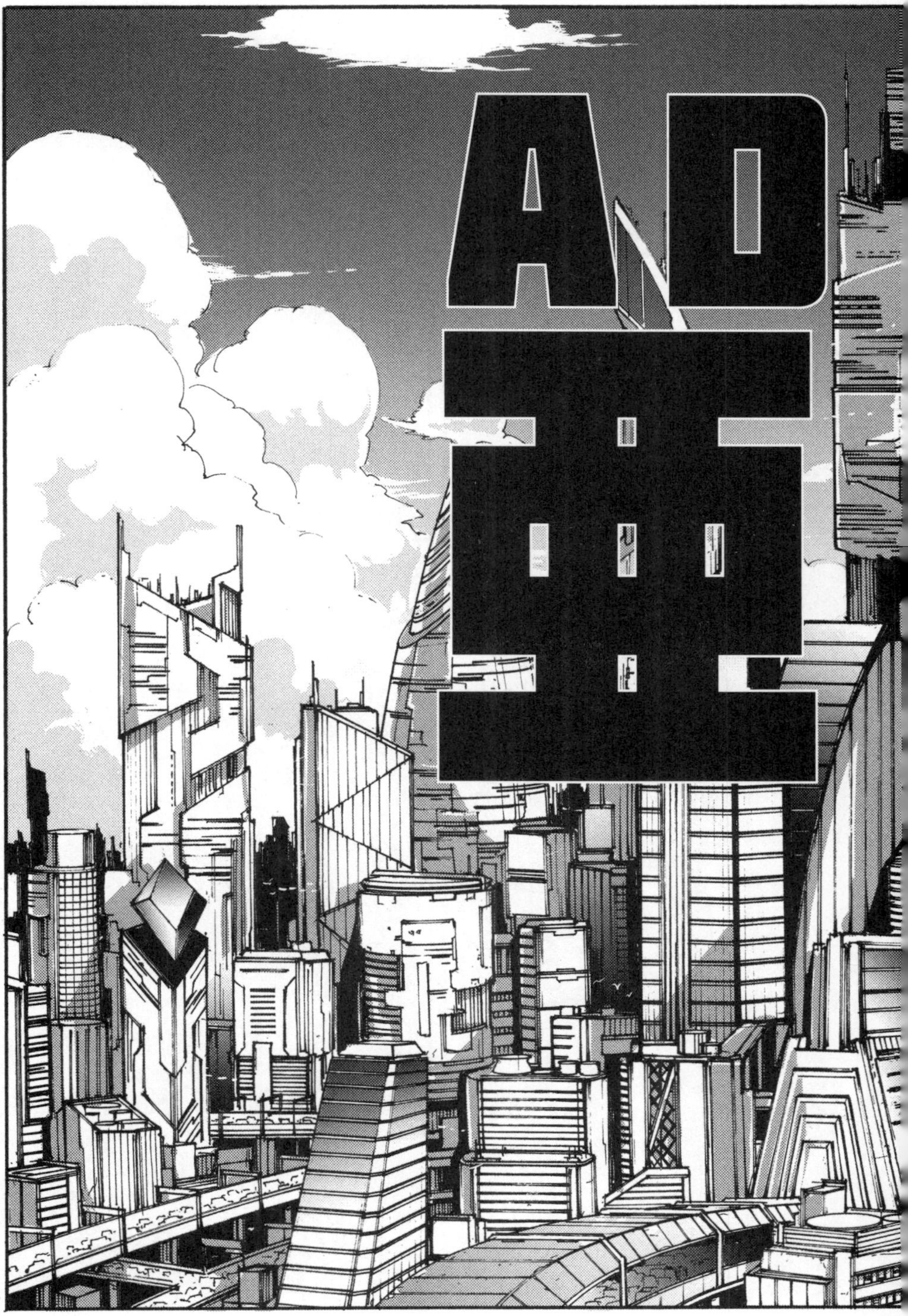
AD

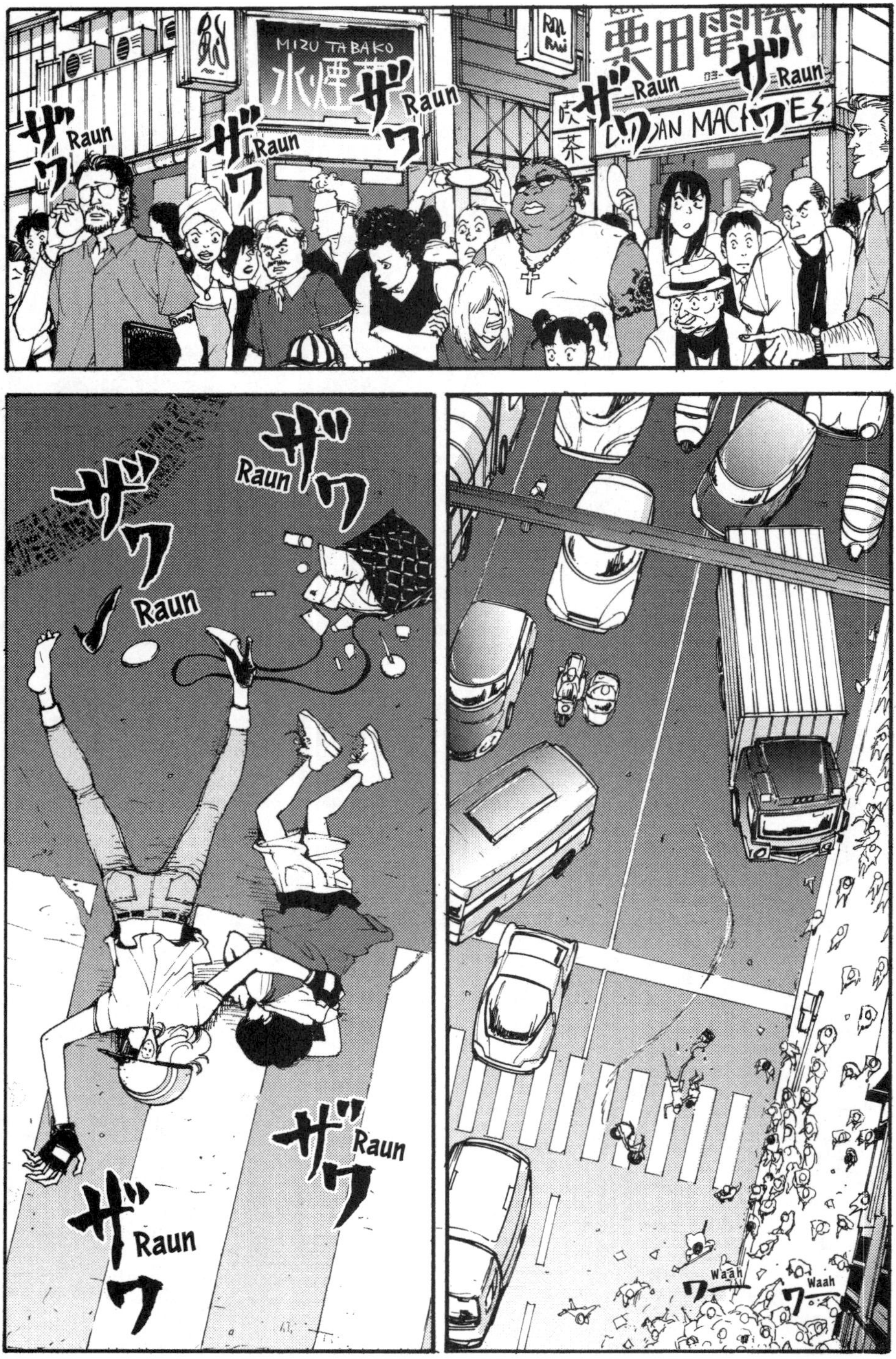
MIZU TABAKO
ザワ Raun
ザワ Raun
ザワ Raun
ザワ Raun
ザワ Raun
ザワ Raun
ザワ Raun
ザワ Raun
ザワ Raun
ワー Waah
ワー Waah

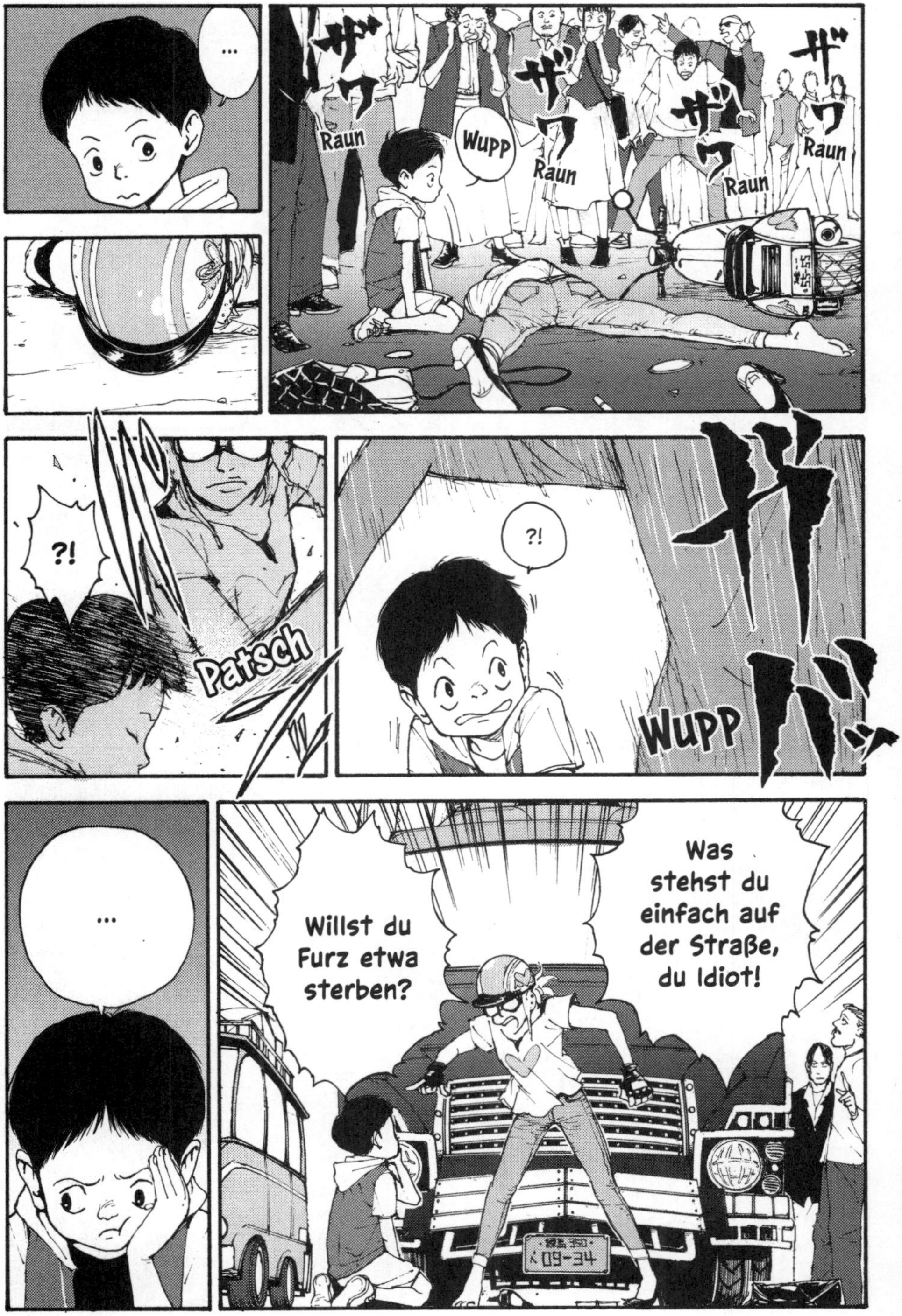

...
ザワ
Raun
Wupp
ザワ
Raun
ザワ
Raun
ザワ
Raun
?!
Patsch
?!
ザバッ
Wupp
...
Was stehst du einfach auf der Straße, du Idiot!
Willst du Furz etwa sterben?

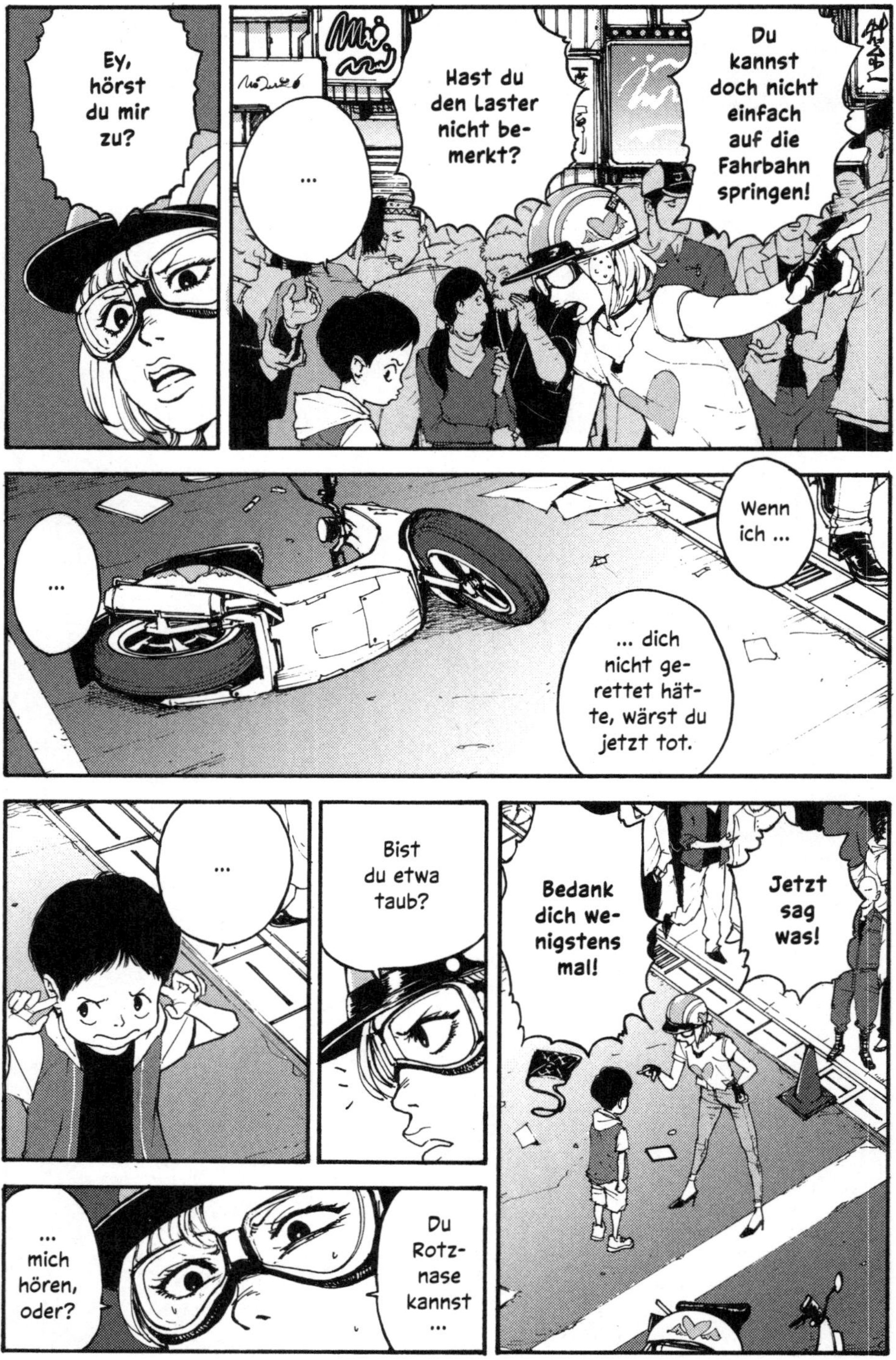
Du kannst doch nicht einfach auf die Fahrbahn springen!
Hast du den Laster nicht bemerkt?
...
Ey, hörst du mir zu?
Wenn ich ...
... dich nicht gerettet hätte, wärst du jetzt tot.
...
Jetzt sag was!
Bedank dich wenigstens mal!
Bist du etwa taub?
...
Du Rotznase kannst ...
... mich hören, oder?

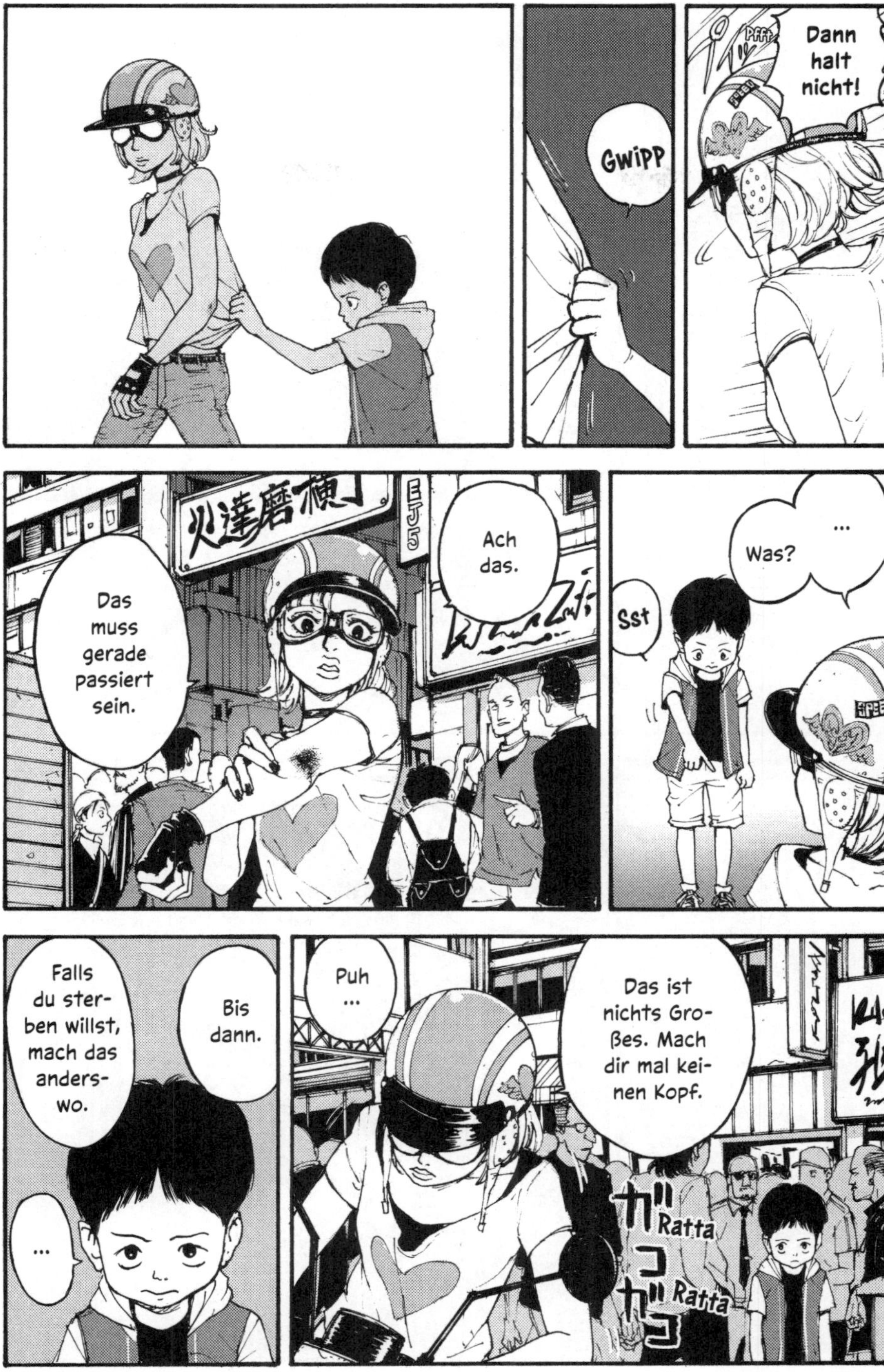
Dann halt nicht!
Pfft
Gwipp
Ach das.
Das muss gerade passiert sein.
...
Was?
Sst
Puh ...
Das ist nichts Gro-ßes. Mach dir mal kei-nen Kopf.
Bis dann.
Falls du ster-ben willst, mach das anders-wo.
...
Ratta
Ratta

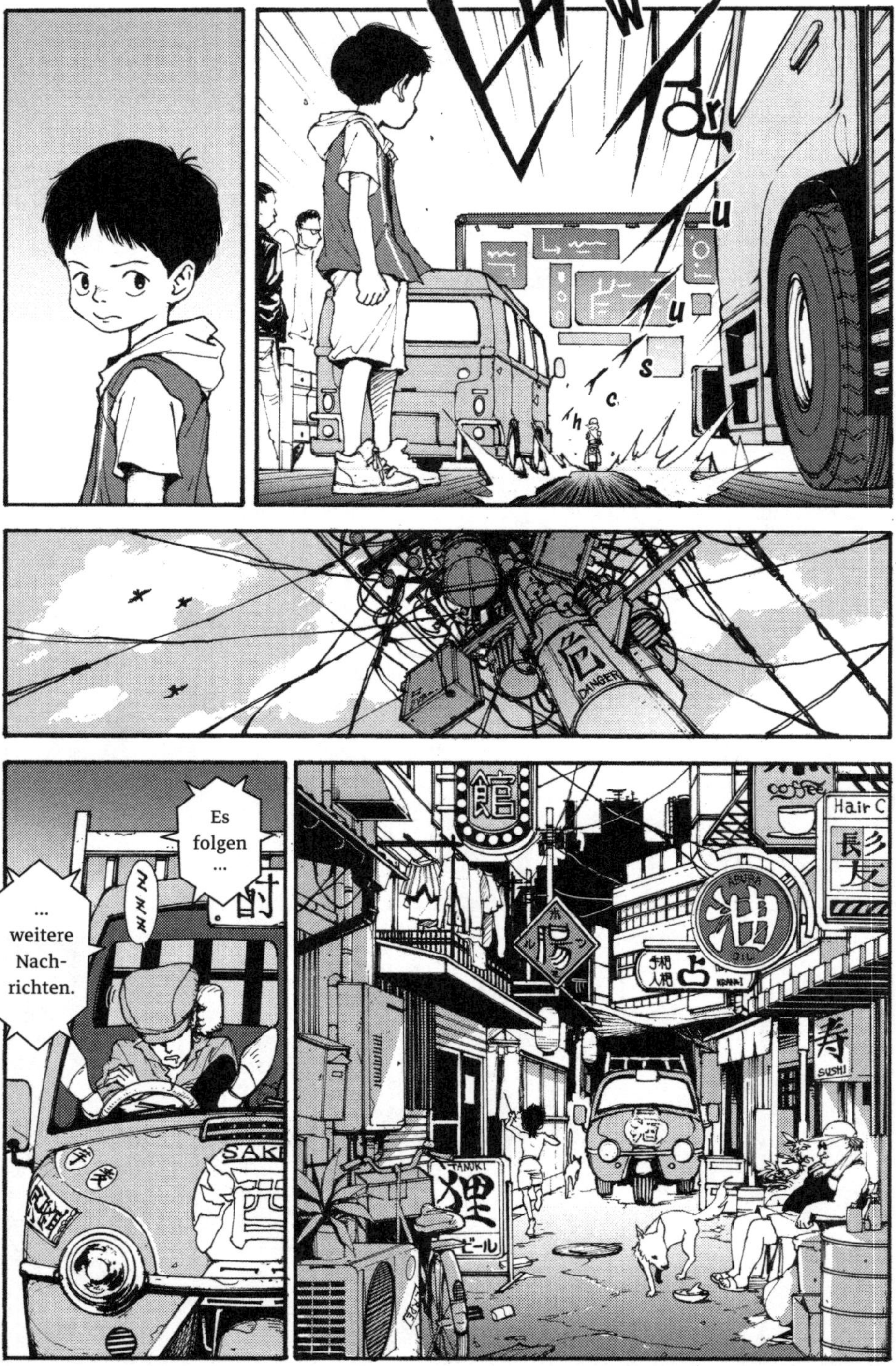
Wruusch
DANGER
Es folgen ...
... weitere Nachrichten.
coffee
SUSHI
TANUKI

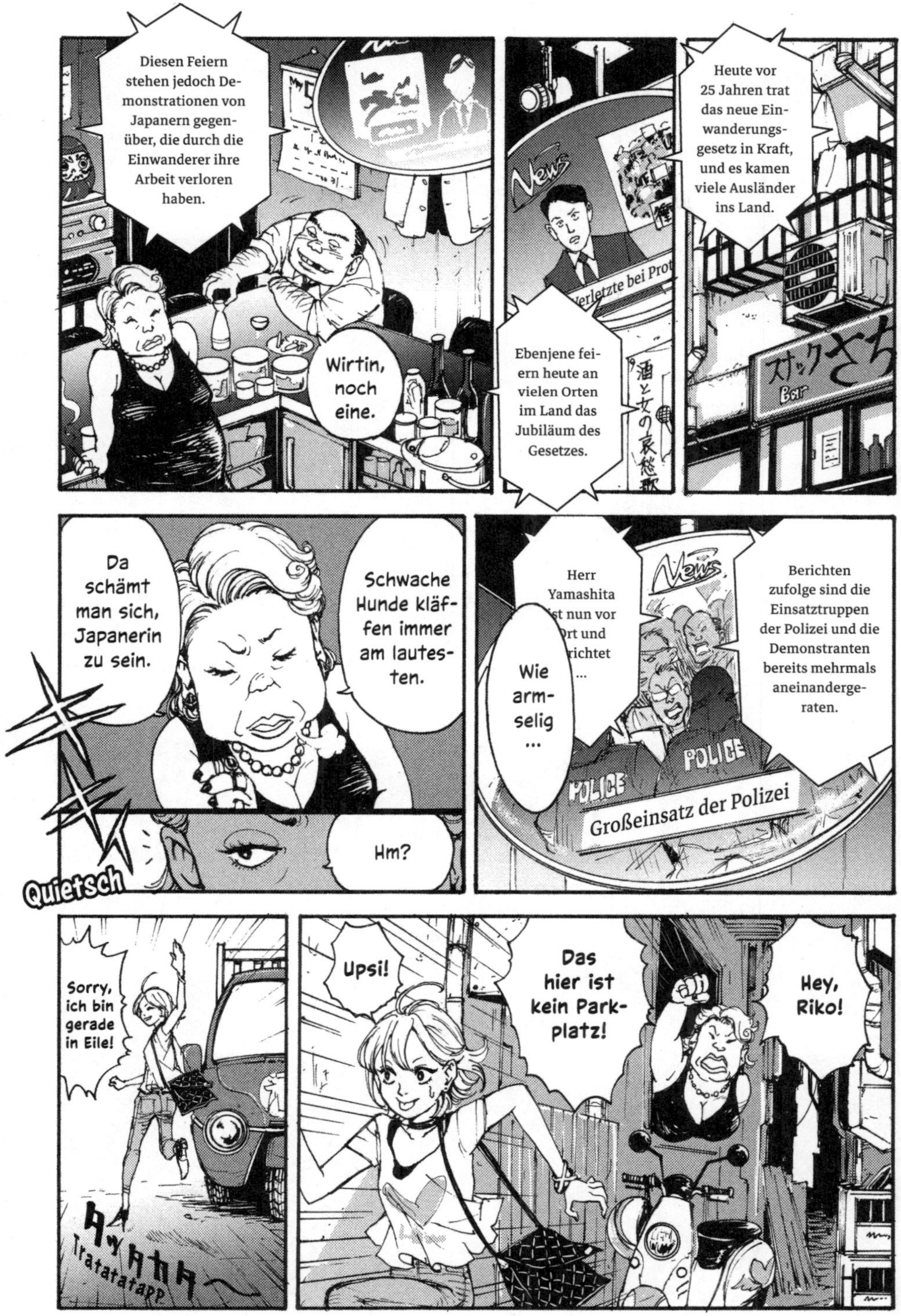

Heute vor 25 Jahren trat das neue Einwanderungsgesetz in Kraft, und es kamen viele Ausländer ins Land.
News
Verletzte bei Prot
Ebenjene feiern heute an vielen Orten im Land das Jubiläum des Gesetzes.
Diesen Feiern stehen jedoch Demonstrationen von Japanern gegenüber, die durch die Einwanderer ihre Arbeit verloren haben.
Wirtin, noch eine.
Berichten zufolge sind die Einsatztruppen der Polizei und die Demonstranten bereits mehrmals aneinandergeraten.
News
Herr Yamashita ist nun vor Ort und berichtet …
Wie armselig …
POLICE
Großeinsatz der Polizei
Schwache Hunde kläffen immer am lautesten.
Da schämt man sich, Japanerin zu sein.
Hm?
Quietsch
Hey, Riko!
Das hier ist kein Parkplatz!
Upsi!
Sorry, ich bin gerade in Eile!
Tratatatapp

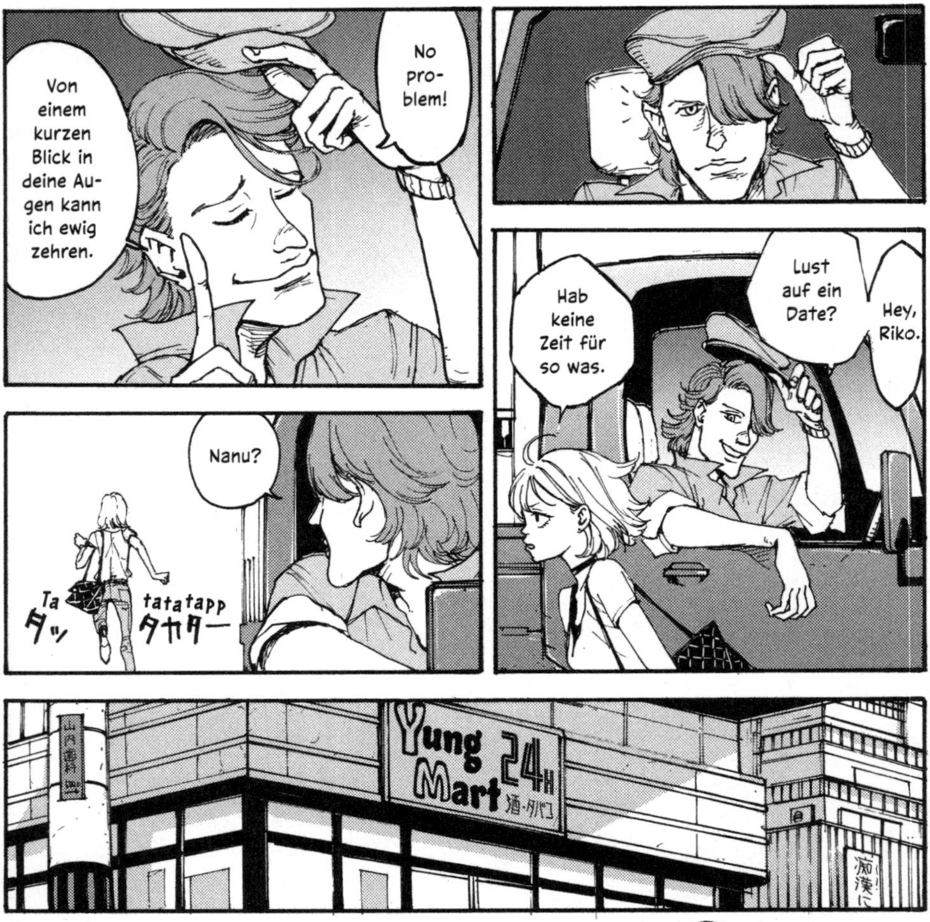
No problem!
Von einem kurzen Blick in deine Augen kann ich ewig zehren.
Hey, Riko.
Lust auf ein Date?
Hab keine Zeit für so was.
Nanu?
Ta ダッ
tatatapp タタター
Yung Mart 24H 酒・タバコ
Riko, deine wievielte ...
... Verspätung ist das diesen Monat?

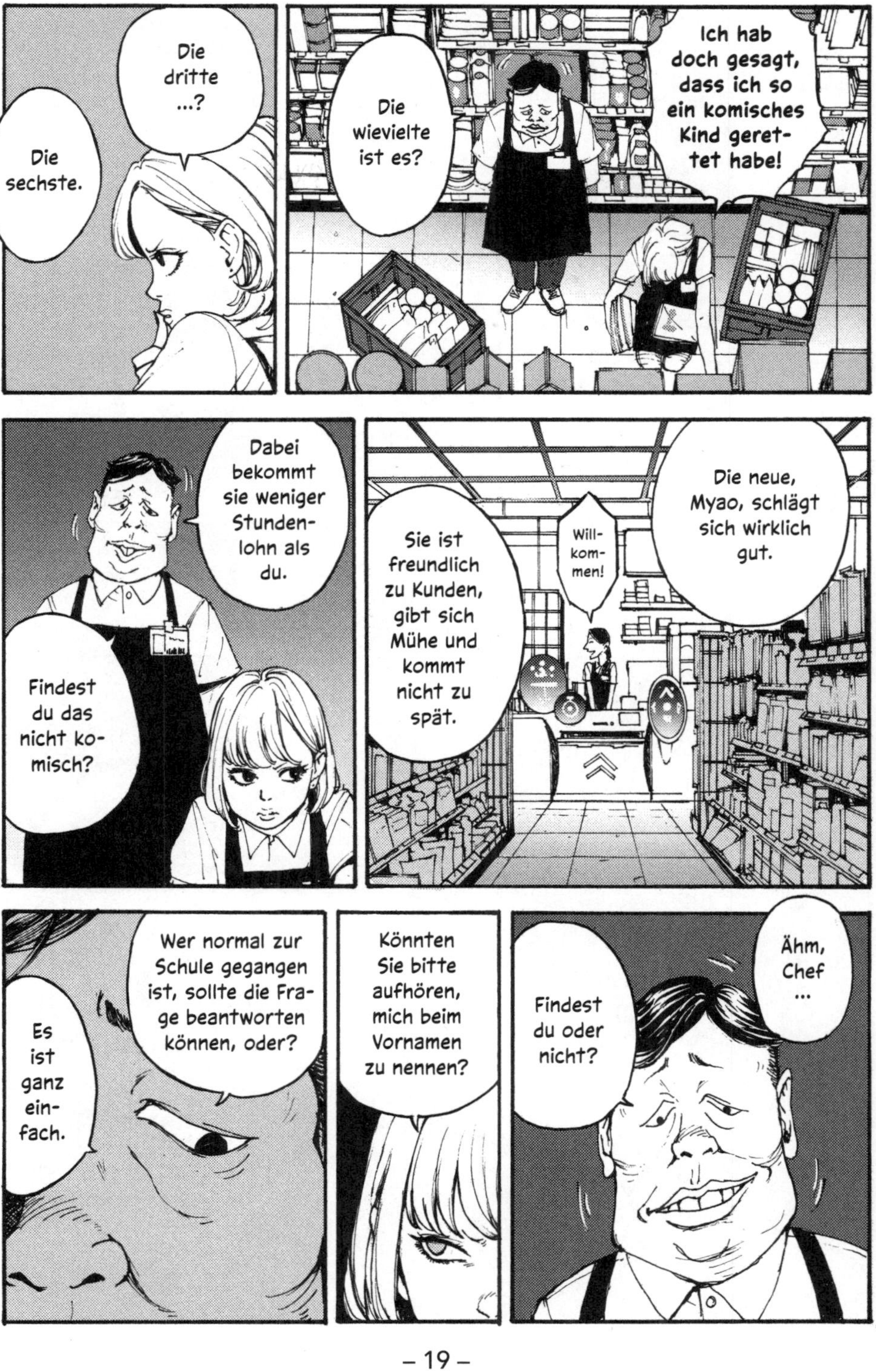
Ich hab doch gesagt, dass ich so ein komisches Kind gerettet habe!
Die wievielte ist es?
Die dritte ...?
Die sechste.
Die neue, Myao, schlägt sich wirklich gut.
Willkommen!
Sie ist freundlich zu Kunden, gibt sich Mühe und kommt nicht zu spät.
Dabei bekommt sie weniger Stundenlohn als du.
Findest du das nicht komisch?
Ähm, Chef ...
Findest du oder nicht?
Könnten Sie bitte aufhören, mich beim Vornamen zu nennen?
Wer normal zur Schule gegangen ist, sollte die Frage beantworten können, oder?
Es ist ganz einfach.

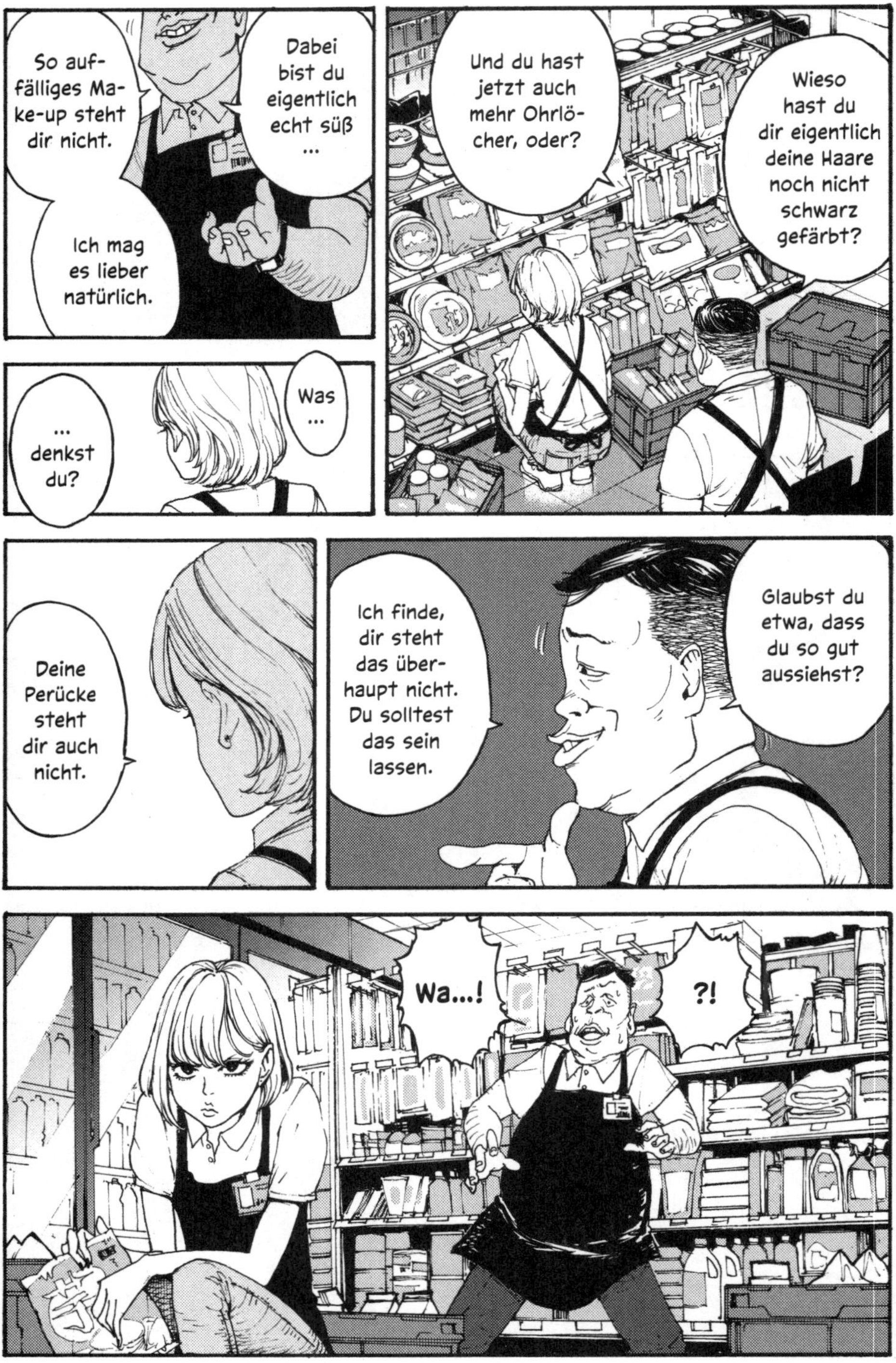

Wieso hast du dir eigentlich deine Haare noch nicht schwarz gefärbt?
Und du hast jetzt auch mehr Ohrlöcher, oder?
Dabei bist du eigentlich echt süß ...
So auffälliges Make-up steht dir nicht.
Ich mag es lieber natürlich.
Was ...
... denkst du?
Glaubst du etwa, dass du so gut aussiehst?
Ich finde, dir steht das überhaupt nicht. Du solltest das sein lassen.
Deine Perücke steht dir auch nicht.
?!
Wa...!

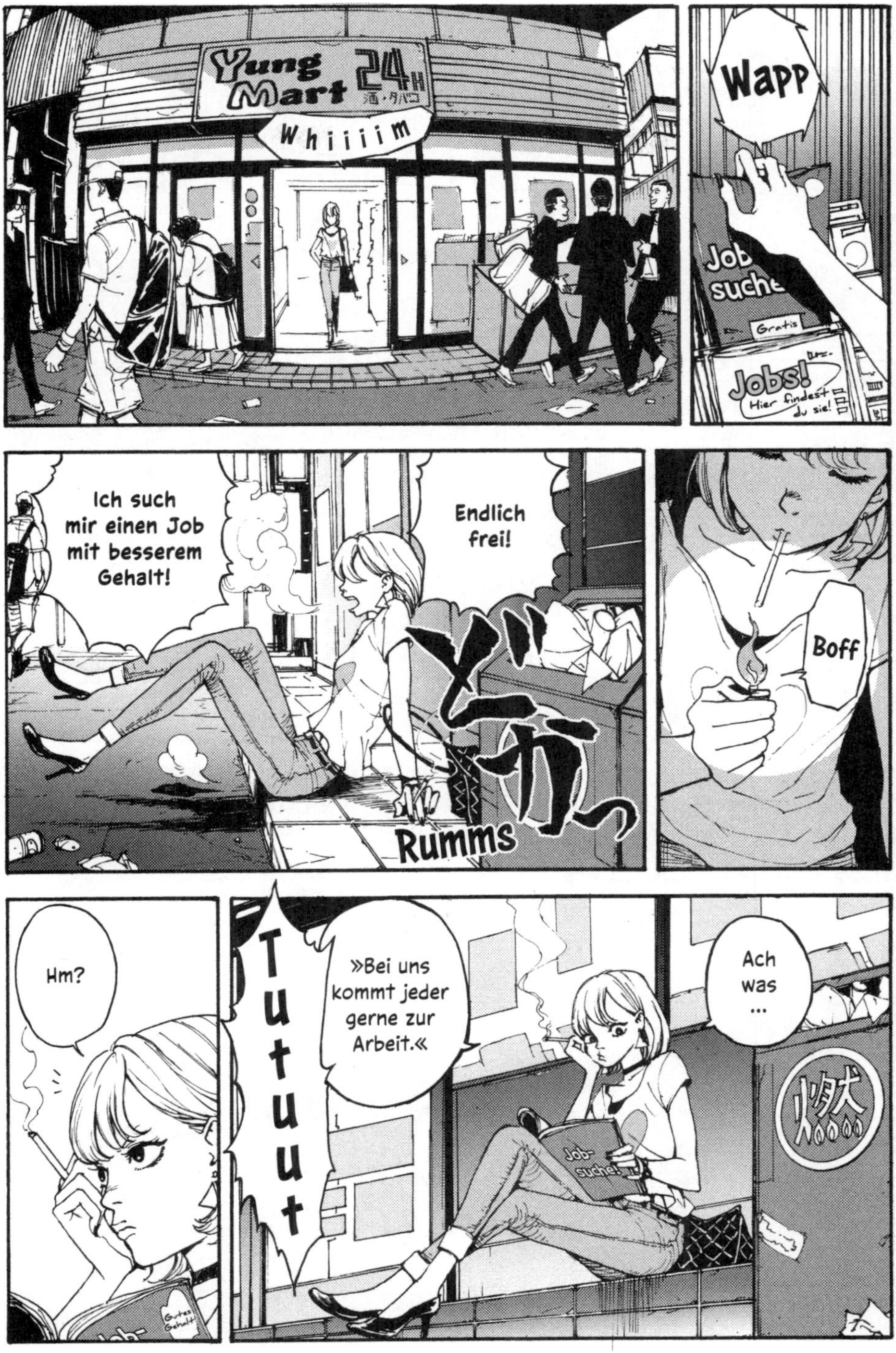
Wapp
Jobsuche
Gratis
Jobs! Hier findest du sie!
Yung Mart 24H
酒・タバコ
Whiiiim
Boff
Endlich frei!
Ich such mir einen Job mit besserem Gehalt!
Rumms
Ach was ...
Job-suche
Tutuut
»Bei uns kommt jeder gerne zur Arbeit.«
Hm?
Gutes Gehalt!

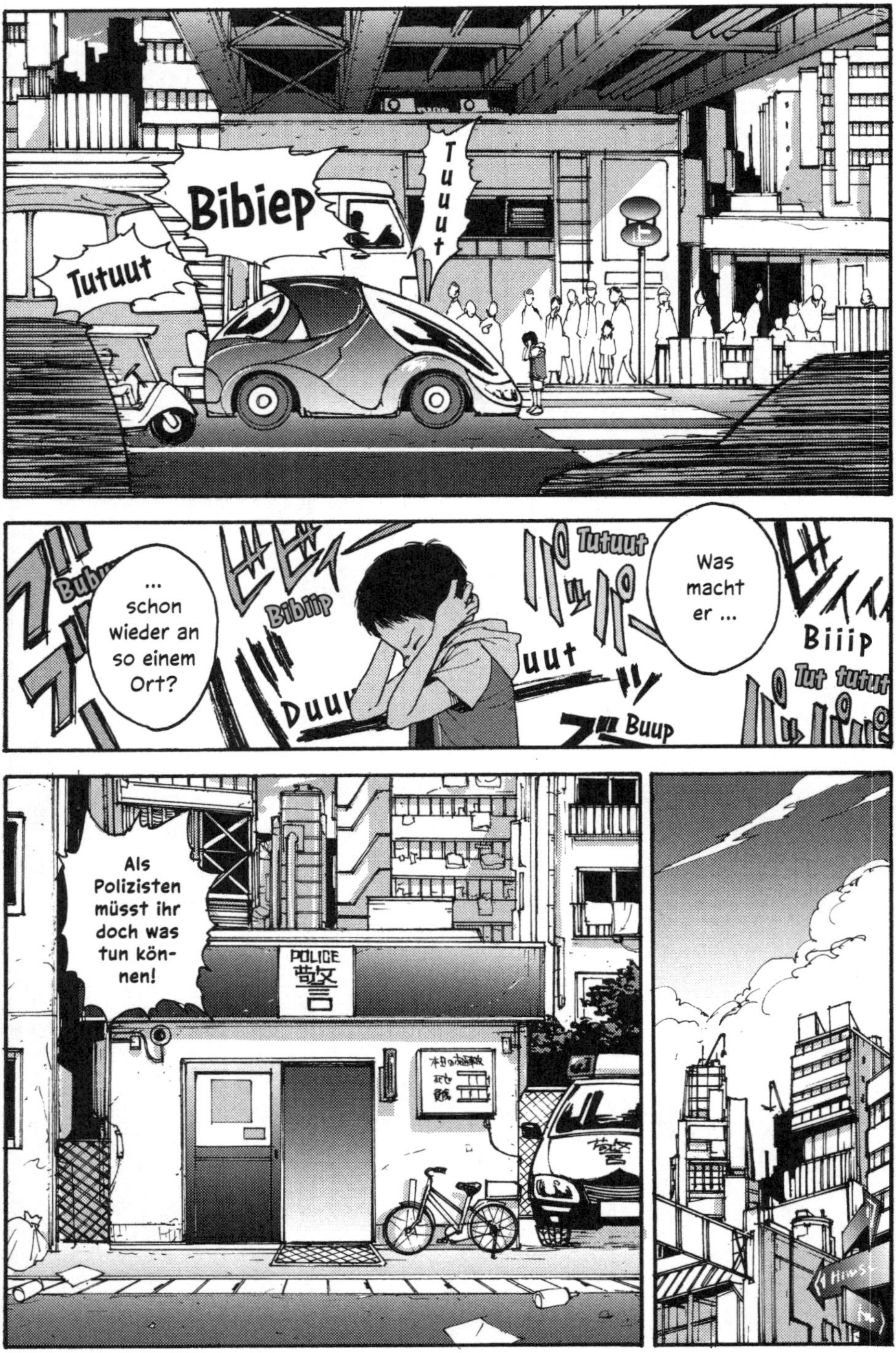
Tuuut
Bibiep
Tutuut
Tutuut
Was macht er ...
... schon wieder an so einem Ort?
Bibiip
Biiip
Tut tutut
uut
Duuu
Buup
Als Polizisten müsst ihr doch was tun kön-nen!
POLICE

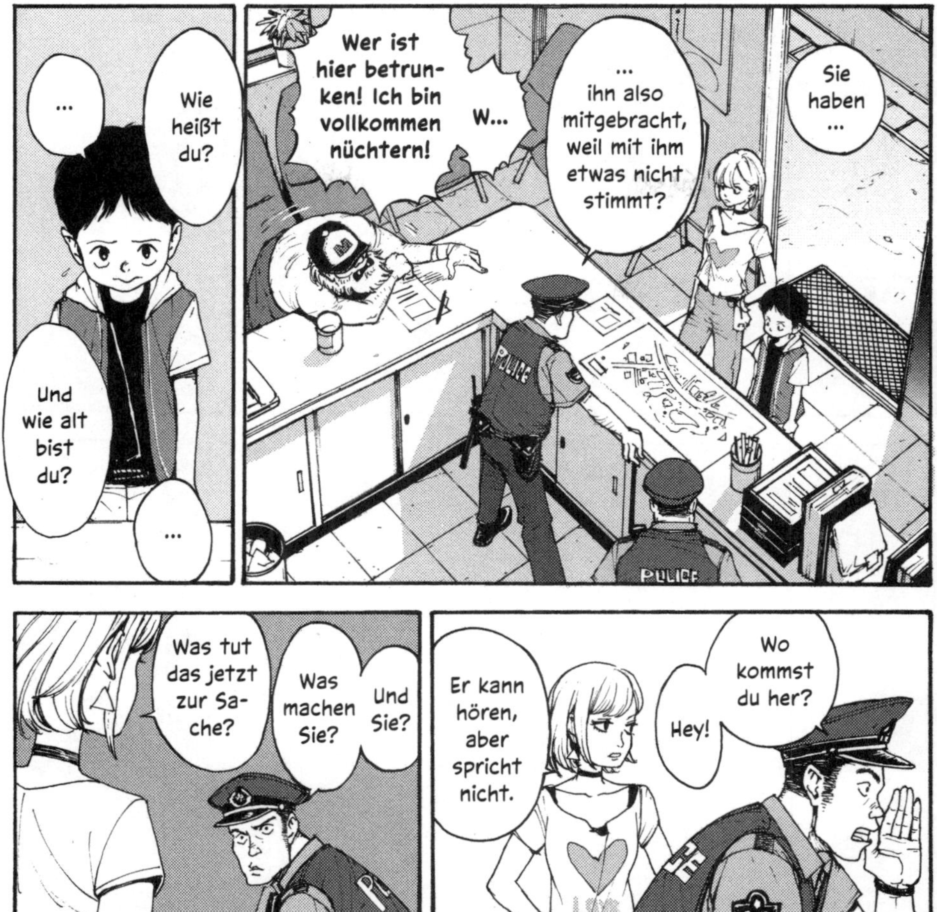
Sie haben ...
... ihn also mitgebracht, weil mit ihm etwas nicht stimmt?
W...
Wer ist hier betrunken! Ich bin vollkommen nüchtern!
Wie heißt du?
...
Und wie alt bist du?
...
Wo kommst du her?
Hey!
Er kann hören, aber spricht nicht.
Und Sie?
Was machen Sie?
Was tut das jetzt zur Sache?
Vielleicht ist er ja in Wirklichkeit Ihr Sohn.
Hä?
Sie hat ihn misshandelt und weil er nicht mehr redet, ist sie jetzt mit ihm hier.
Das kann sein.
Hey, hey!

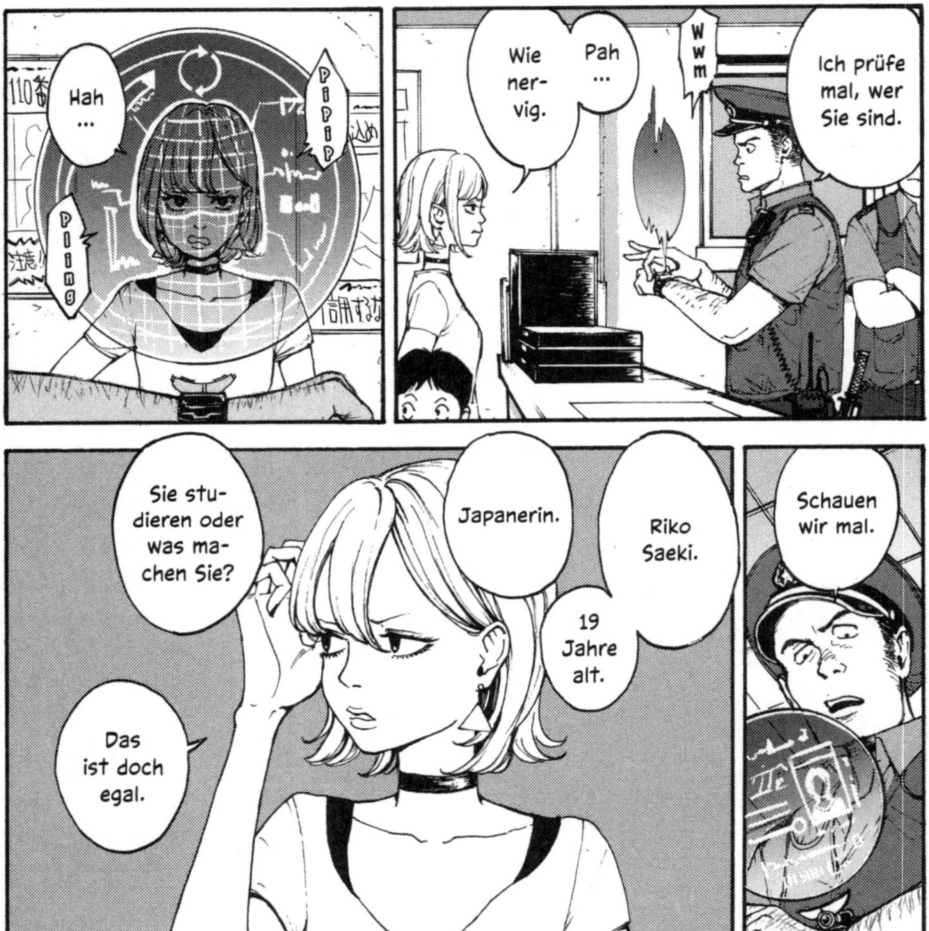
Ich prüfe mal, wer Sie sind.
Wwm
Pah ...
Wie nervig.
PiPiP
Pling
Hah ...
Schauen wir mal.
Riko Saeki.
Japanerin.
19 Jahre alt.
Sie studieren oder was machen Sie?
Das ist doch egal.
Ja, es ist doch egal.
Hicks
Man kann alles werden.
Hicks
Menschen können fliegen, wenn sie es wirklich wollen!
Hab ich recht, Süße?
Du stinkst nach Alkohol!
Damm
Darf ich es bei dir auch?
POLICE

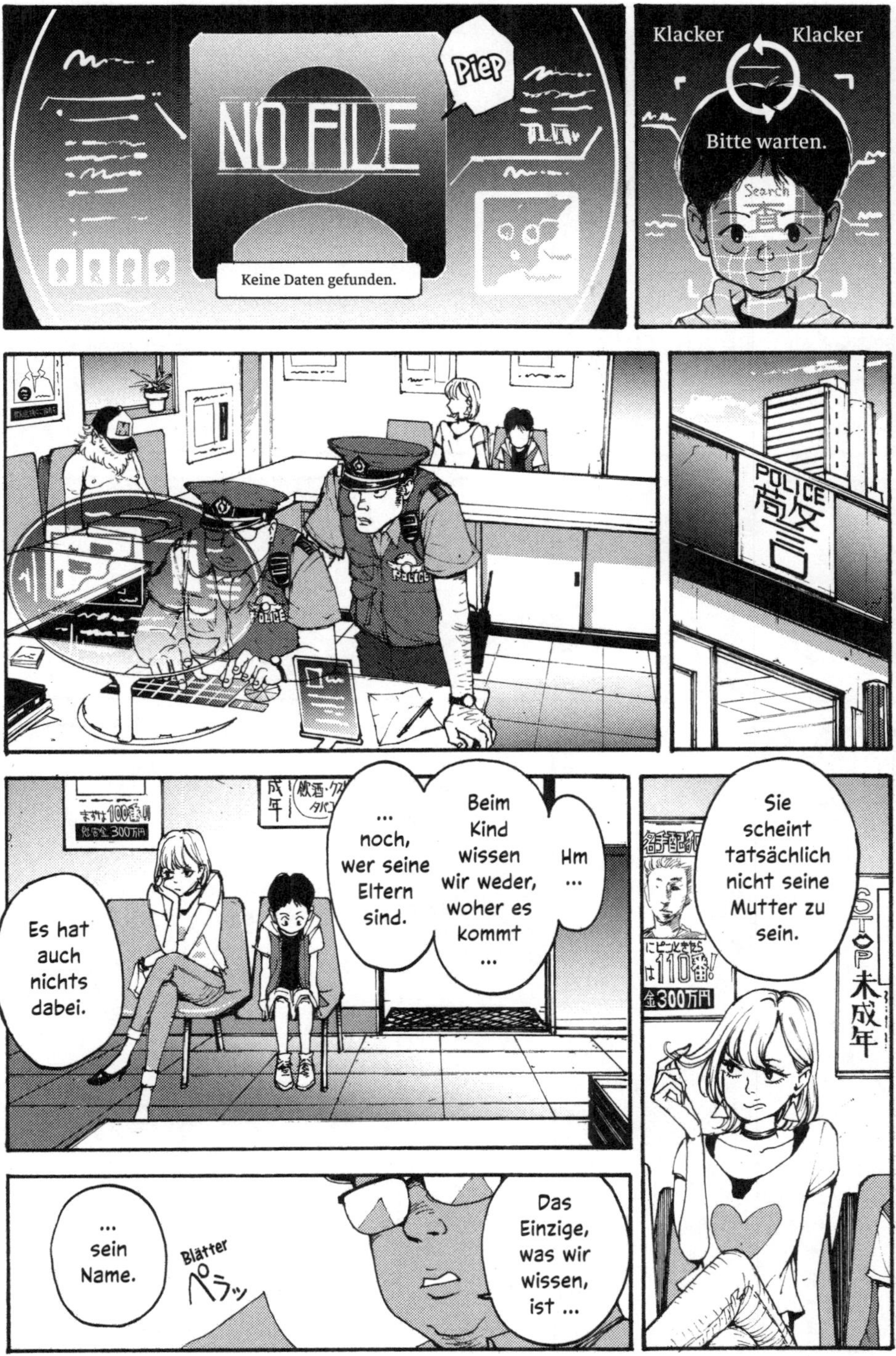
Klacker
Klacker
Bitte warten.
Search
Piep
NO FILE
Keine Daten gefunden.
POLICE
Sie scheint tatsächlich nicht seine Mutter zu sein.
Hm ...
Beim Kind wissen wir weder, woher es kommt ...
... noch, wer seine Eltern sind.
Es hat auch nichts dabei.
Das Einzige, was wir wissen, ist ...
Blätter
... sein Name.

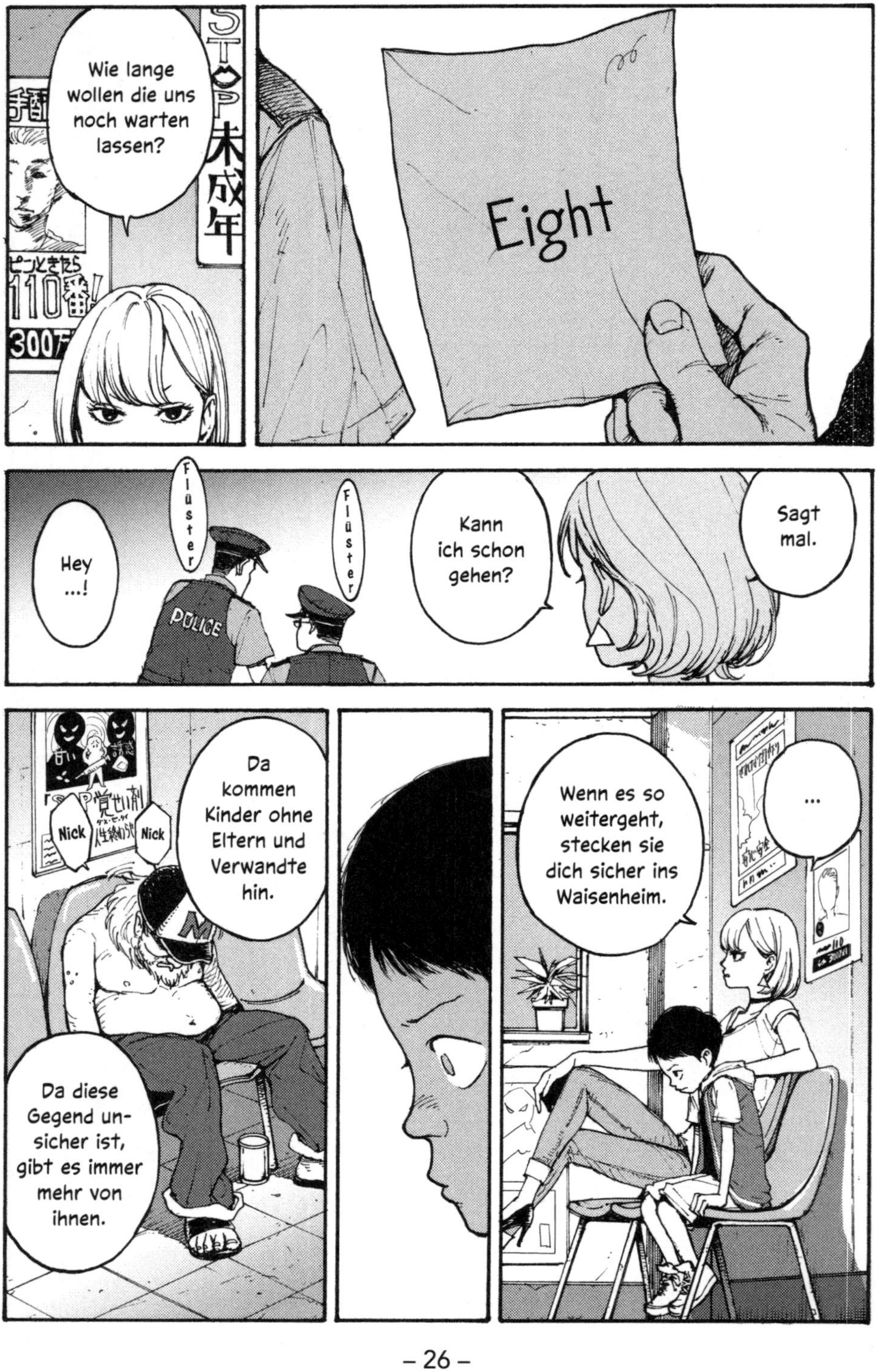

Eight
Wie lange wollen die uns noch warten lassen?
STOP 未成年
ピンときたら 110番!
Sagt mal.
Kann ich schon gehen?
Flüster
Flüster
POLICE
Hey ...!
...
Wenn es so weitergeht, stecken sie dich sicher ins Waisenheim.
Da kommen Kinder ohne Eltern und Verwandte hin.
Nick
Nick
Da diese Gegend unsicher ist, gibt es immer mehr von ihnen.

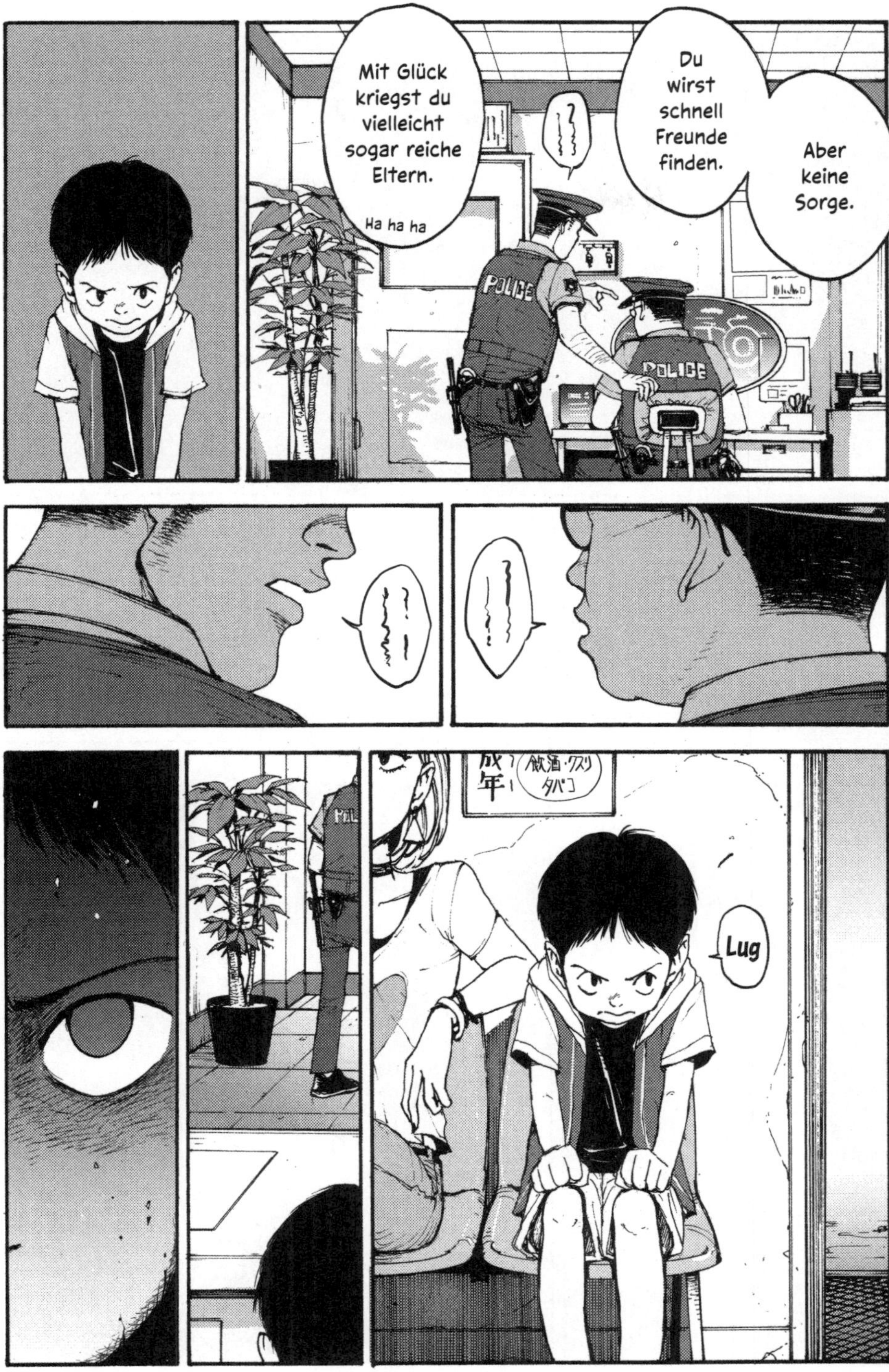
Aber keine Sorge.
Du wirst schnell Freunde finden.
Mit Glück kriegst du vielleicht sogar reiche Eltern.
Ha ha ha
飲酒・クスリ タバコ
Lug

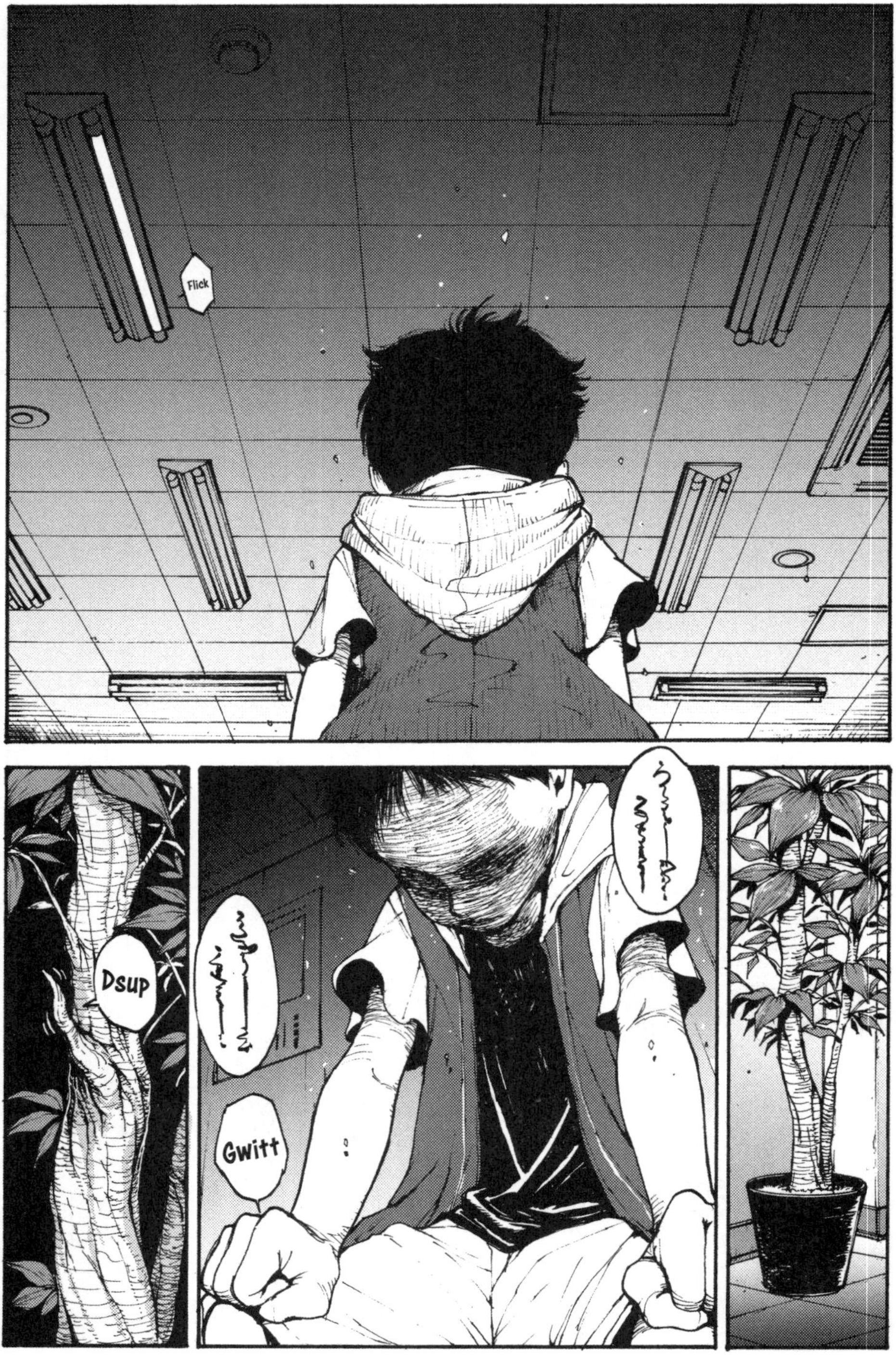
Flick
Dsup
Gwitt

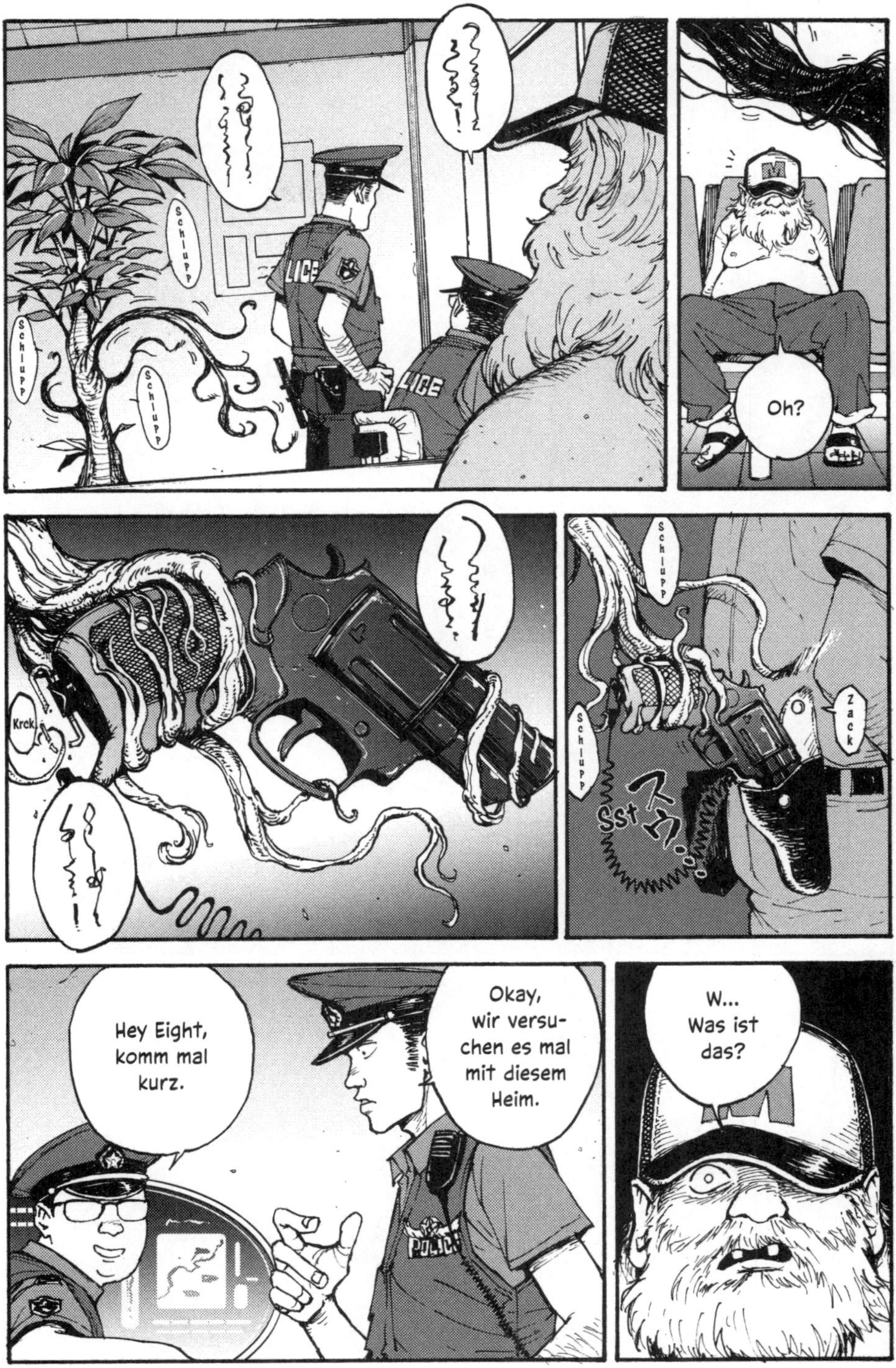
Schlupp
Schlupp
Schlupp
Oh?
Krck
Schlupp
Schlupp
Zack
Sst
Hey Eight, komm mal kurz.
Okay, wir versuchen es mal mit diesem Heim.
W... Was ist das?

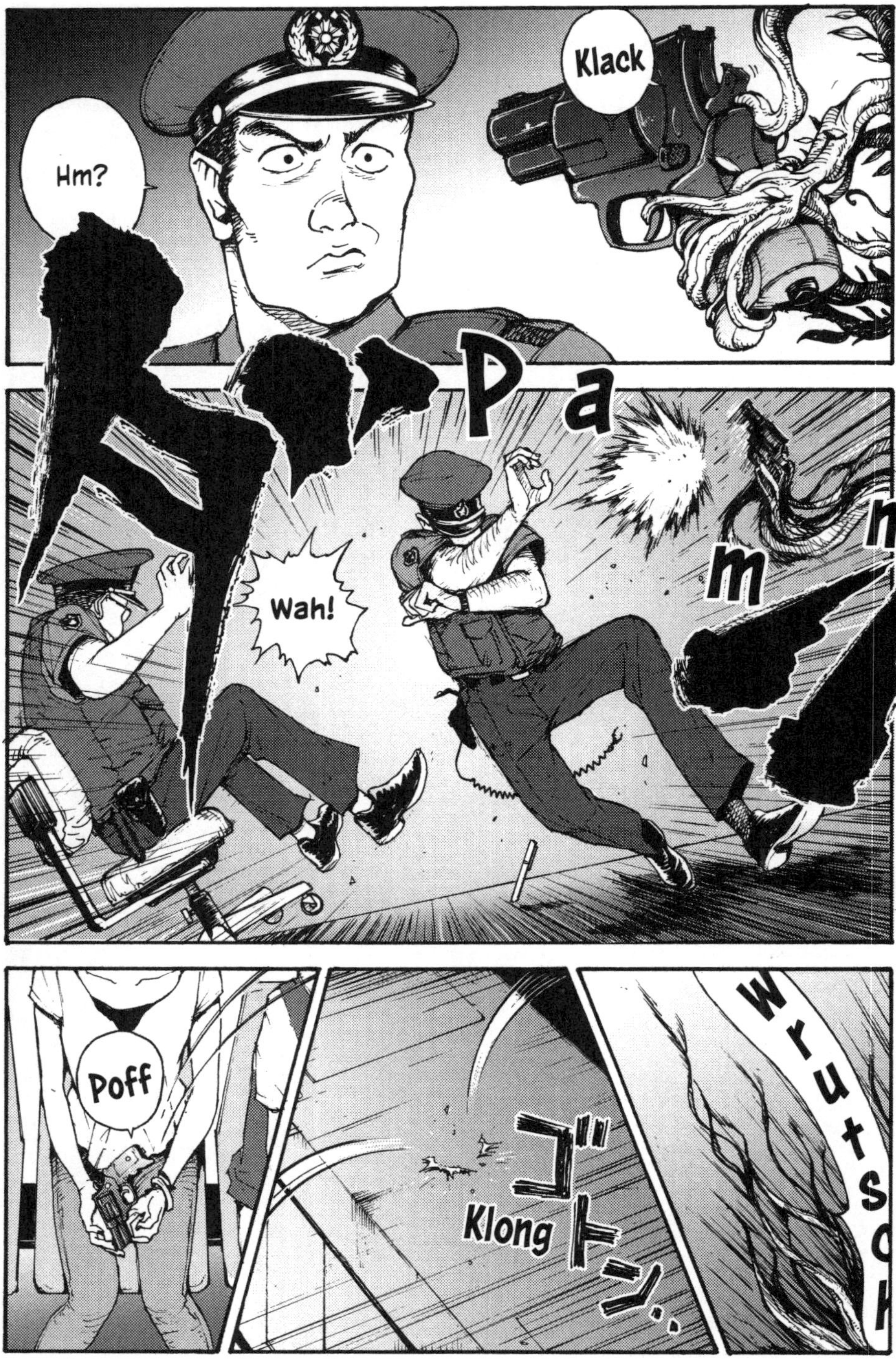
Klack
Hm?
Pa
mm
Wah!
Wrutsch
Klong
ゴトーン
Poff

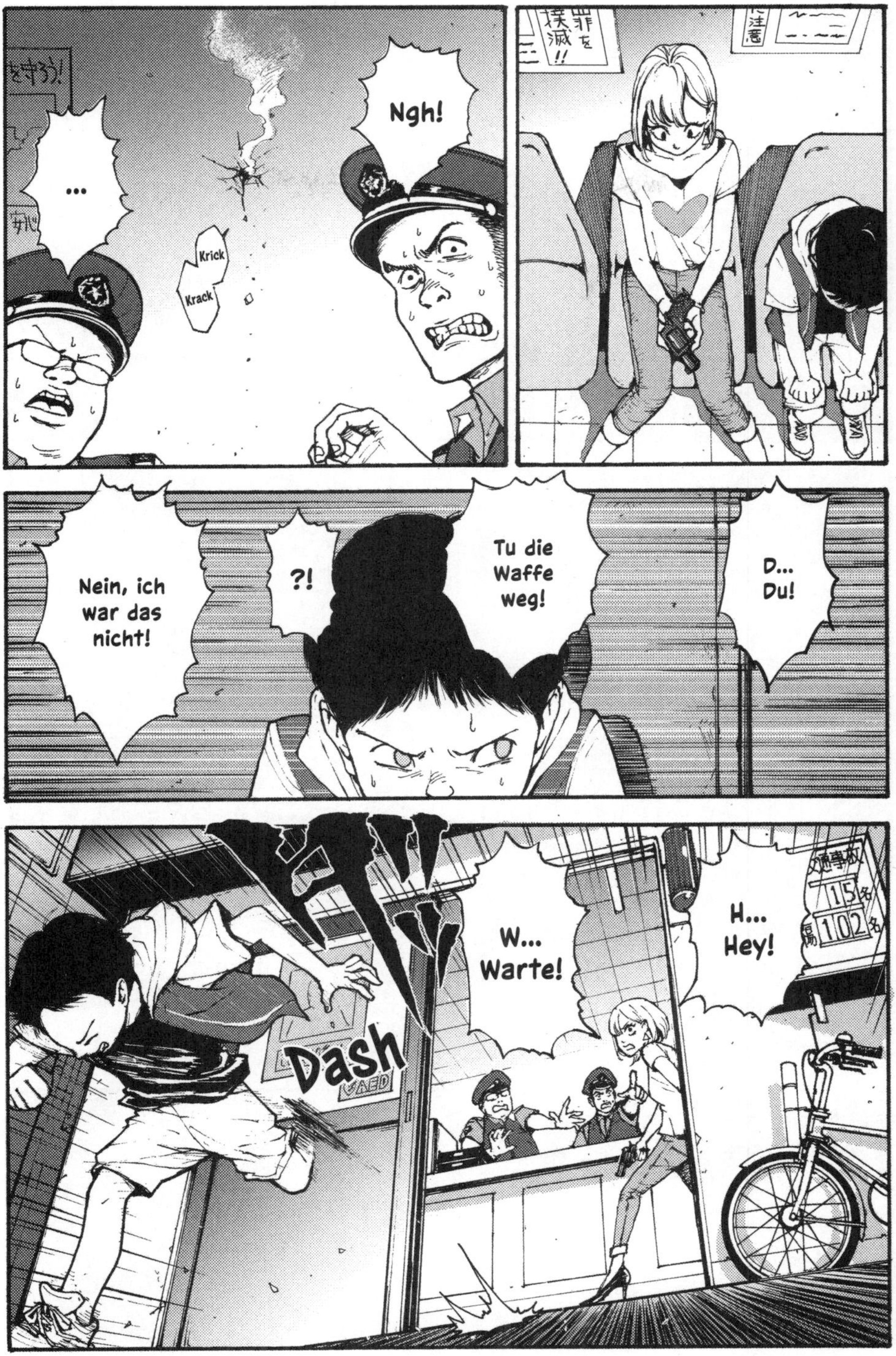
Ngh!
Krick
Krack
...
D... Du!
Tu die Waffe weg!
?!
Nein, ich war das nicht!
H... Hey!
W... Warte!
Dash

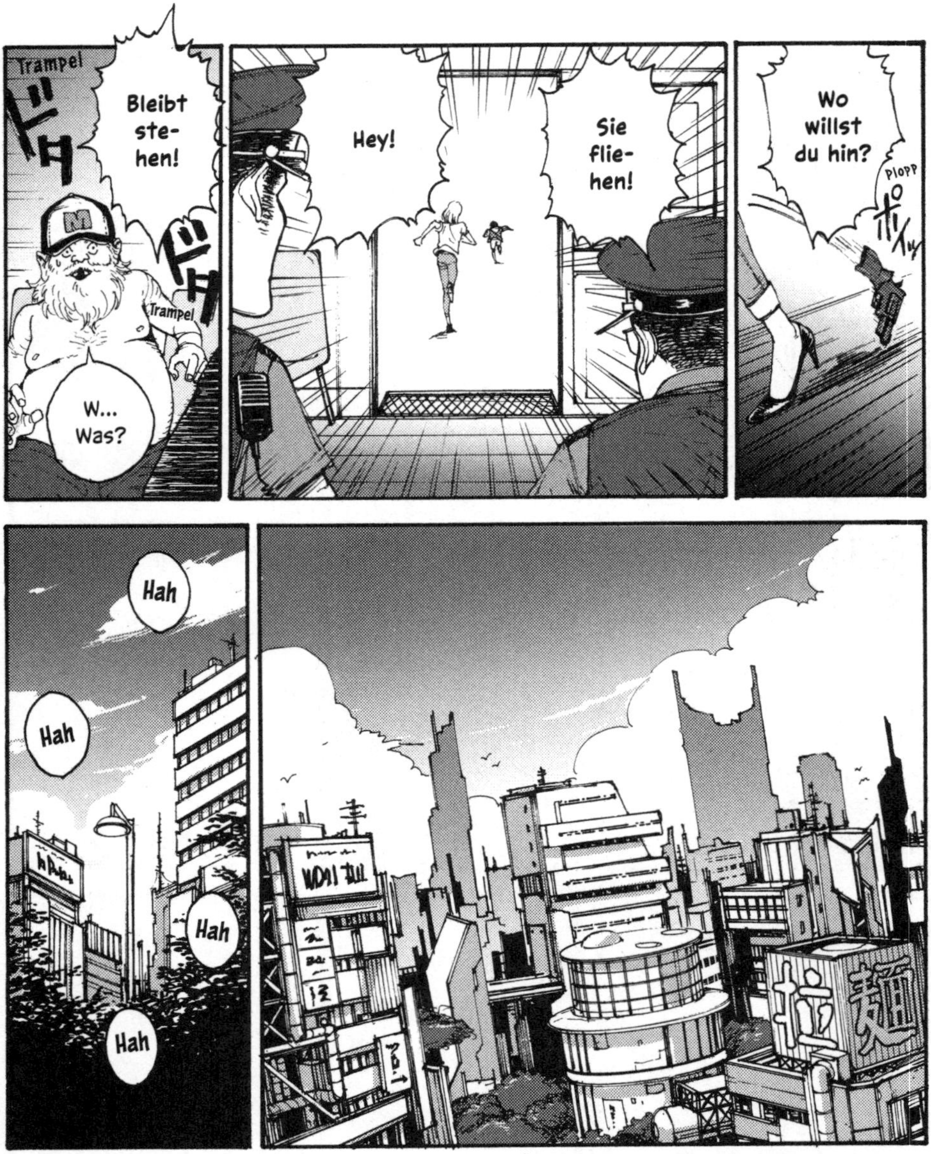
Wo willst du hin?
Plopp
Sie flie-hen!
Hey!
Bleibt ste-hen!
Trampel
Trampel
W... Was?
Hah
Hah
Hah
Hah
Hah
Hah
Hah
Sind wir sie los?

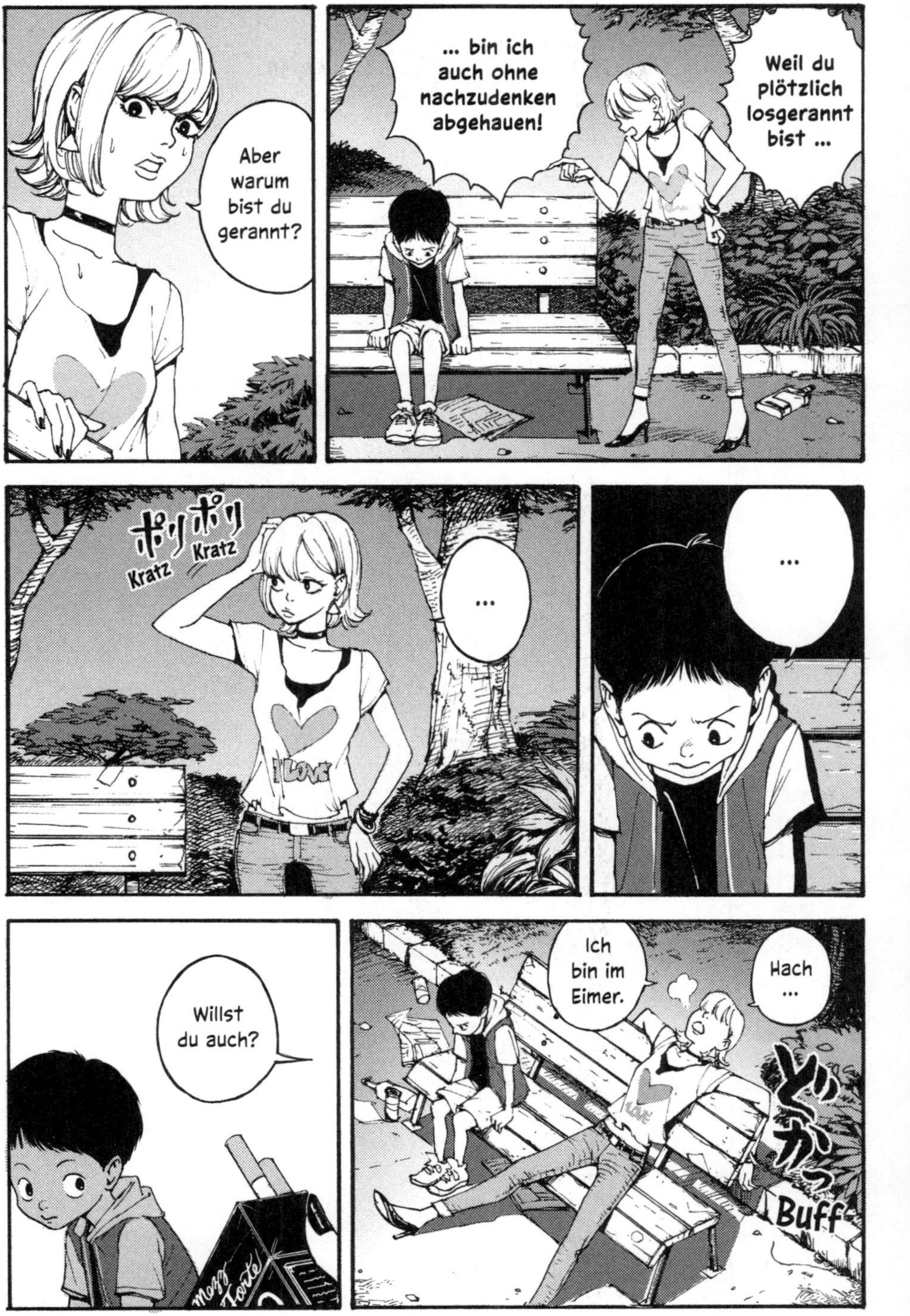
Weil du plötzlich losgerannt bist ...
... bin ich auch ohne nachzudenken abgehauen!
Aber warum bist du gerannt?
...
ポリポリ
Kratz Kratz
...
Hach ...
Ich bin im Eimer.
どかっ
Buff
Willst du auch?

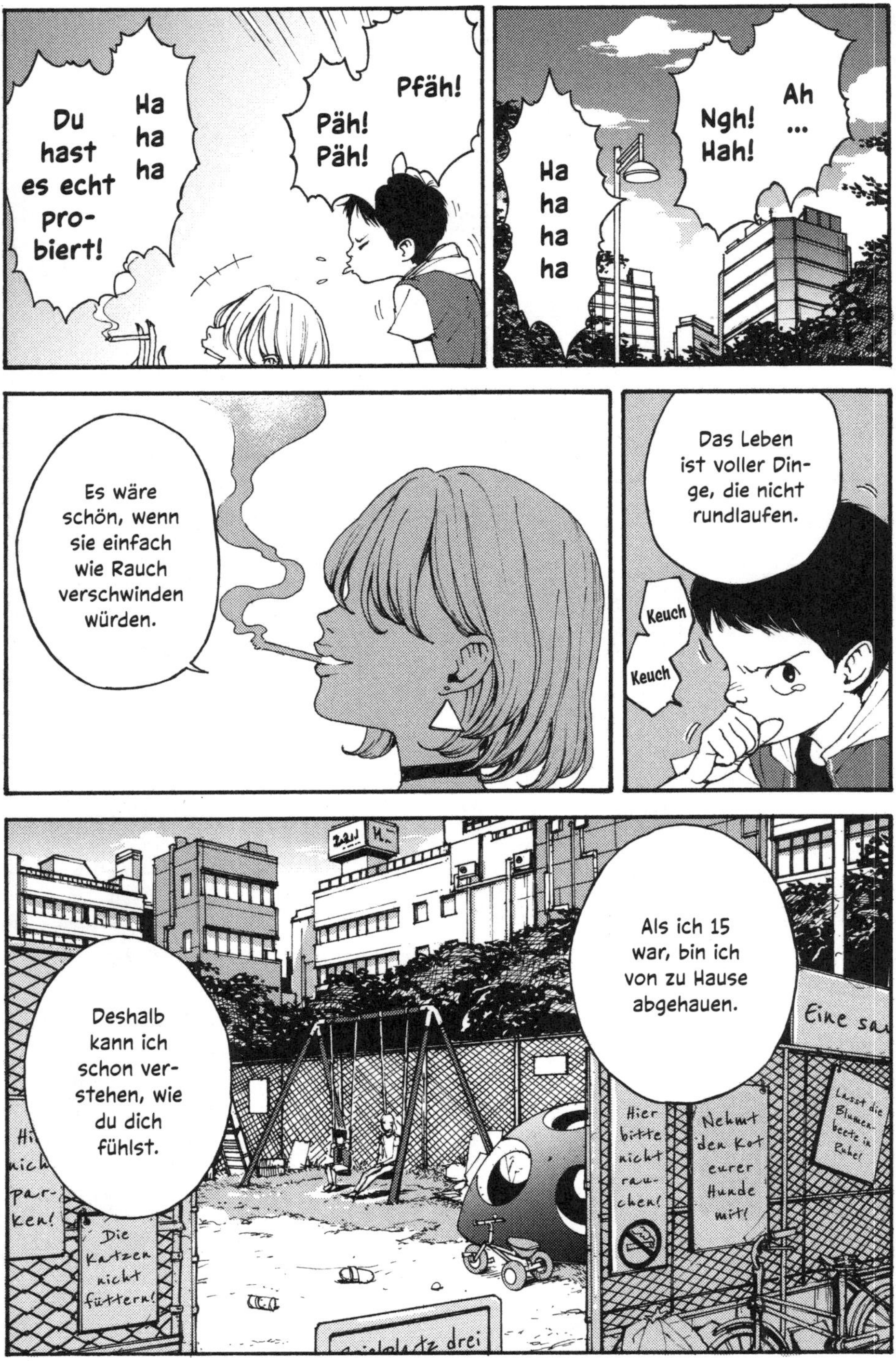
Ah …
Ngh! Hah!
Ha ha ha ha
Pfäh!
Päh! Päh!
Ha ha ha
Du hast es echt probiert!
Das Leben ist voller Dinge, die nicht rundlaufen.
Keuch
Keuch
Es wäre schön, wenn sie einfach wie Rauch verschwinden würden.
Als ich 15 war, bin ich von zu Hause abgehauen.
Deshalb kann ich schon verstehen, wie du dich fühlst.
Lasst die Blumenbeete in Ruhe!
Nehmt den Kot eurer Hunde mit!
Hier bitte nicht rauchen!
Die Katzen nicht füttern!

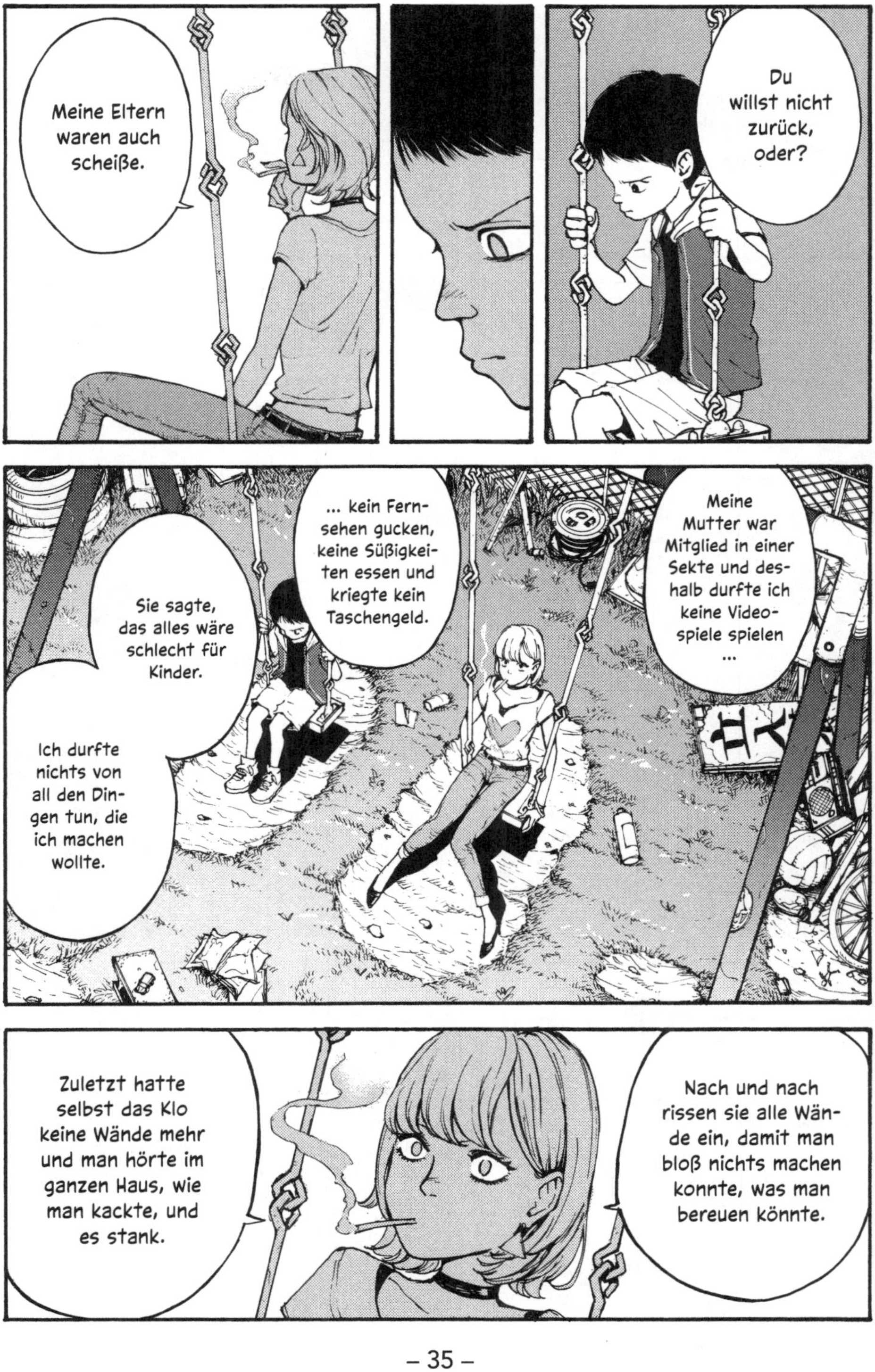
Du willst nicht zurück, oder?
Meine Eltern waren auch scheiße.
Meine Mutter war Mitglied in einer Sekte und deshalb durfte ich keine Videospiele spielen ...
... kein Fernsehen gucken, keine Süßigkeiten essen und kriegte kein Taschengeld.
Sie sagte, das alles wäre schlecht für Kinder.
Ich durfte nichts von all den Dingen tun, die ich machen wollte.
Nach und nach rissen sie alle Wände ein, damit man bloß nichts machen konnte, was man bereuen könnte.
Zuletzt hatte selbst das Klo keine Wände mehr und man hörte im ganzen Haus, wie man kackte, und es stank.

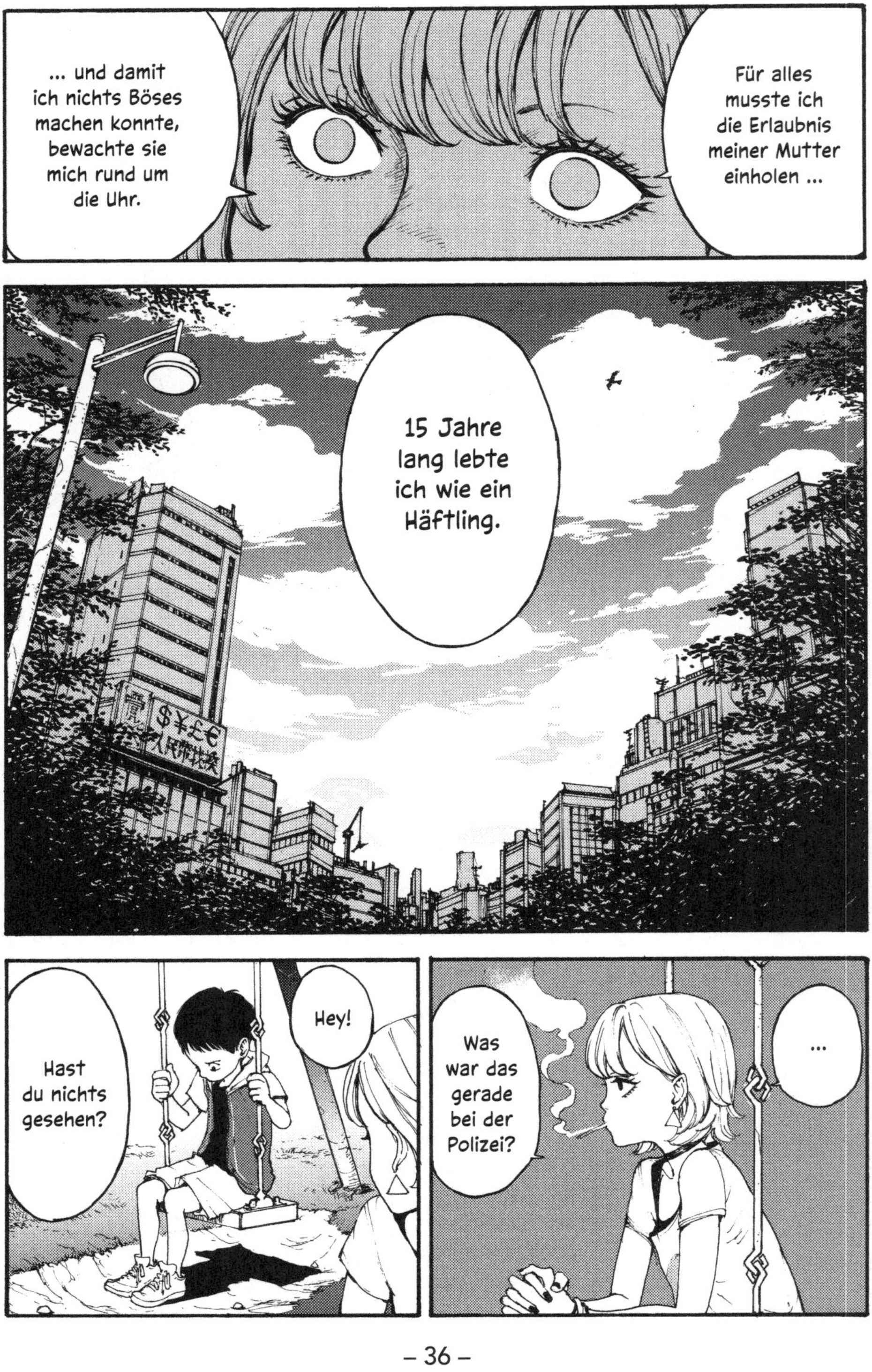
Für alles musste ich die Erlaubnis meiner Mutter einholen ...
... und damit ich nichts Böses machen konnte, bewachte sie mich rund um die Uhr.
15 Jahre lang lebte ich wie ein Häftling.
...
Was war das gerade bei der Polizei?
Hey!
Hast du nichts gesehen?

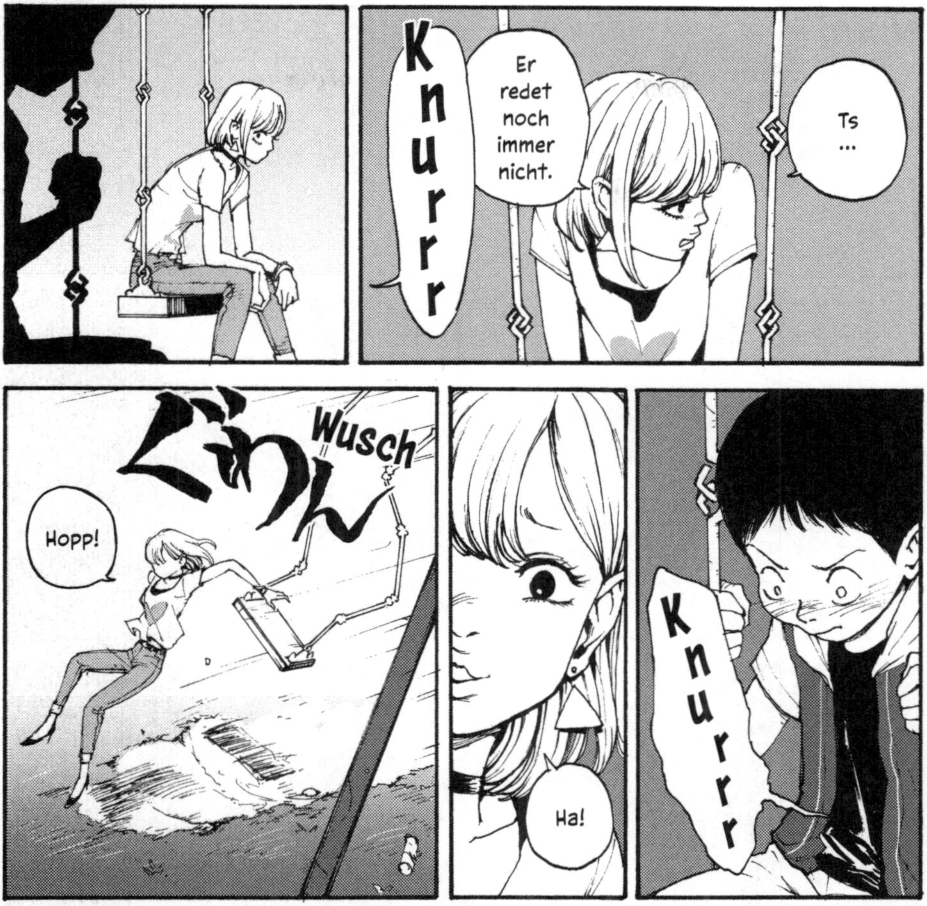
Ts …
Er redet noch immer nicht.
Knurrr
Knurrr
Ha!
Wusch
Hopp!
Na gut.
Weil ich seit Ewigkeiten mal wieder gerannt bin, habe ich Hunger.
Paff
Paff
Wusch
Wusch

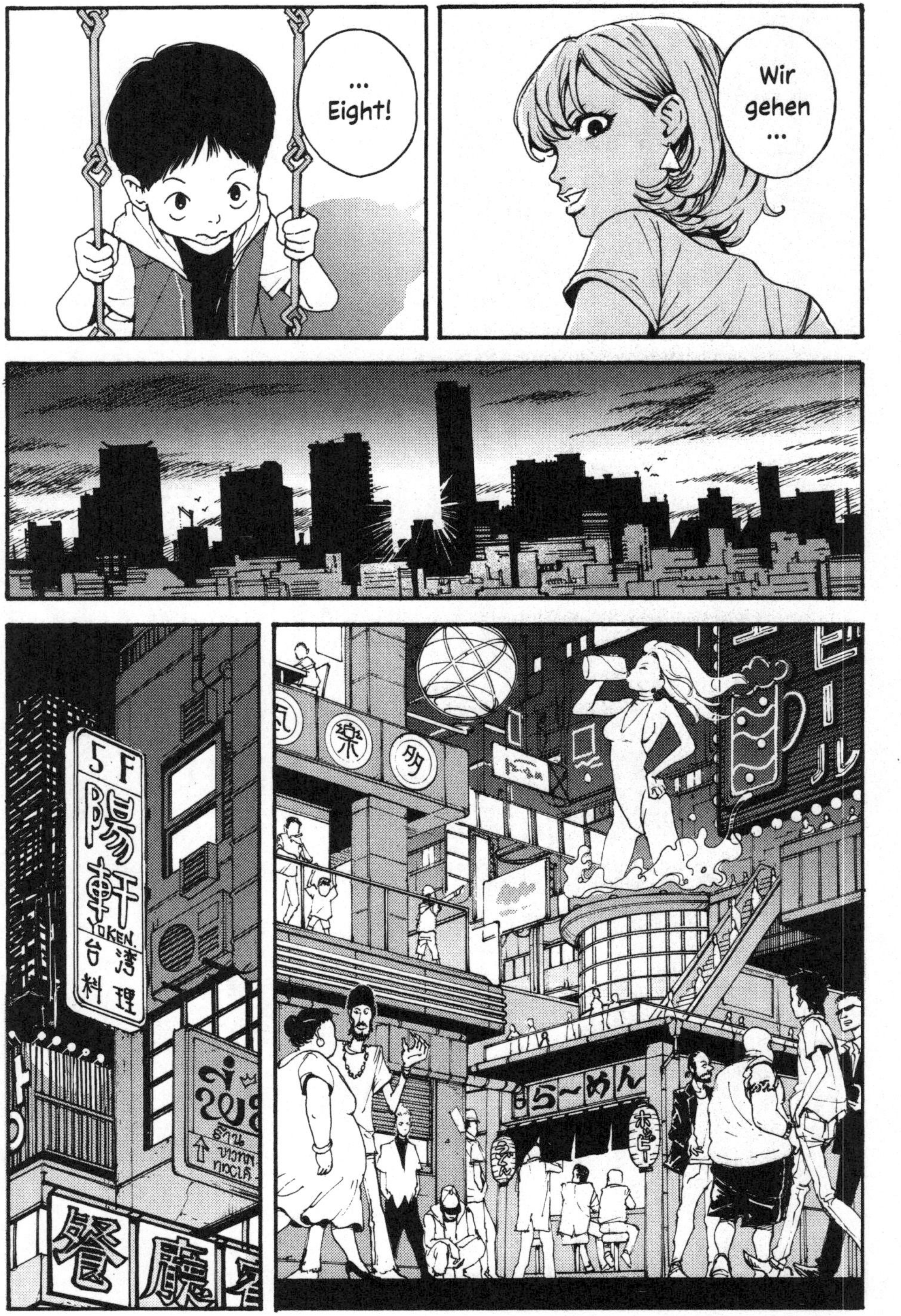
... Eight!
Wir gehen ...
5F
陽軒
YOKEN.
台湾
料理
ら～めん

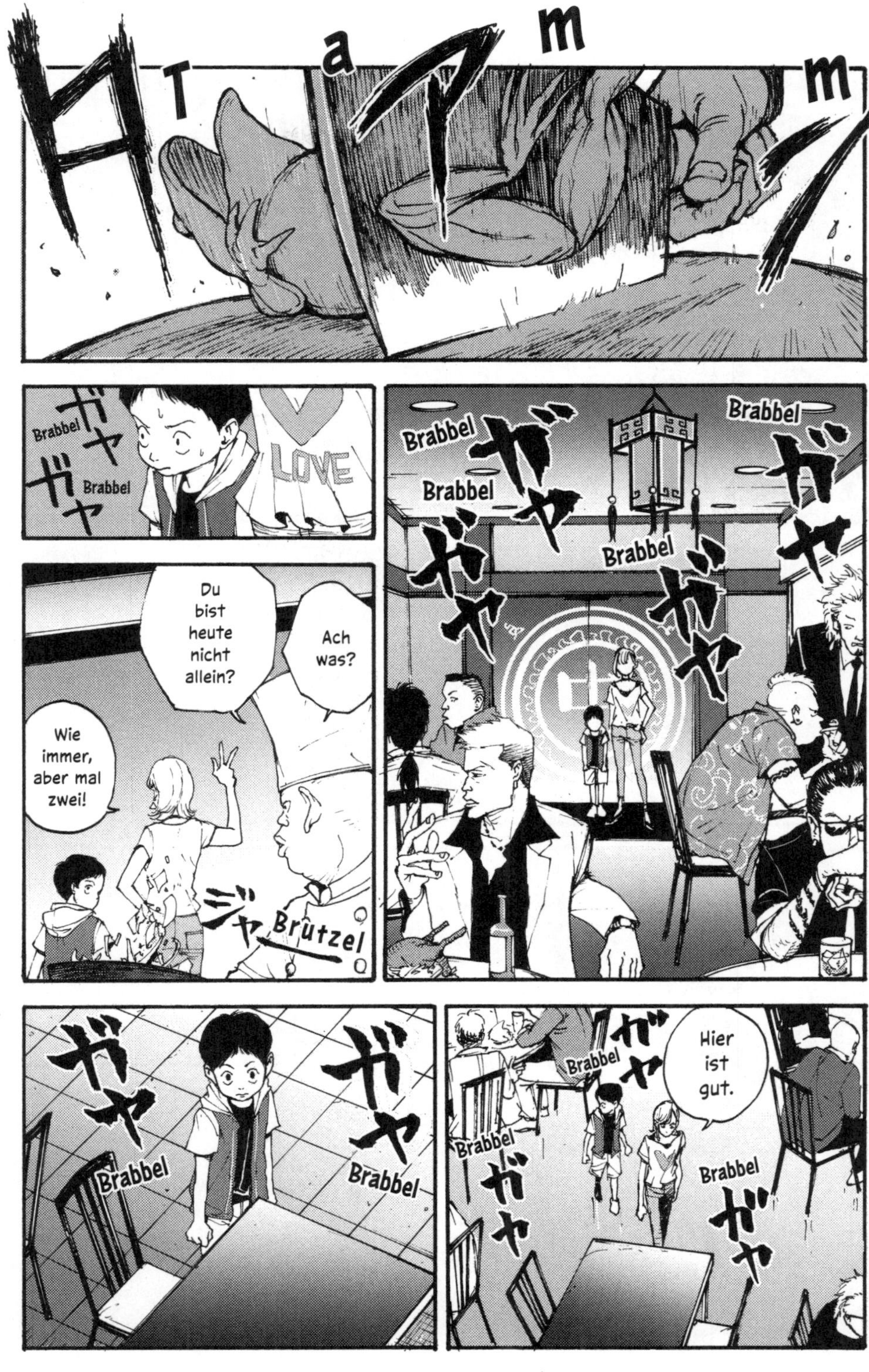
Tamm
Brabbel
Brabbel
Brabbel
Brabbel
Brabbel
Brabbel
Ach was?
Du bist heute nicht allein?
Wie immer, aber mal zwei!
Brutzel
Brabbel
Brabbel
Hier ist gut.
Brabbel
Brabbel
Brabbel

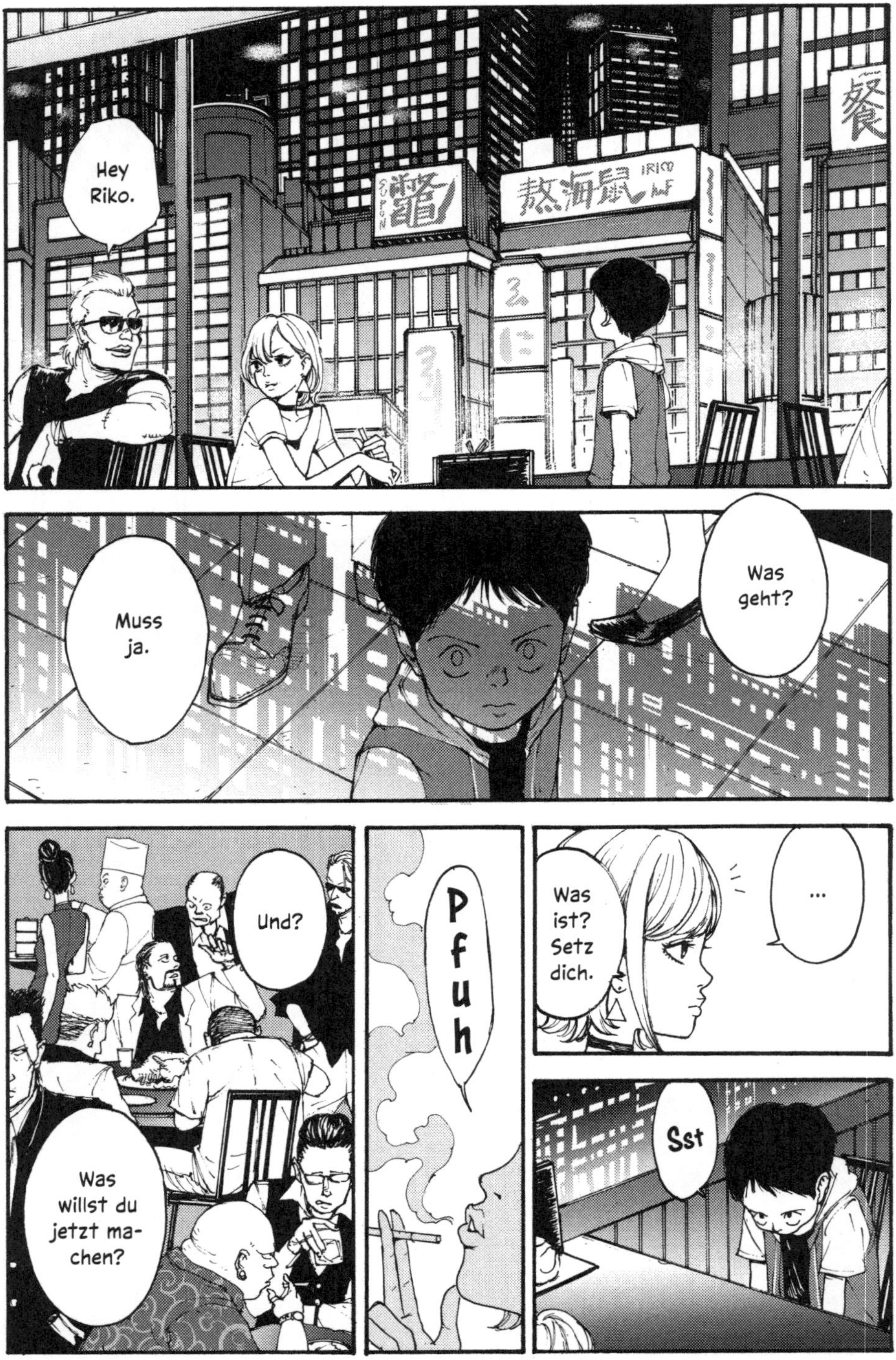
Hey Riko.
Was geht?
Muss ja.
...
Was ist? Setz dich.
Sst
Pfuh
Und?
Was willst du jetzt machen?

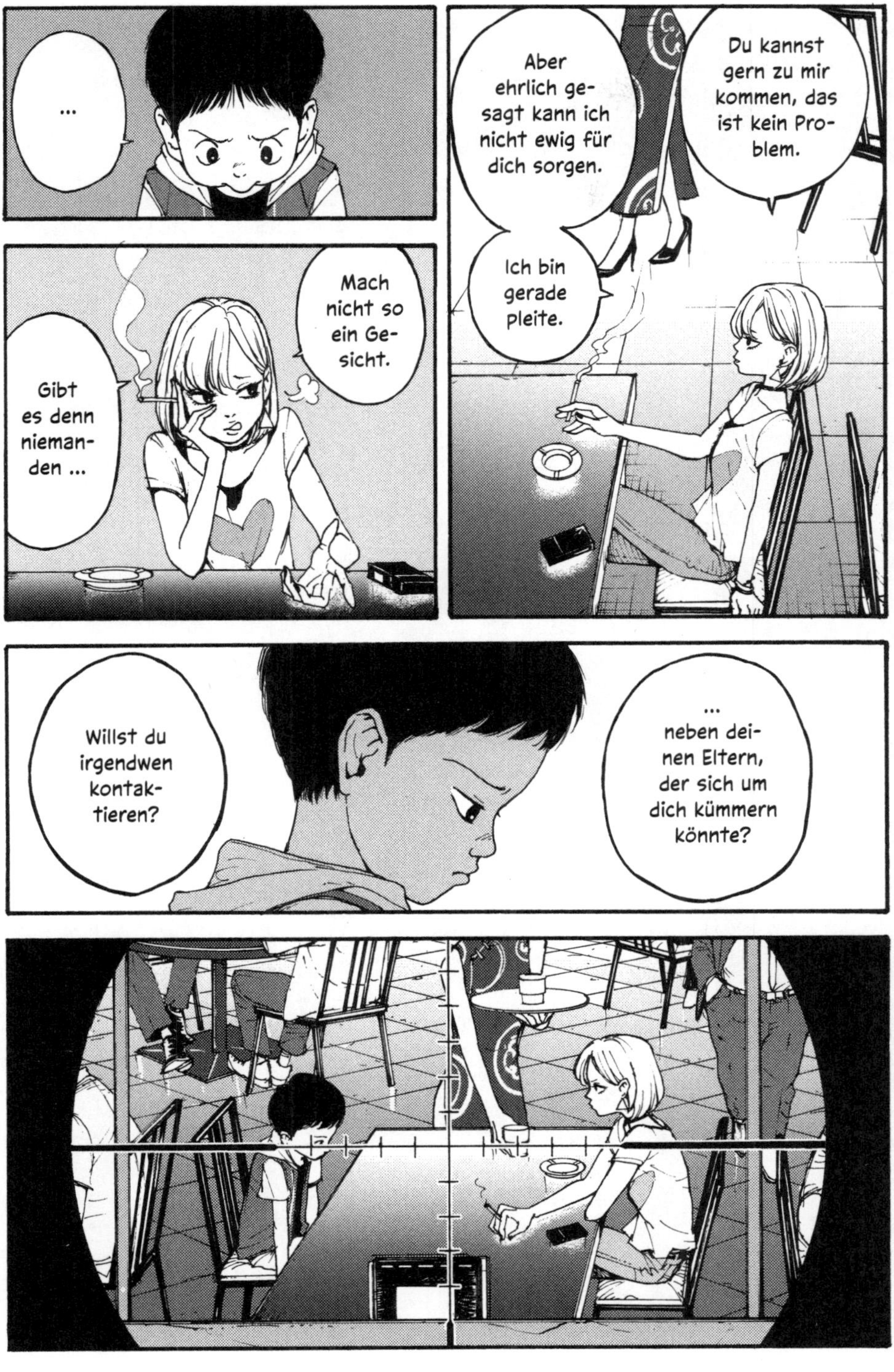
Du kannst gern zu mir kommen, das ist kein Problem.
Aber ehrlich gesagt kann ich nicht ewig für dich sorgen.
Ich bin gerade pleite.
...
Mach nicht so ein Gesicht.
Gibt es denn niemanden ...
... neben deinen Eltern, der sich um dich kümmern könnte?
Willst du irgendwen kontaktieren?

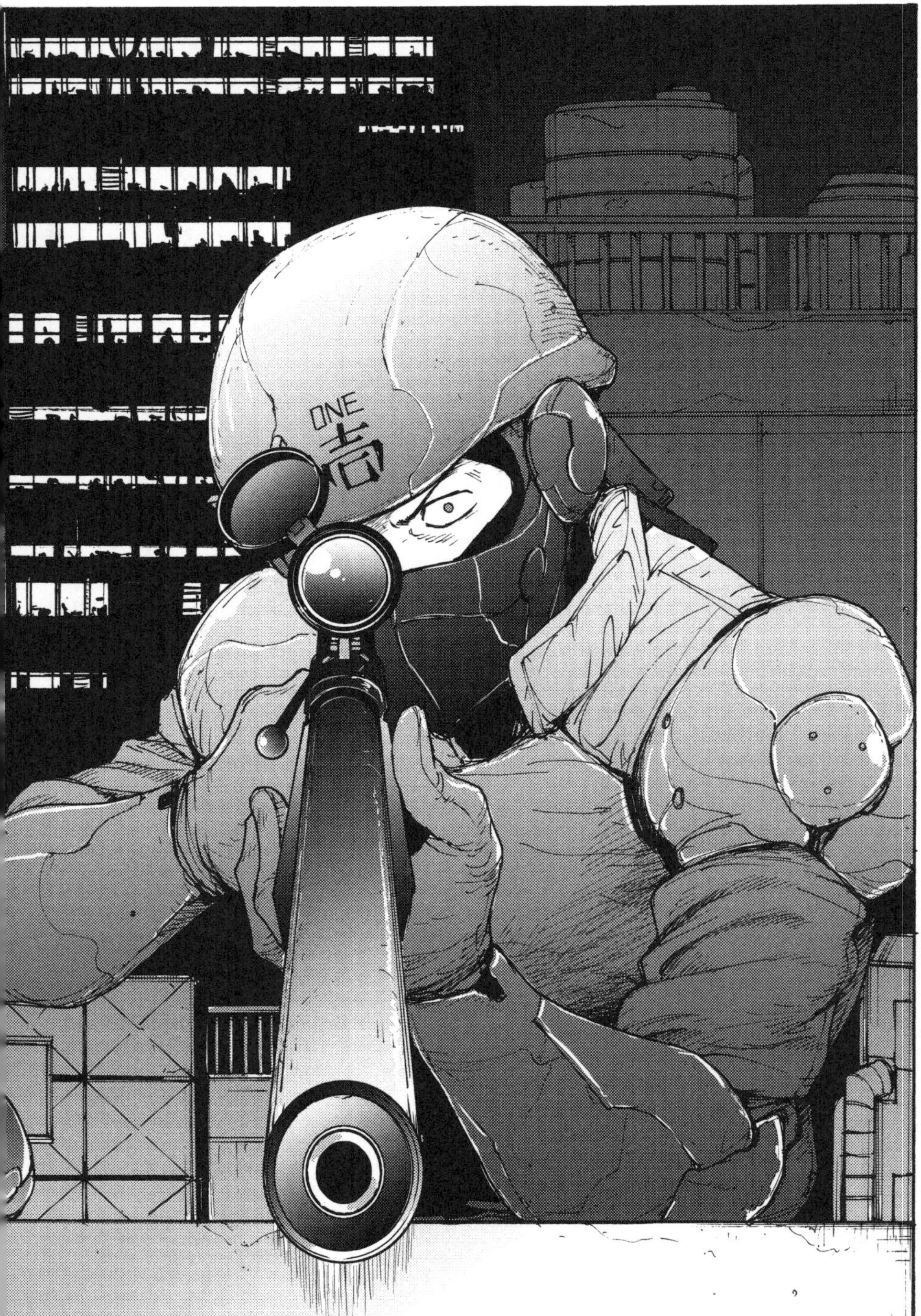
ONE
壱

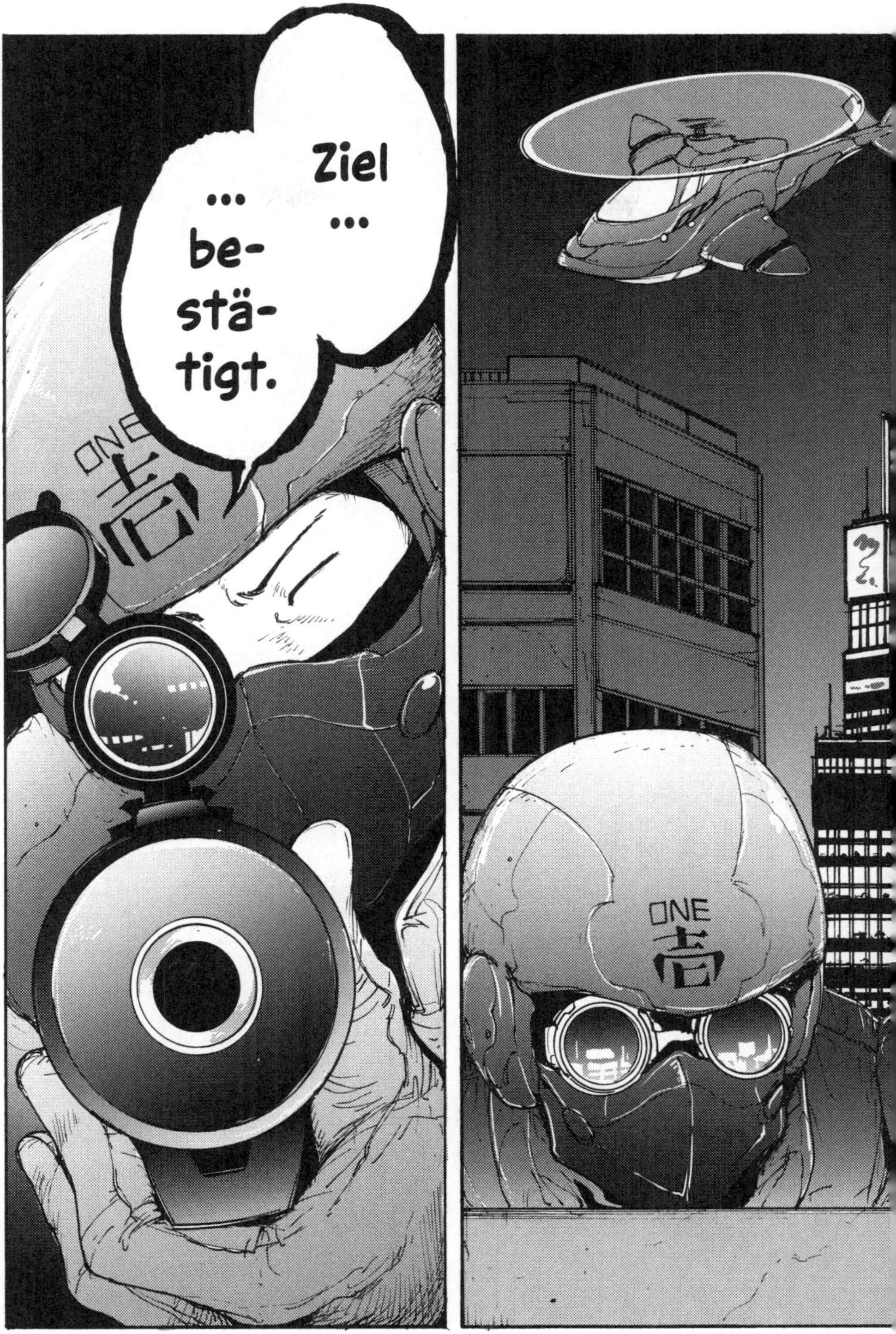
Ziel ... ... be-stä-tigt.
ONE 壱
ONE 壱

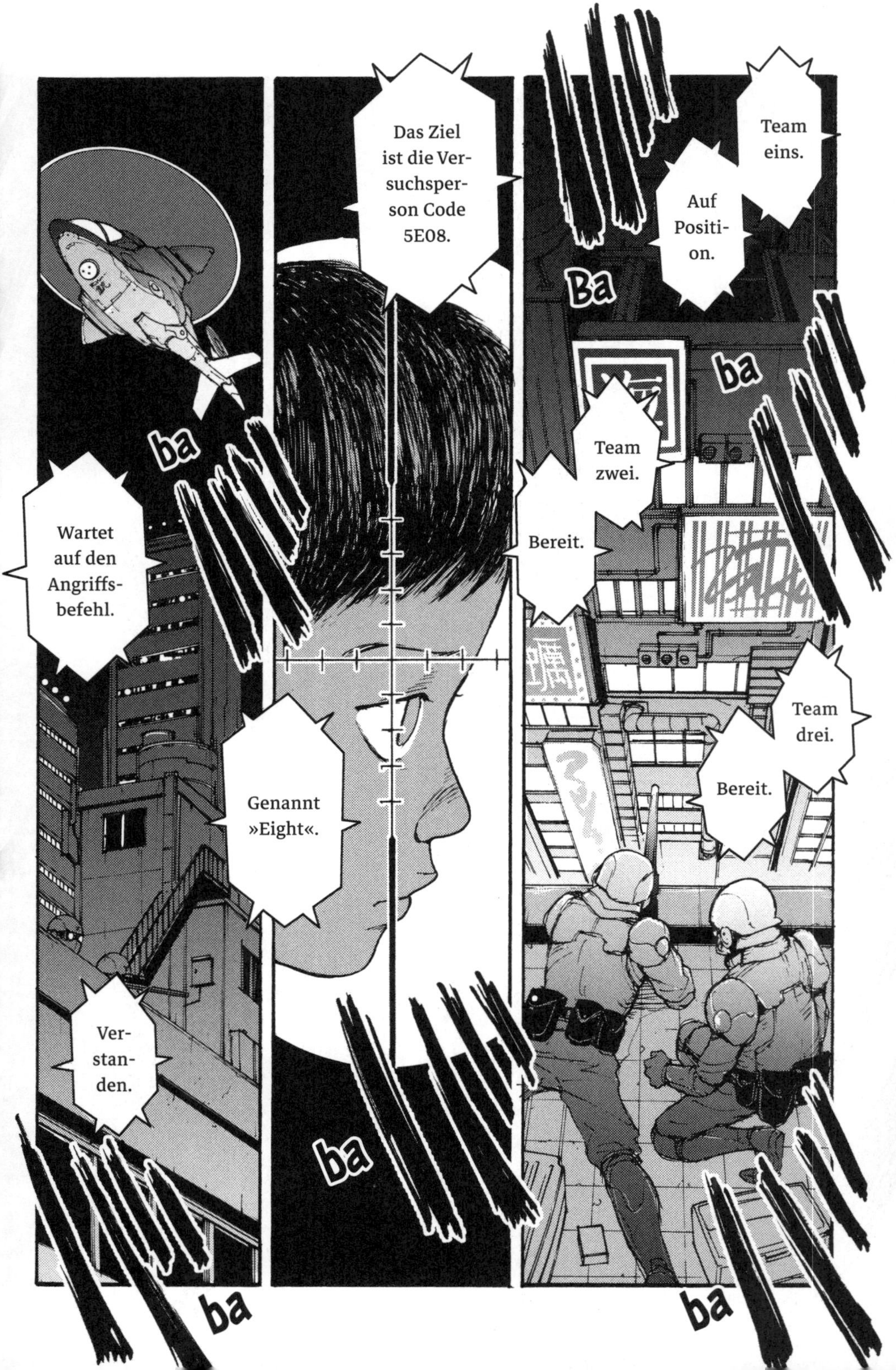
Ba
Team eins.
Auf Position.
ba
Team zwei.
Bereit.
Team drei.
Bereit.
ba
Das Ziel ist die Versuchsperson Code 5E08.
Genannt »Eight«.
ba
ba
Wartet auf den Angriffsbefehl.
Verstanden.
ba

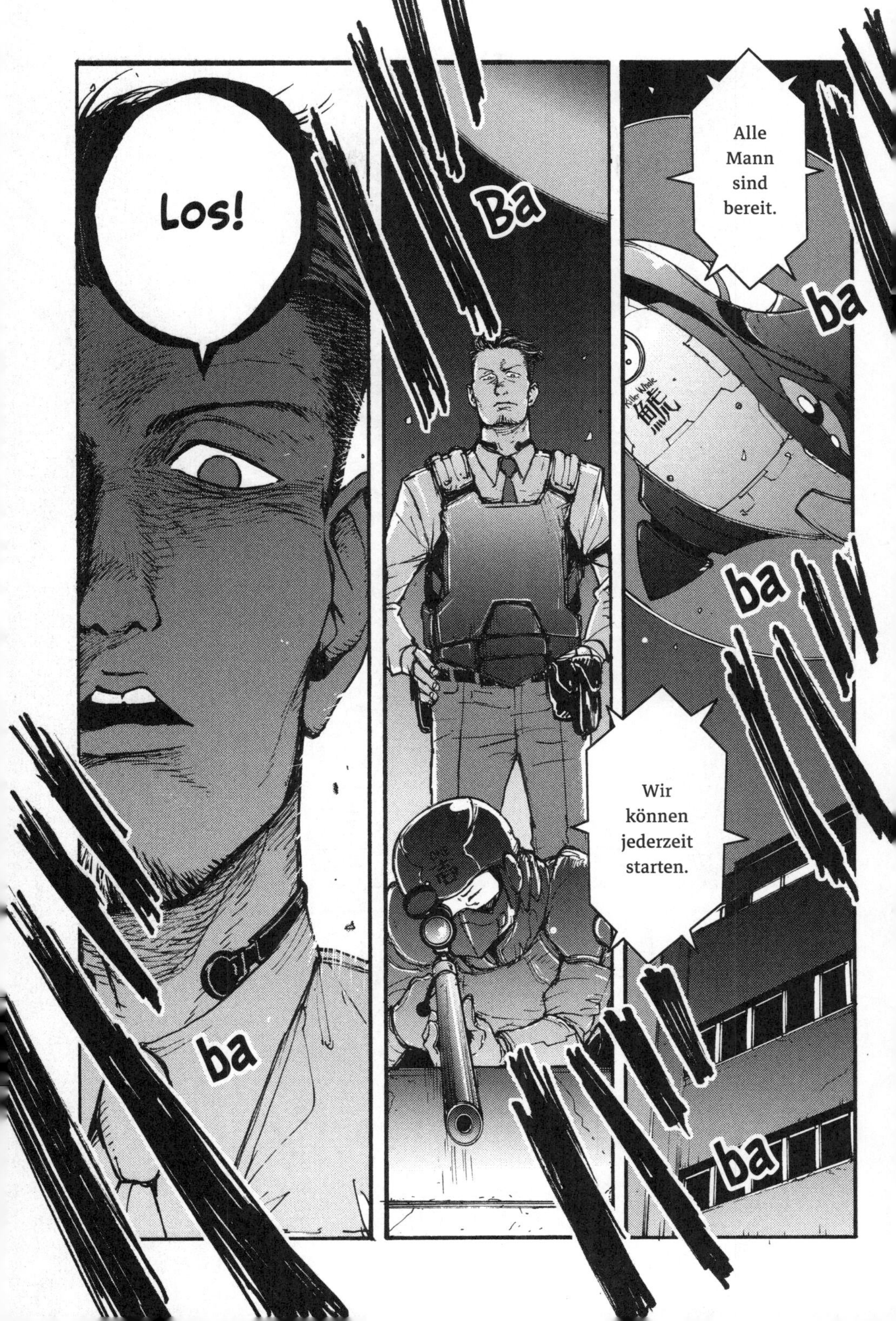
Alle Mann sind bereit.
ba
Killer Whale
ba
Wir können jederzeit starten.
ba
Ba
Los!
ba

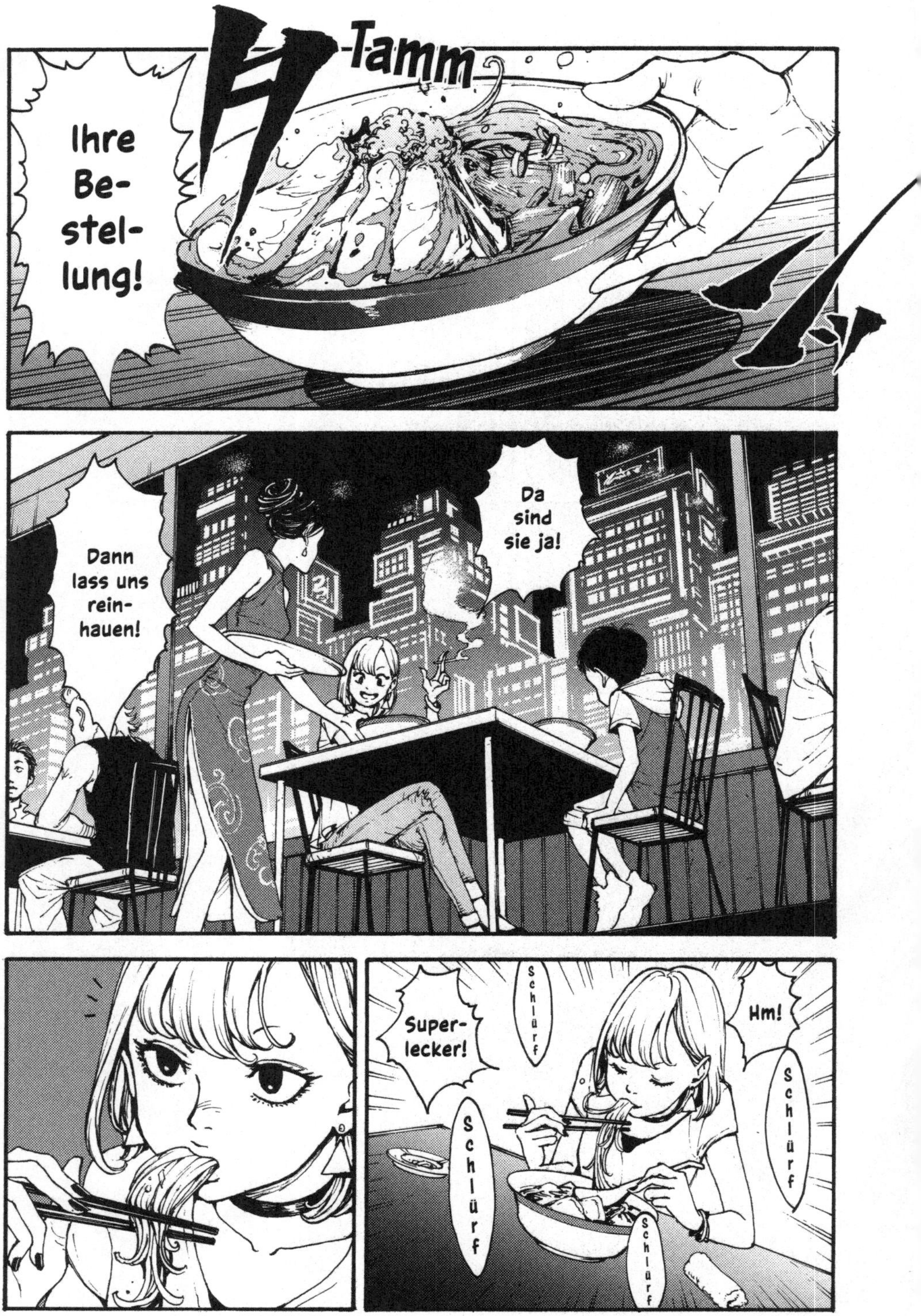
Tamm
Ihre Be-stel-lung!
Da sind sie ja!
Dann lass uns rein-hauen!
Hm!
Super-lecker!
Schlürf
Schlürf
Schlürf
Schlürf

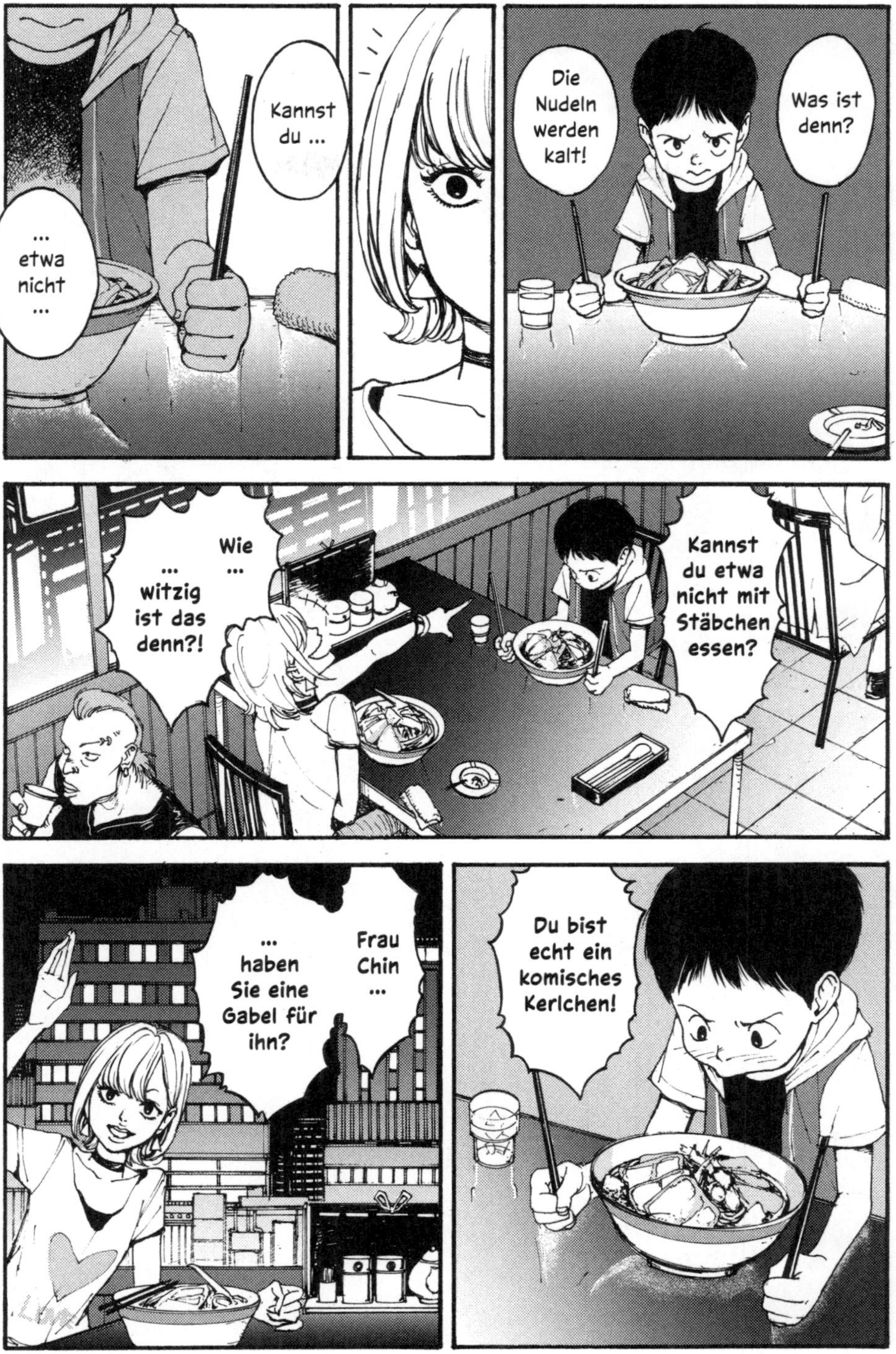

Was ist denn?
Die Nudeln werden kalt!
Kannst du ...
... etwa nicht ...
Kannst du etwa nicht mit Stäbchen essen?
Wie ...
... witzig ist das denn?!
Du bist echt ein komisches Kerlchen!
Frau Chin ...
... haben Sie eine Gabel für ihn?

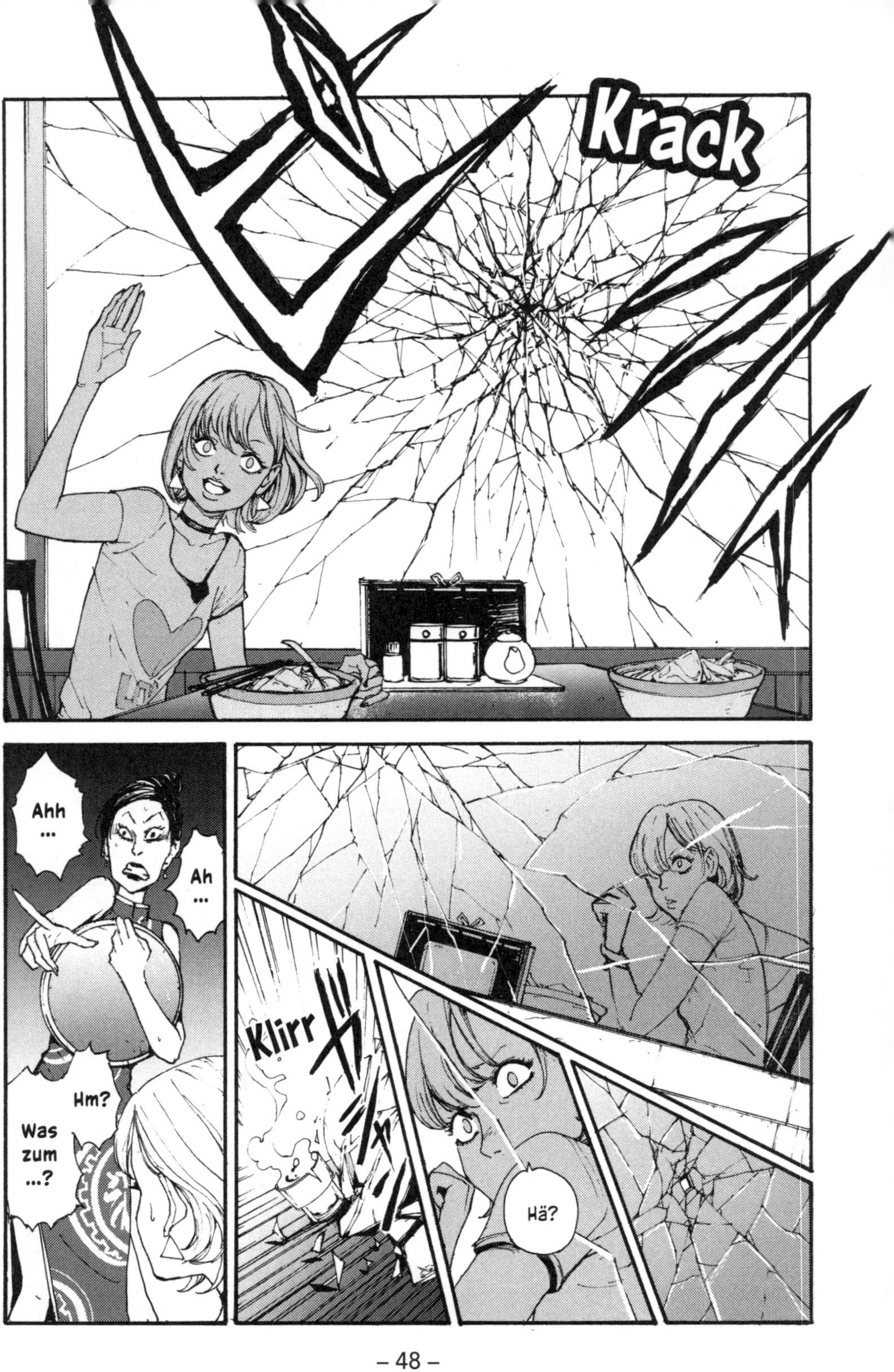
Krack
Ahh …
Ah …
Klirr
Hm?
Was zum …?
Hä?

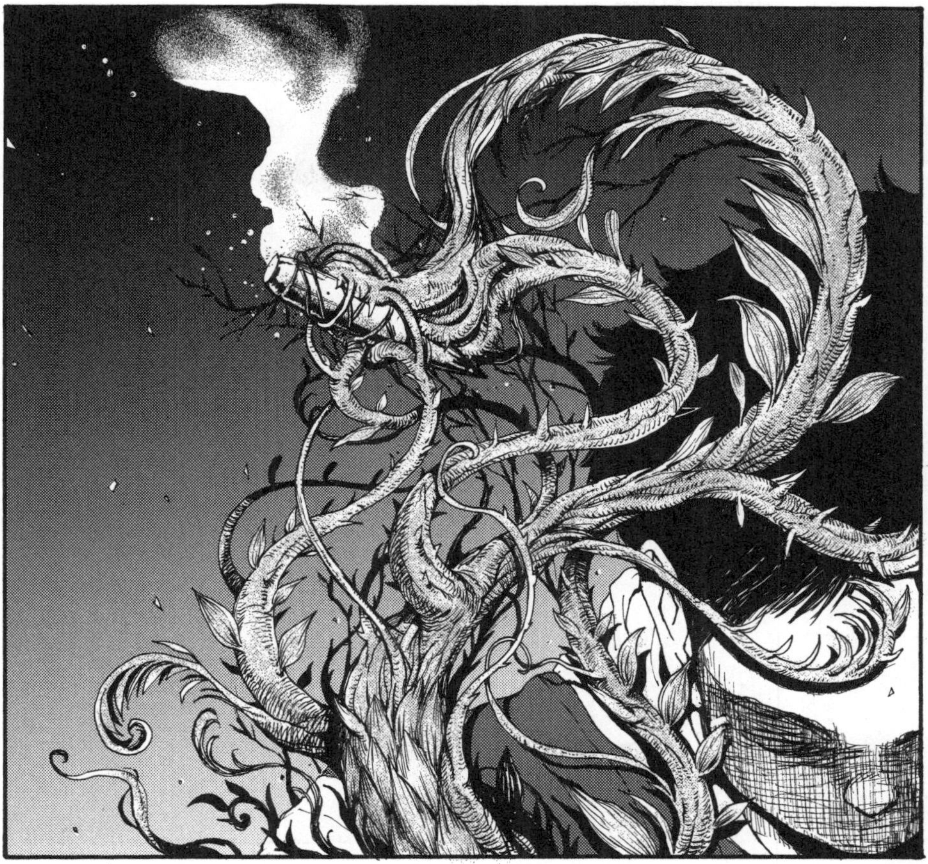

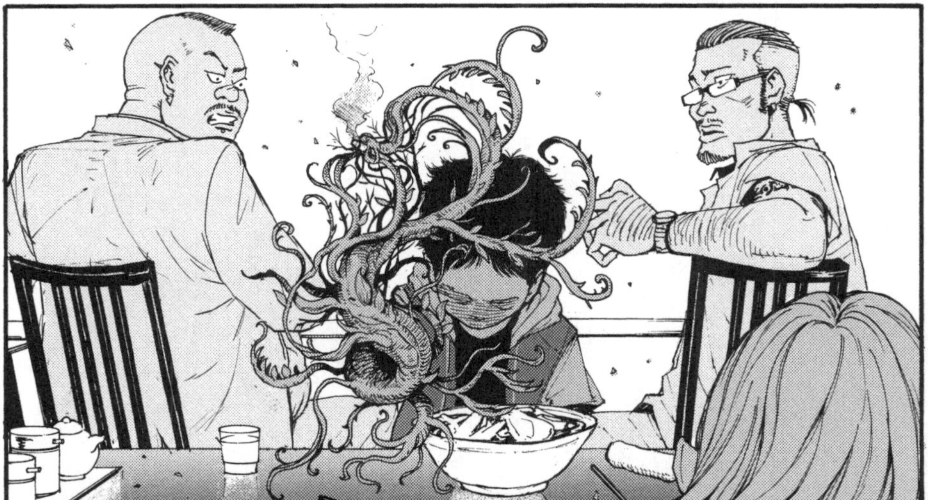

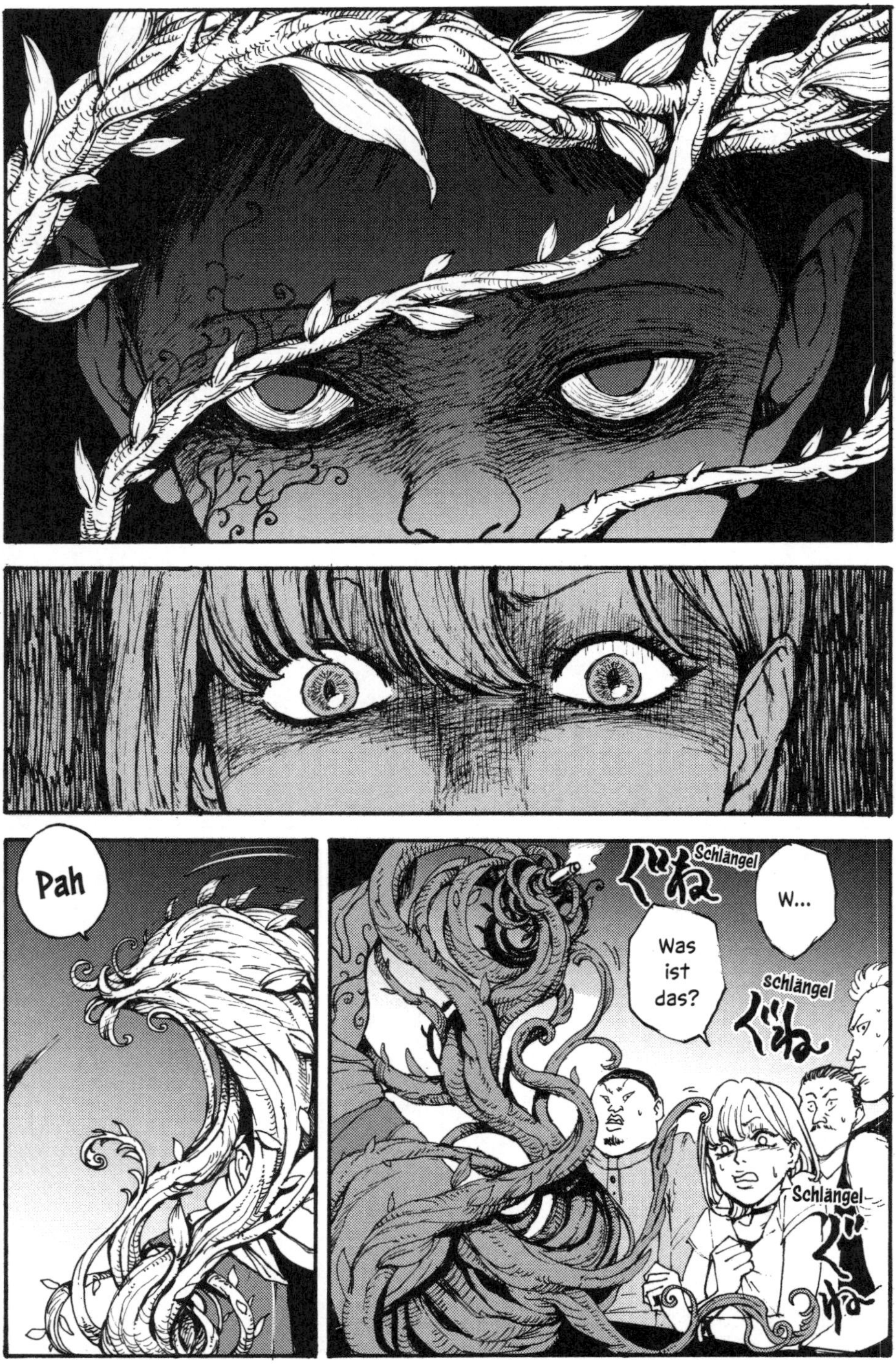

Schlängel
ぐね
W...
Was ist das?
schlängel
ぐね
Schlängel
ぐね
Pah

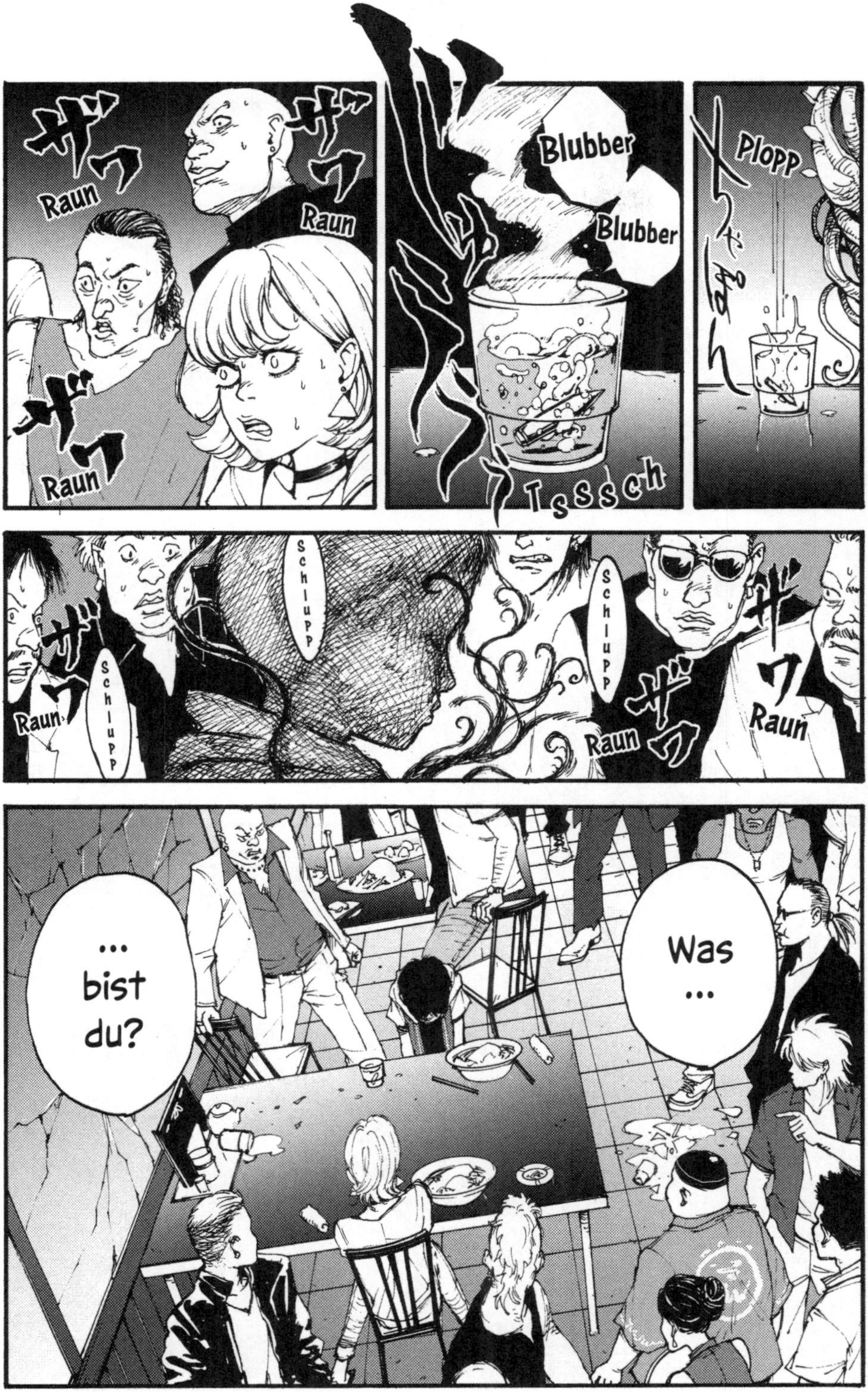
Plopp
Blubber
Blubber
Tsssch
Raun
Raun
Raun
Raun
Raun
Schlupp
Schlupp
Schlupp
Raun
Was ...
... bist du?

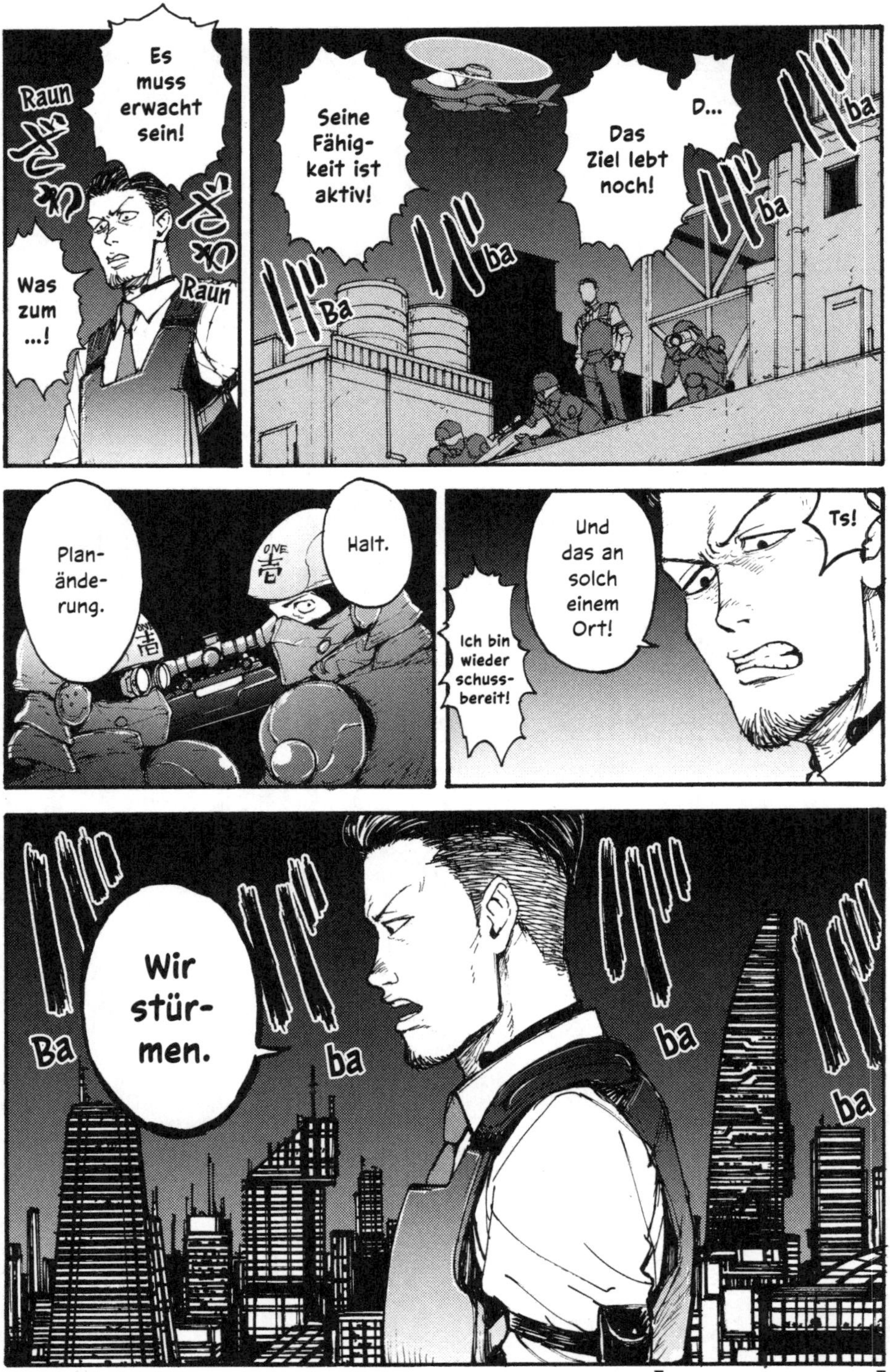

Kapitel eins / Ende

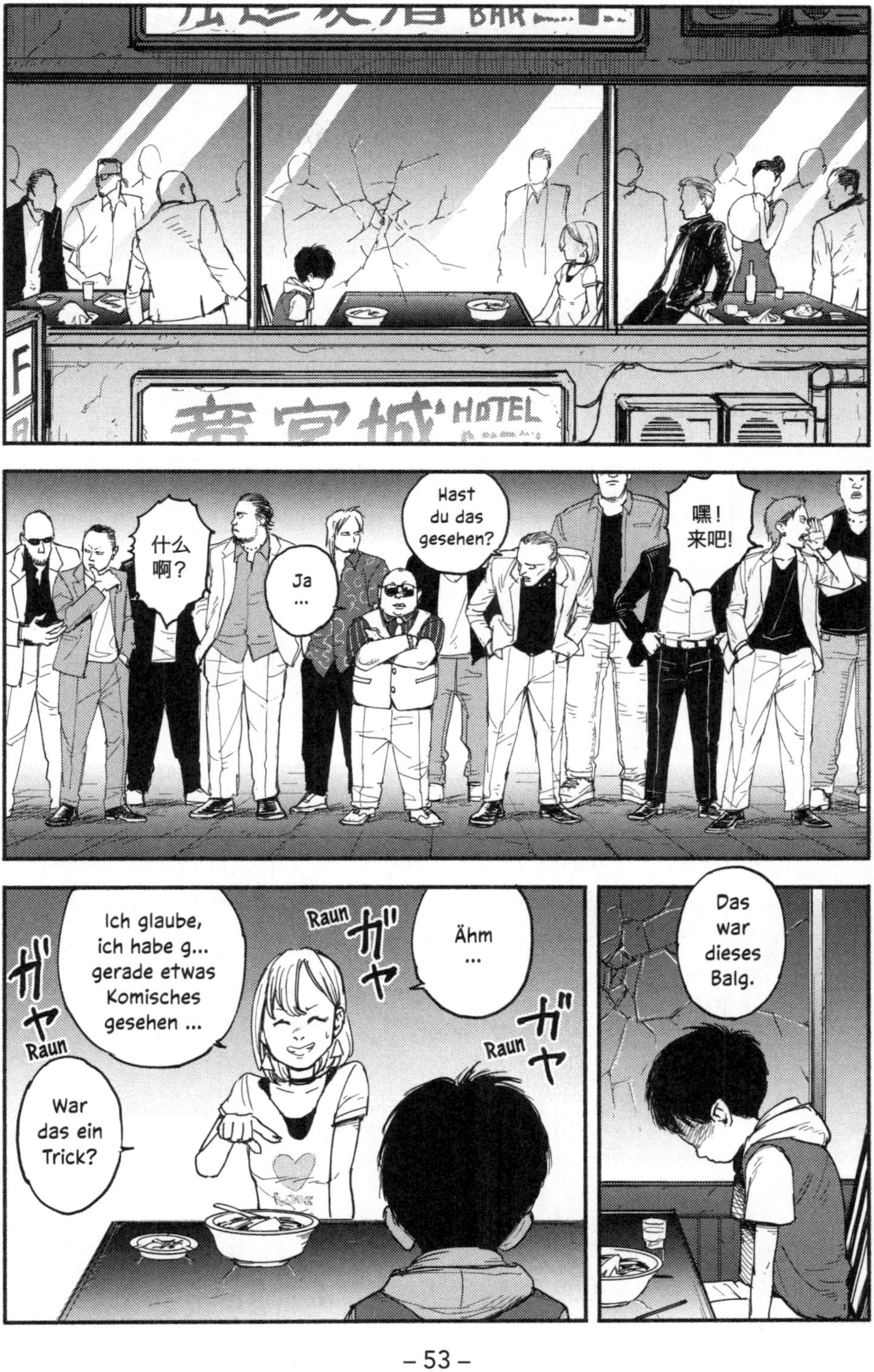
BAR
HOTEL
嘿！
来吧!
Hast du das gesehen?
Ja ...
什么啊？
Das war dieses Balg.
Raun ガヤ
Ähm ...
Raun ガヤ
Raun ガヤ
Ich glaube, ich habe g... gerade etwas Komisches gesehen ...
War das ein Trick?

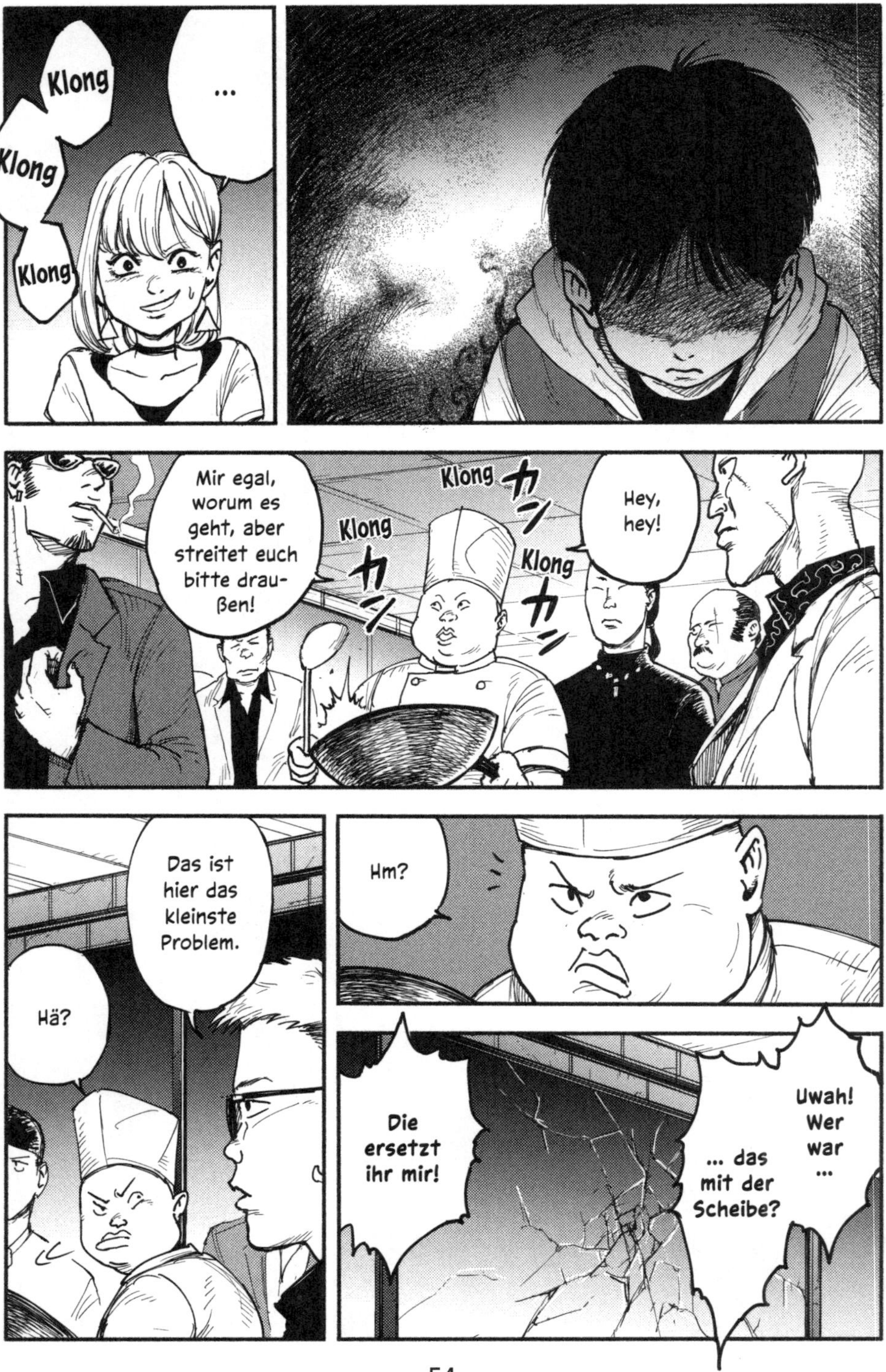
…
Klong
Klong
Klong
Hey, hey!
Klong
カン
Klong
カン
Klong
カン
Mir egal, worum es geht, aber streitet euch bitte drau-ßen!
Hm?
Das ist hier das kleinste Problem.
Hä?
Uwah! Wer war …
… das mit der Scheibe?
Die ersetzt ihr mir!

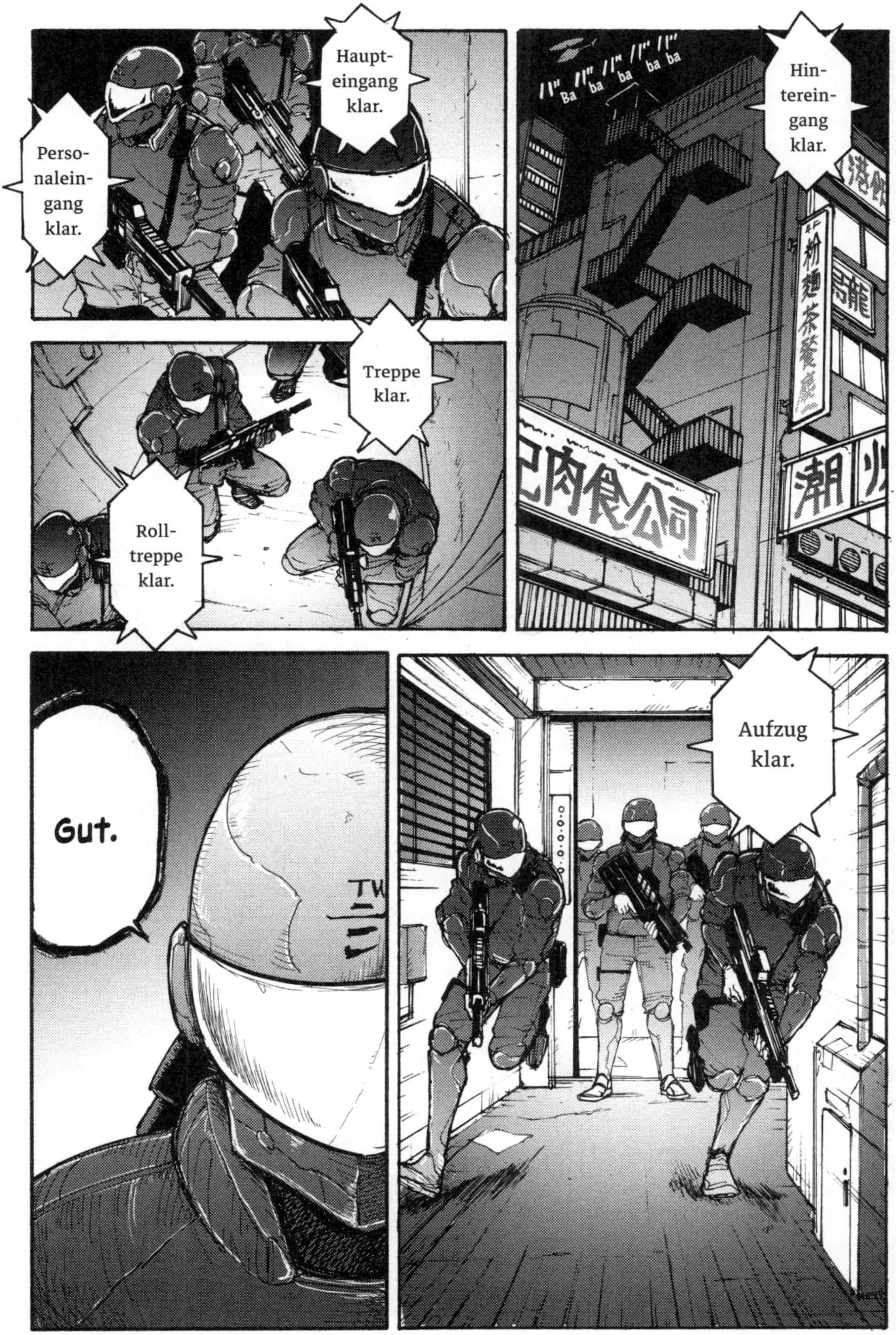

Ba ba ba ba ba
Hintereingang klar.
Haupteingang klar.
Personaleingang klar.
Treppe klar.
Rolltreppe klar.
Aufzug klar.
Gut.

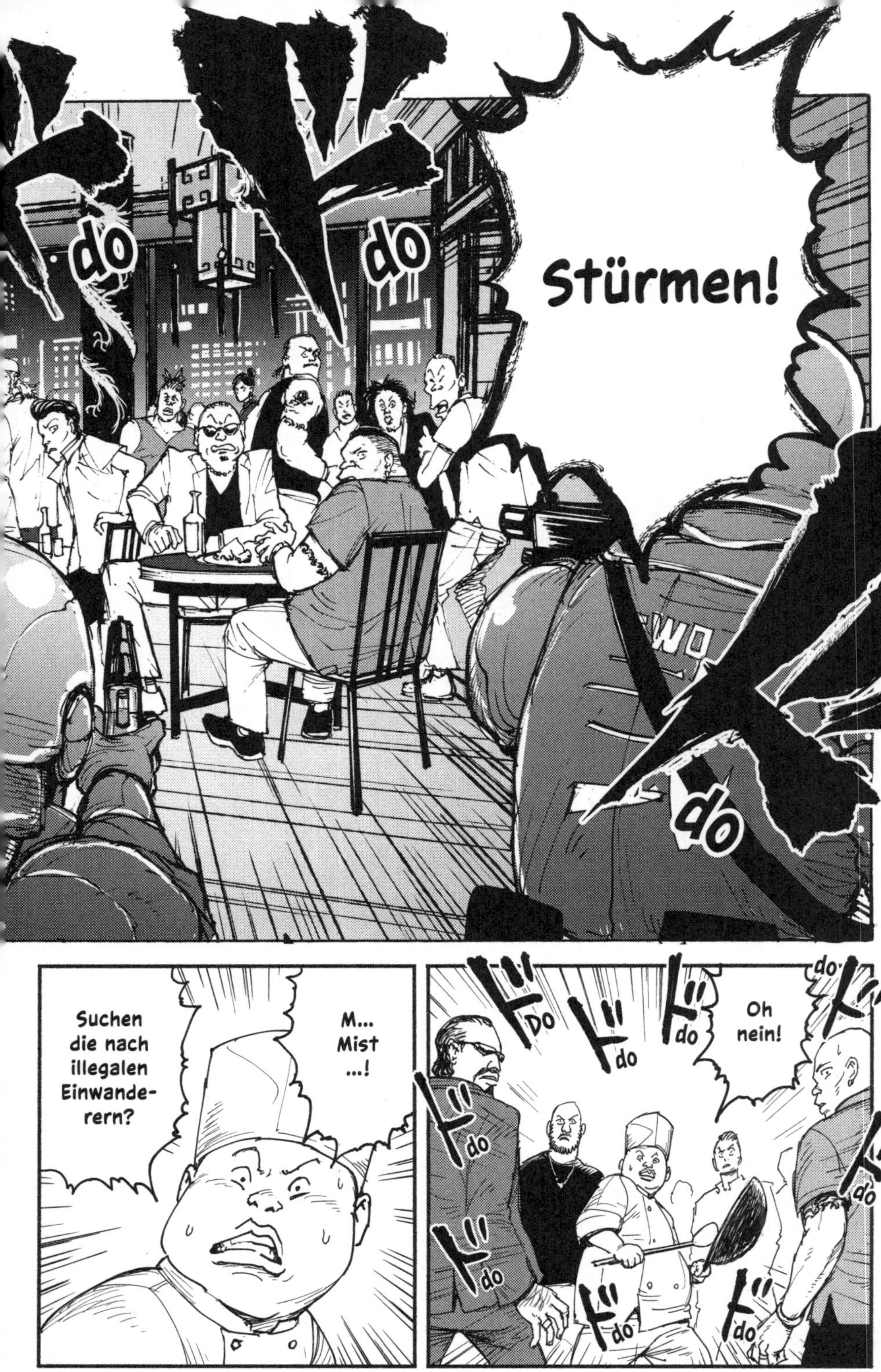
do
do
Stürmen!
do
Oh nein!
DO
do
do
do
do
do
do
do
do
M... Mist ...!
Suchen die nach illegalen Einwanderern?

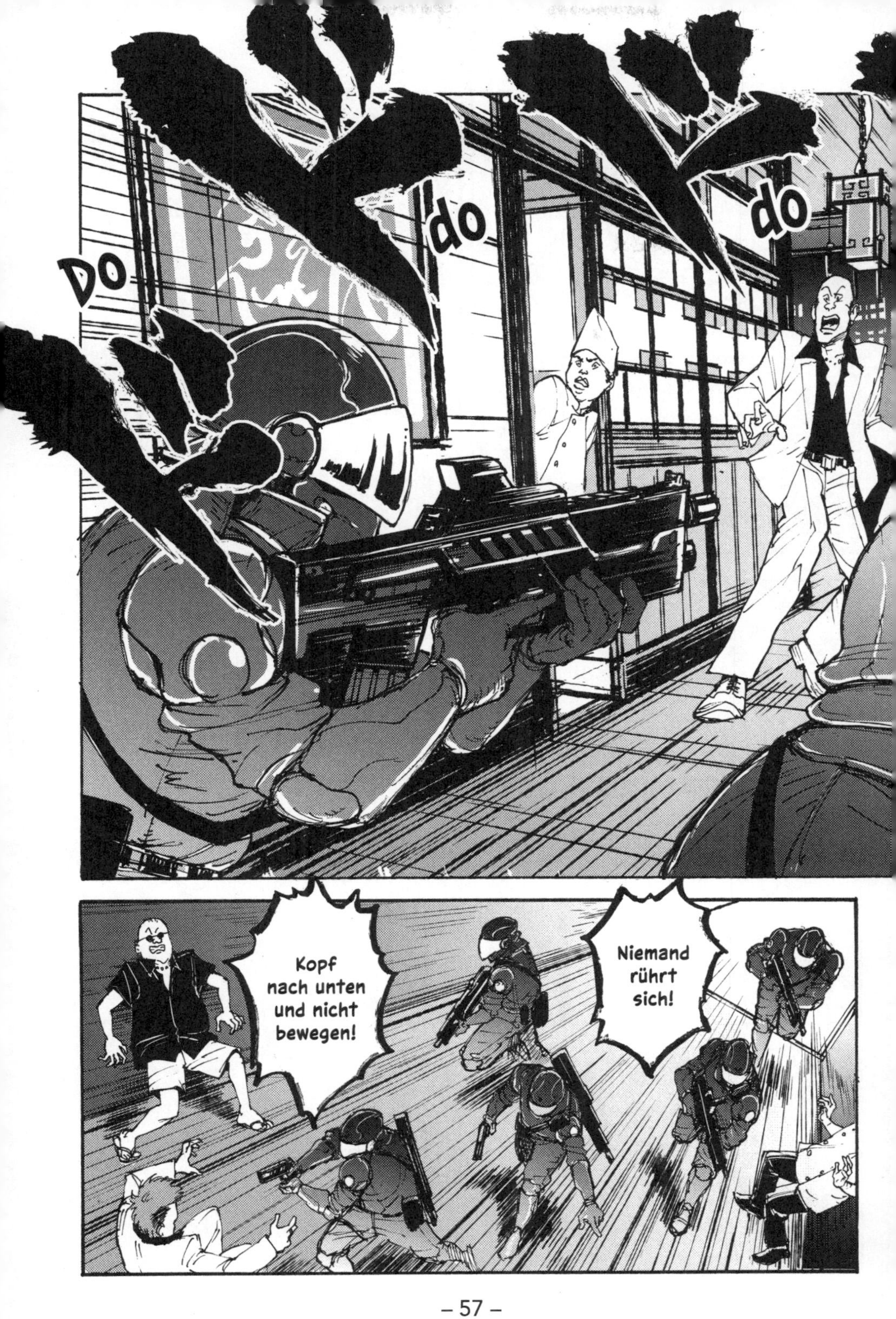
Do
do
do
Niemand rührt sich!
Kopf nach unten und nicht bewegen!

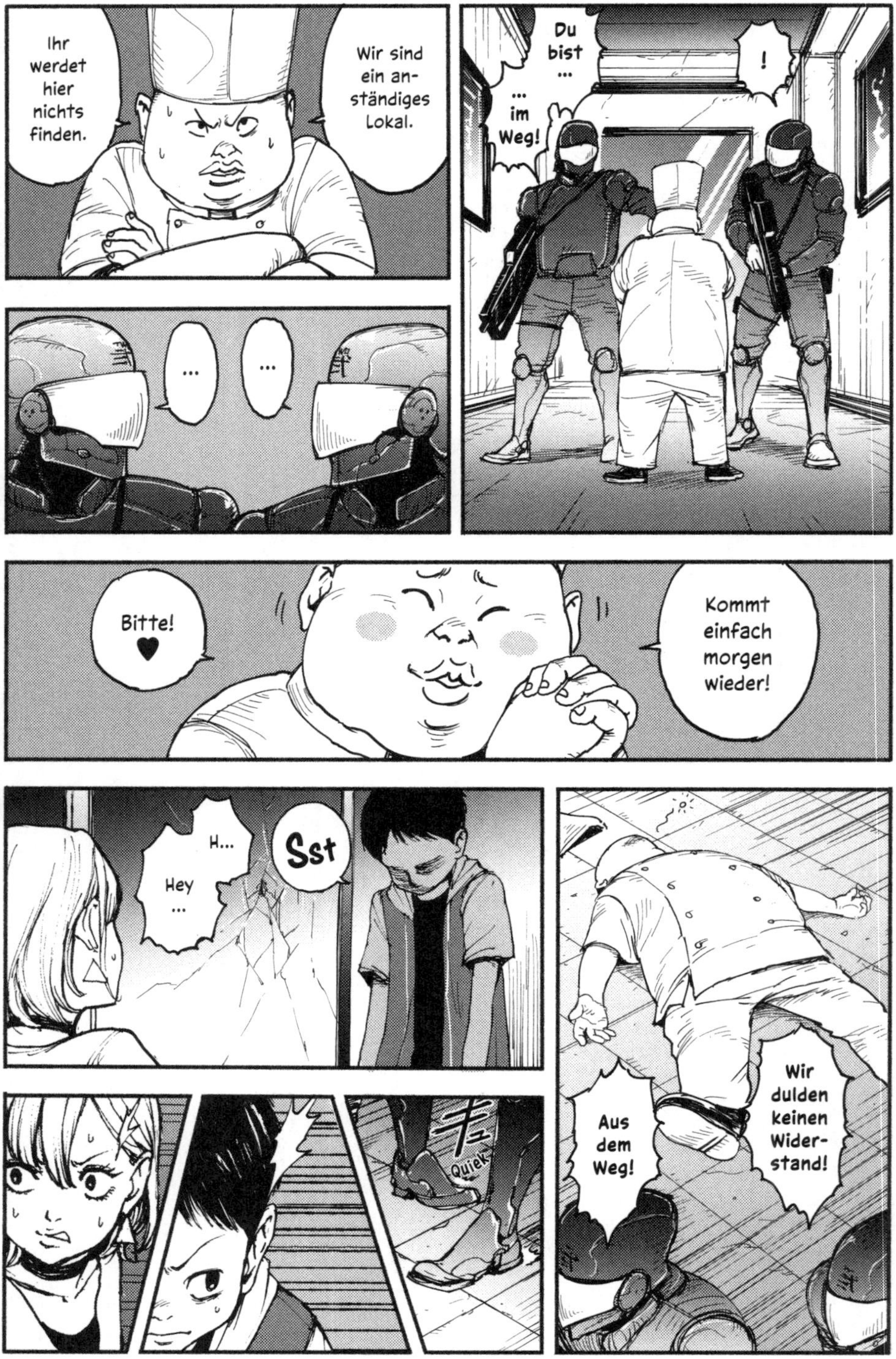
!
Du bist ...
... im Weg!
Wir sind ein anständiges Lokal.
Ihr werdet hier nichts finden.
...
...
Kommt einfach morgen wieder!
Bitte! ♥
Wir dulden keinen Widerstand!
Aus dem Weg!
Sst
H...
Hey ...
Quiek

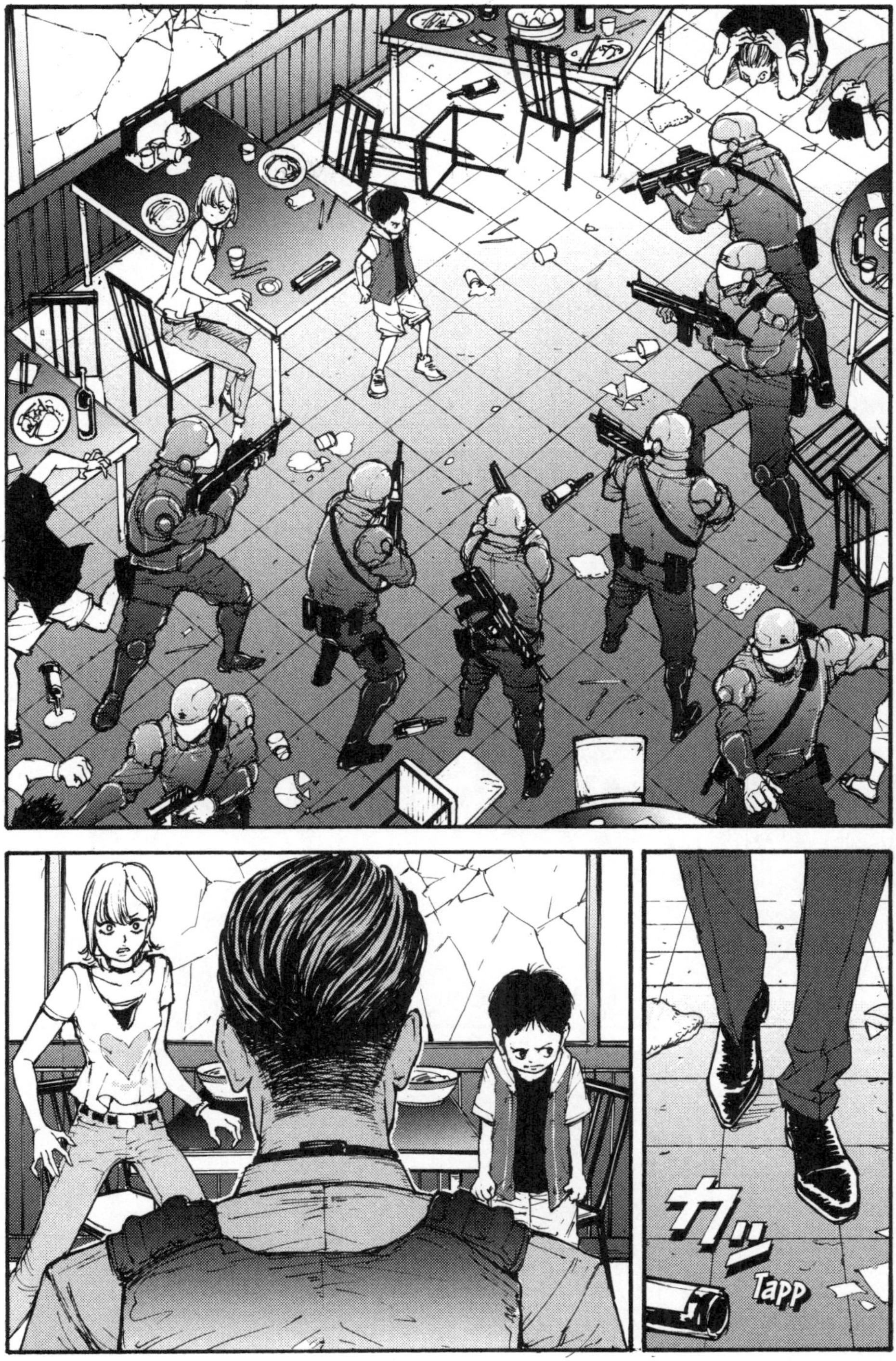
カッ
Tapp

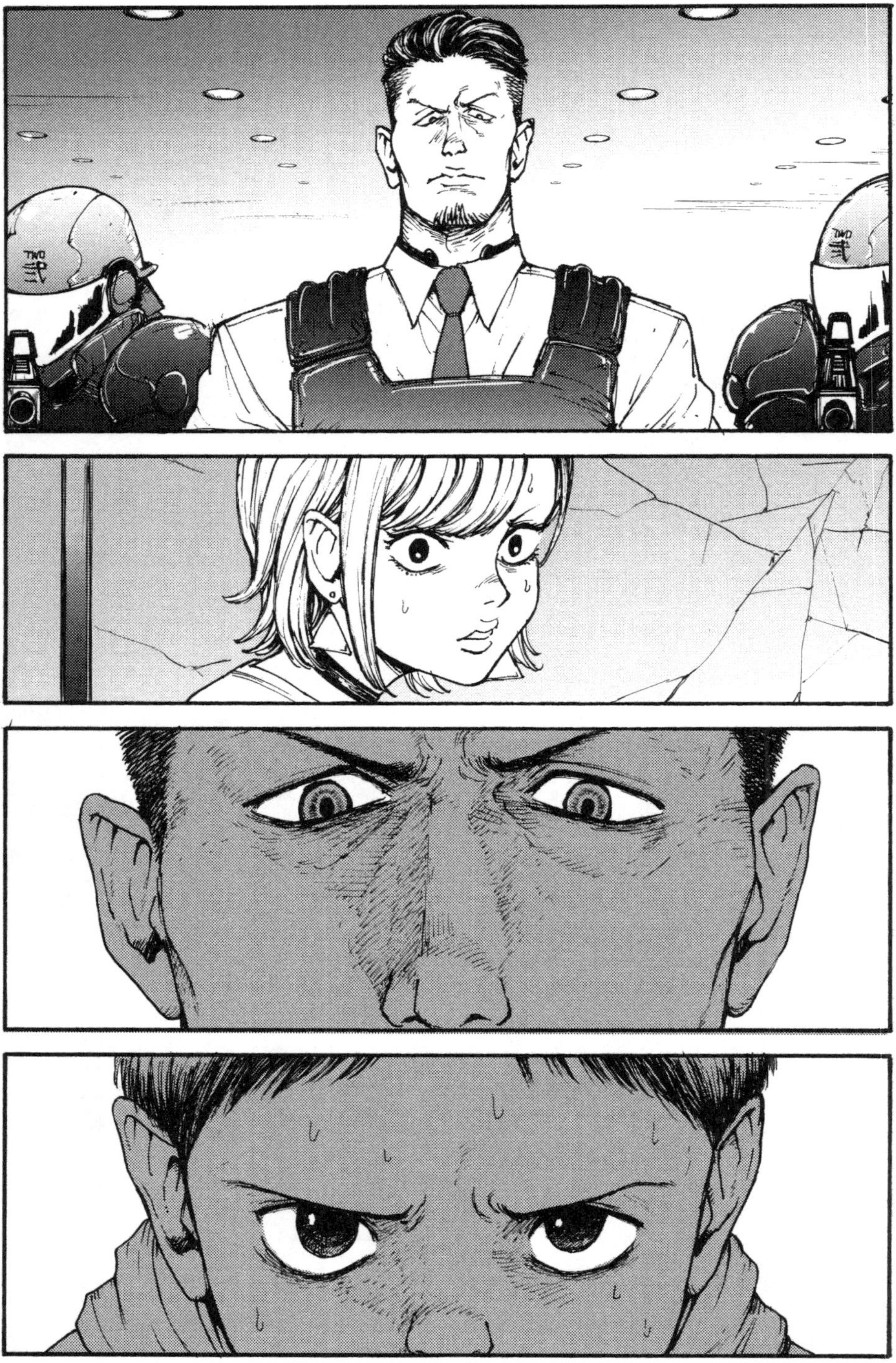

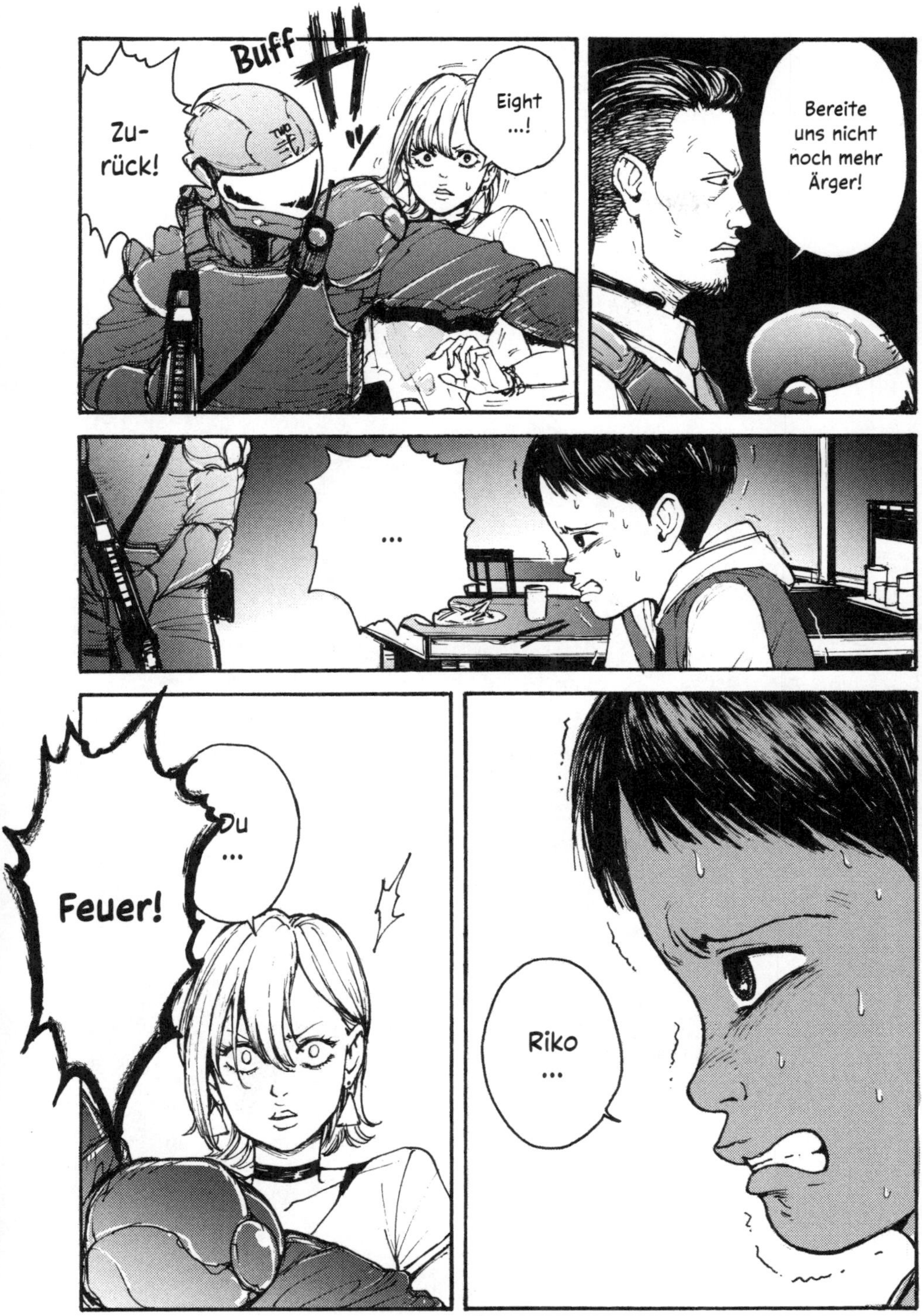
Bereite uns nicht noch mehr Ärger!
Eight ...!
Buff
Zu-rück!
...
Riko ...
Du ...
Feuer!

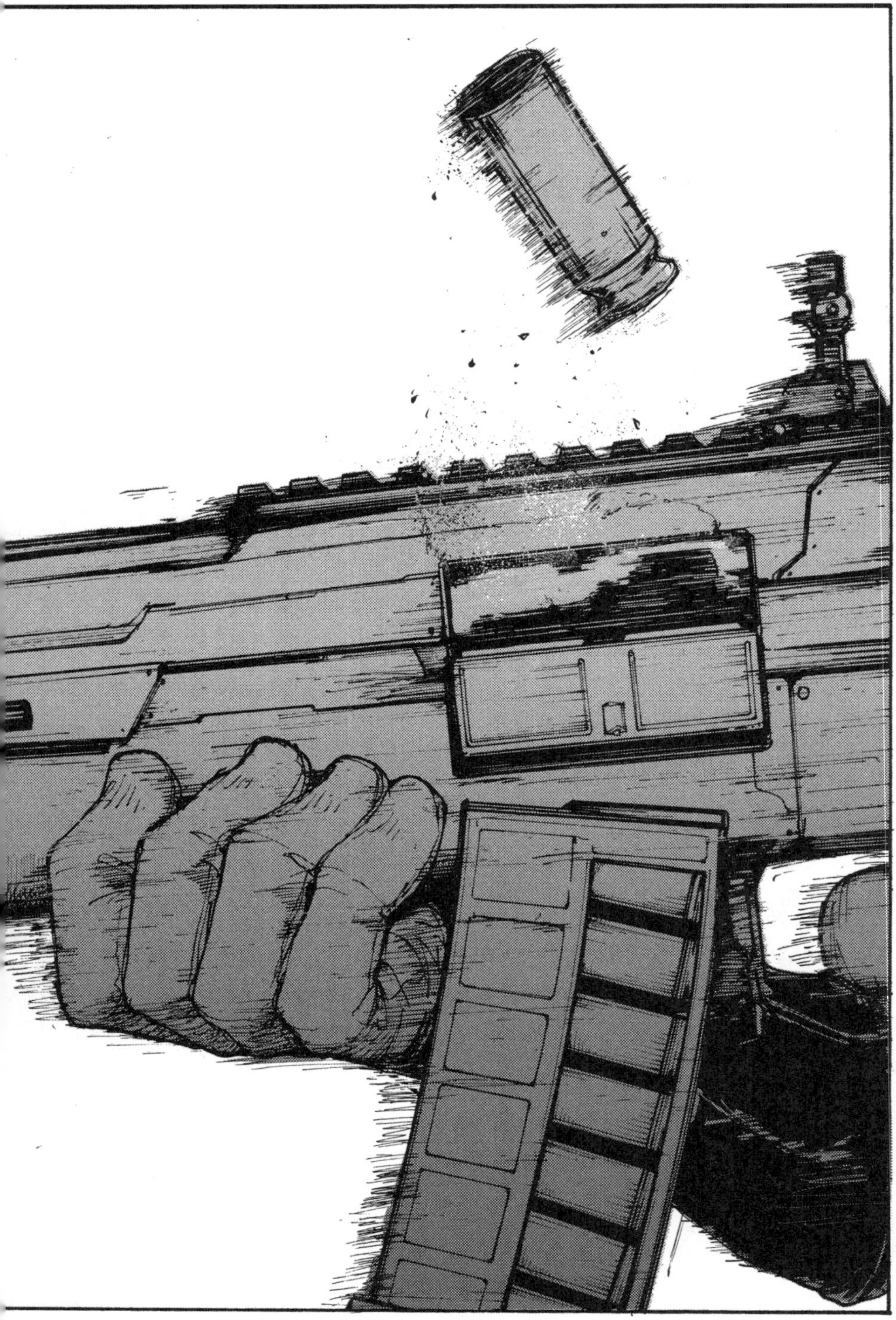

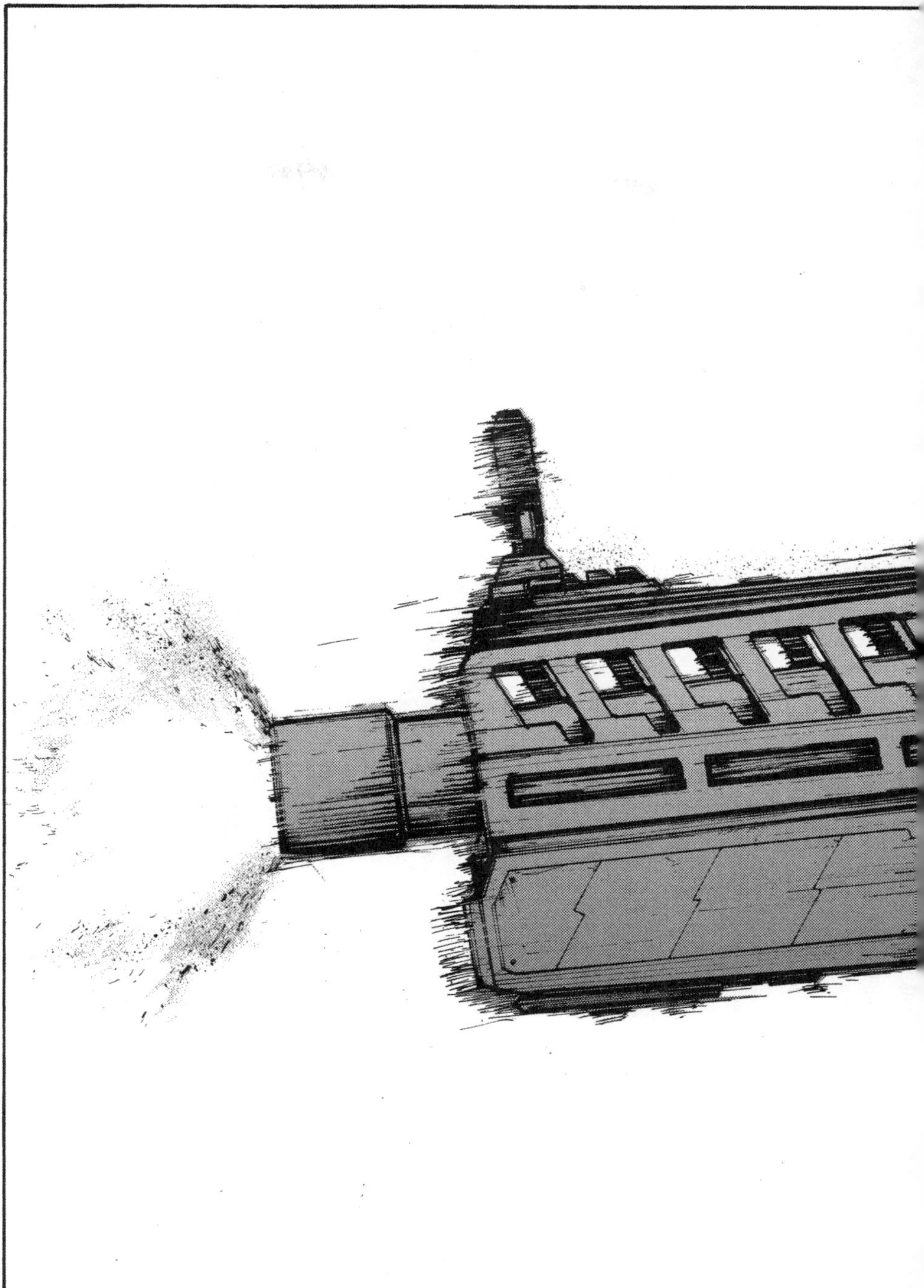

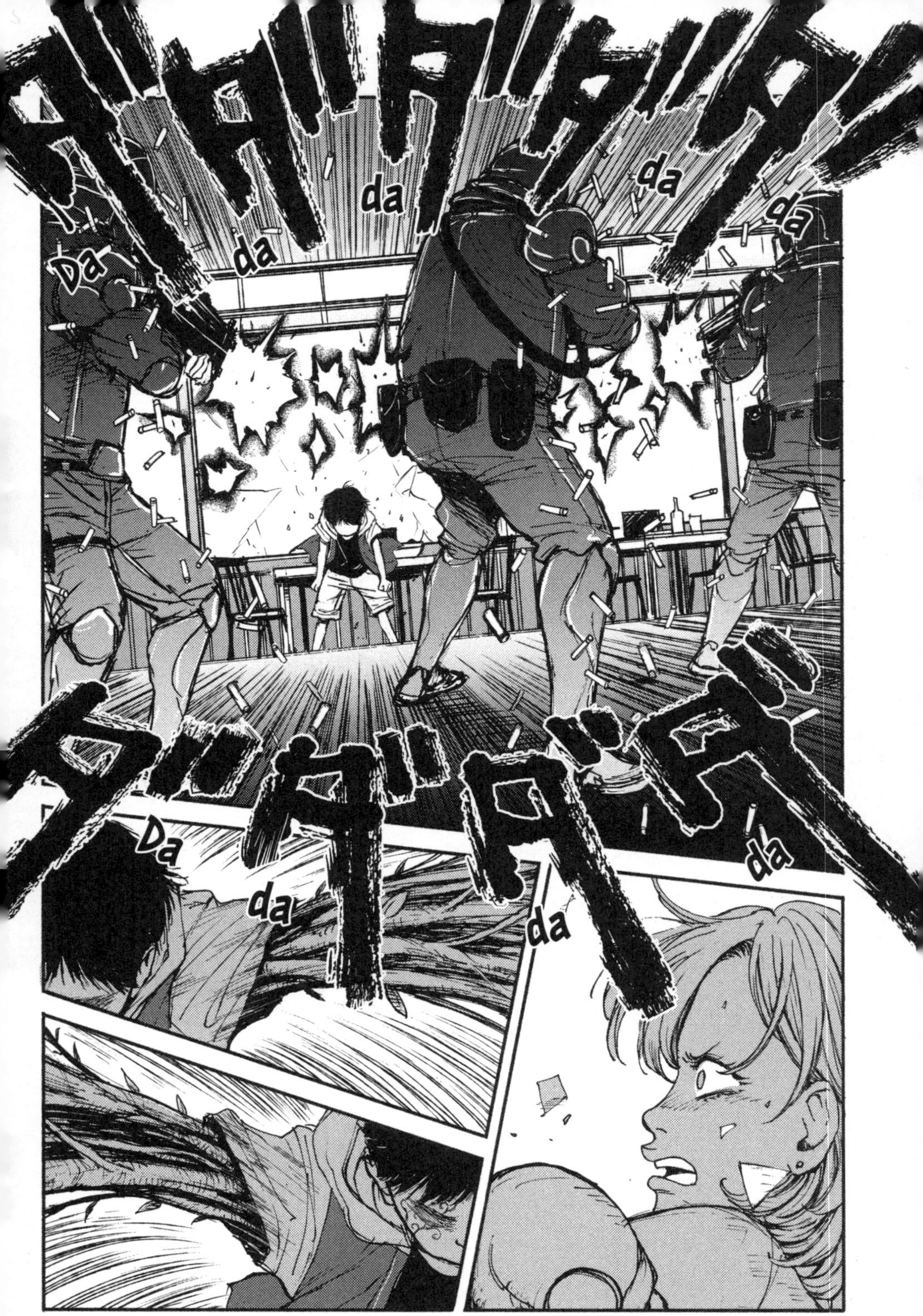
da
da
da
da
Da
da
da
da
Da

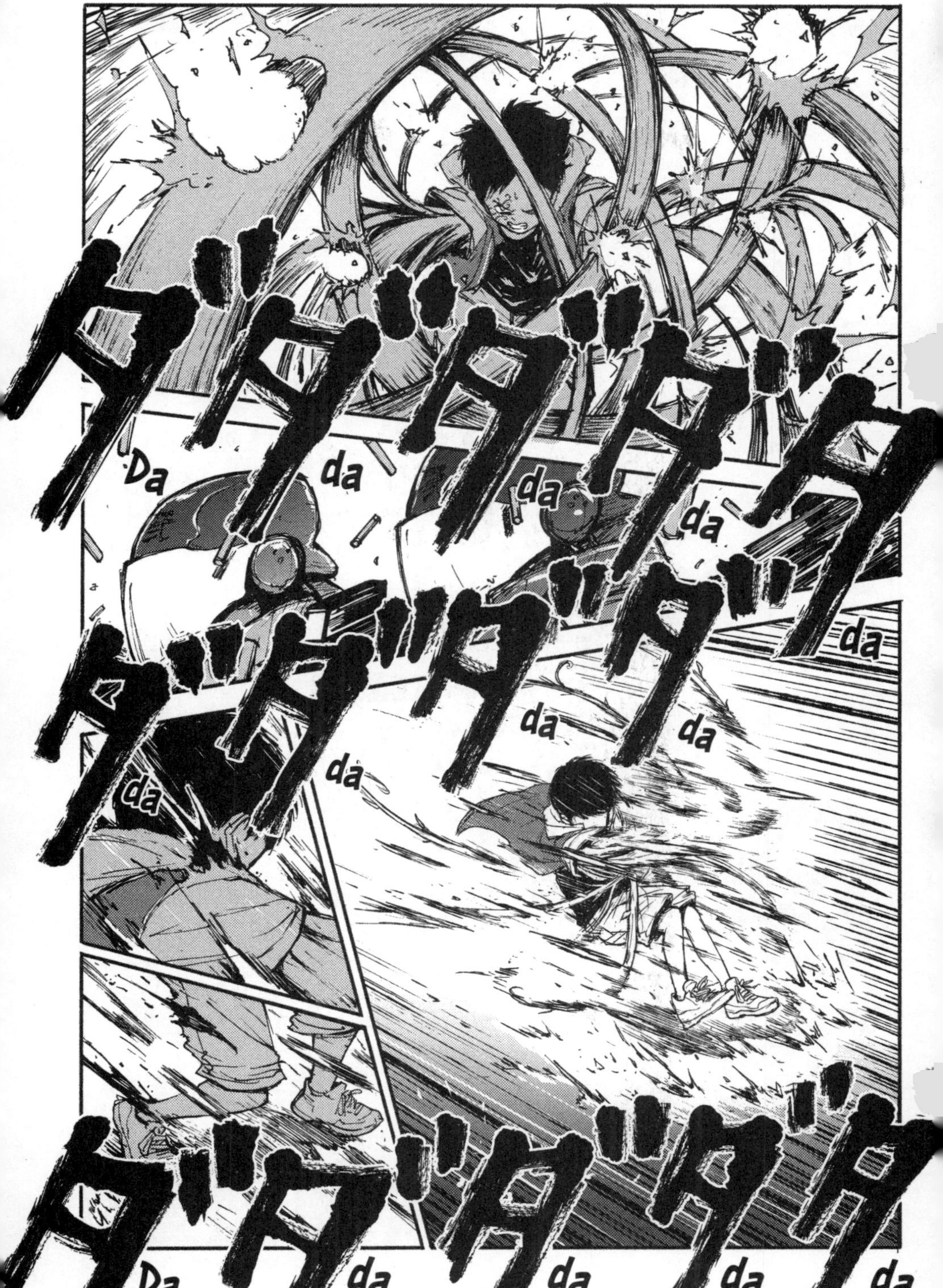
ダダダダダ
Da da da da da
ダダダダ
da da da da
ダダダダダ
Da da da da da

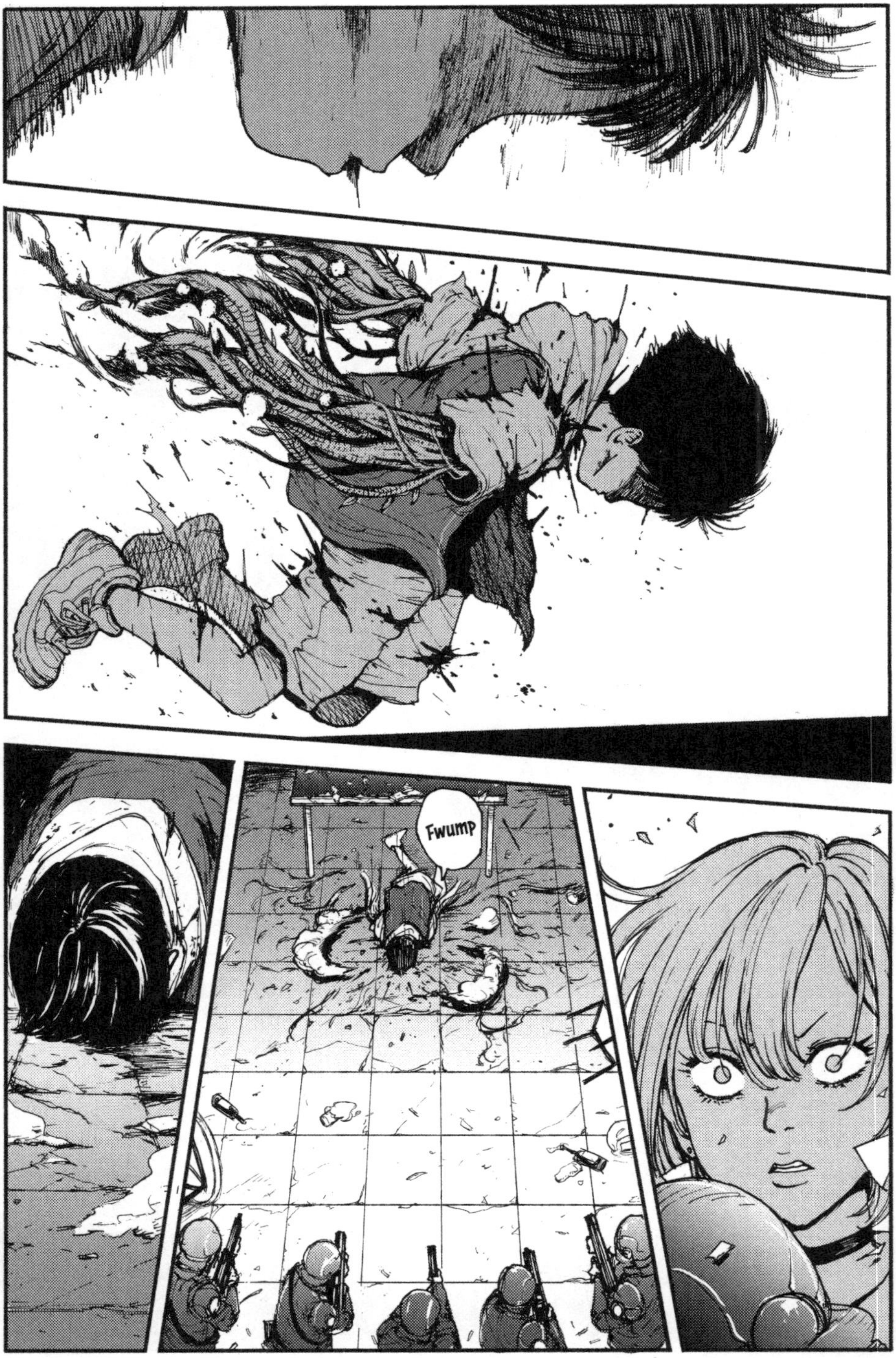
Fwump

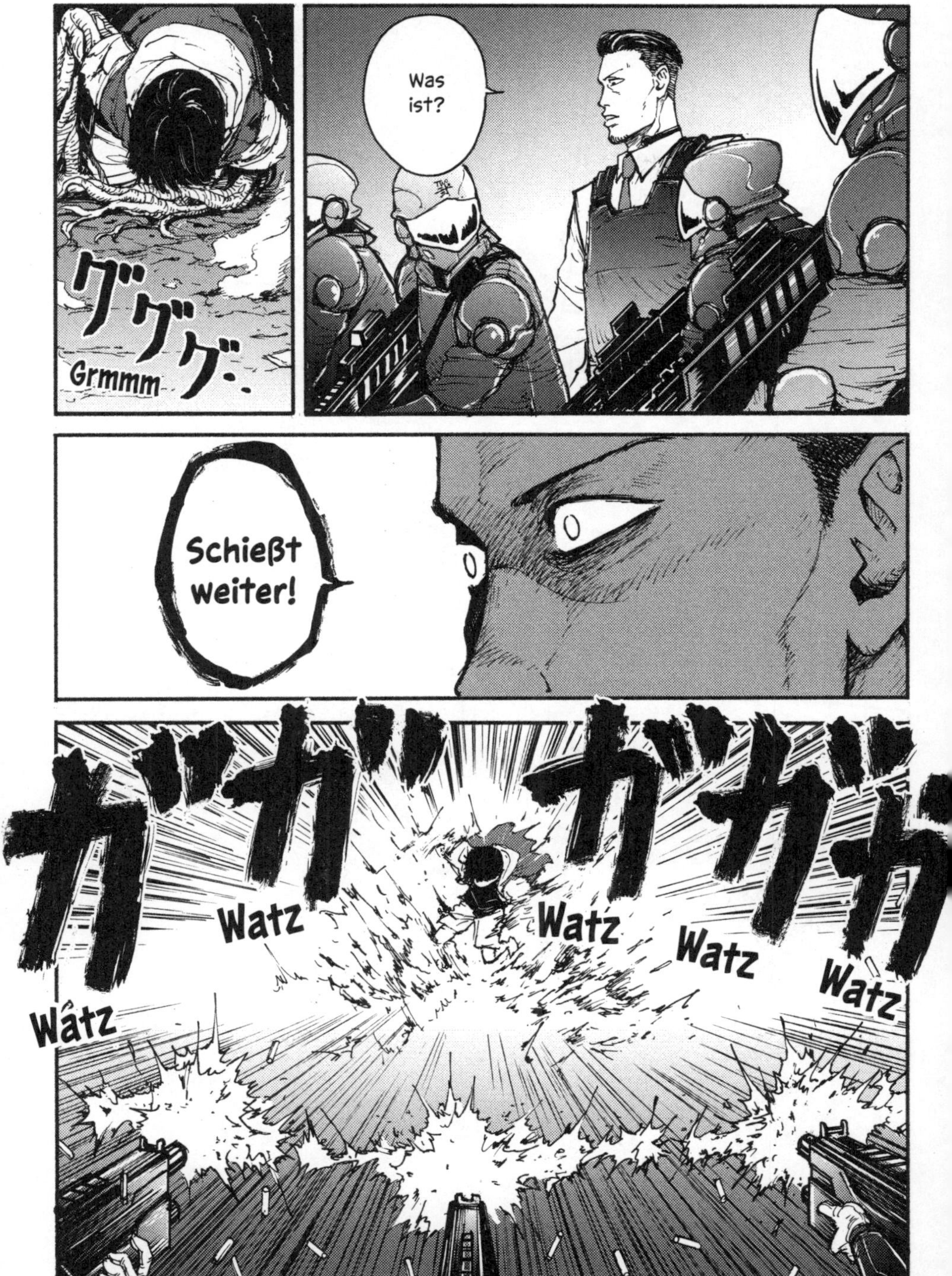
Was ist?
グググ…
Grmmm
Schießt weiter!
ガガガガガ
Watz
Watz
Watz
Watz
Watz

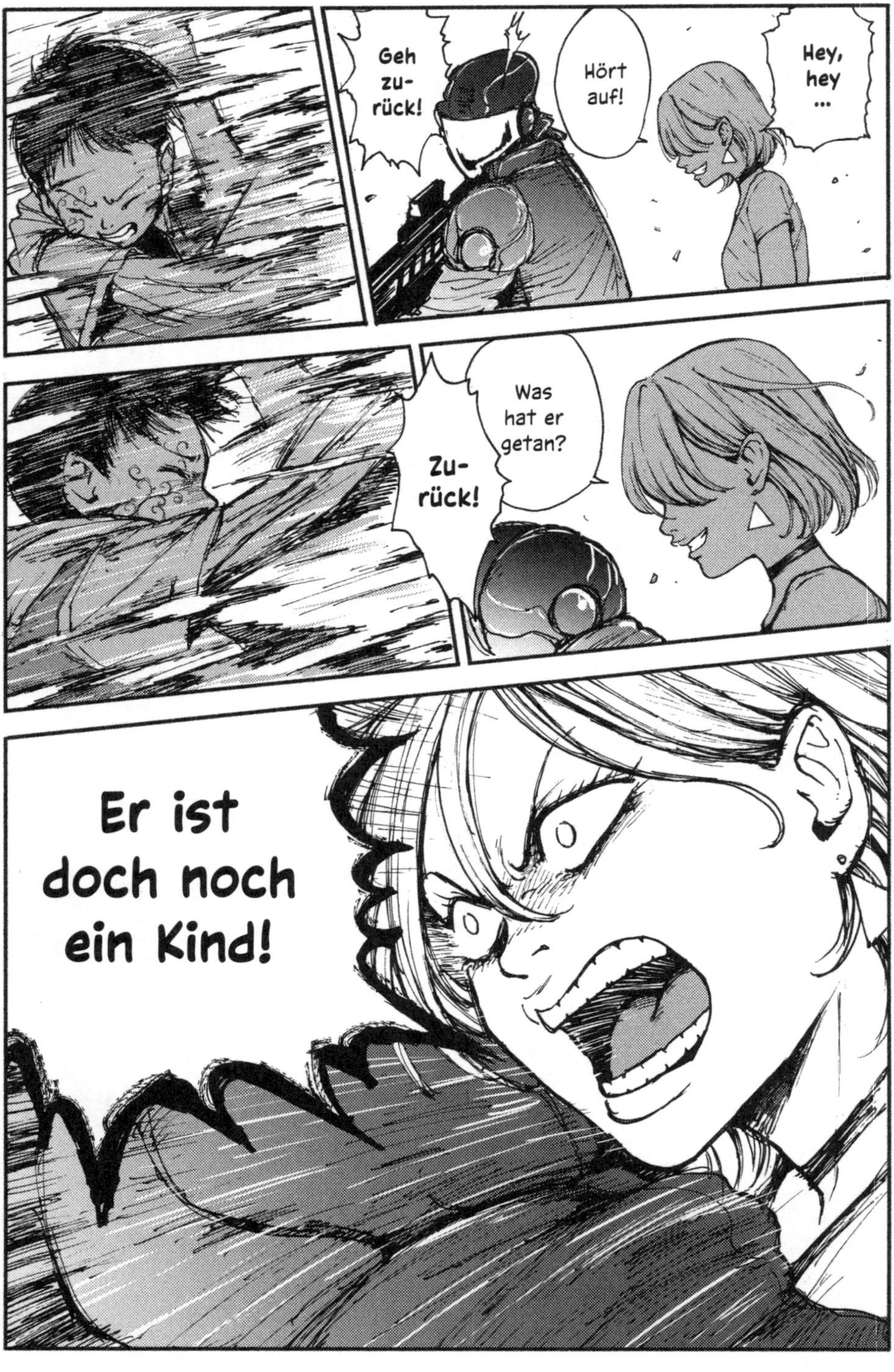
Hey, hey ...
Hört auf!
Geh zurück!
Was hat er getan?
Zurück!
Er ist doch noch ein Kind!

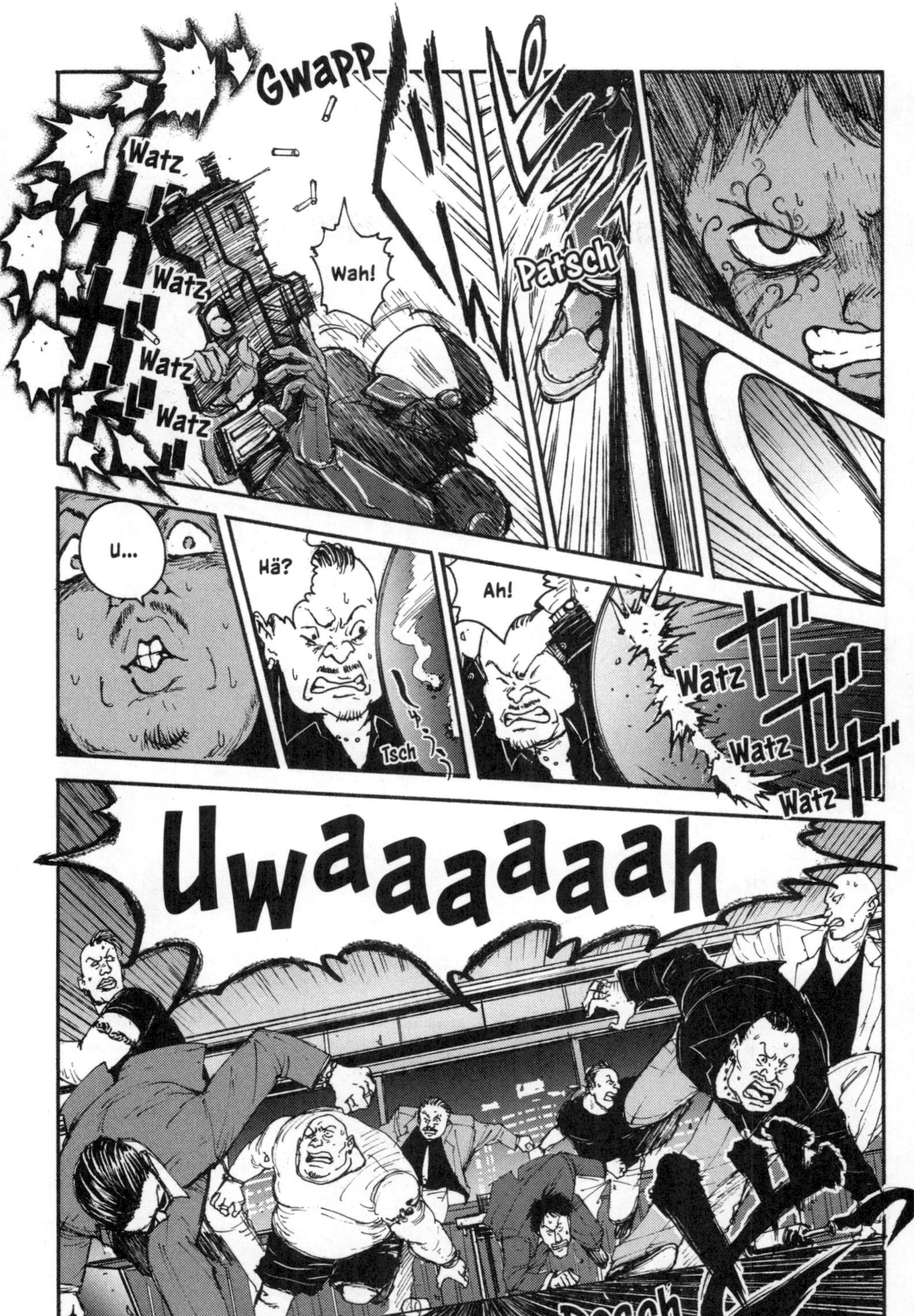
Patsch
Gwapp
Wah!
Watz
Watz
Watz
Watz
Watz
Watz
Watz
Ah!
Hä?
Tsch
U...
Uwaaaaaah
Dosch

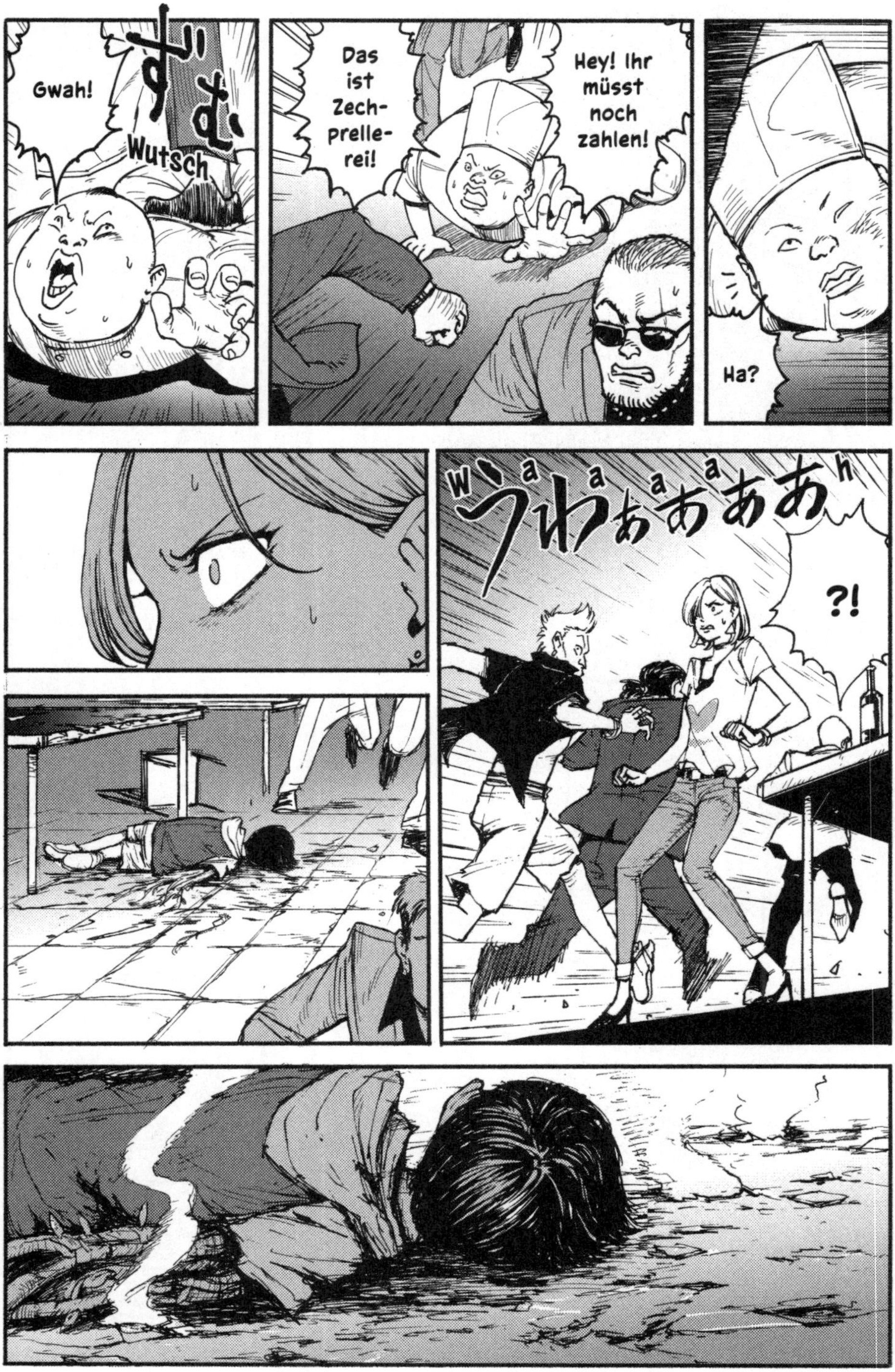
Hey! Ihr müsst noch zahlen!
Das ist Zech-prelle-rei!
Gwah!
Wutsch
Ha?
Waaaah
?!

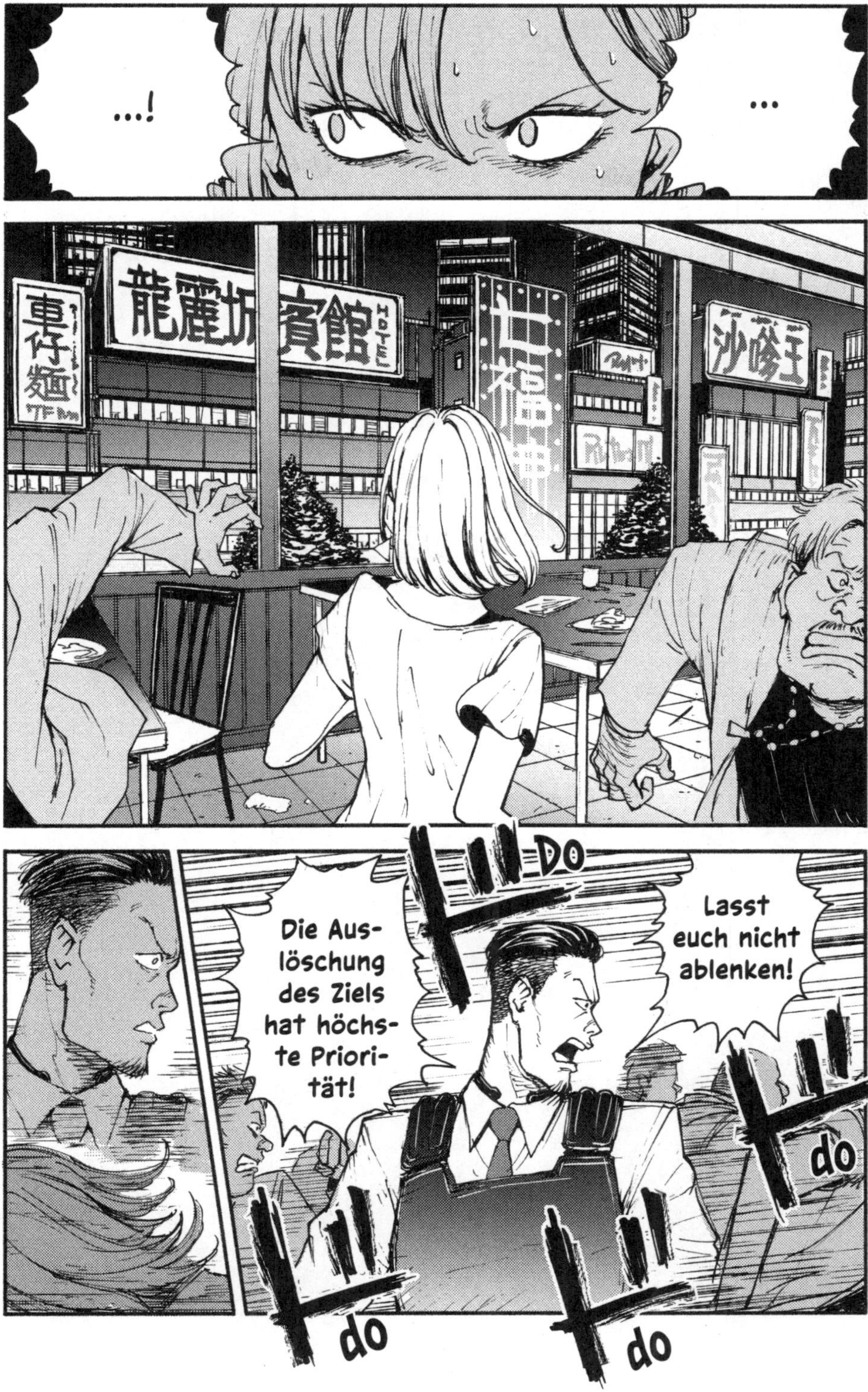
...
...!
Lasst euch nicht ablenken!
Die Auslöschung des Ziels hat höchste Priorität!
DO
do
do
do

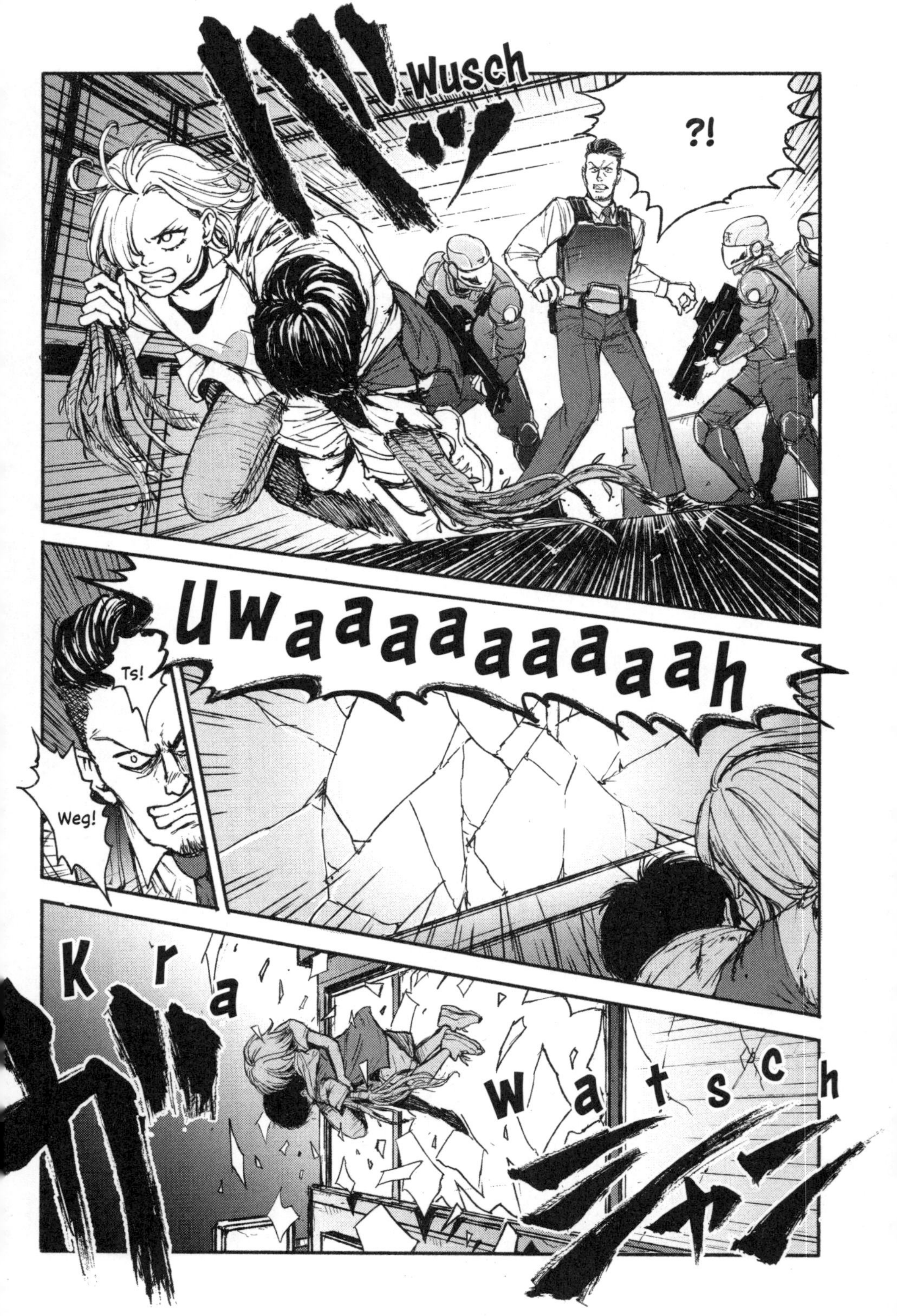

Wusch
?!
Uwaaaaaaaaaah
Ts!
Weg!
Krawatsch

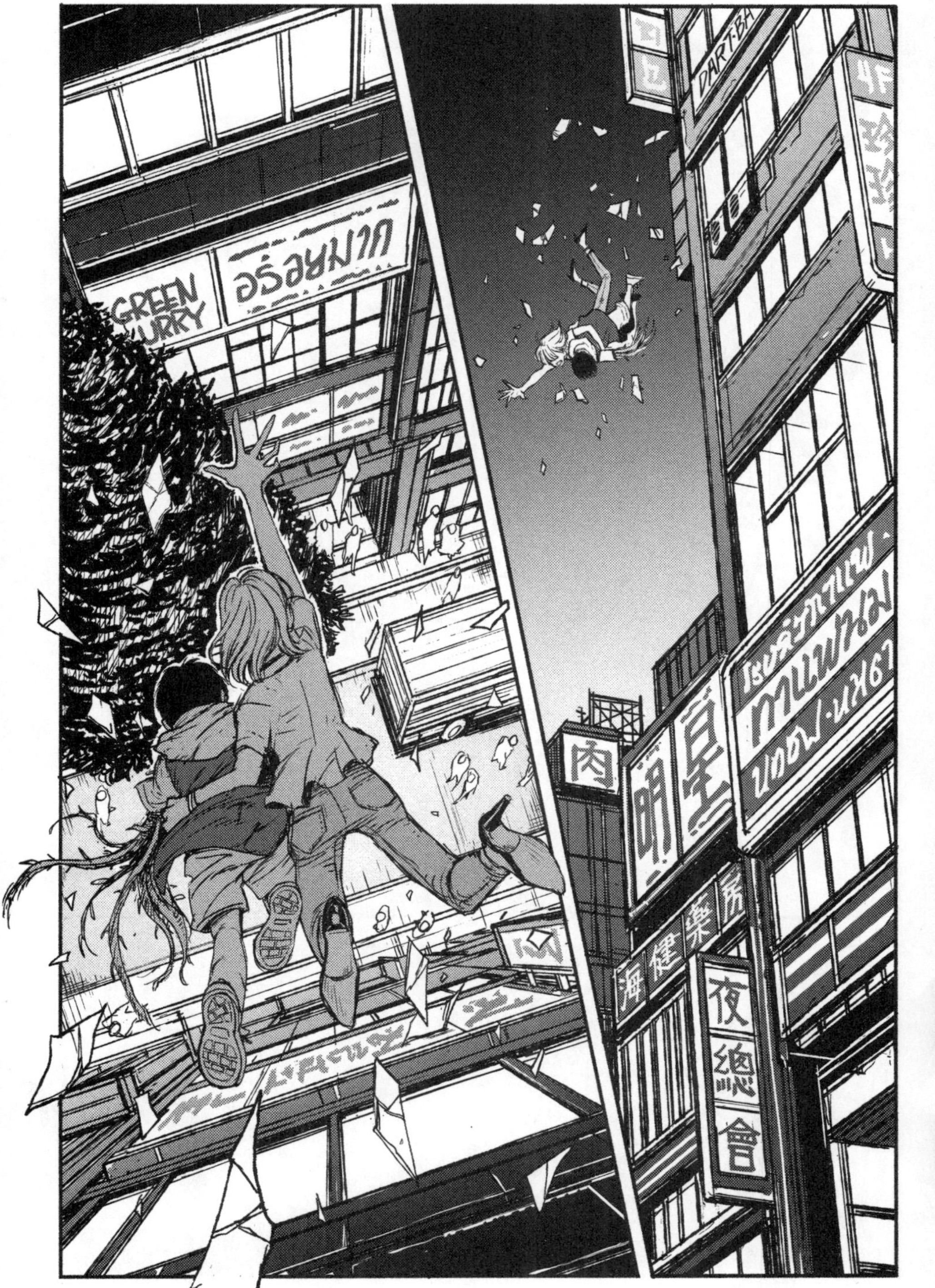

GREEN
URRY
DART-BA
肉
海健樂房
夜總會

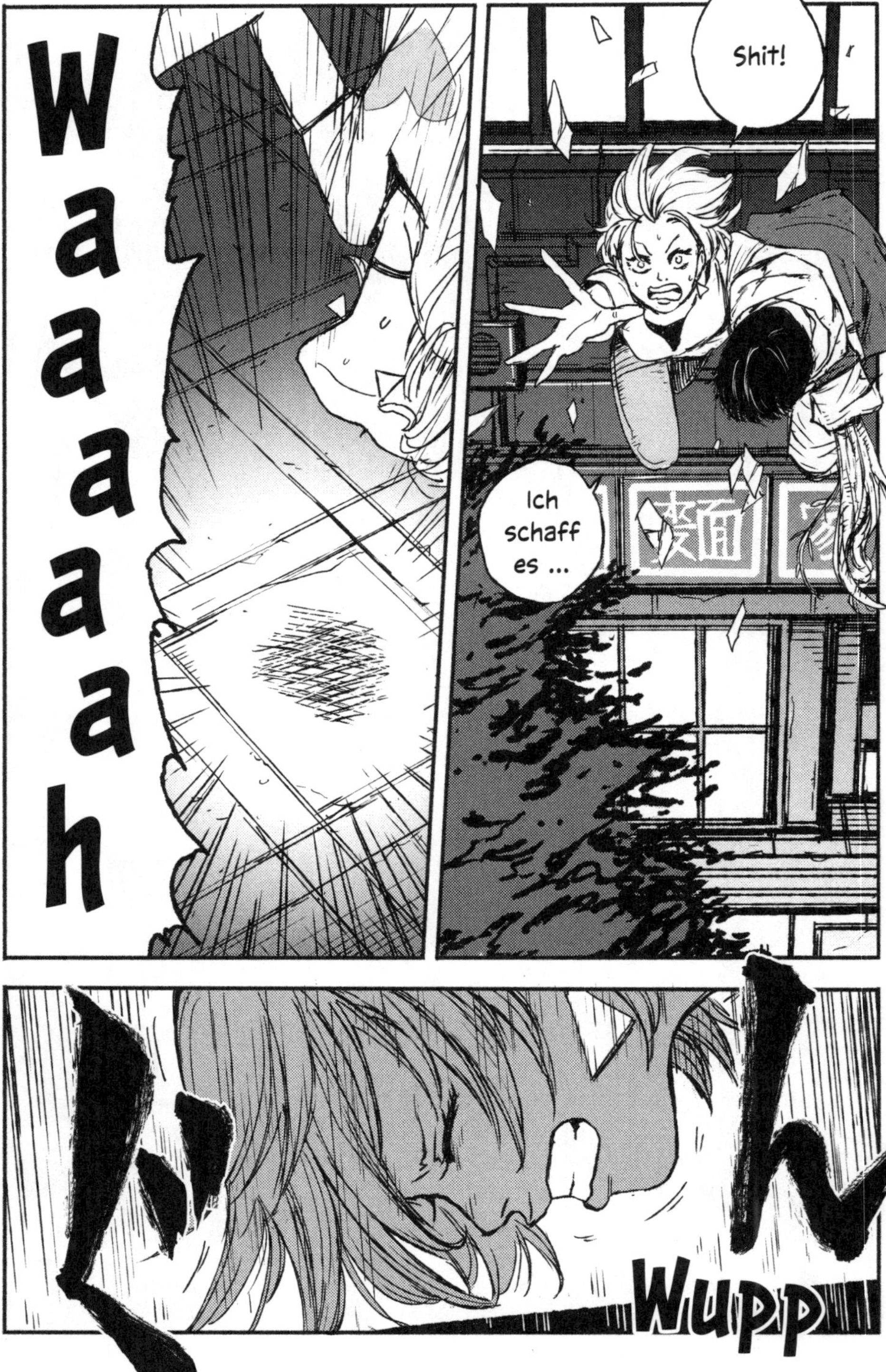
Shit!
Ich schaff es ...
Waaaaaah
Wupp

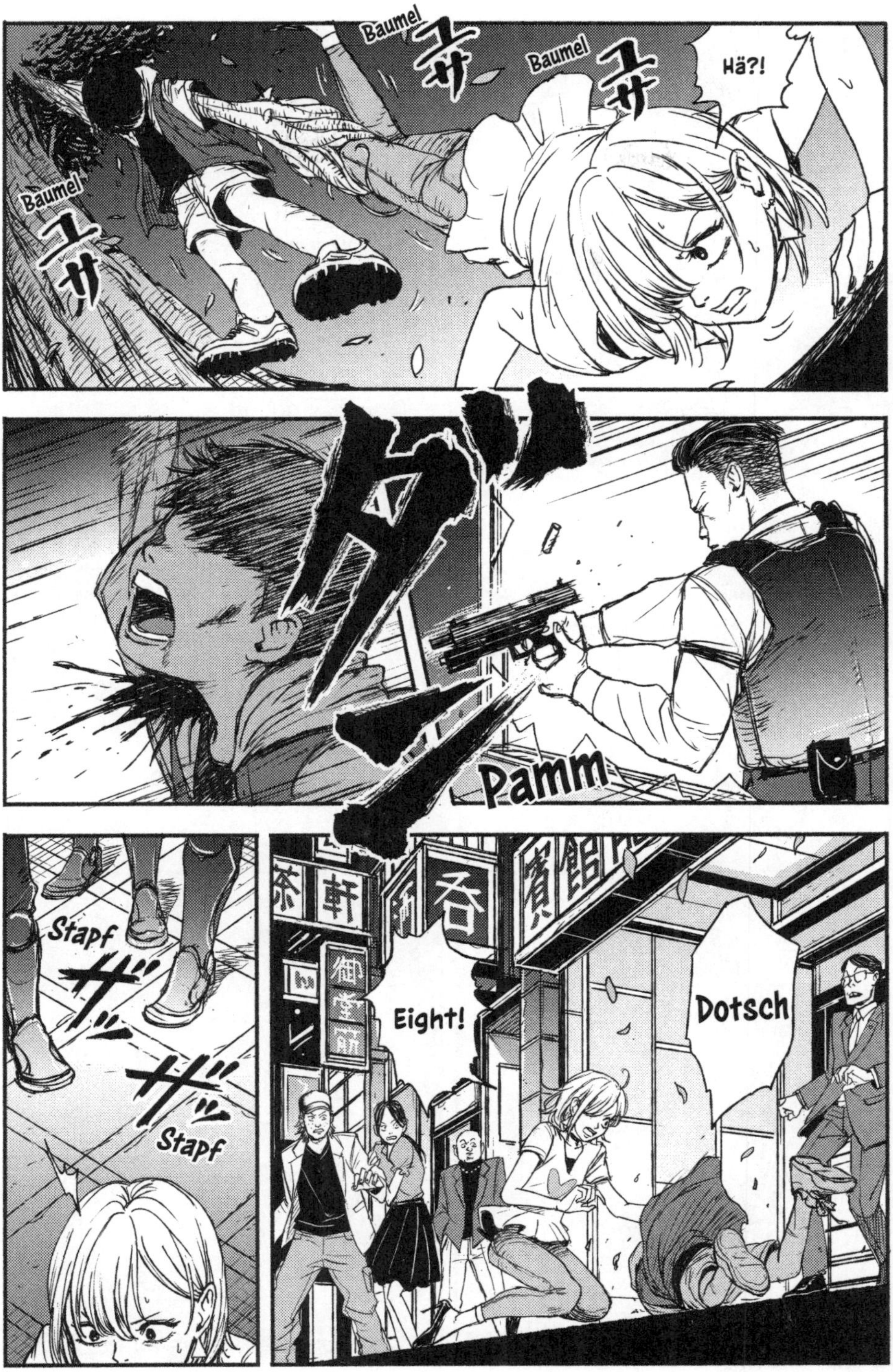
Hä?!
Baumel
ユサ
Baumel
ユサ
Baumel
ユサ
ダン
Pamm
Dotsch
Eight!
Stapf
ザッ
ザッ
Stapf

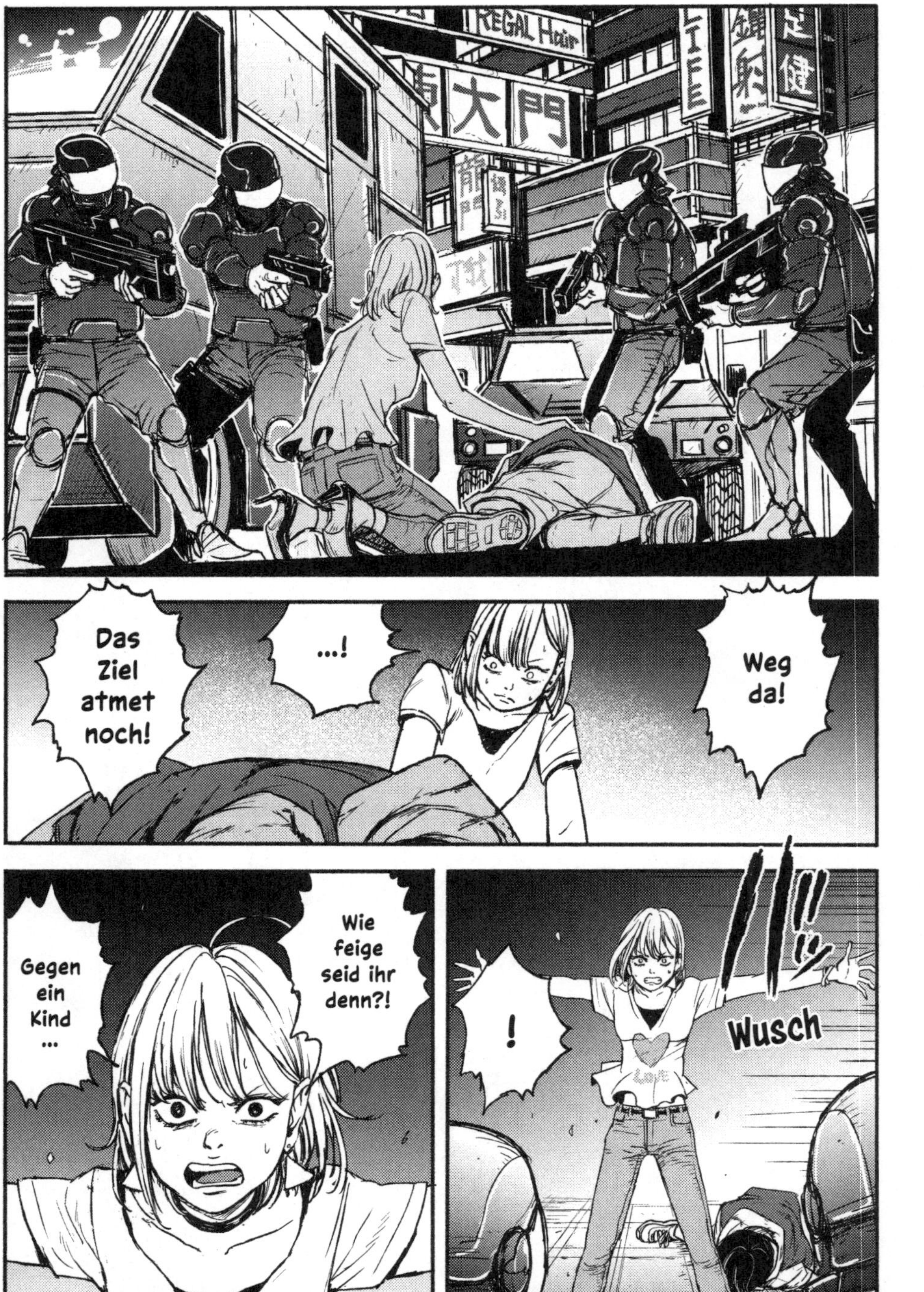
REGAL Hair
Weg da!
...!
Das Ziel atmet noch!
!
Wusch
Wie feige seid ihr denn?!
Gegen ein Kind ...

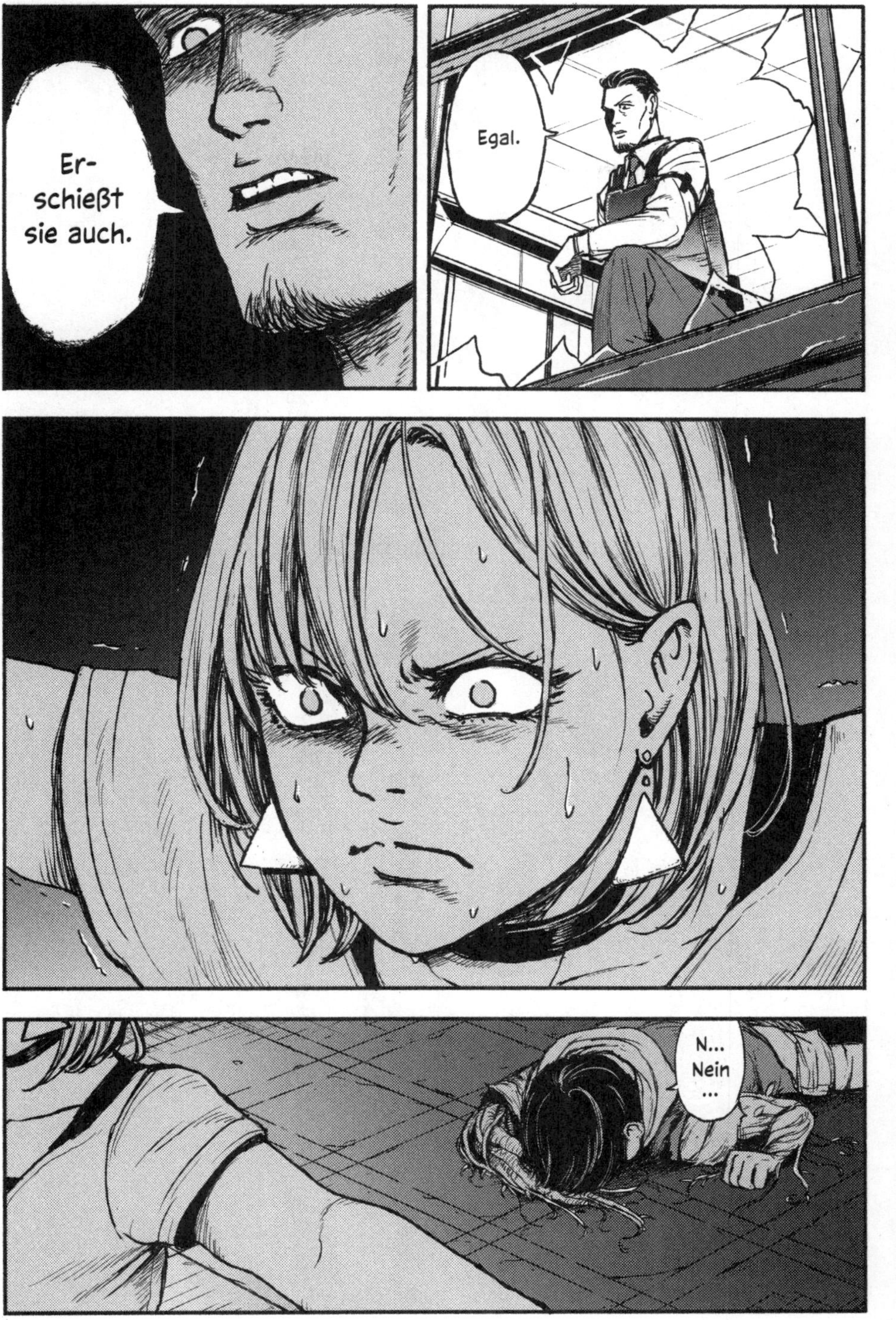
Egal.
Er- schießt sie auch.
N... Nein ...

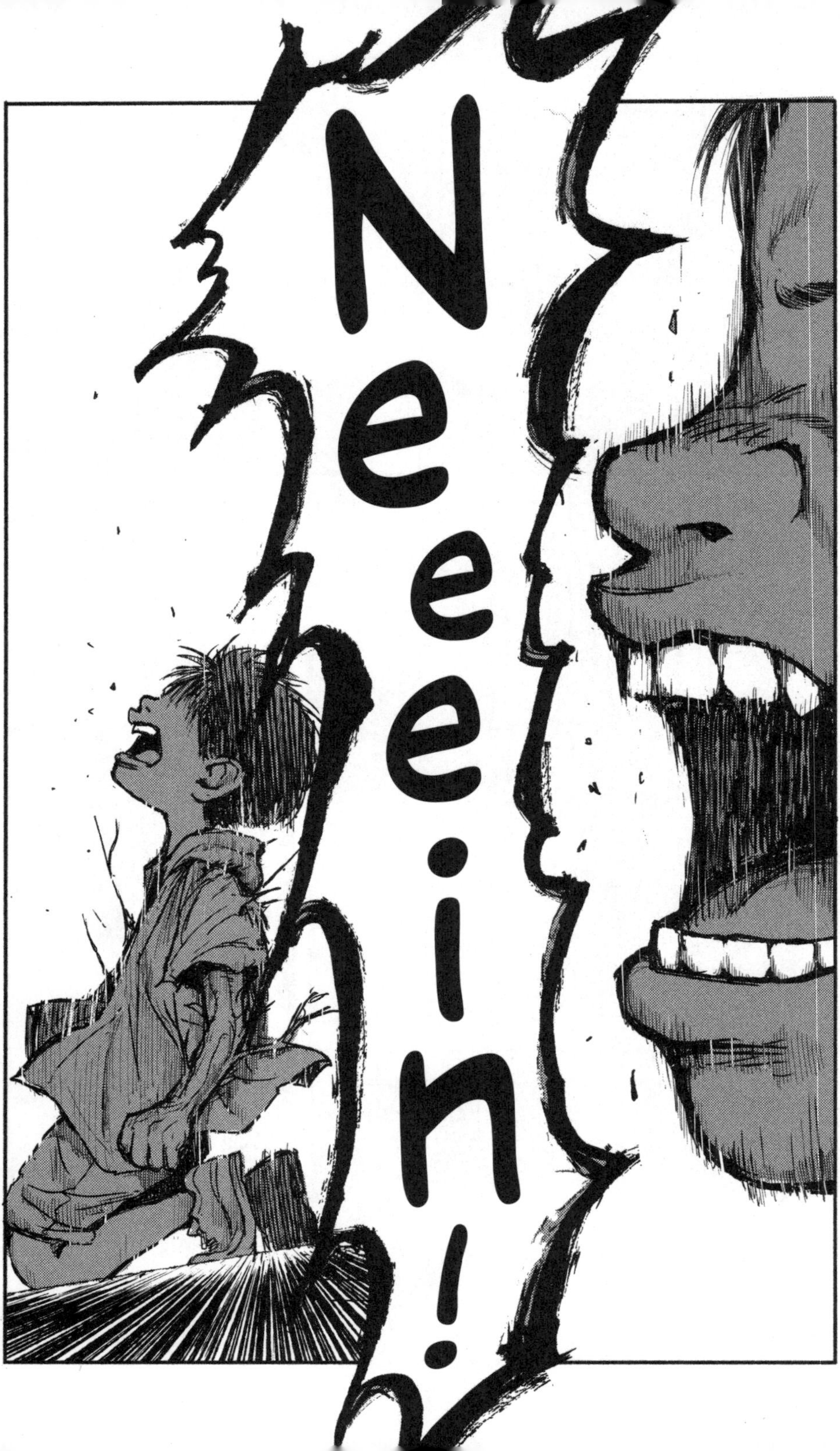
Neeein!

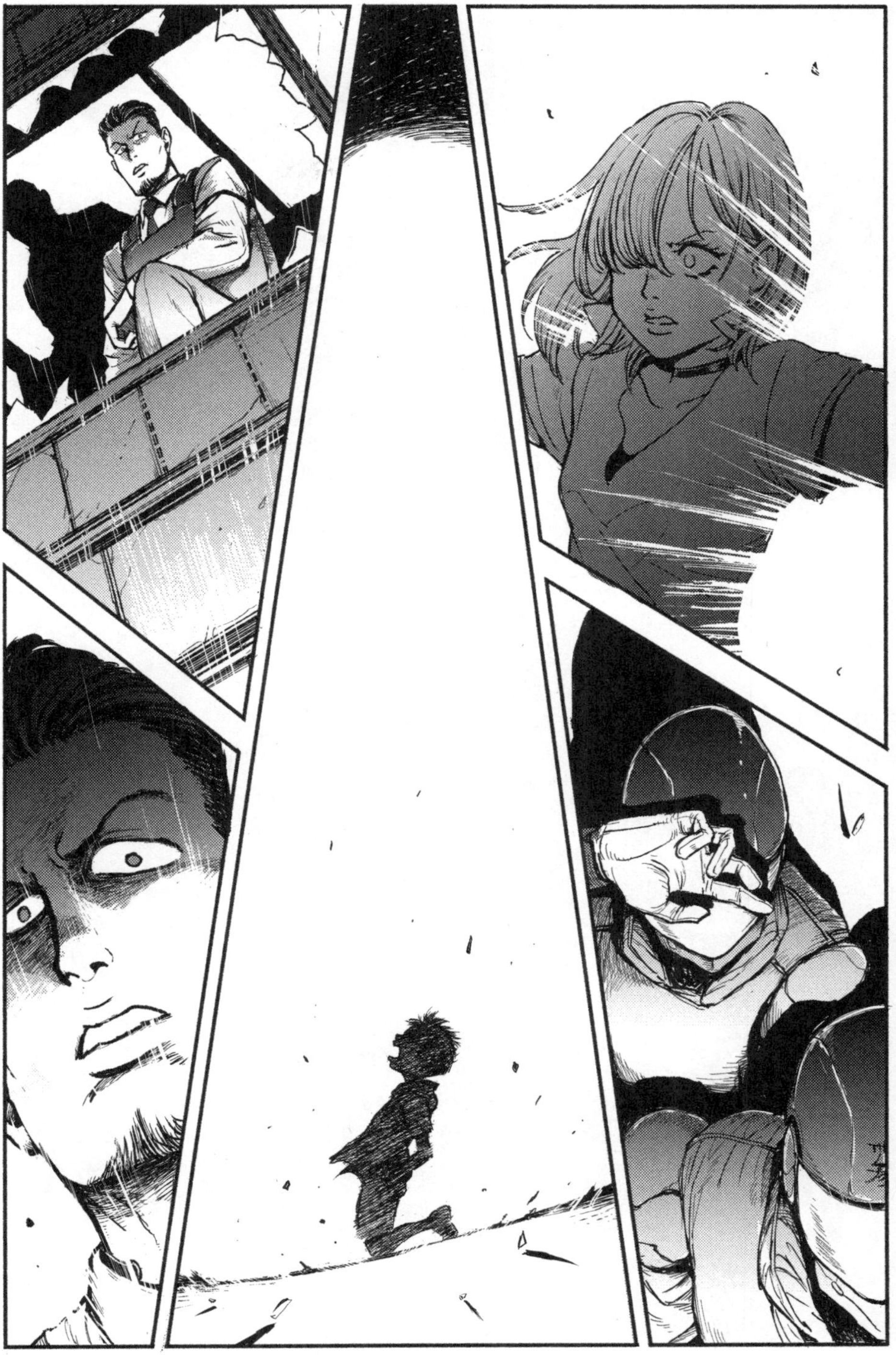

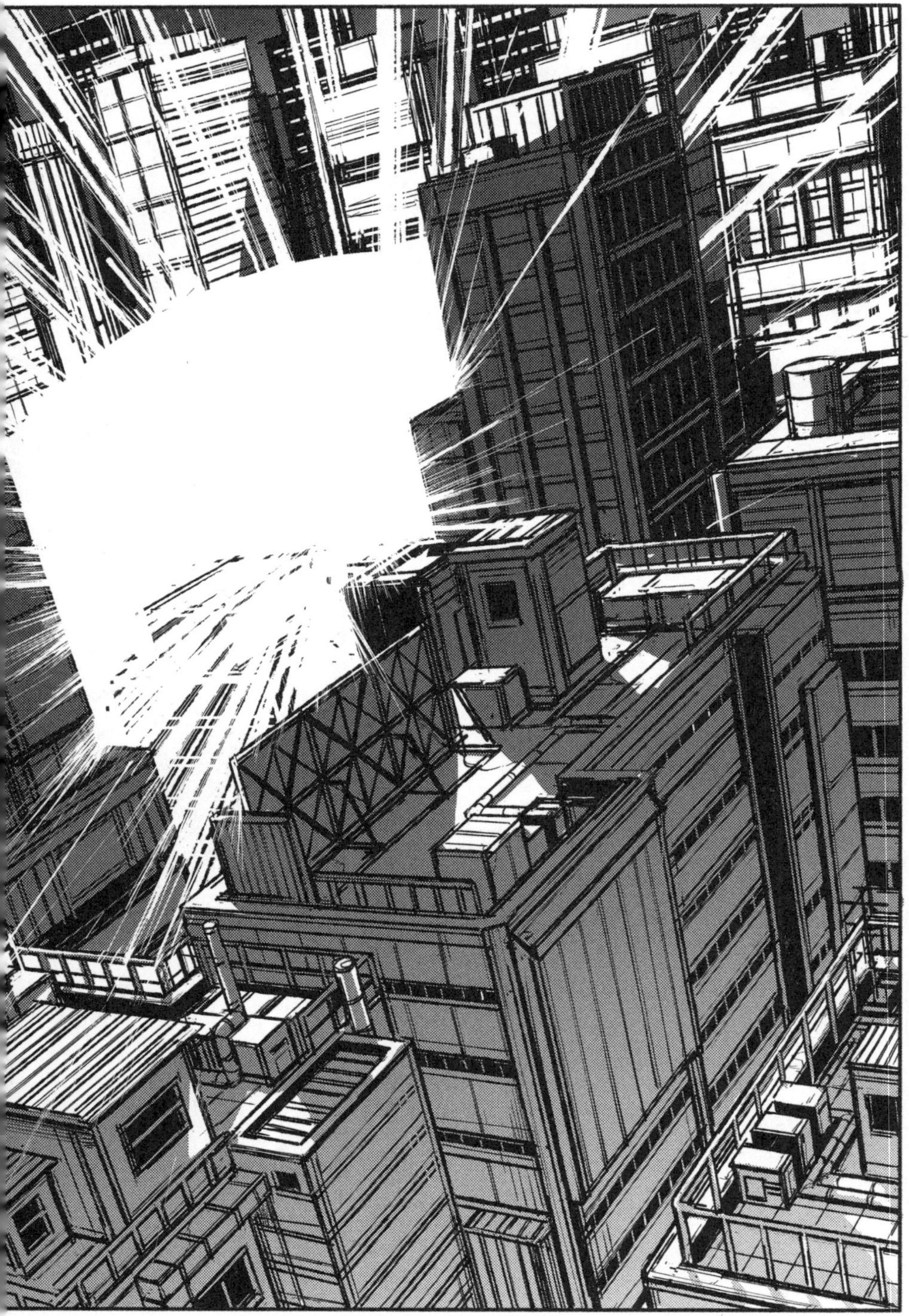

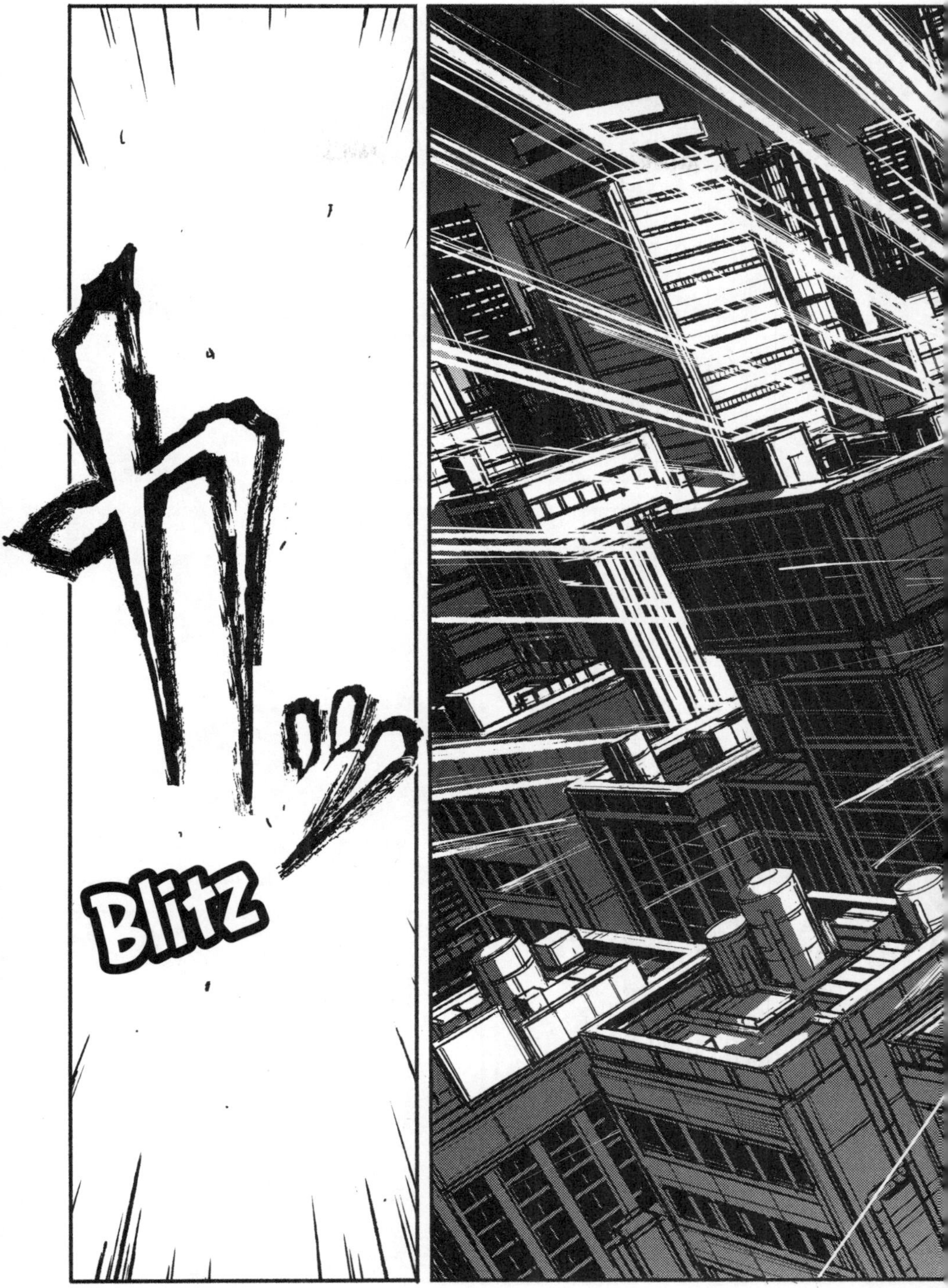
カッ
Blitz

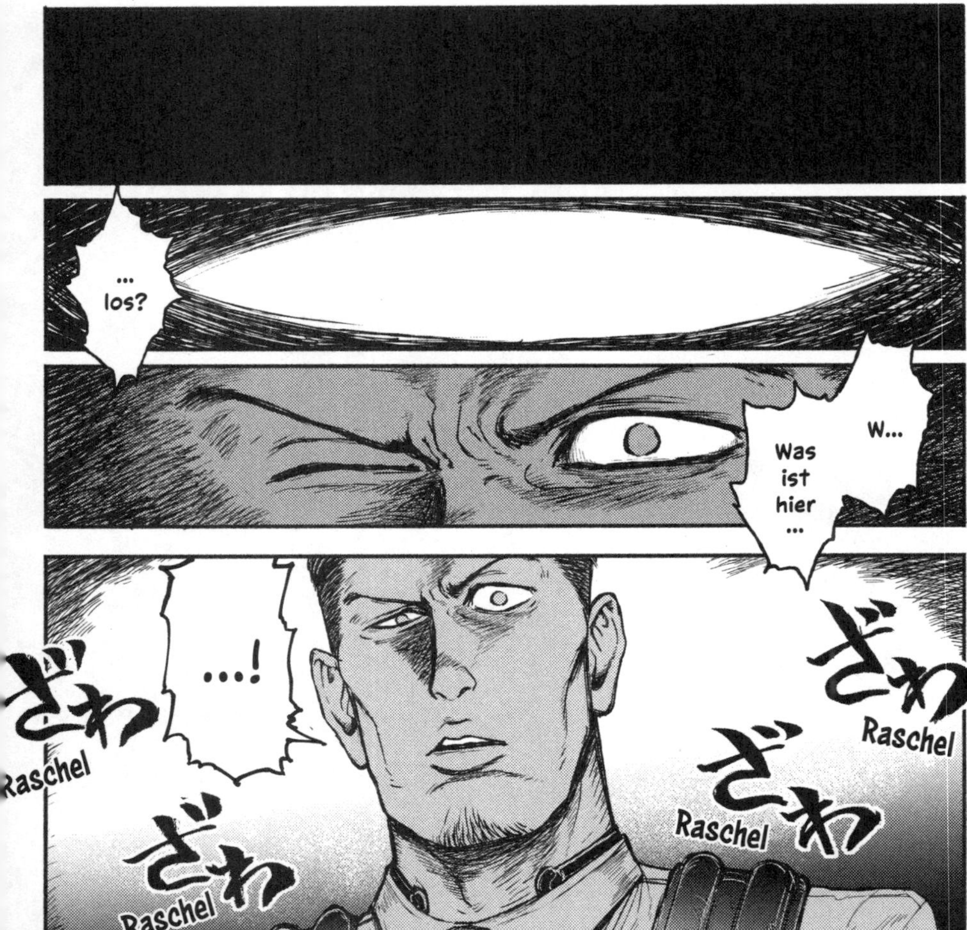
... los?
W...
Was ist hier ...
ざわ
Raschel
ざわ
Raschel
...!
ざわ
Raschel
ざわ
Raschel

海鮮

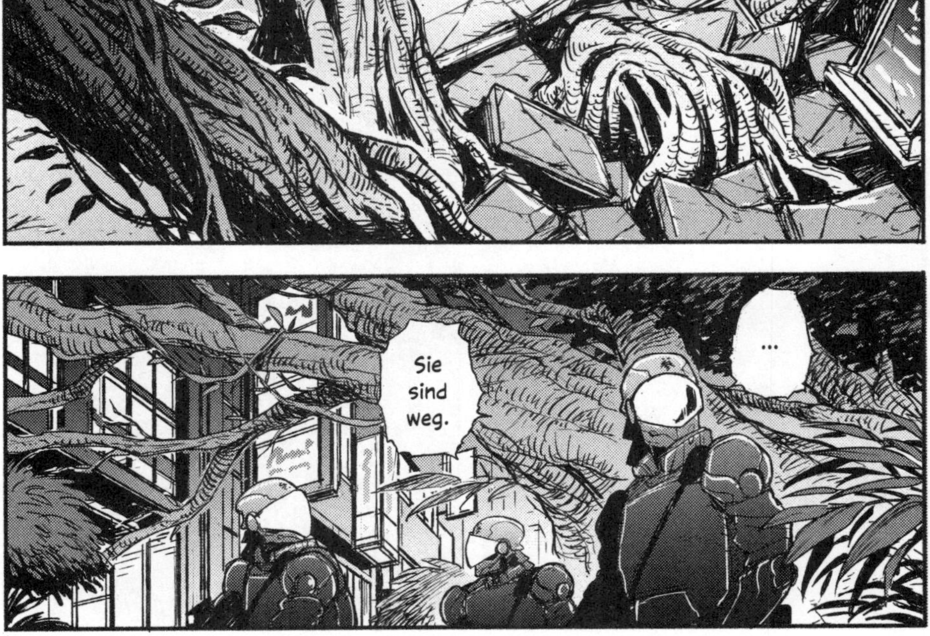

...
Sie sind weg.

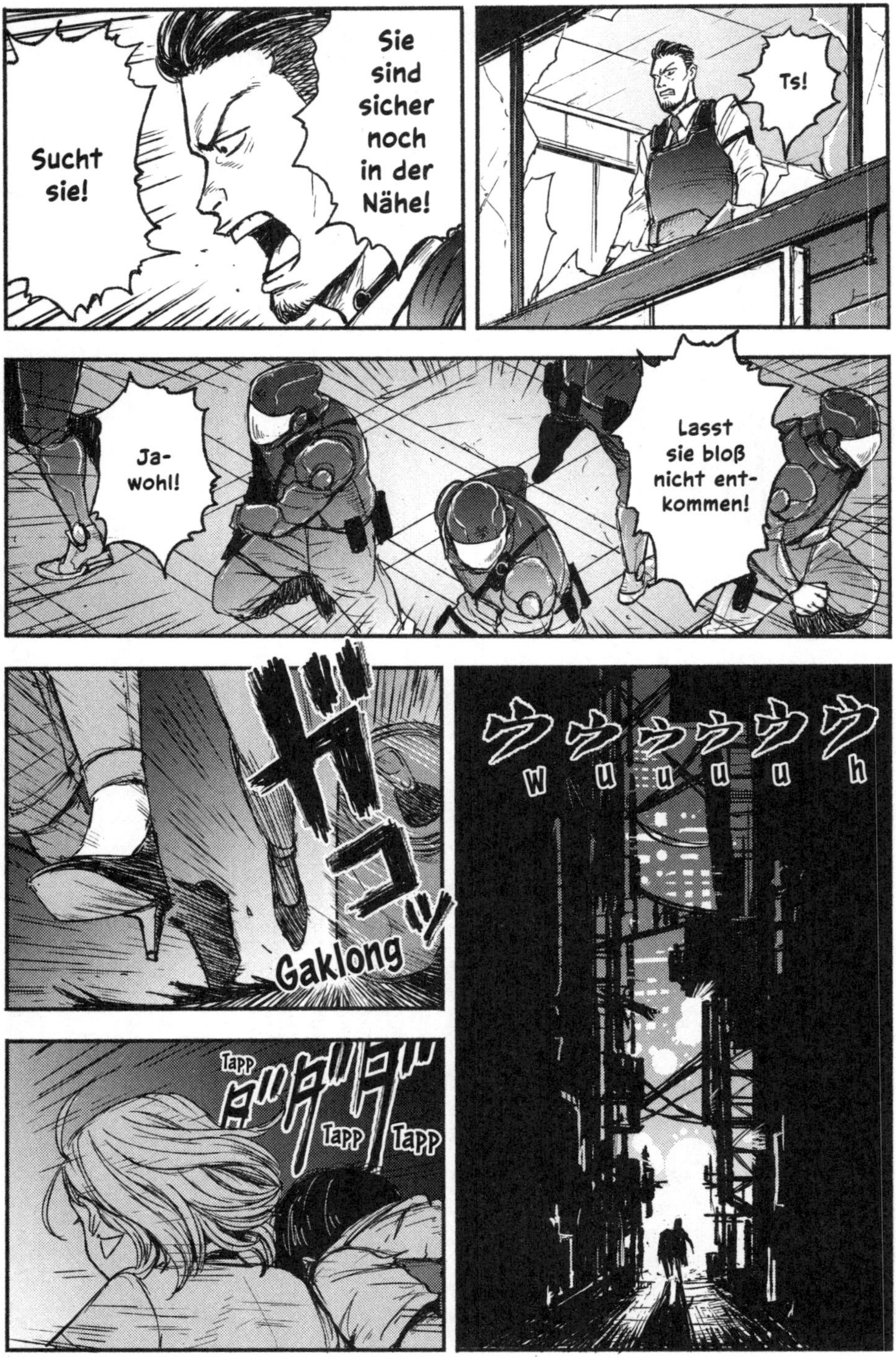
Sie sind sicher noch in der Nähe!
Sucht sie!
Ts!
Lasst sie bloß nicht entkommen!
Ja-wohl!
ガコッ
Gaklong
ウウウウウウ
Wuuuuh
ダッダッダッ
Tapp
Tapp
Tapp

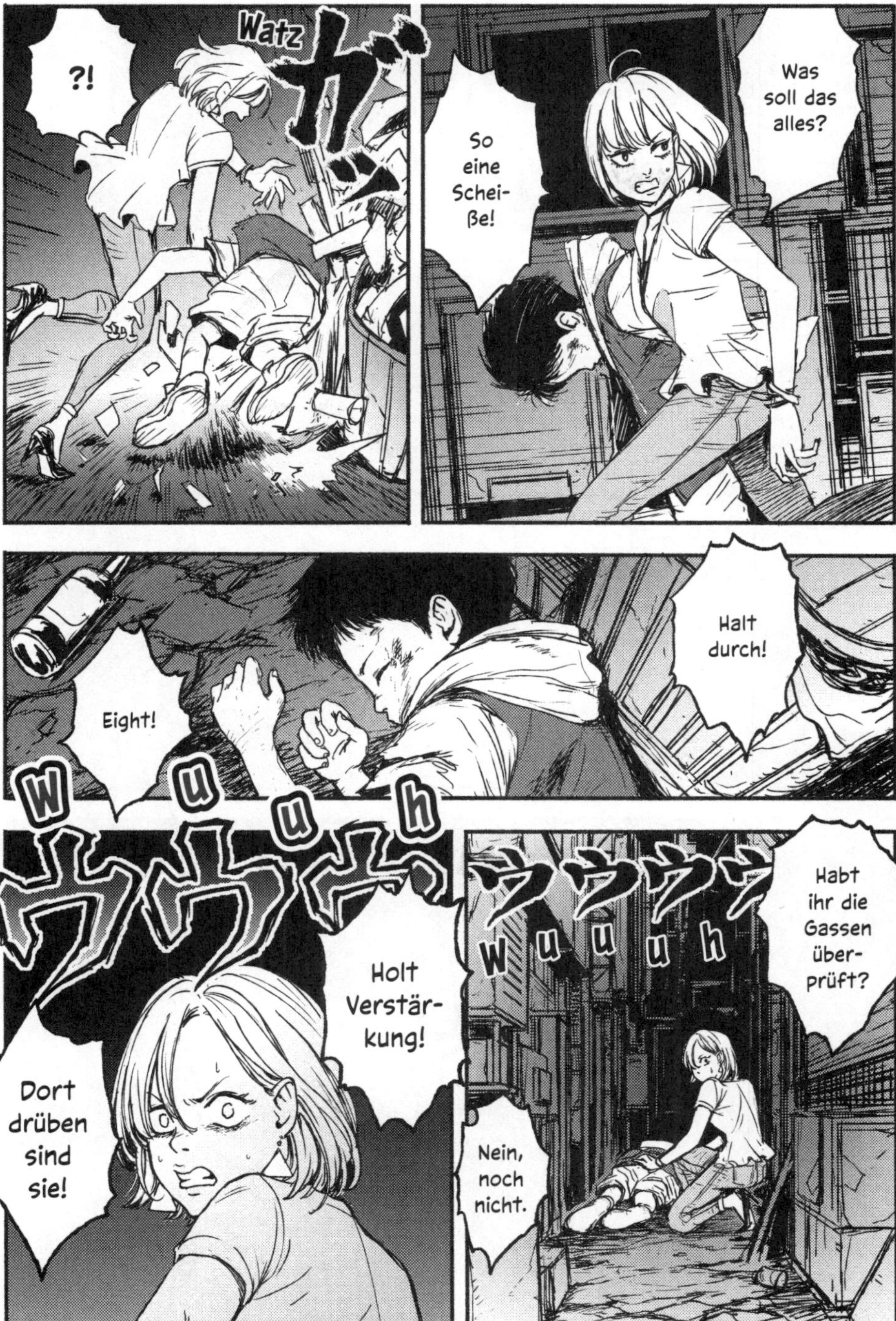

Was soll das alles?
So eine Schei-ße!
Watz
?!
Halt durch!
Eight!
Wuuh
Wuuuh
Habt ihr die Gassen über-prüft?
Nein, noch nicht.
Holt Verstär-kung!
Dort drüben sind sie!

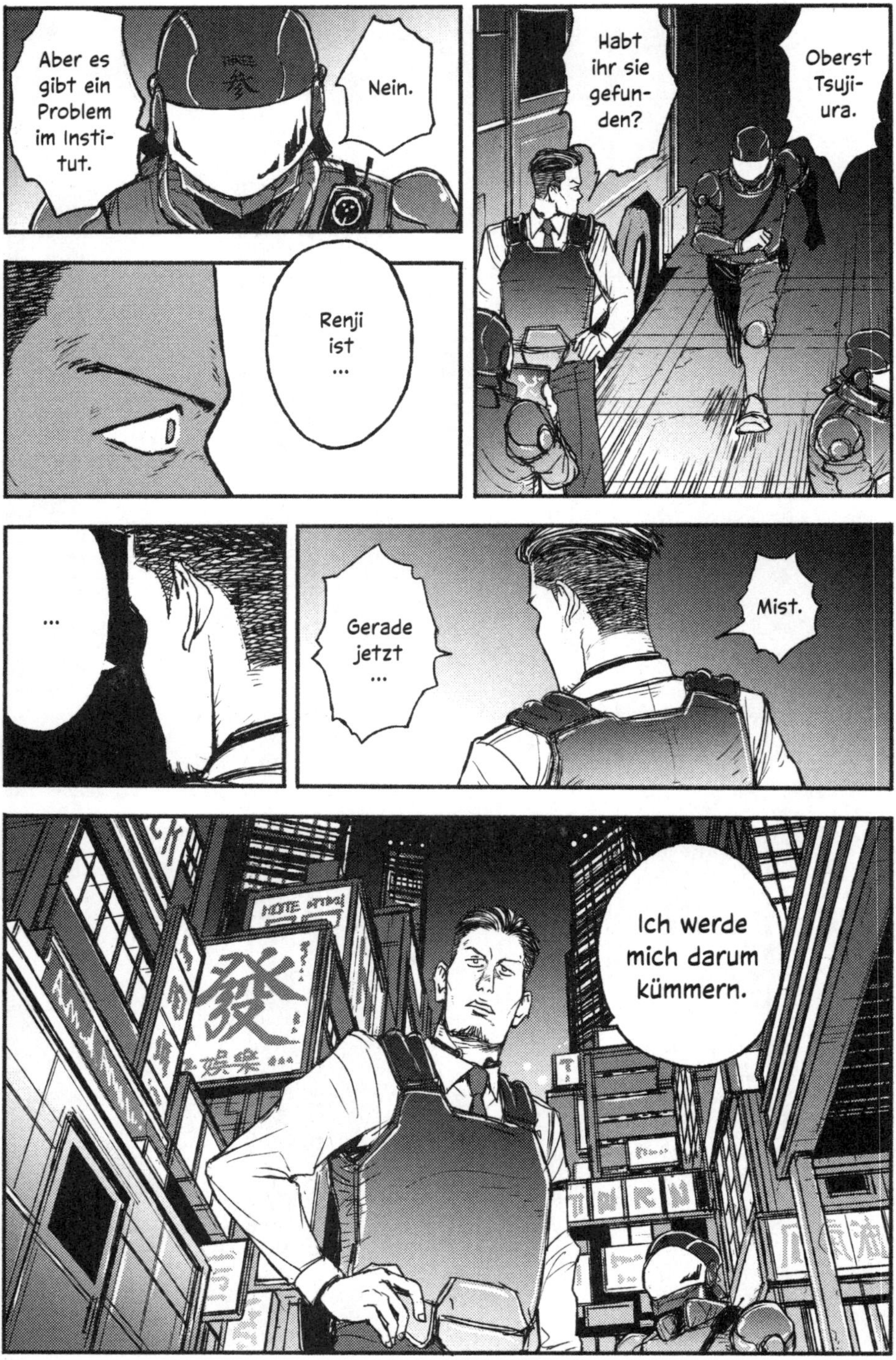
Oberst Tsuji-ura.
Habt ihr sie gefun-den?
Nein.
Aber es gibt ein Problem im Insti-tut.
Renji ist ...
Mist.
Gerade jetzt ...
...
Ich werde mich darum kümmern.

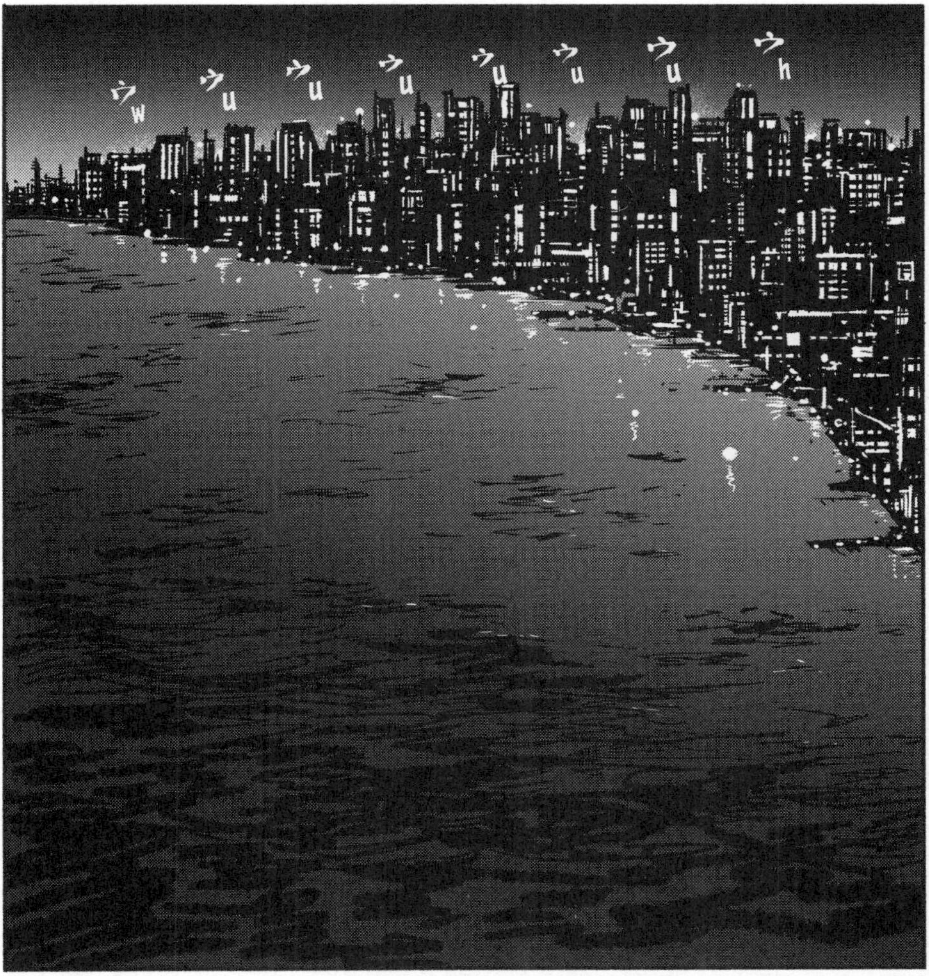
ウw ウu ウu ウu ウu ウu ウu ウh

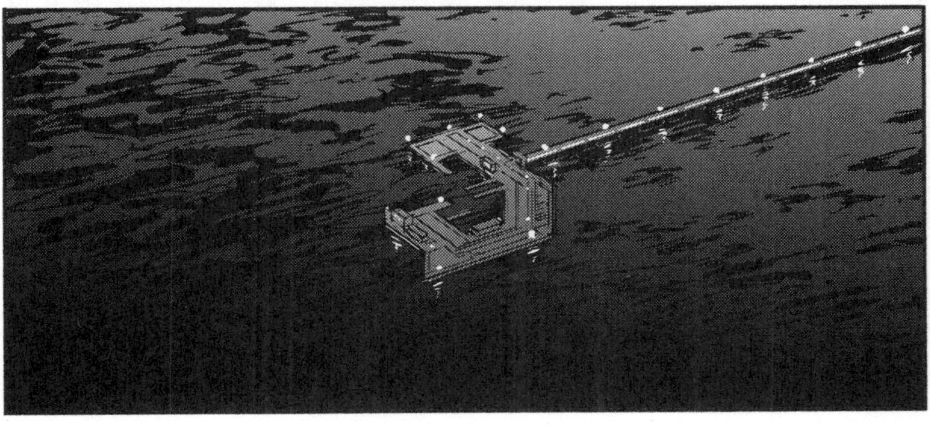

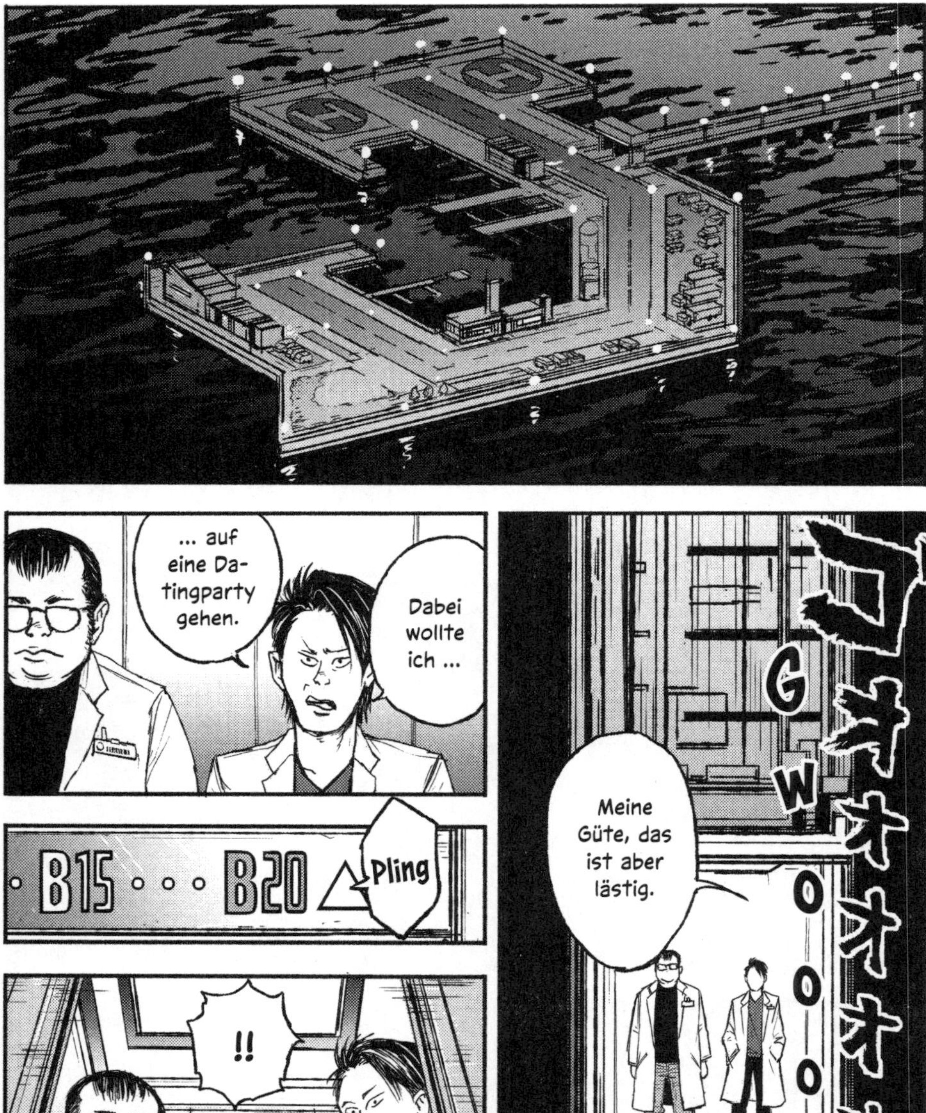
ゴオオオオオオ
Gwoooooh
Meine Güte, das ist aber lästig.
Dabei wollte ich ...
... auf eine Datingparty gehen.
B15 ... B20
Pling
!!

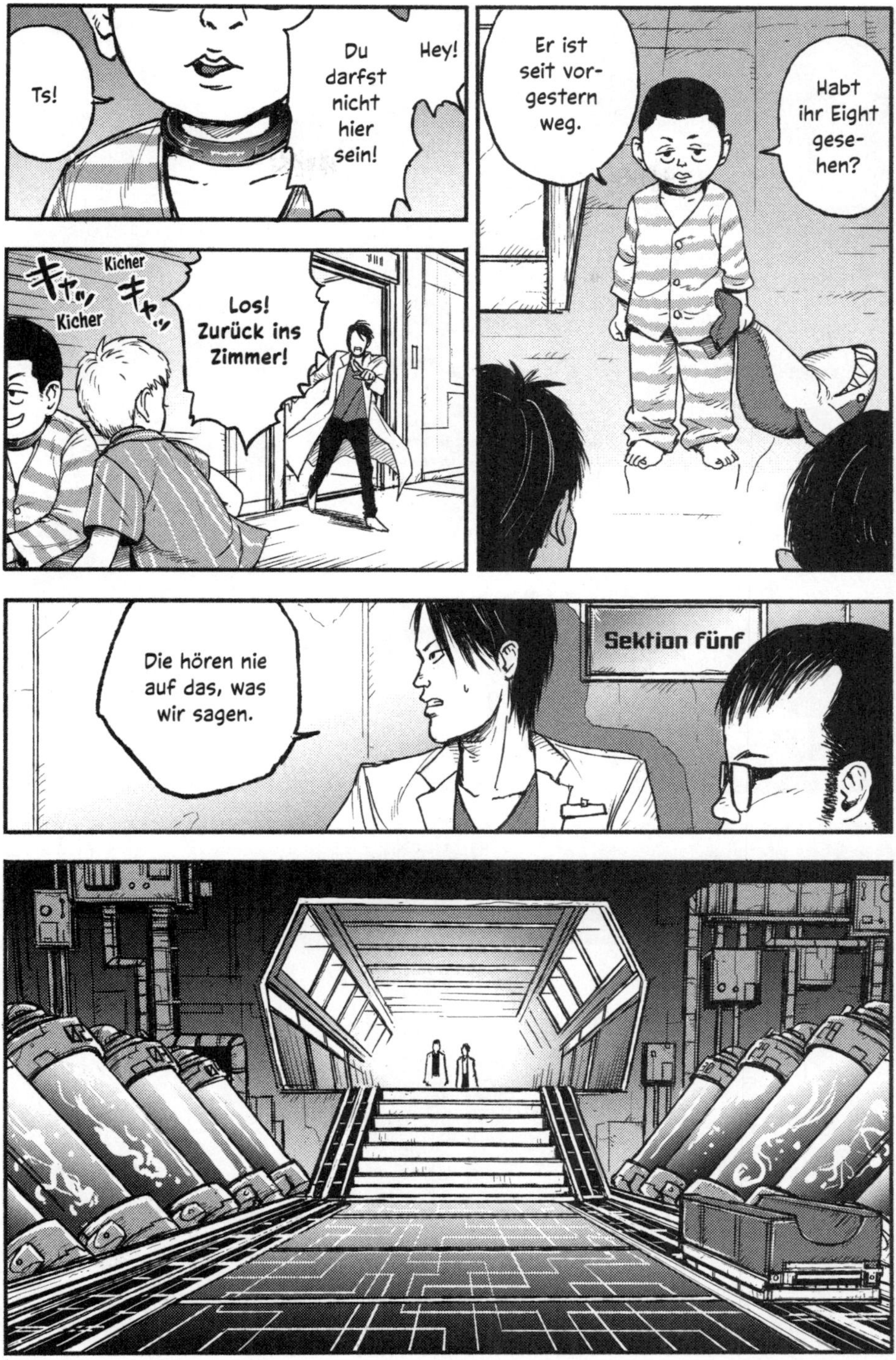

Habt ihr Eight gesehen?
Er ist seit vor-gestern weg.
Hey!
Du darfst nicht hier sein!
Ts!
Los! Zurück ins Zimmer!
Kicher
Kicher
Sektion fünf
Die hören nie auf das, was wir sagen.

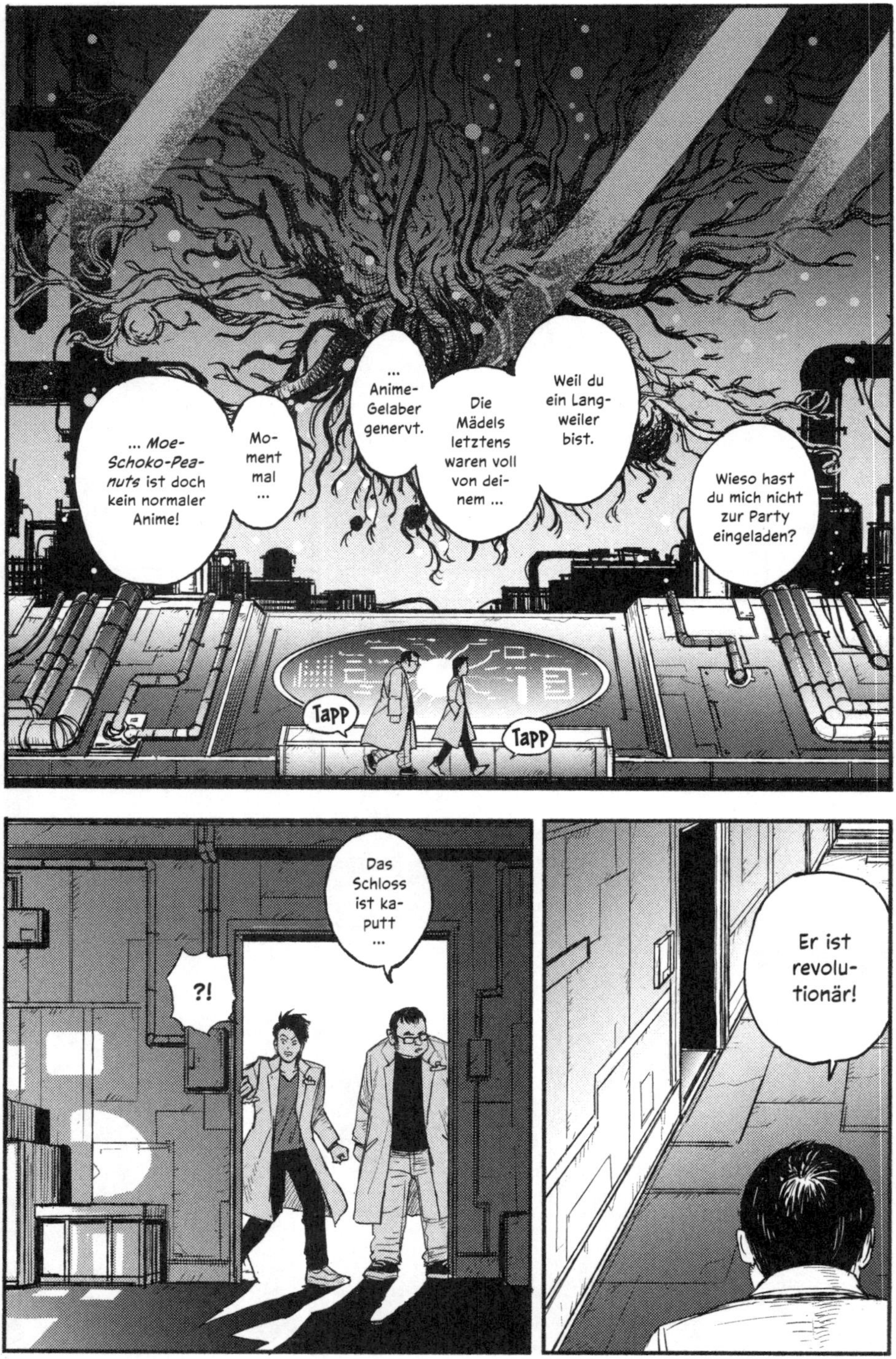
Wieso hast du mich nicht zur Party eingeladen?
Weil du ein Langweiler bist.
Die Mädels letztens waren voll von deinem ...
... Anime-Gelaber genervt.
Moment mal ...
... *Moe-Schoko-Peanuts* ist doch kein normaler Anime!
Tapp
Tapp
Er ist revolutionär!
Das Schloss ist kaputt ...
?!

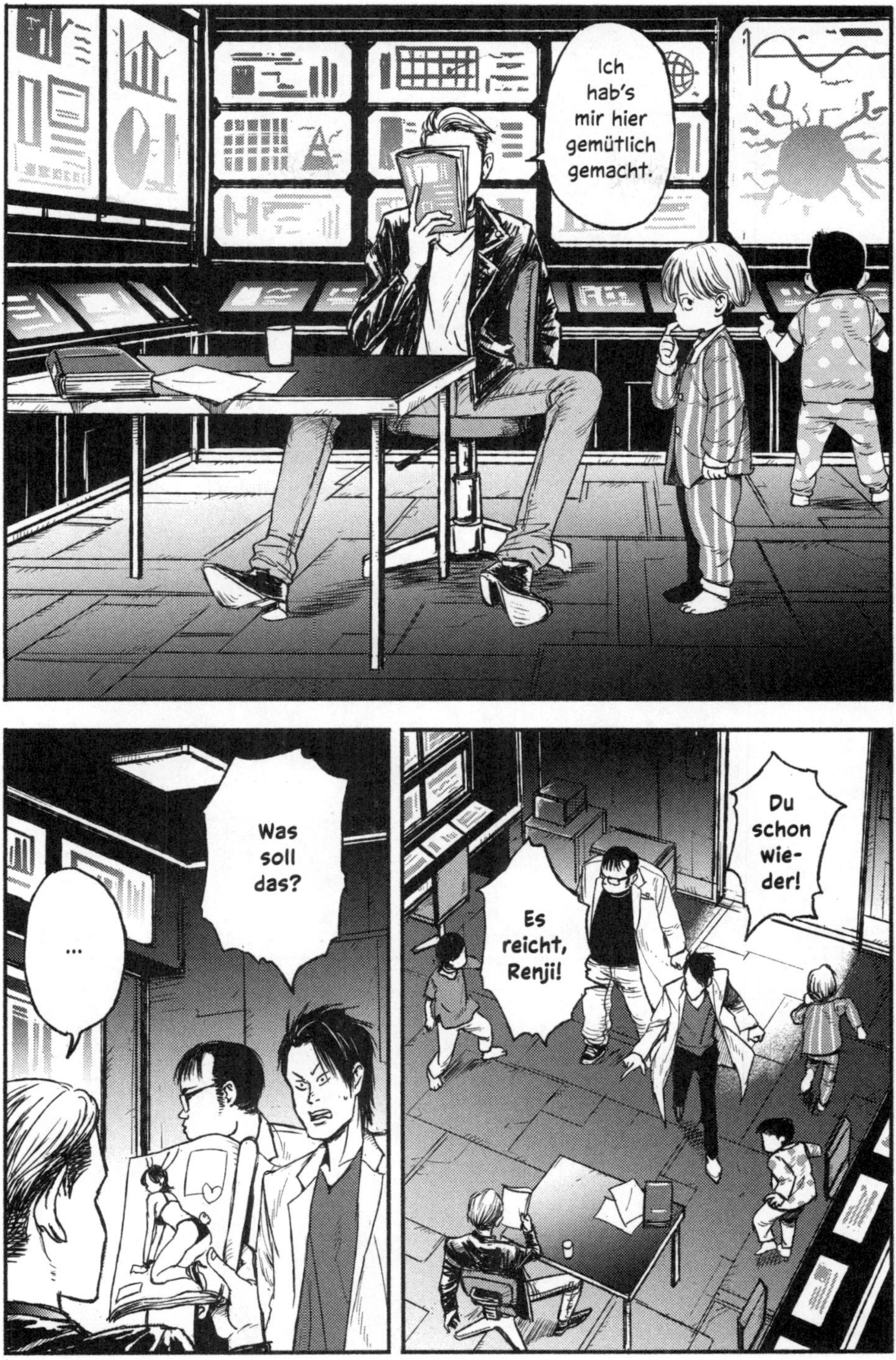
Ich hab's mir hier gemütlich gemacht.
Du schon wie-der!
Es reicht, Renji!
Was soll das?
...

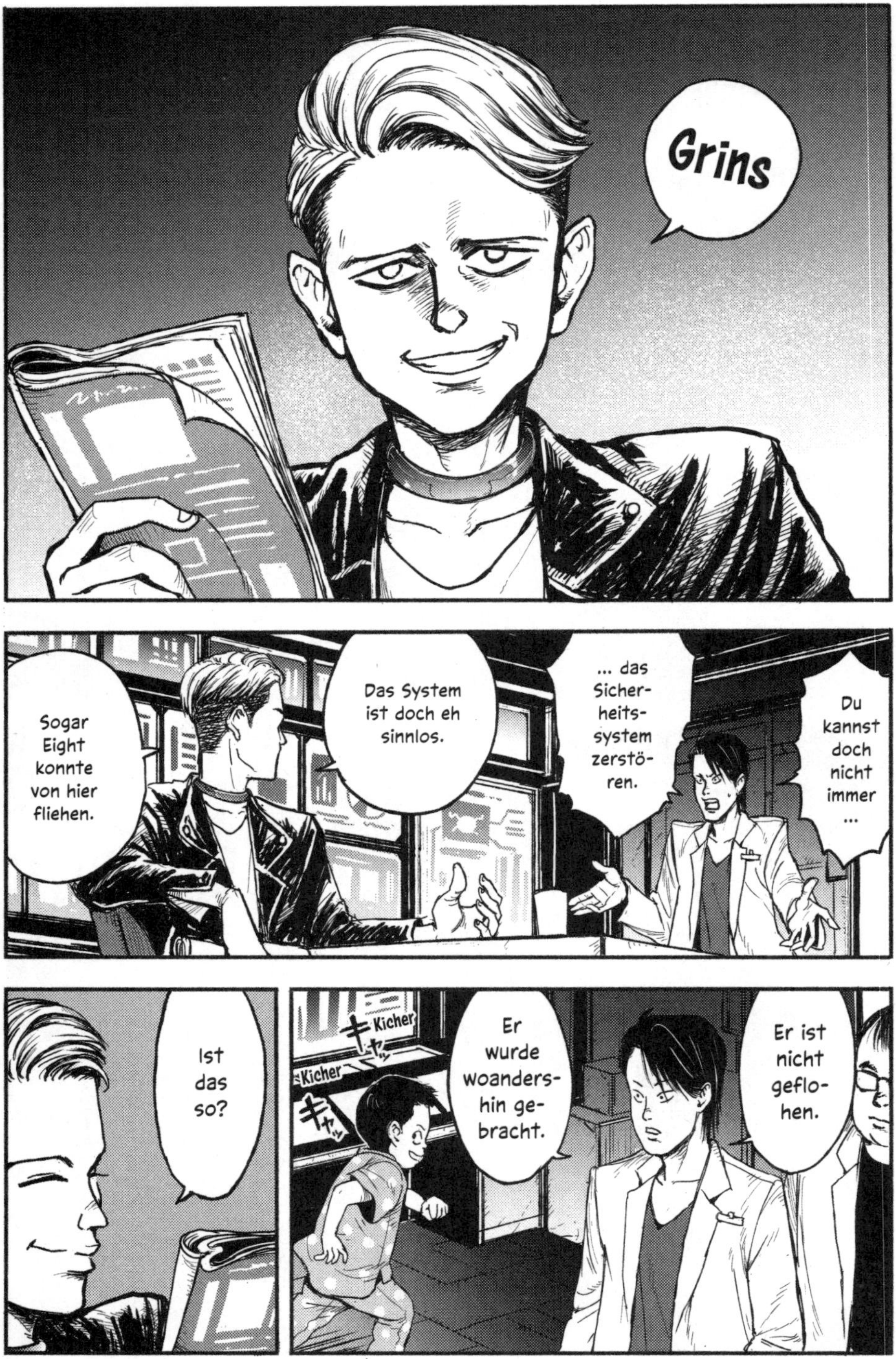

Grins
Du kannst doch nicht immer ...
... das Sicherheitssystem zerstören.
Das System ist doch eh sinnlos.
Sogar Eight konnte von hier fliehen.
Er ist nicht geflohen.
Er wurde woandershin gebracht.
Kicher
Kicher
Ist das so?

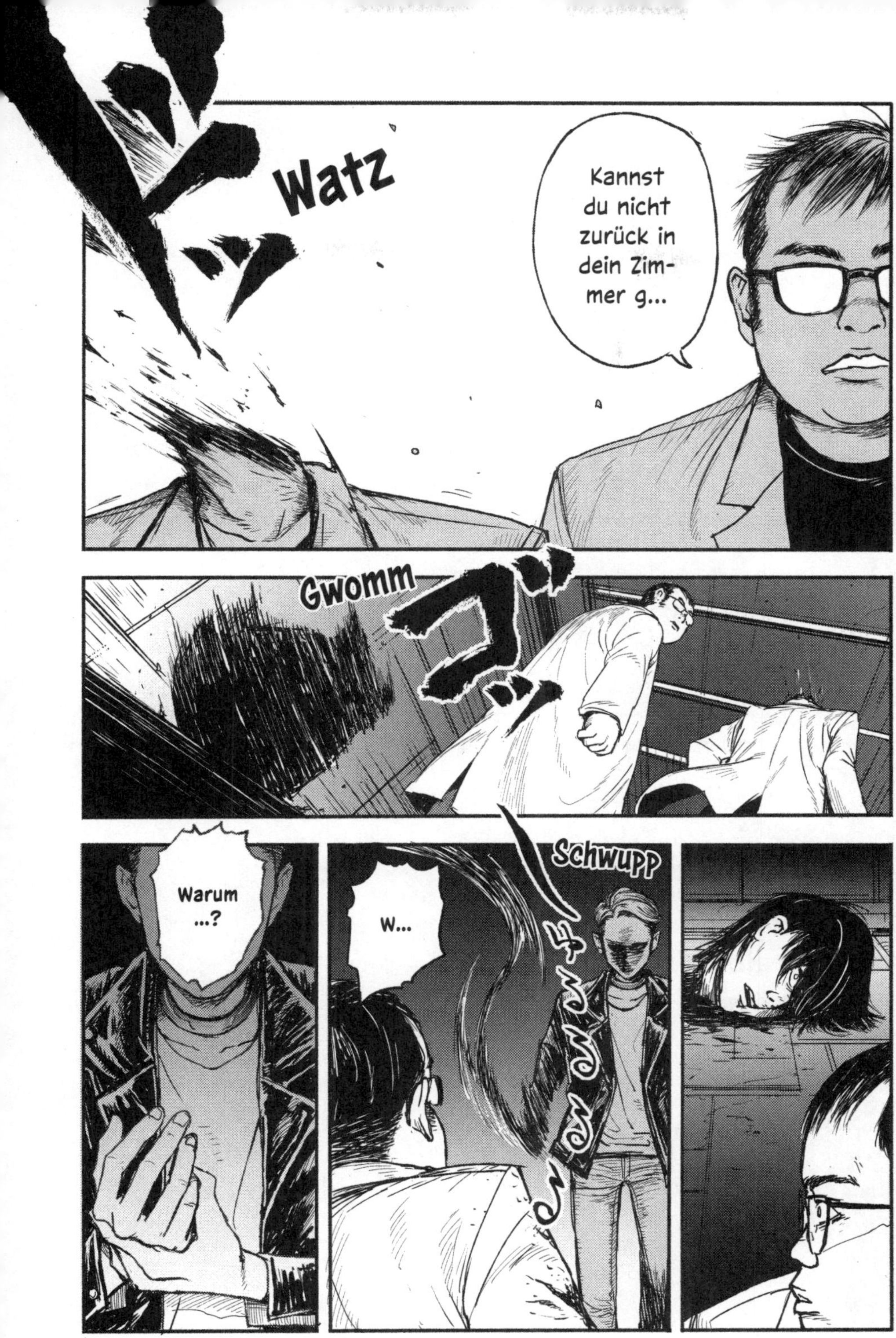
Kannst du nicht zurück in dein Zimmer g...
Watz
Gwomm
Schwupp
W...
Warum ...?

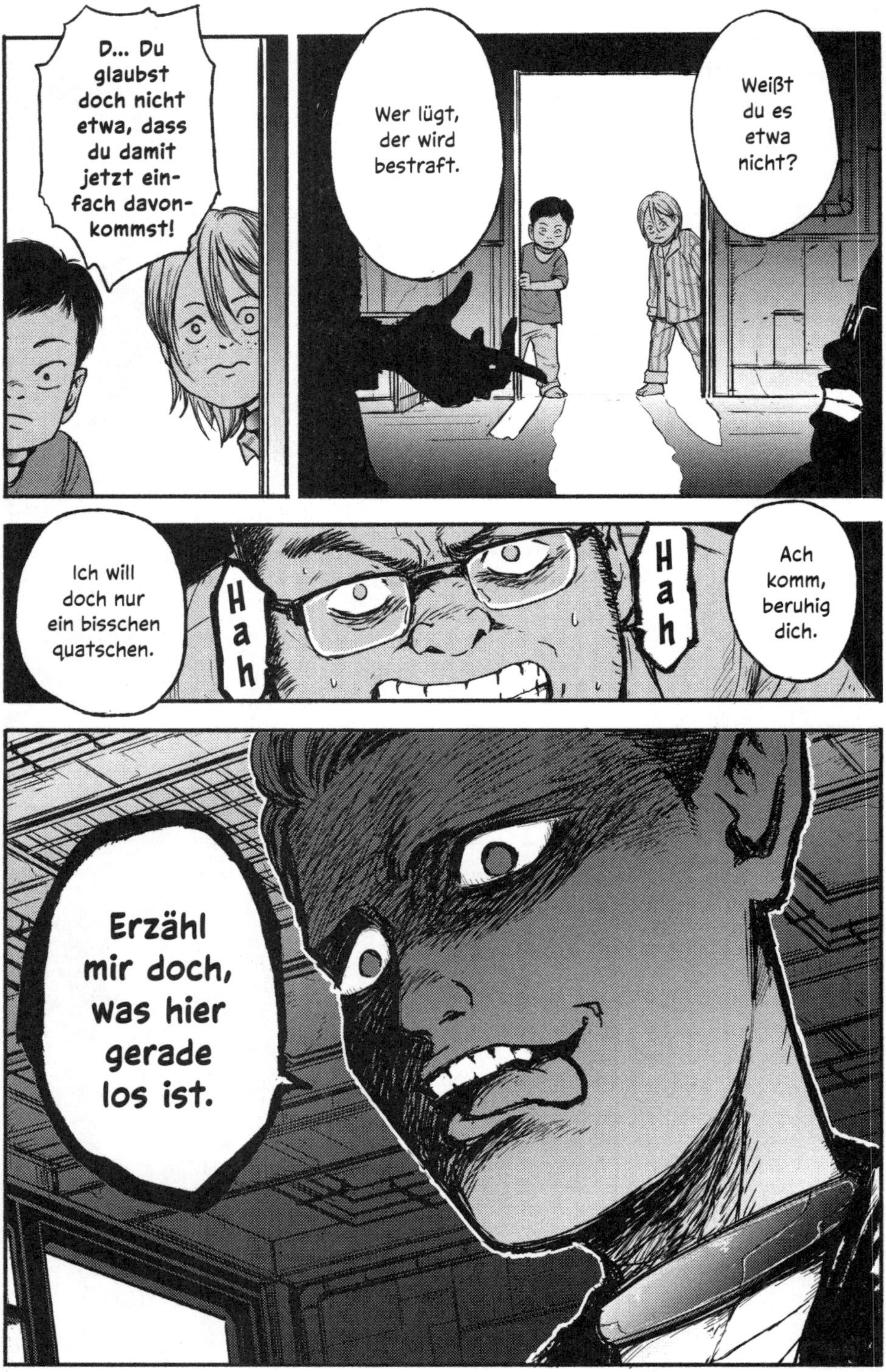

Kapitel zwei / Ende

Kapitel drei / Das Feilschen

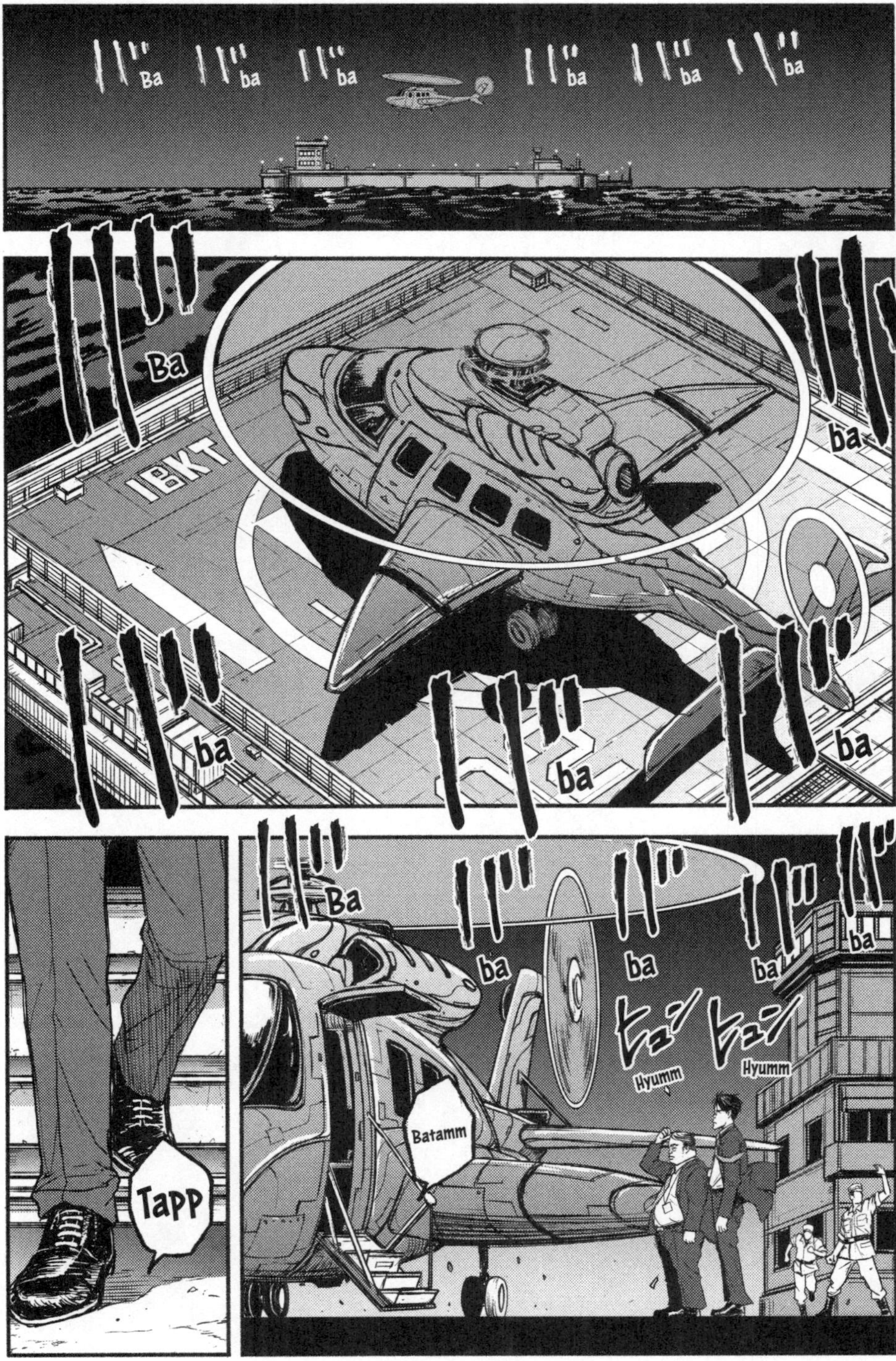

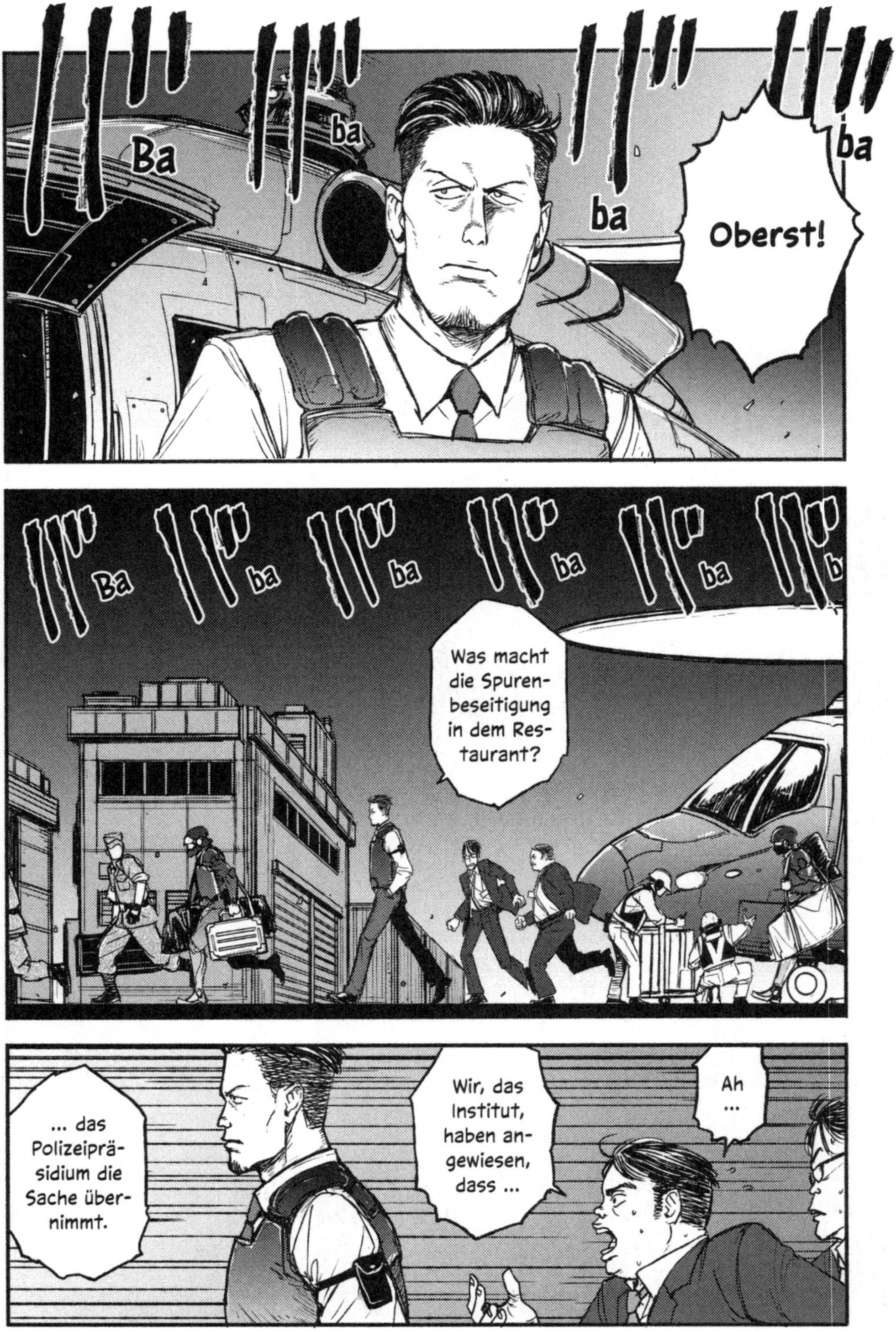
Ba
ba
ba
ba
Oberst!
Ba
ba
ba
ba
ba
Was macht die Spuren-beseitigung in dem Res-taurant?
Ah ...
Wir, das Institut, haben an-gewiesen, dass ...
... das Polizeiprä-sidium die Sache über-nimmt.

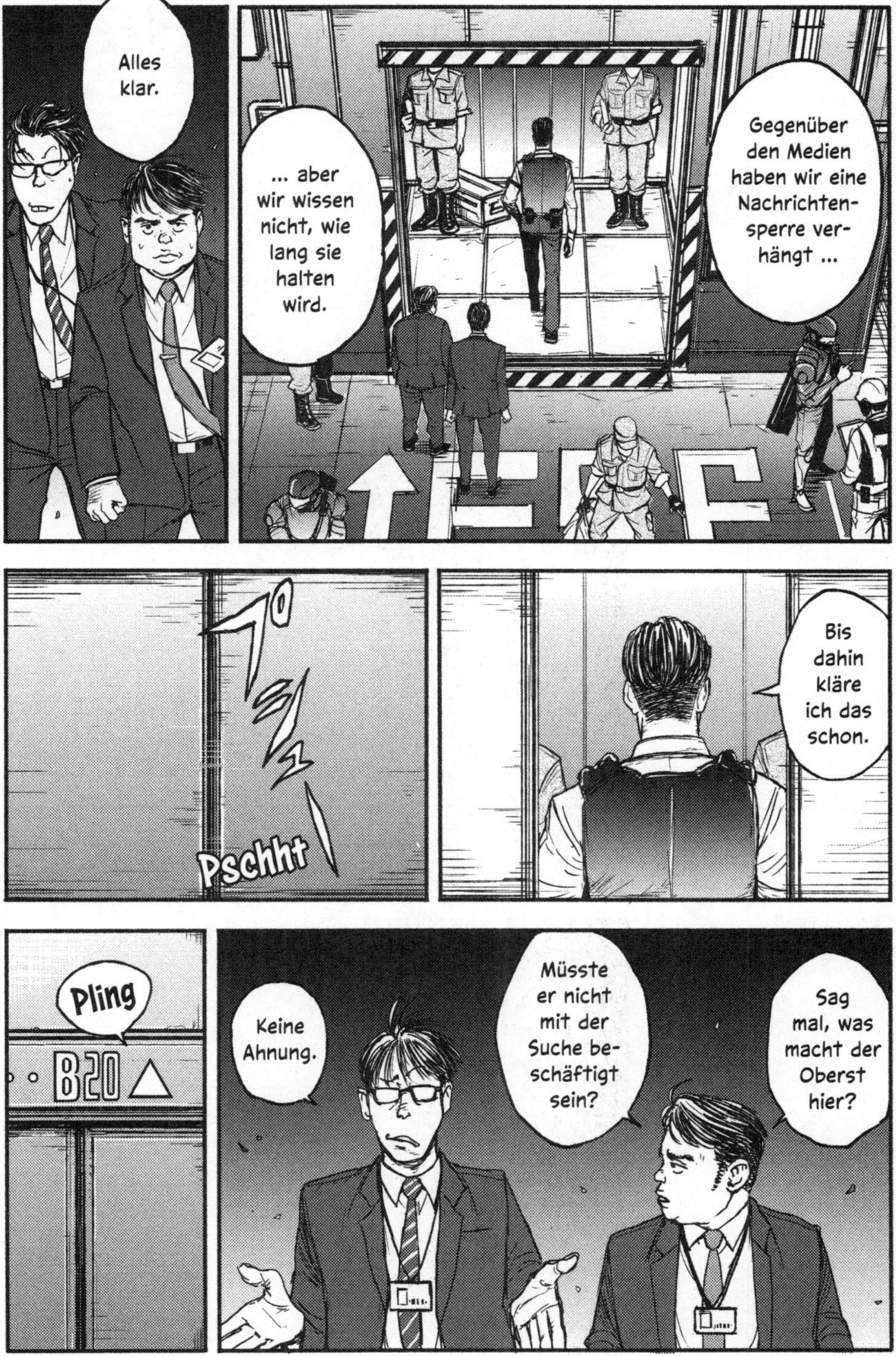
Gegenüber den Medien haben wir eine Nachrichten-sperre ver-hängt ...
... aber wir wissen nicht, wie lang sie halten wird.
Alles klar.
Bis dahin kläre ich das schon.
Pschht
Sag mal, was macht der Oberst hier?
Müsste er nicht mit der Suche be-schäftigt sein?
Keine Ahnung.
Pling
B20

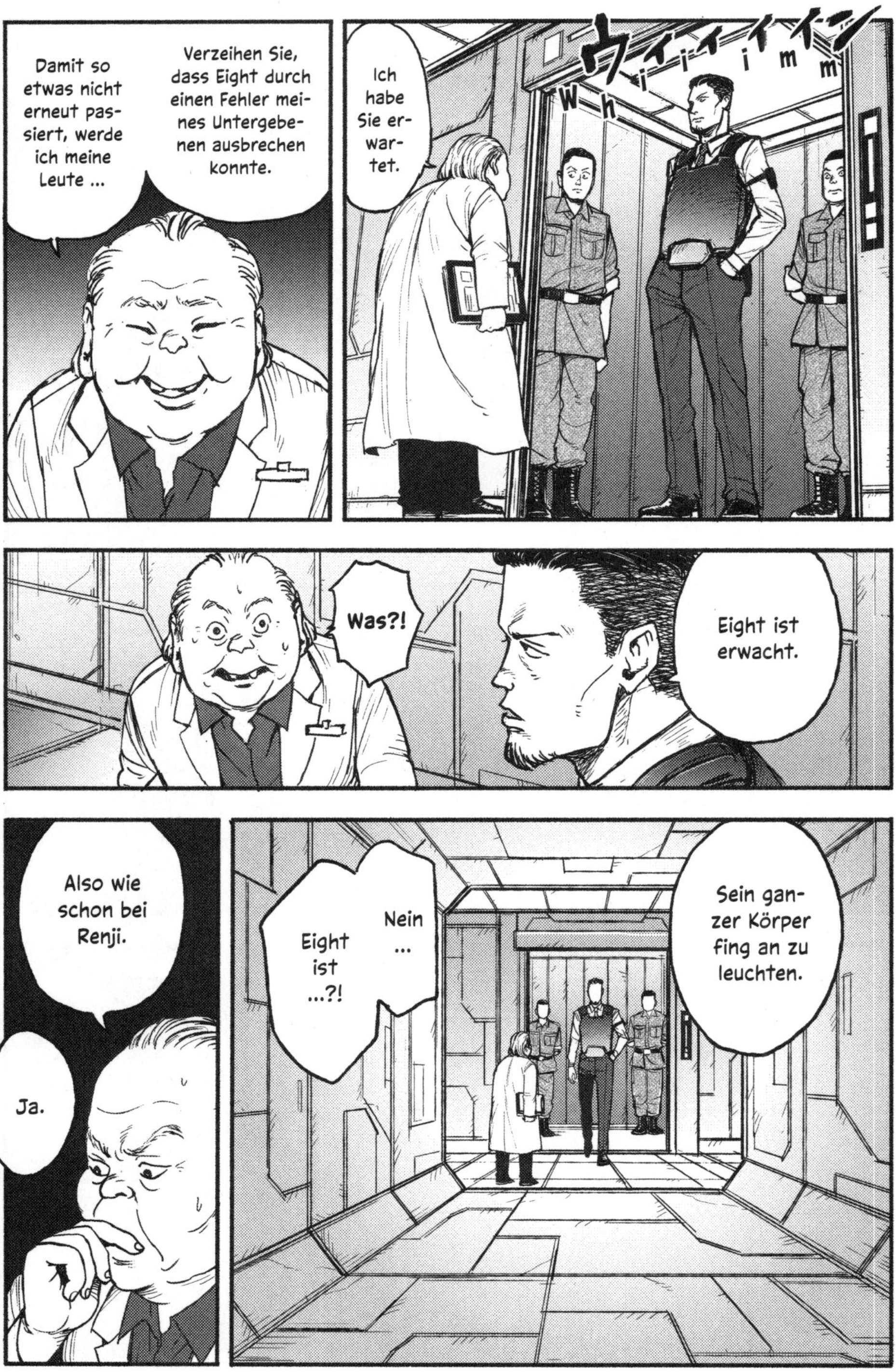
ウィィィイイン
Whiiiimm
Ich habe Sie erwartet.
Verzeihen Sie, dass Eight durch einen Fehler meines Untergebenen ausbrechen konnte.
Damit so etwas nicht erneut passiert, werde ich meine Leute ...
Eight ist erwacht.
Was?!
Sein ganzer Körper fing an zu leuchten.
Nein ...
Eight ist ...?!
Also wie schon bei Renji.
Ja.

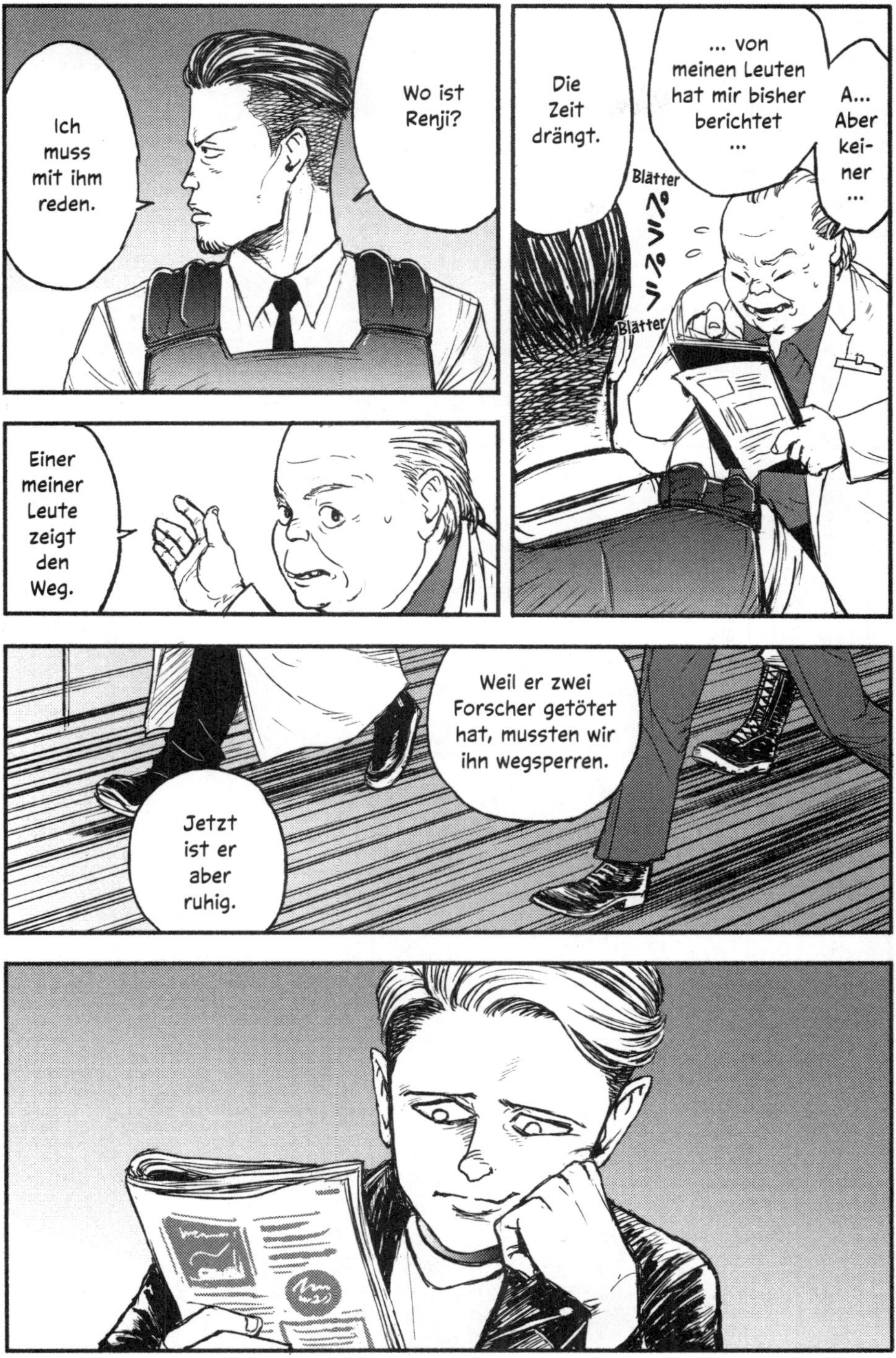
A... Aber keiner ...
... von meinen Leuten hat mir bisher berichtet ...
Die Zeit drängt.
Blätter
Blätter
Wo ist Renji?
Ich muss mit ihm reden.
Einer meiner Leute zeigt den Weg.
Weil er zwei Forscher getötet hat, mussten wir ihn wegsperren.
Jetzt ist er aber ruhig.

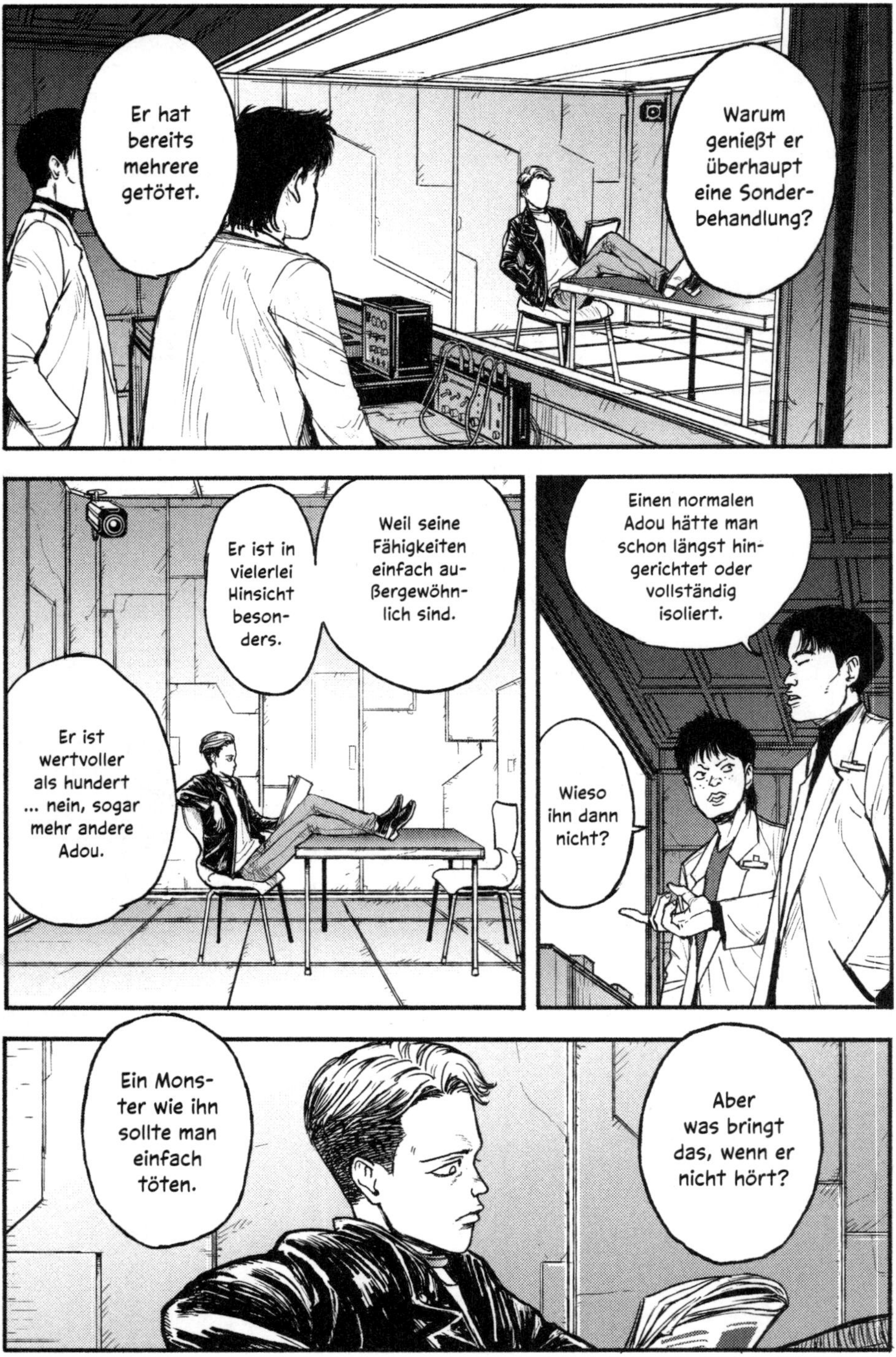

Warum genießt er überhaupt eine Sonderbehandlung?
Er hat bereits mehrere getötet.
Einen normalen Adou hätte man schon längst hingerichtet oder vollständig isoliert.
Wieso ihn dann nicht?
Weil seine Fähigkeiten einfach außergewöhnlich sind.
Er ist in vielerlei Hinsicht besonders.
Er ist wertvoller als hundert ... nein, sogar mehr andere Adou.
Aber was bringt das, wenn er nicht hört?
Ein Monster wie ihn sollte man einfach töten.

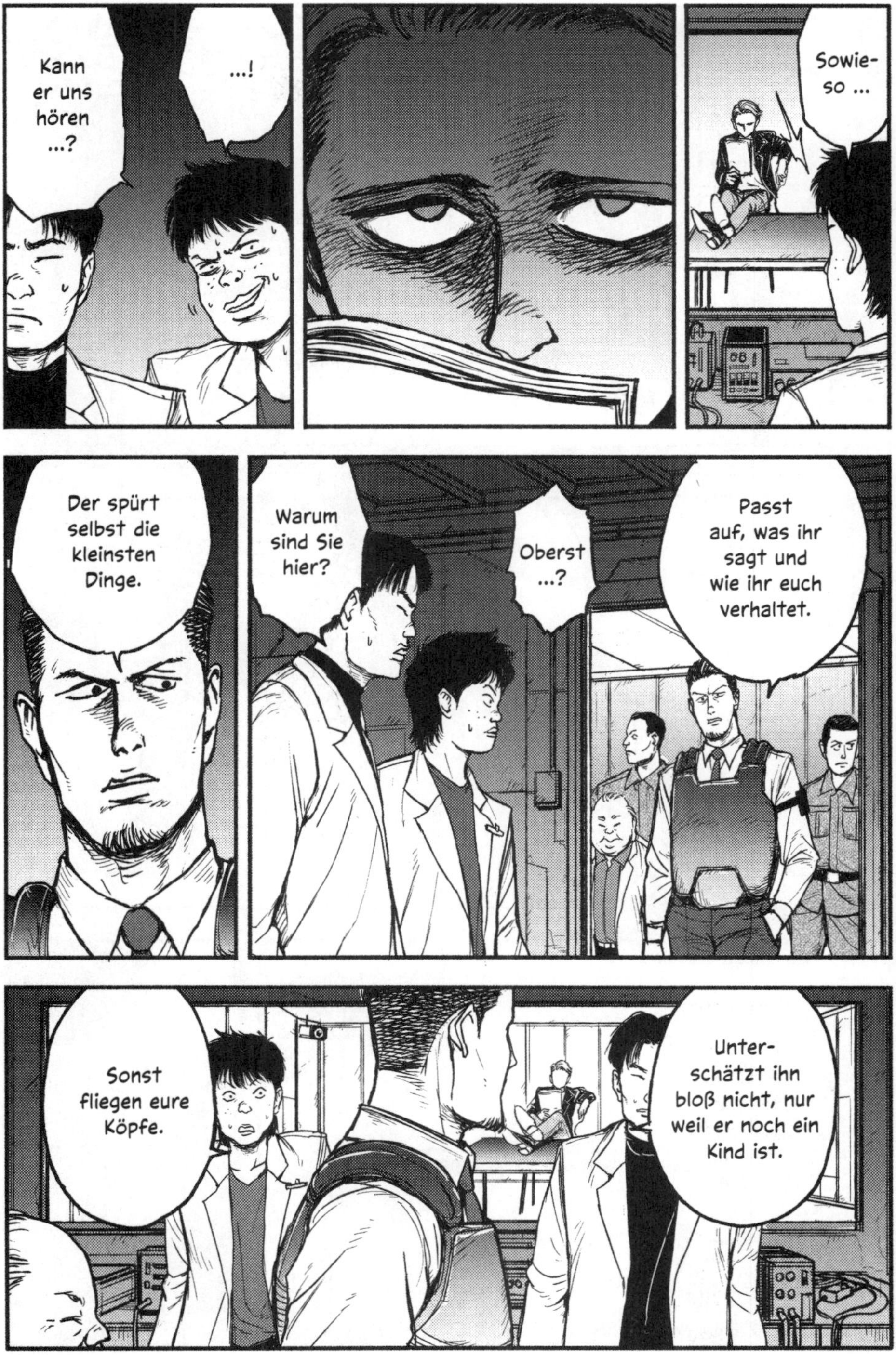
Kann er uns hören ...?
...!
Sowie-so ...
Der spürt selbst die kleinsten Dinge.
Warum sind Sie hier?
Oberst ...?
Passt auf, was ihr sagt und wie ihr euch verhaltet.
Sonst fliegen eure Köpfe.
Unter-schätzt ihn bloß nicht, nur weil er noch ein Kind ist.

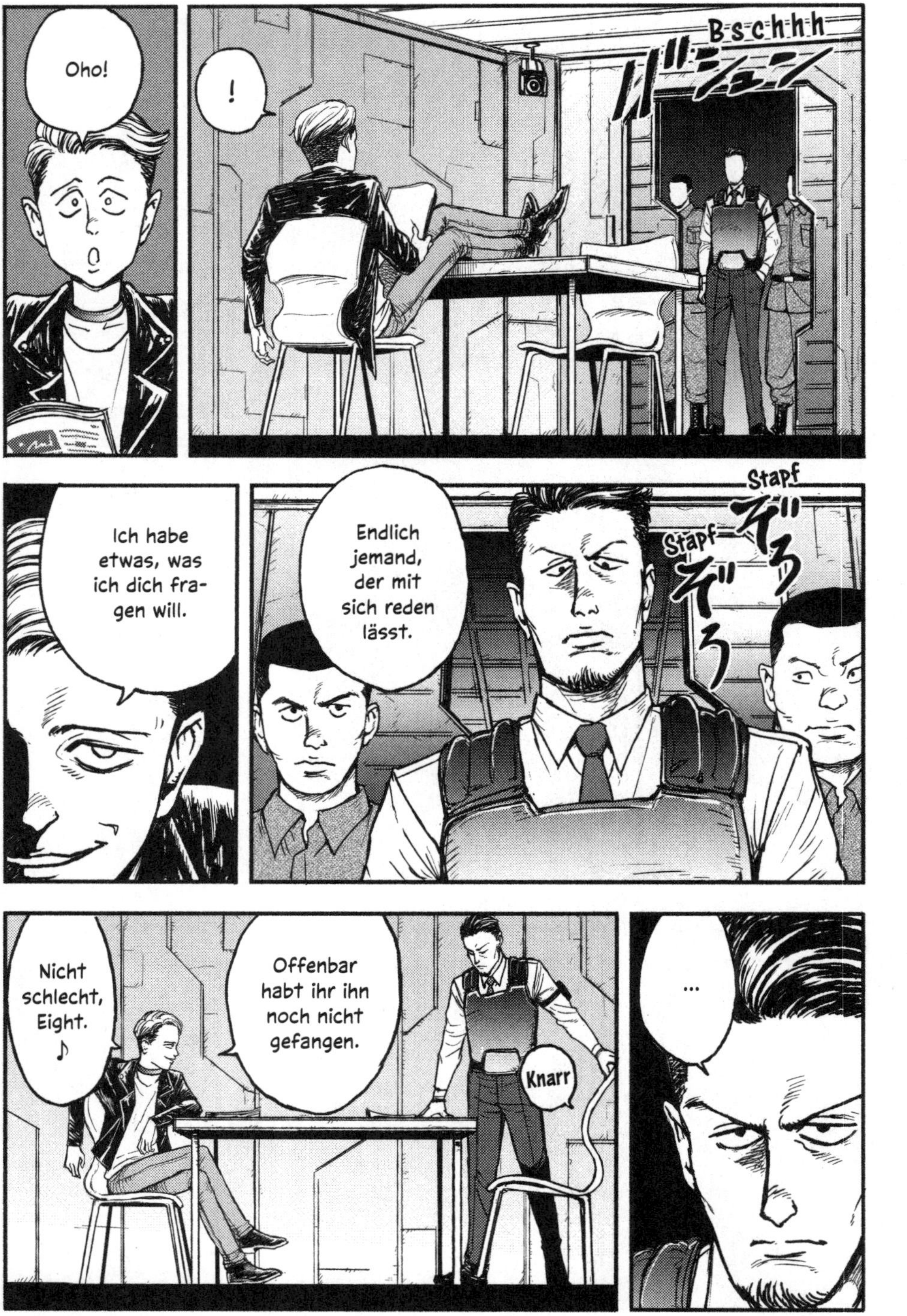
Bschhh
!
Oho!
Stapf
Stapf
Endlich jemand, der mit sich reden lässt.
Ich habe etwas, was ich dich fragen will.
...
Knarr
Offenbar habt ihr ihn noch nicht gefangen.
Nicht schlecht, Eight. ♪

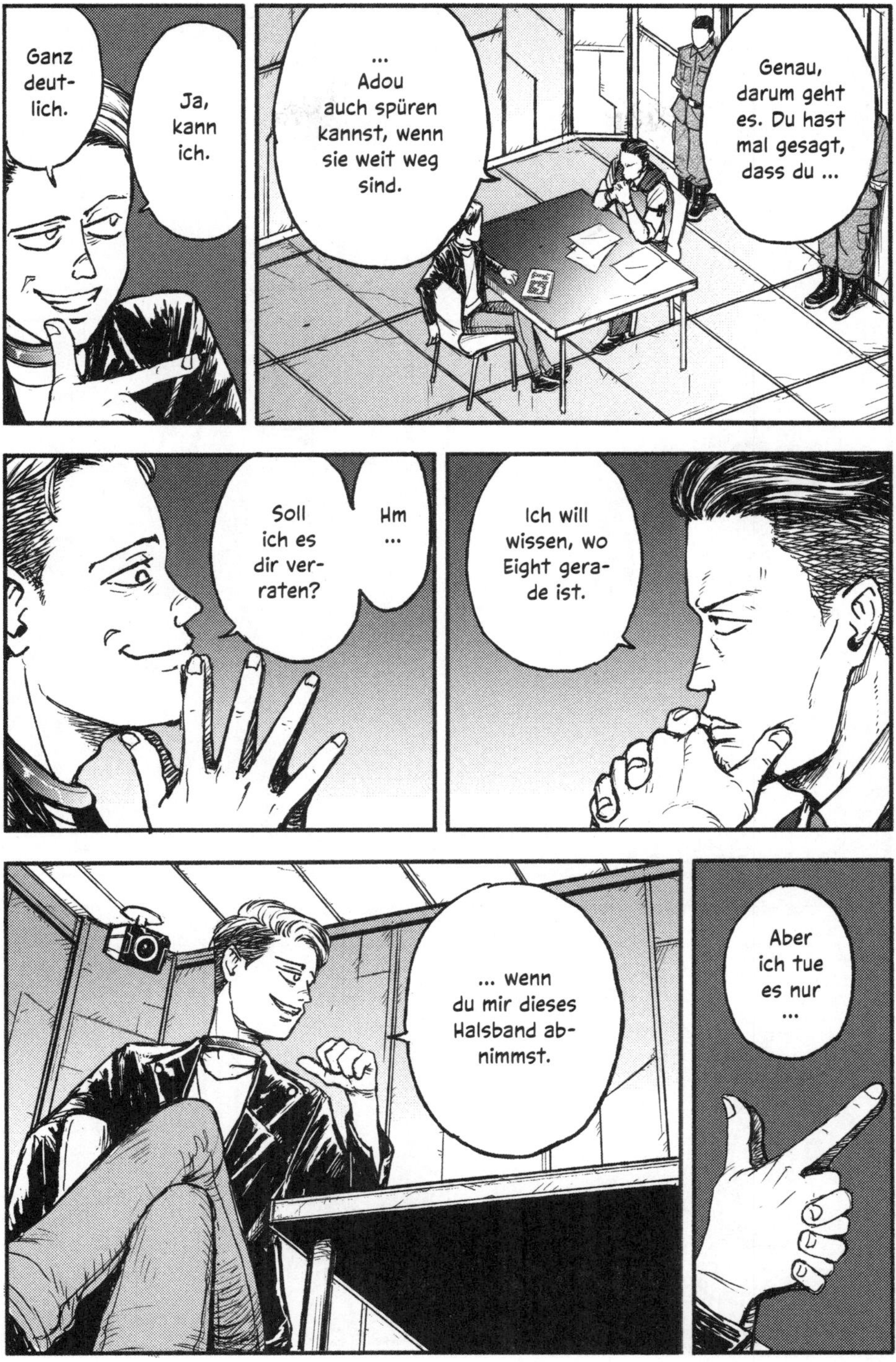
Genau, darum geht es. Du hast mal gesagt, dass du ...
... Adou auch spüren kannst, wenn sie weit weg sind.
Ja, kann ich.
Ganz deut-lich.
Ich will wissen, wo Eight gera-de ist.
Hm ...
Soll ich es dir ver-raten?
Aber ich tue es nur ...
... wenn du mir dieses Halsband ab-nimmst.

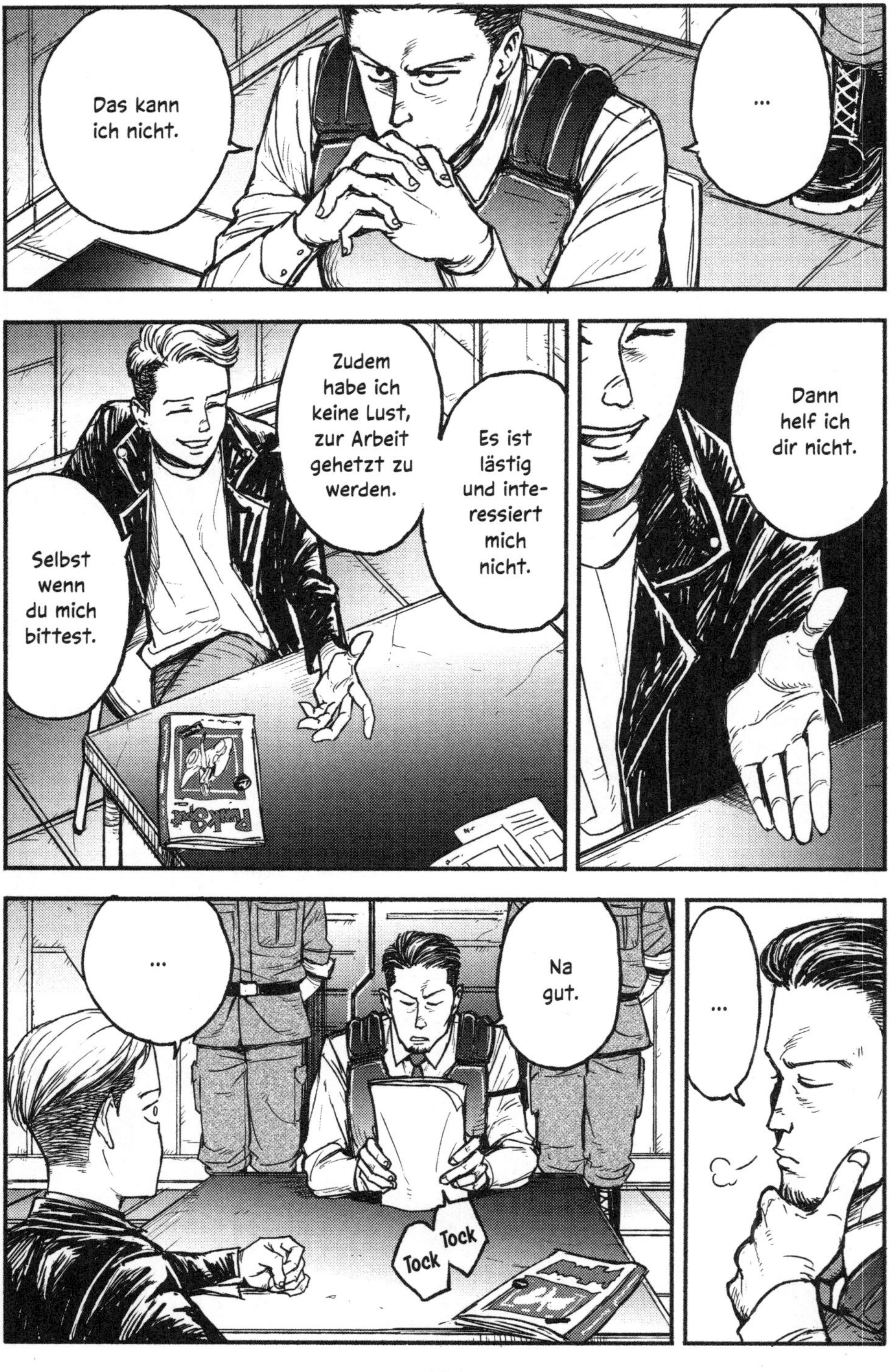
Das kann ich nicht.
...
Selbst wenn du mich bittest.
Zudem habe ich keine Lust, zur Arbeit gehetzt zu werden.
Es ist lästig und inte- ressiert mich nicht.
Dann helf ich dir nicht.
...
Na gut.
Tock Tock
...

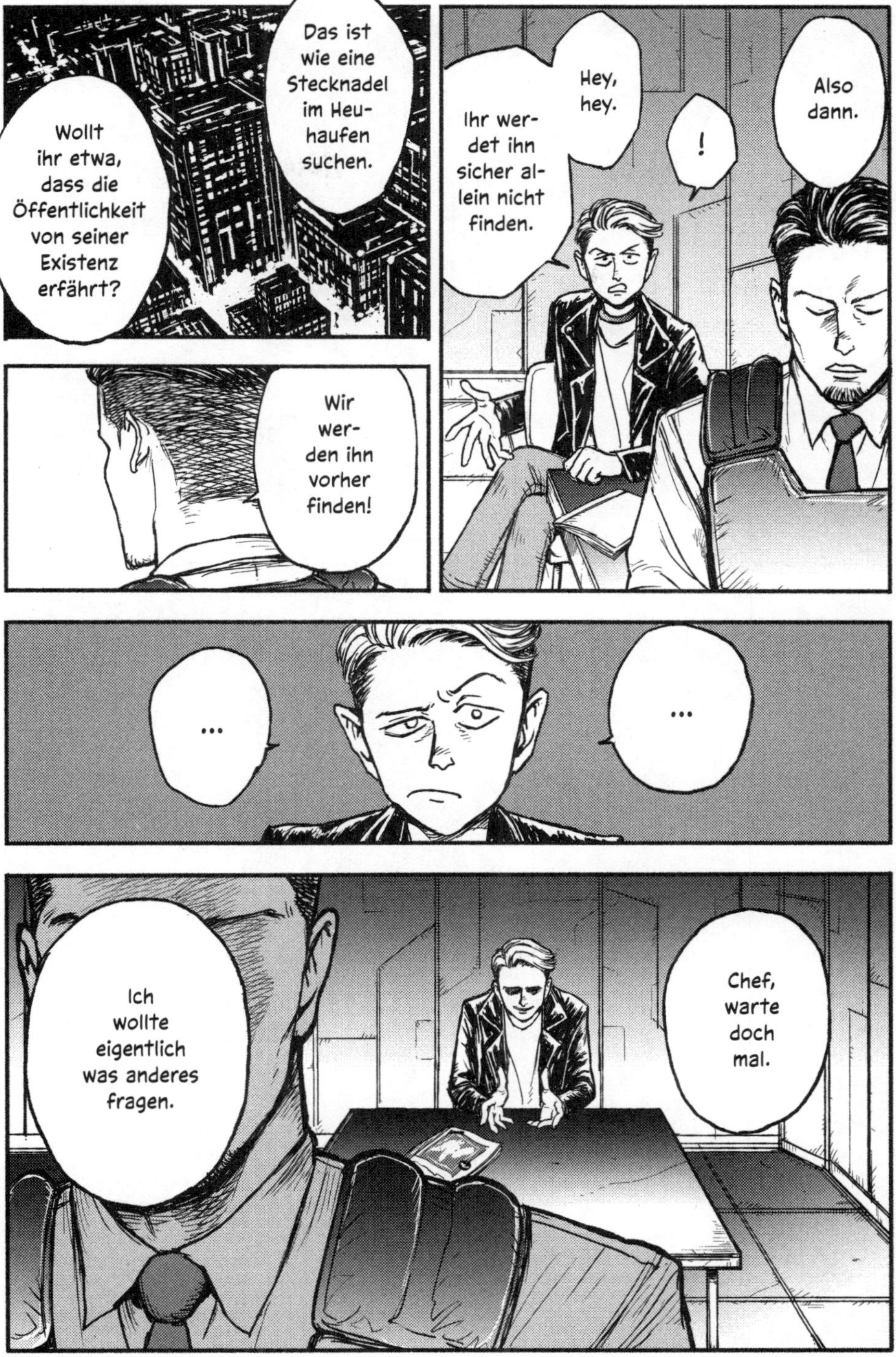
Also dann.
!
Hey, hey.
Ihr werdet ihn sicher allein nicht finden.
Das ist wie eine Stecknadel im Heuhaufen suchen.
Wollt ihr etwa, dass die Öffentlichkeit von seiner Existenz erfährt?
Wir werden ihn vorher finden!
...
...
Chef, warte doch mal.
Ich wollte eigentlich was anderes fragen.

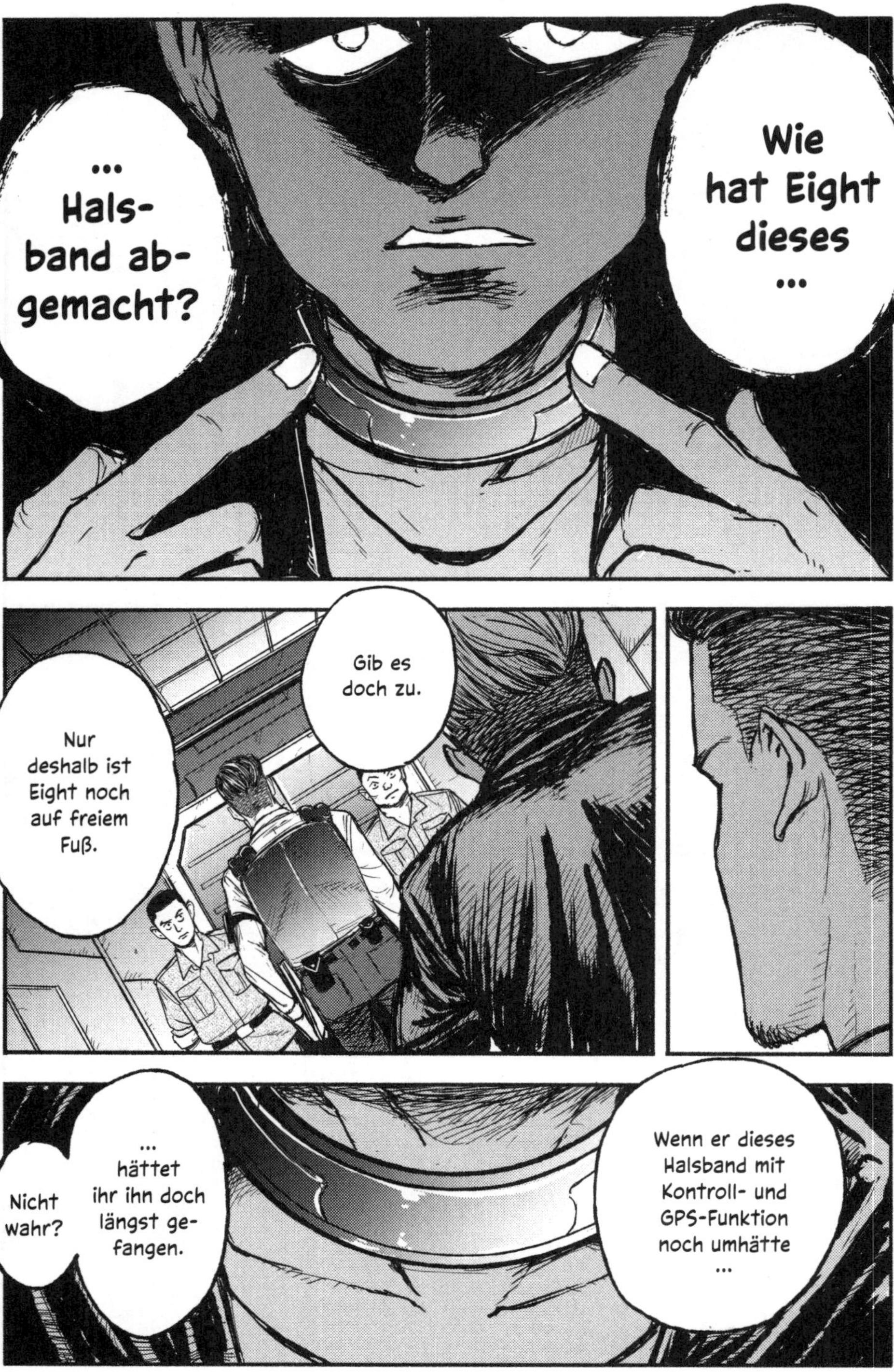
Wie hat Eight dieses ...
... Halsband abgemacht?
Gib es doch zu.
Nur deshalb ist Eight noch auf freiem Fuß.
Wenn er dieses Halsband mit Kontroll- und GPS-Funktion noch umhätte ...
... hättet ihr ihn doch längst gefangen.
Nicht wahr?

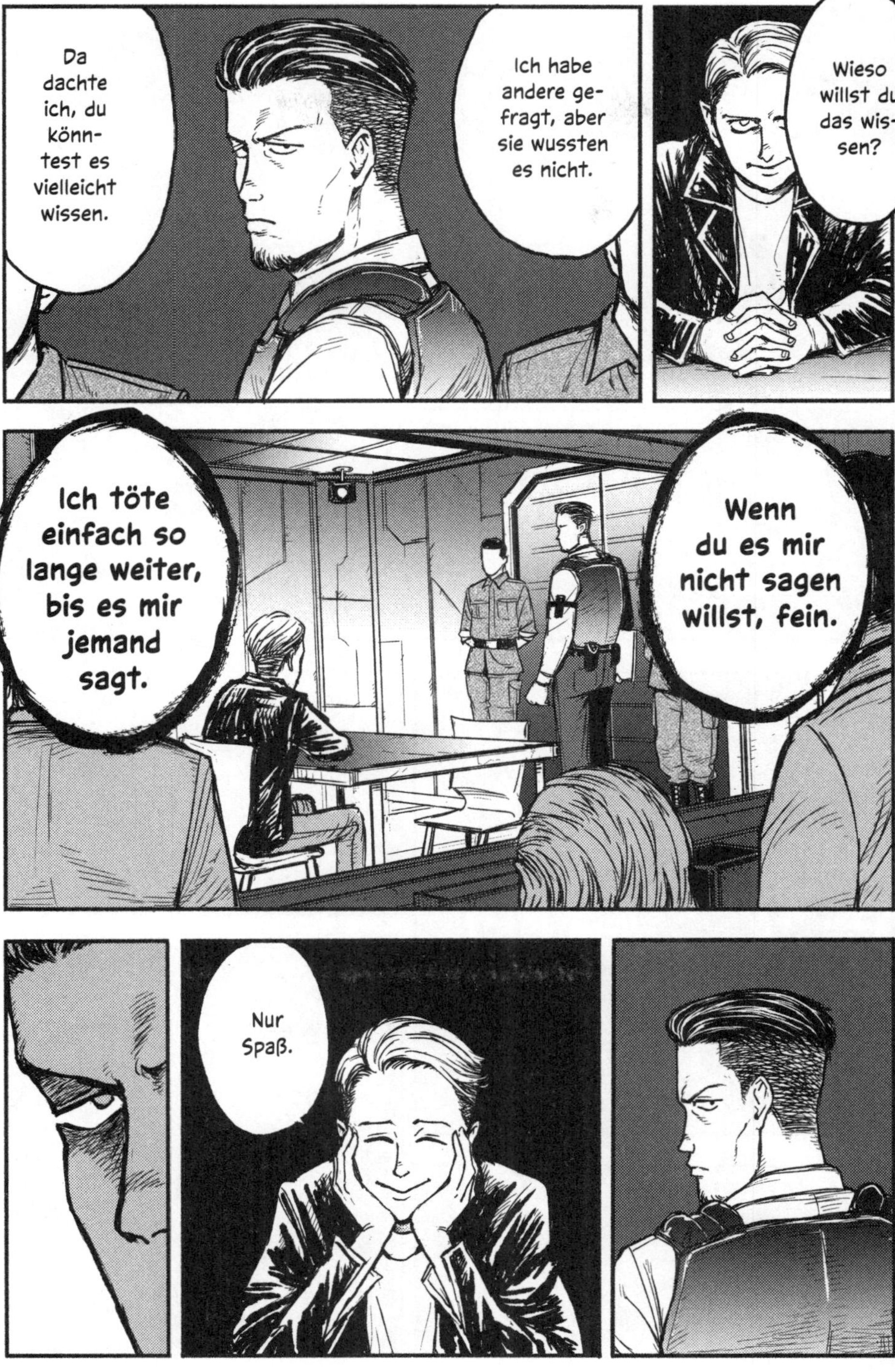
Da dachte ich, du könntest es vielleicht wissen.
Ich habe andere gefragt, aber sie wussten es nicht.
Wieso willst du das wissen?
Ich töte einfach so lange weiter, bis es mir jemand sagt.
Wenn du es mir nicht sagen willst, fein.
Nur Spaß.

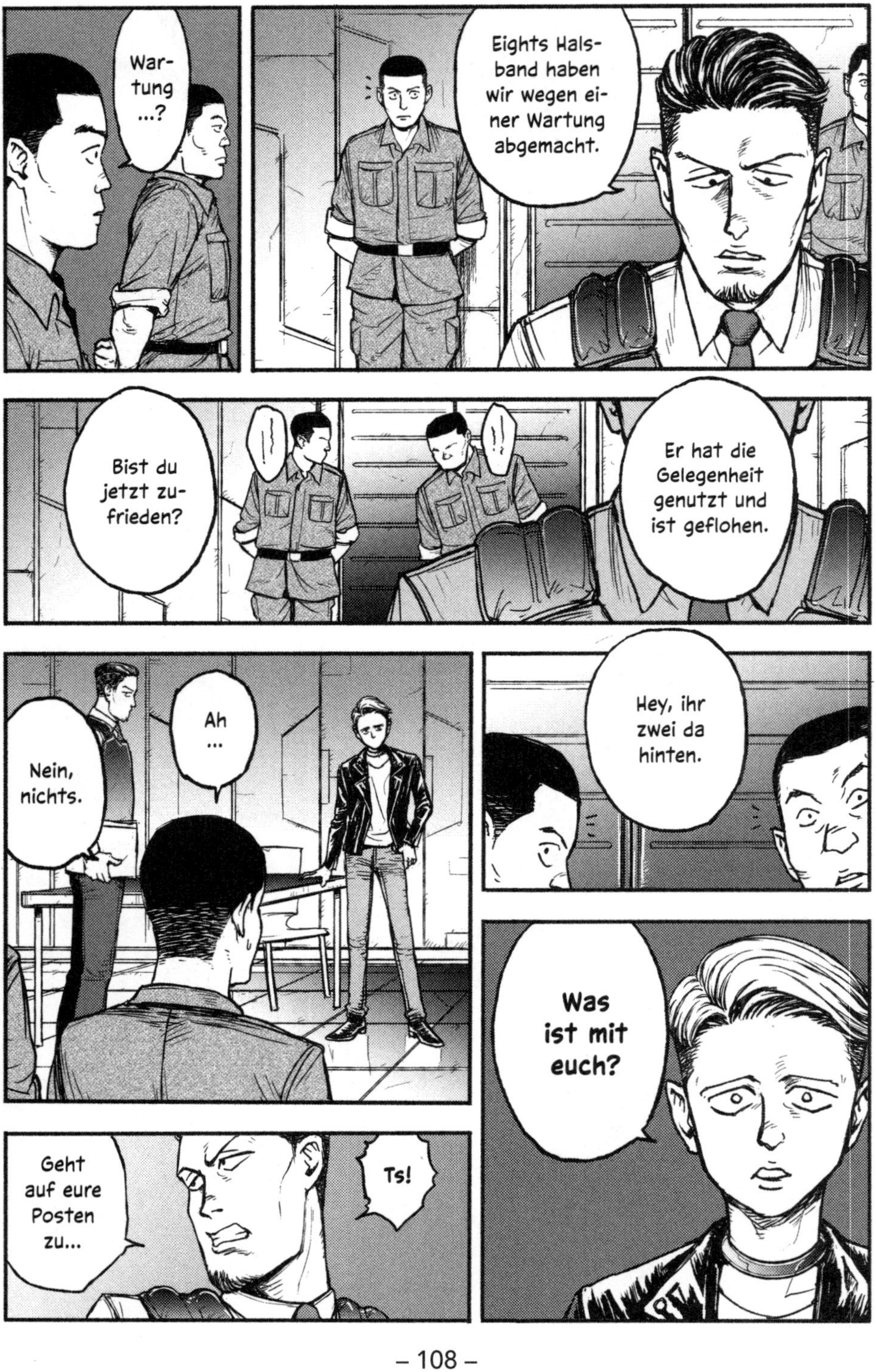
Eights Halsband haben wir wegen einer Wartung abgemacht.
Wartung ...?
Er hat die Gelegenheit genutzt und ist geflohen.
!!
!!
Bist du jetzt zufrieden?
Hey, ihr zwei da hinten.
Was ist mit euch?
Ah ...
Nein, nichts.
Ts!
Geht auf eure Posten zu...

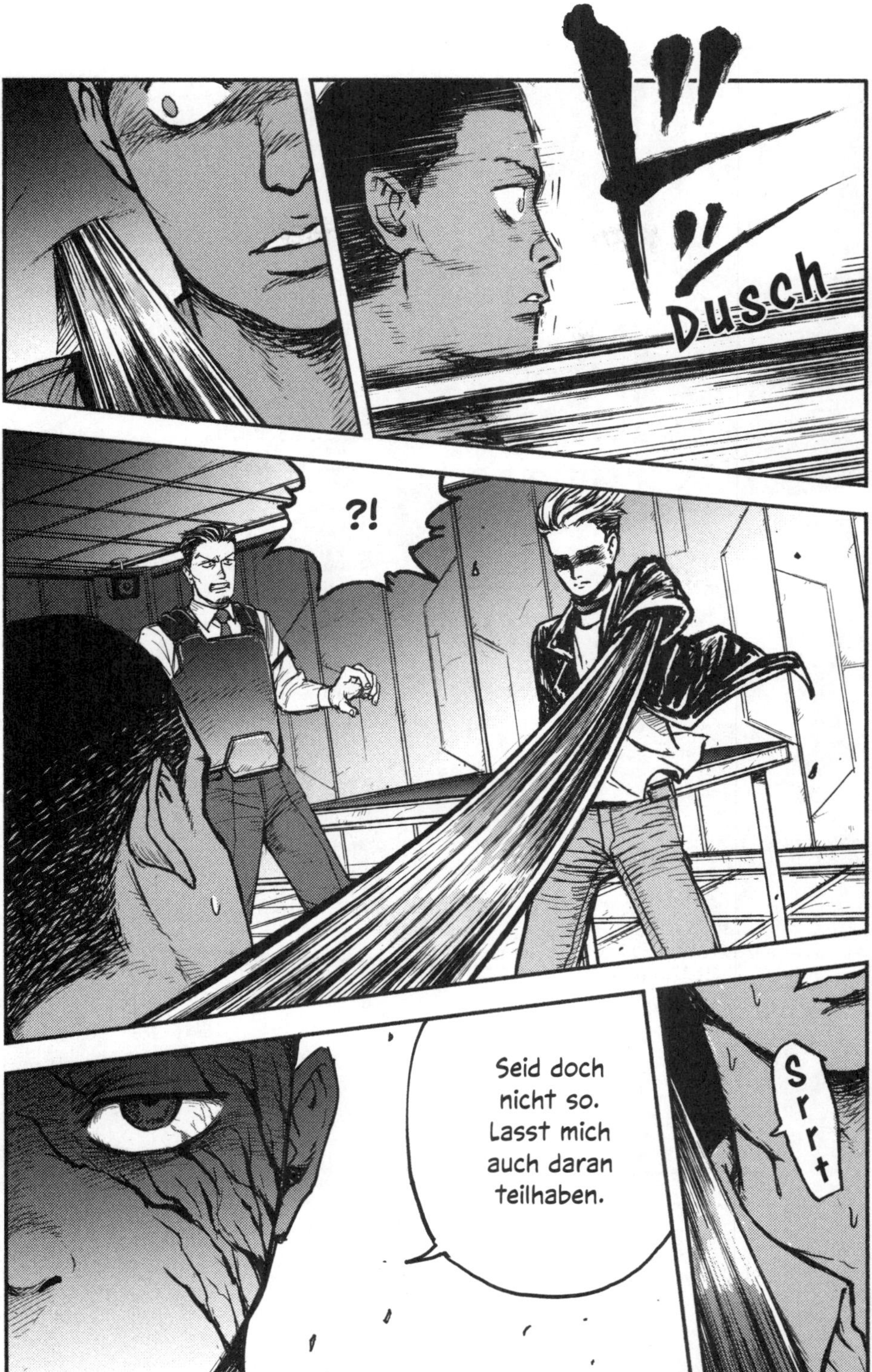
Dusch
?!
Seid doch nicht so. Lasst mich auch daran teilhaben.
Srrt

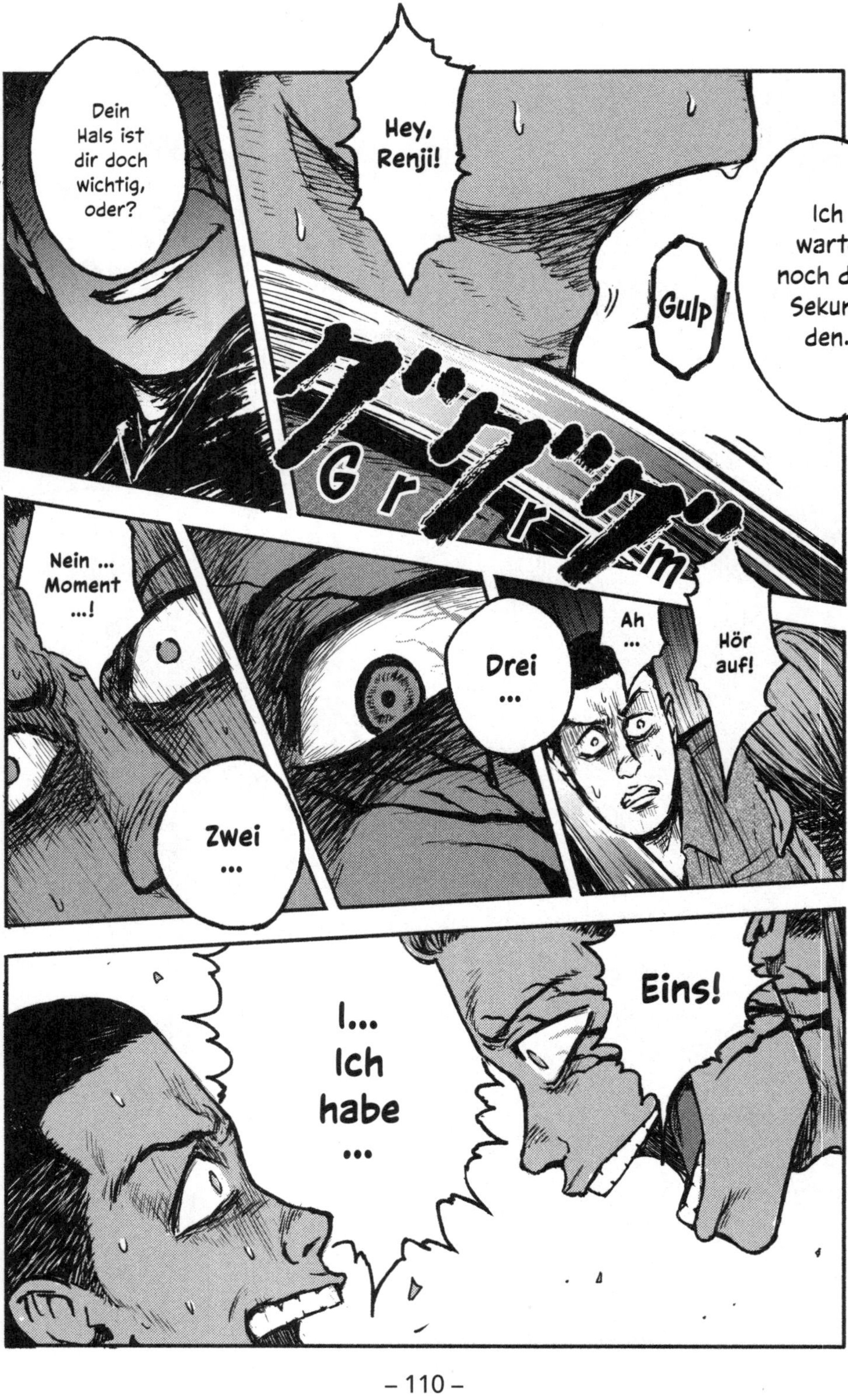
Ich warte noch drei Sekunden.
Gulp
Hey, Renji!
Dein Hals ist dir doch wichtig, oder?
Grrm
Hör auf!
Ah ...
Drei ...
Nein ... Moment ...!
Zwei ...
Eins!
I... Ich habe ...

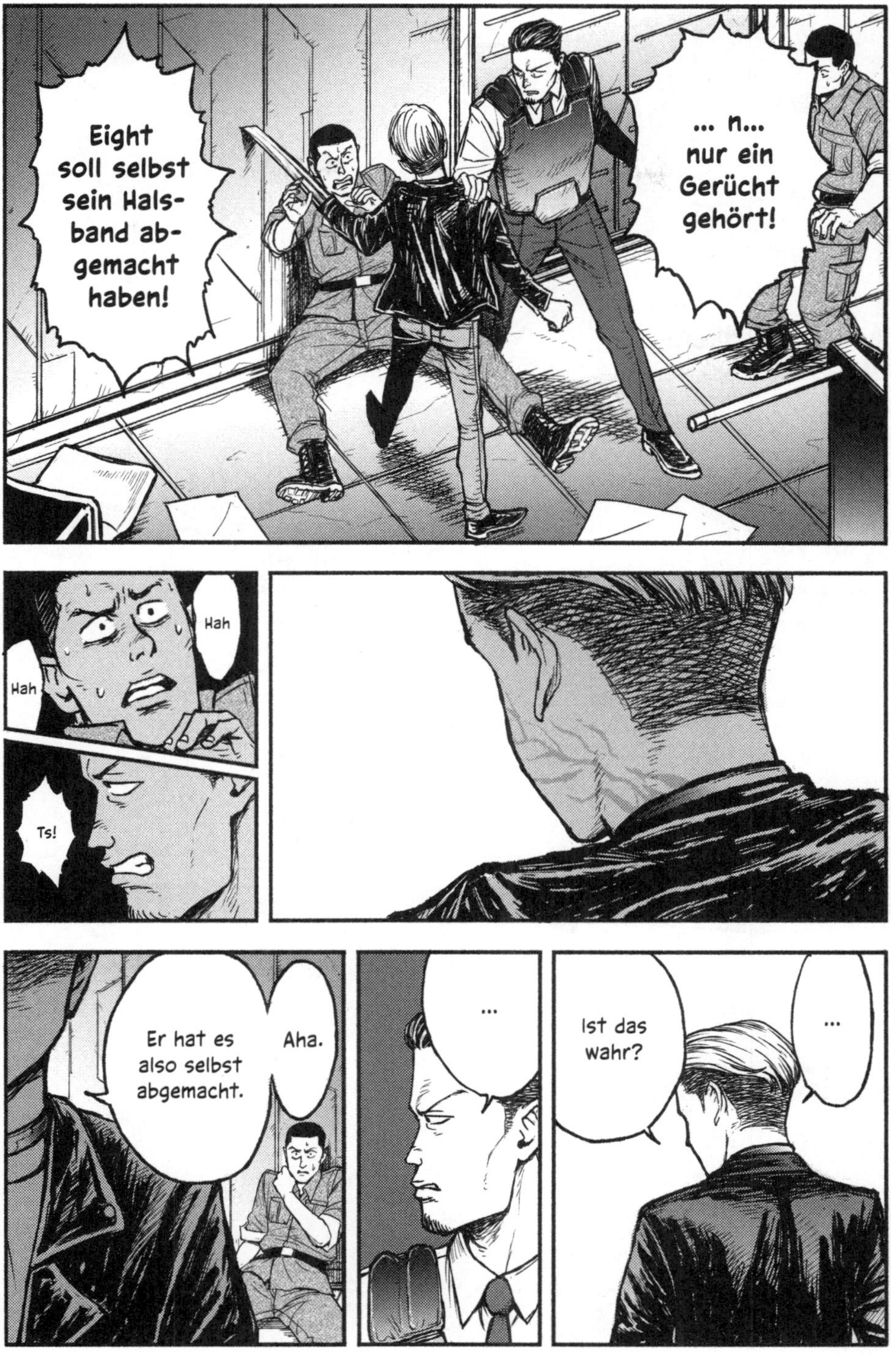
Eight soll selbst sein Halsband abgemacht haben!
... n... nur ein Gerücht gehört!
Hah
Hah
Ts!
Er hat es also selbst abgemacht.
Aha.
...
Ist das wahr?
...

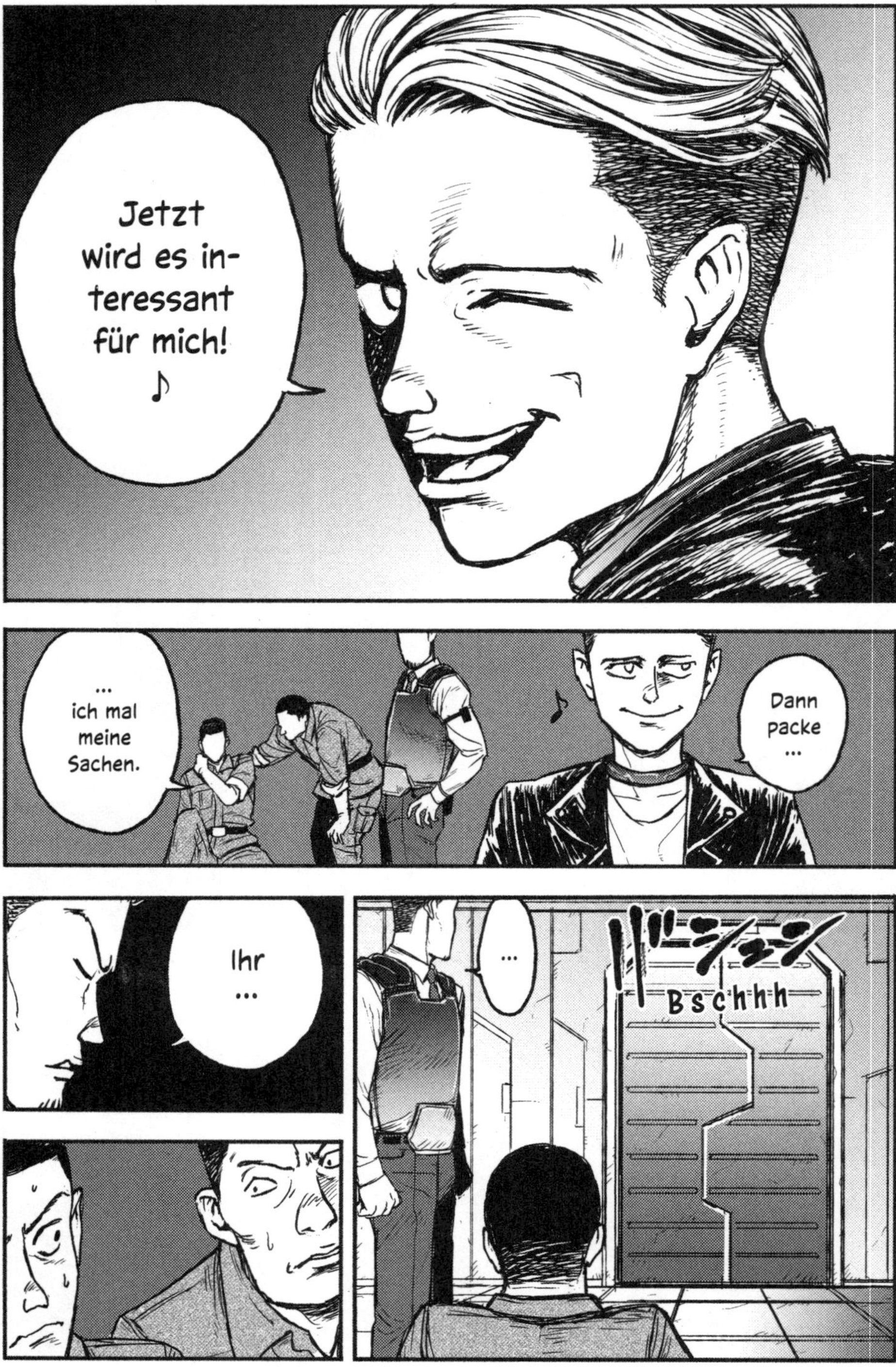
Jetzt wird es interessant für mich! ♪
Dann packe ...
... ich mal meine Sachen.
Bschhh
...
Ihr ...

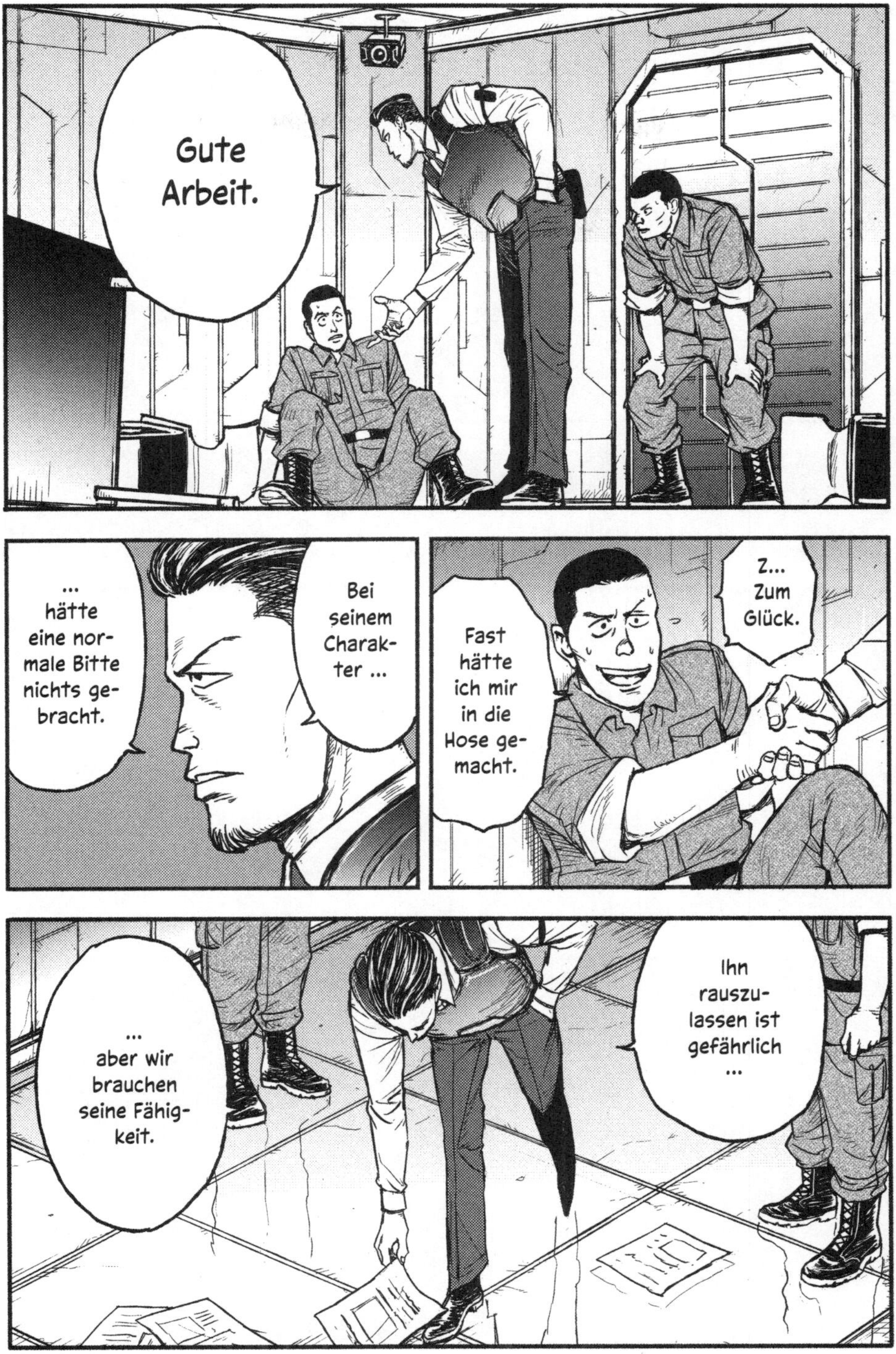
Gute Arbeit.
Z... Zum Glück.
Fast hätte ich mir in die Hose gemacht.
Bei seinem Charakter ...
... hätte eine normale Bitte nichts gebracht.
Ihn rauszulassen ist gefährlich ...
... aber wir brauchen seine Fähigkeit.

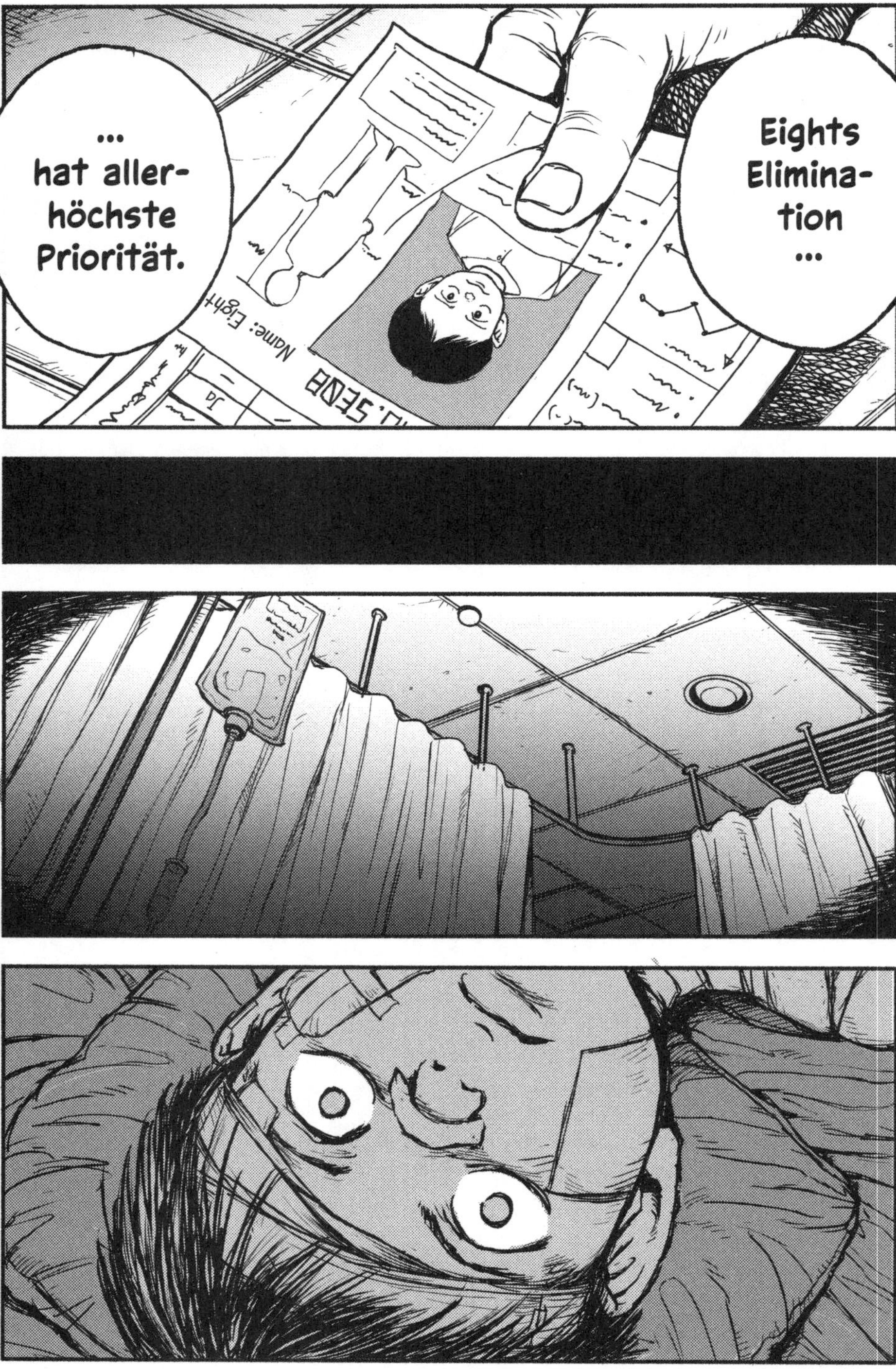
Eights Elimination …
… hat allerhöchste Priorität.

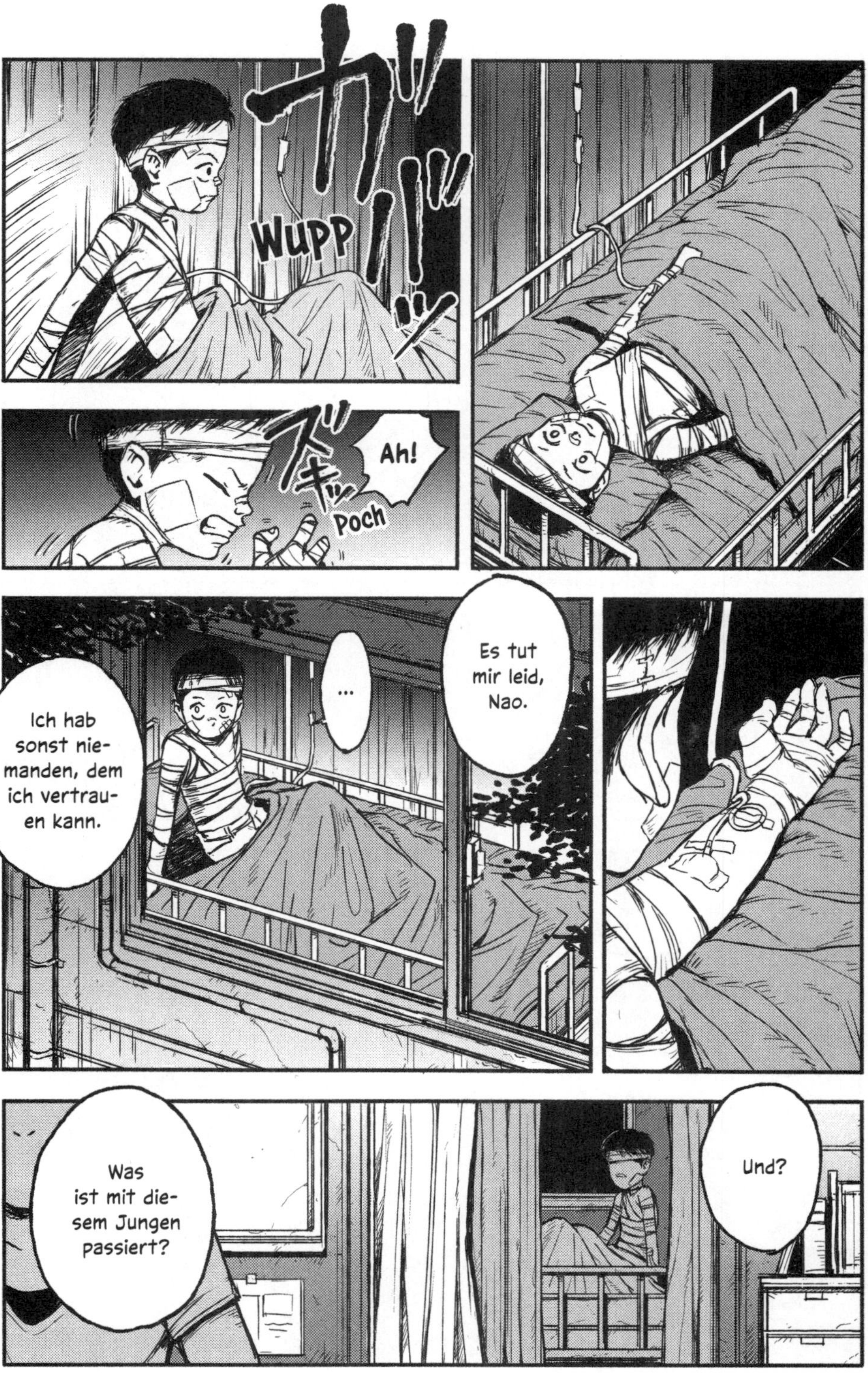
ガバッ
WUPP
ズキッ
Poch
Ah!
Es tut mir leid, Nao.
...
Ich hab sonst niemanden, dem ich vertrauen kann.
Und?
Was ist mit diesem Jungen passiert?

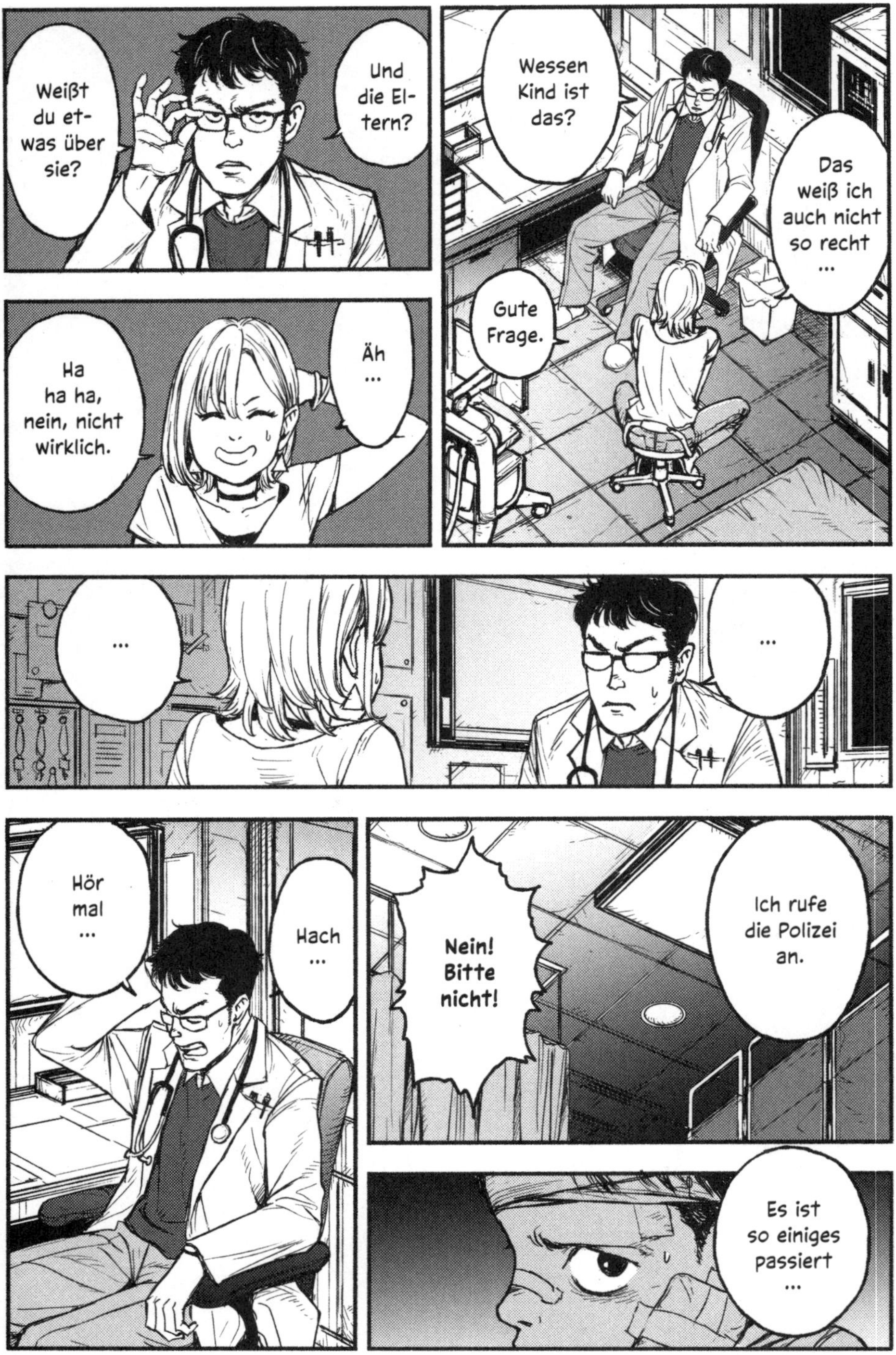
Wessen Kind ist das?
Das weiß ich auch nicht so recht ...
Gute Frage.
Und die Eltern?
Weißt du etwas über sie?
Äh ...
Ha ha ha, nein, nicht wirklich.
...
...
Ich rufe die Polizei an.
Nein! Bitte nicht!
Es ist so einiges passiert ...
Hach ...
Hör mal ...

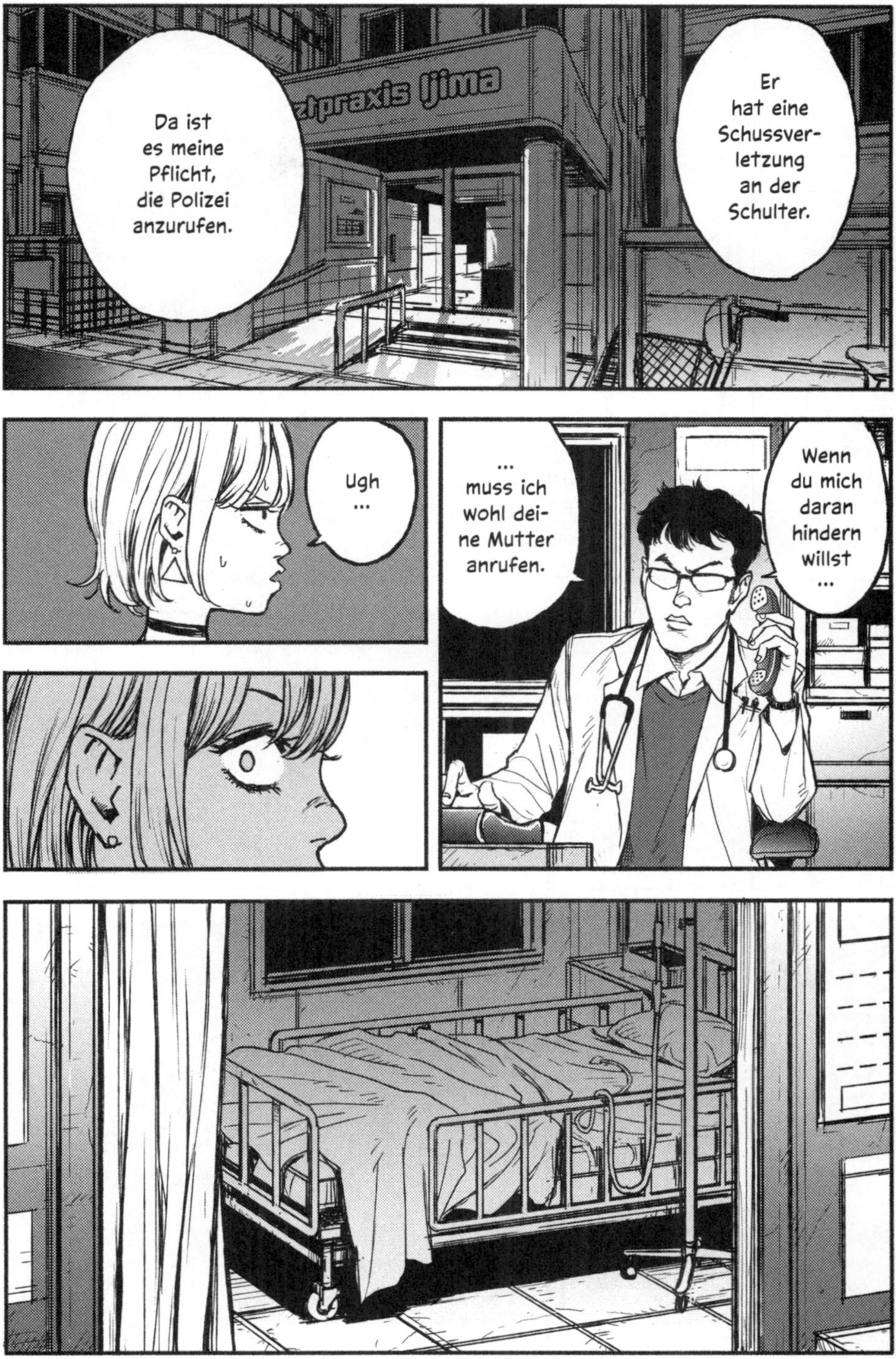
ztpraxis Ijima
Er hat eine Schussverletzung an der Schulter.
Da ist es meine Pflicht, die Polizei anzurufen.
Wenn du mich daran hindern willst ...
... muss ich wohl deine Mutter anrufen.
Ugh ...

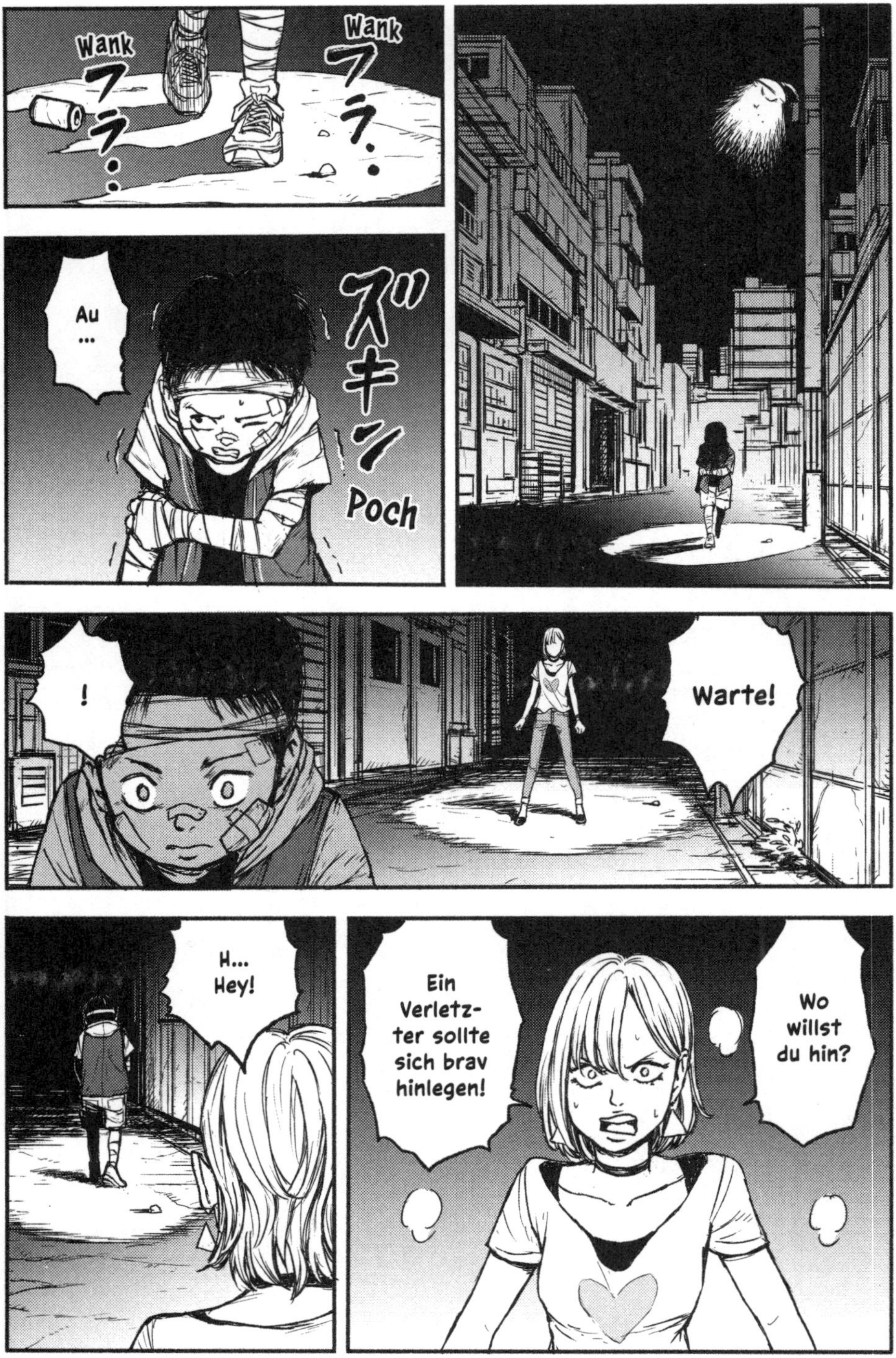
Wank
フラ・・
Wank
フラ・・
ズキン
Poch
Au ...
Warte!
!
Wo willst du hin?
Ein Verletz-ter sollte sich brav hinlegen!
H... Hey!

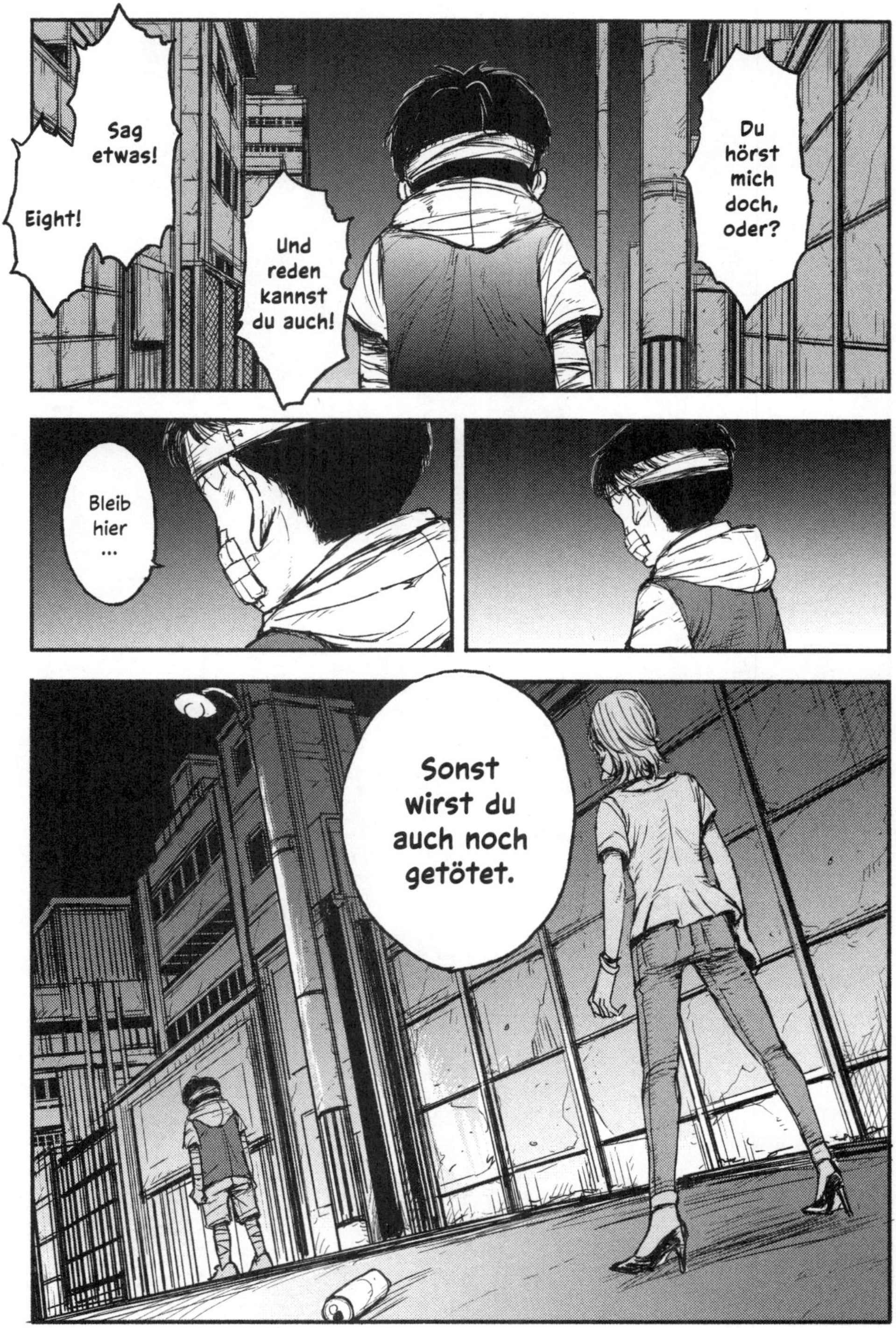
Du hörst mich doch, oder?
Und reden kannst du auch!
Sag etwas!
Eight!
Bleib hier ...
Sonst wirst du auch noch getötet.

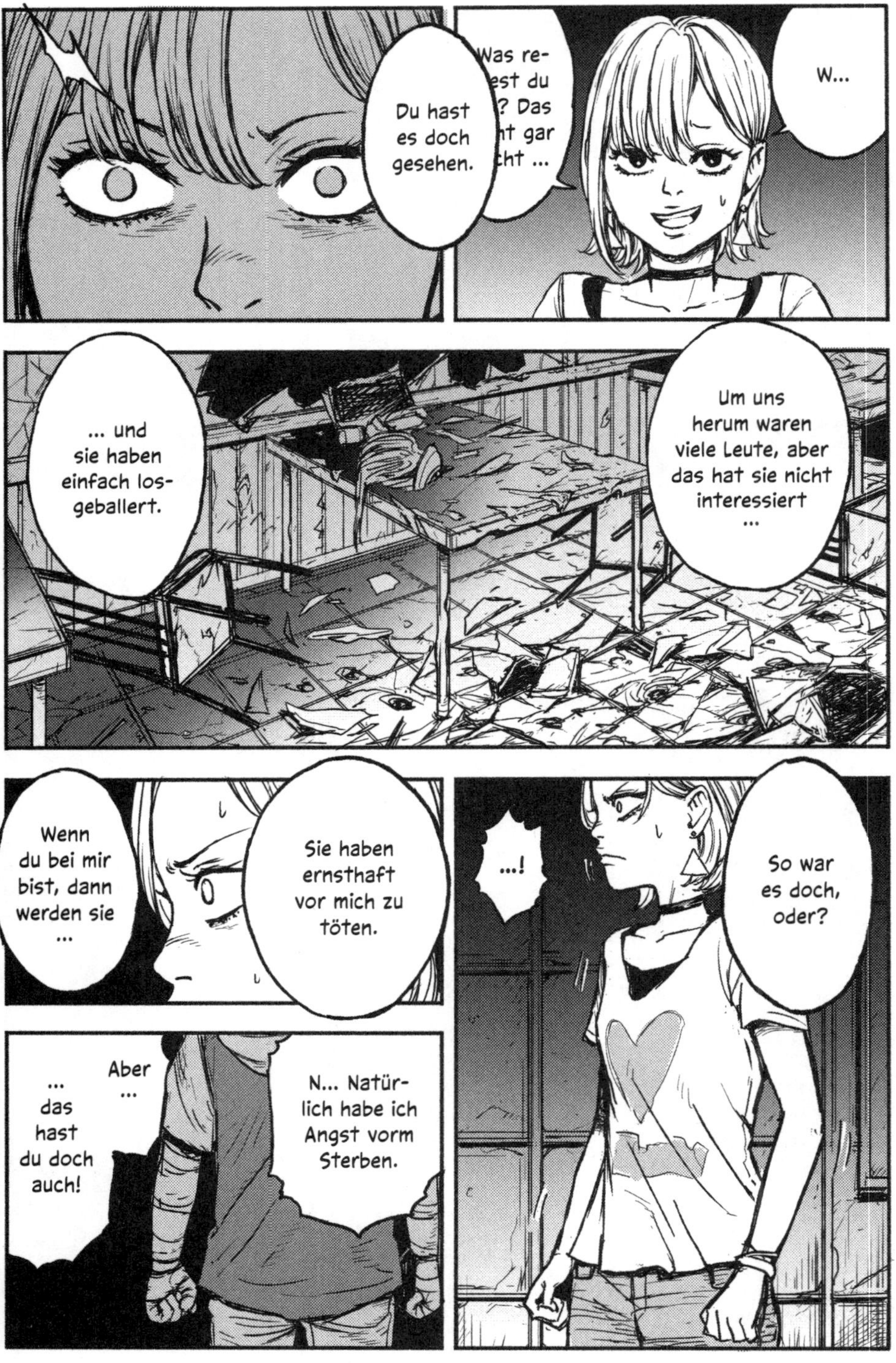
W...
Was re-
est du
? Das
nt gar
cht ...
Du hast
es doch
gesehen.
Um uns
herum waren
viele Leute, aber
das hat sie nicht
interessiert
...
... und
sie haben
einfach los-
geballert.
So war
es doch,
oder?
...!
Sie haben
ernsthaft
vor mich zu
töten.
Wenn
du bei mir
bist, dann
werden sie
...
N... Natür-
lich habe ich
Angst vorm
Sterben.
Aber
...
...
das
hast
du doch
auch!

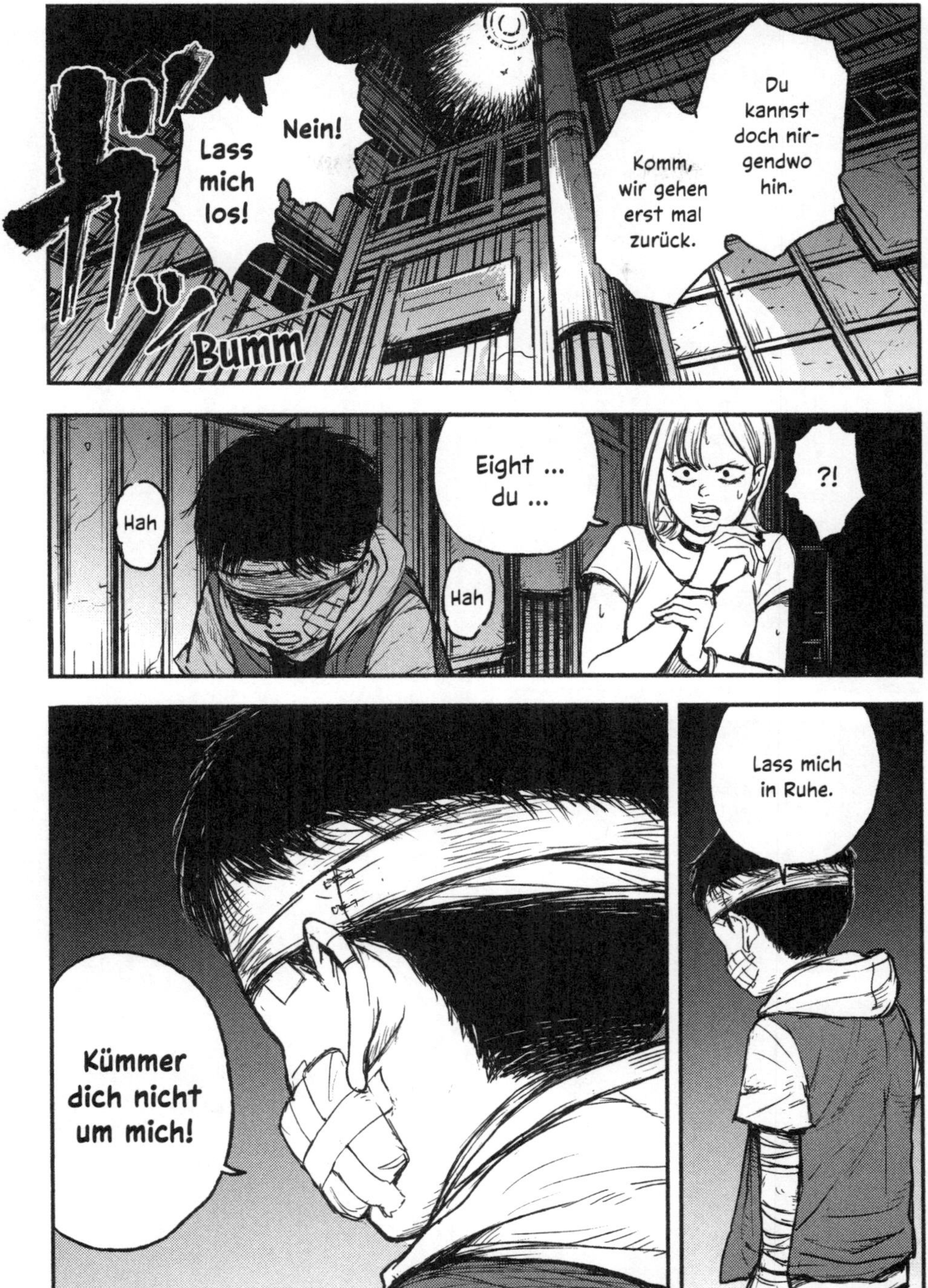
Du kannst doch nirgendwo hin.
Komm, wir gehen erst mal zurück.
Nein!
Lass mich los!
Bumm
?!
Eight ... du ...
Hah
Hah
Lass mich in Ruhe.
Kümmer dich nicht um mich!

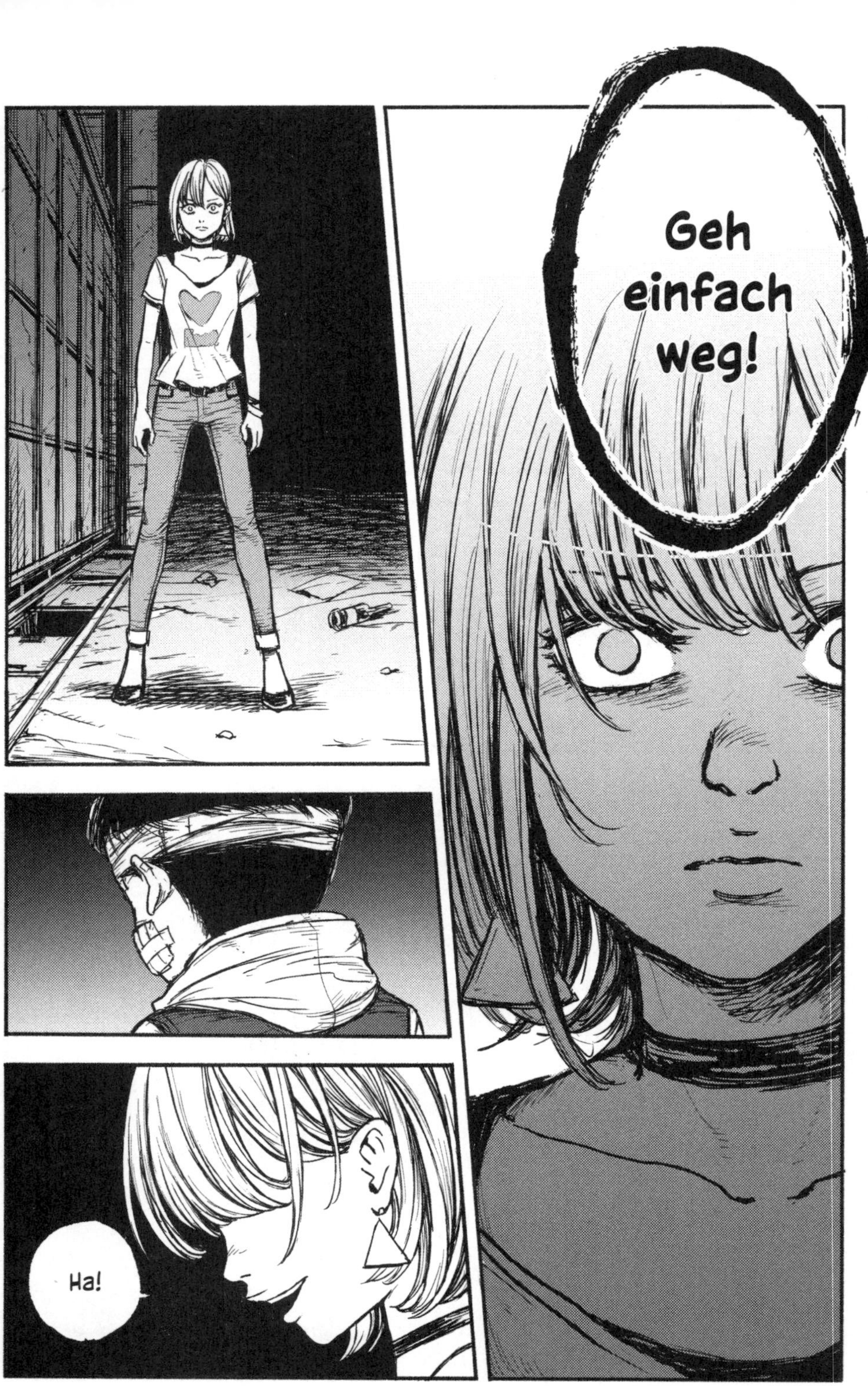
Geh einfach weg!
Ha!

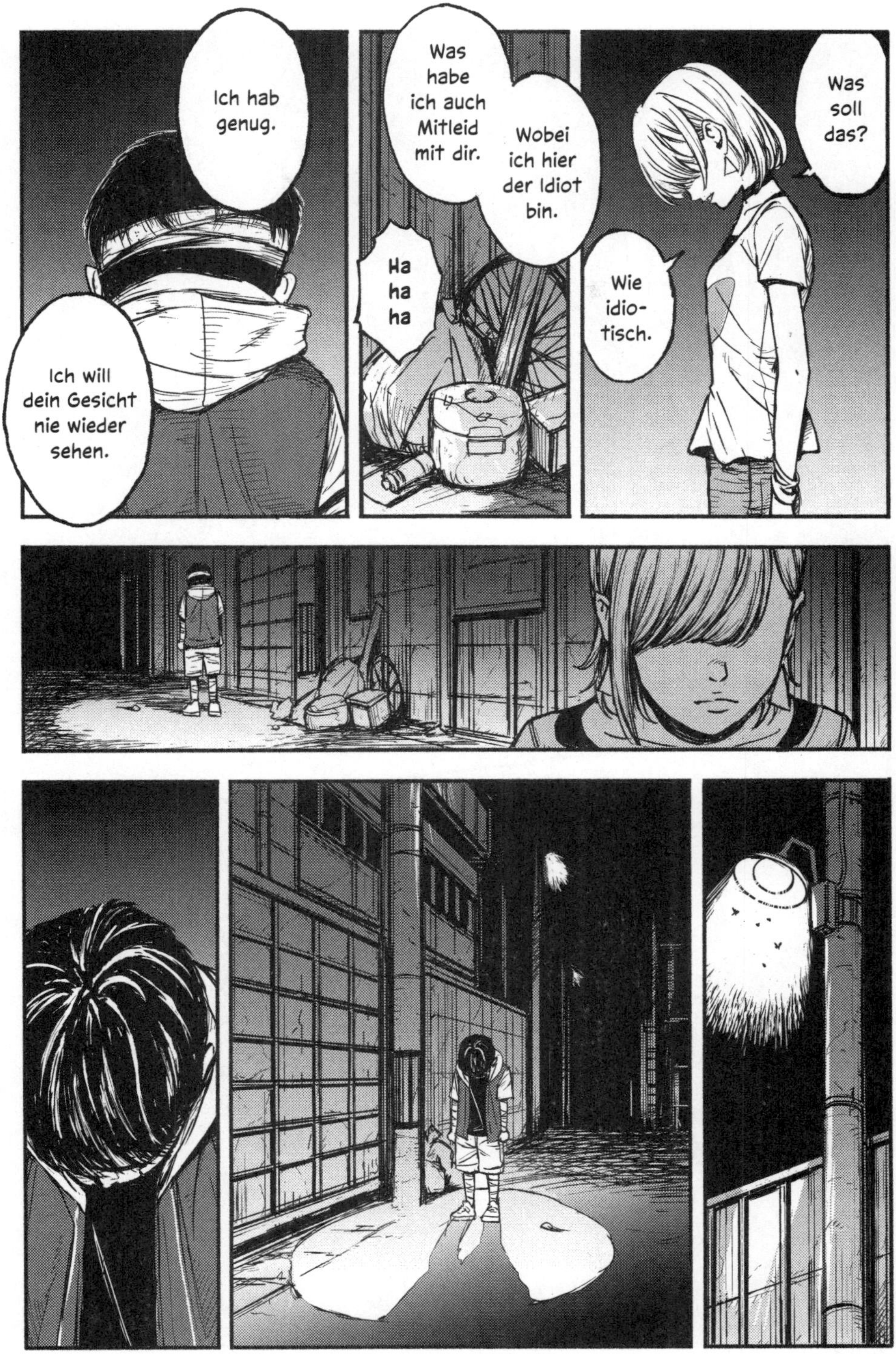
Was soll das?
Wie idiotisch.
Was habe ich auch Mitleid mit dir.
Wobei ich hier der Idiot bin.
Ha ha ha
Ich hab genug.
Ich will dein Gesicht nie wieder sehen.

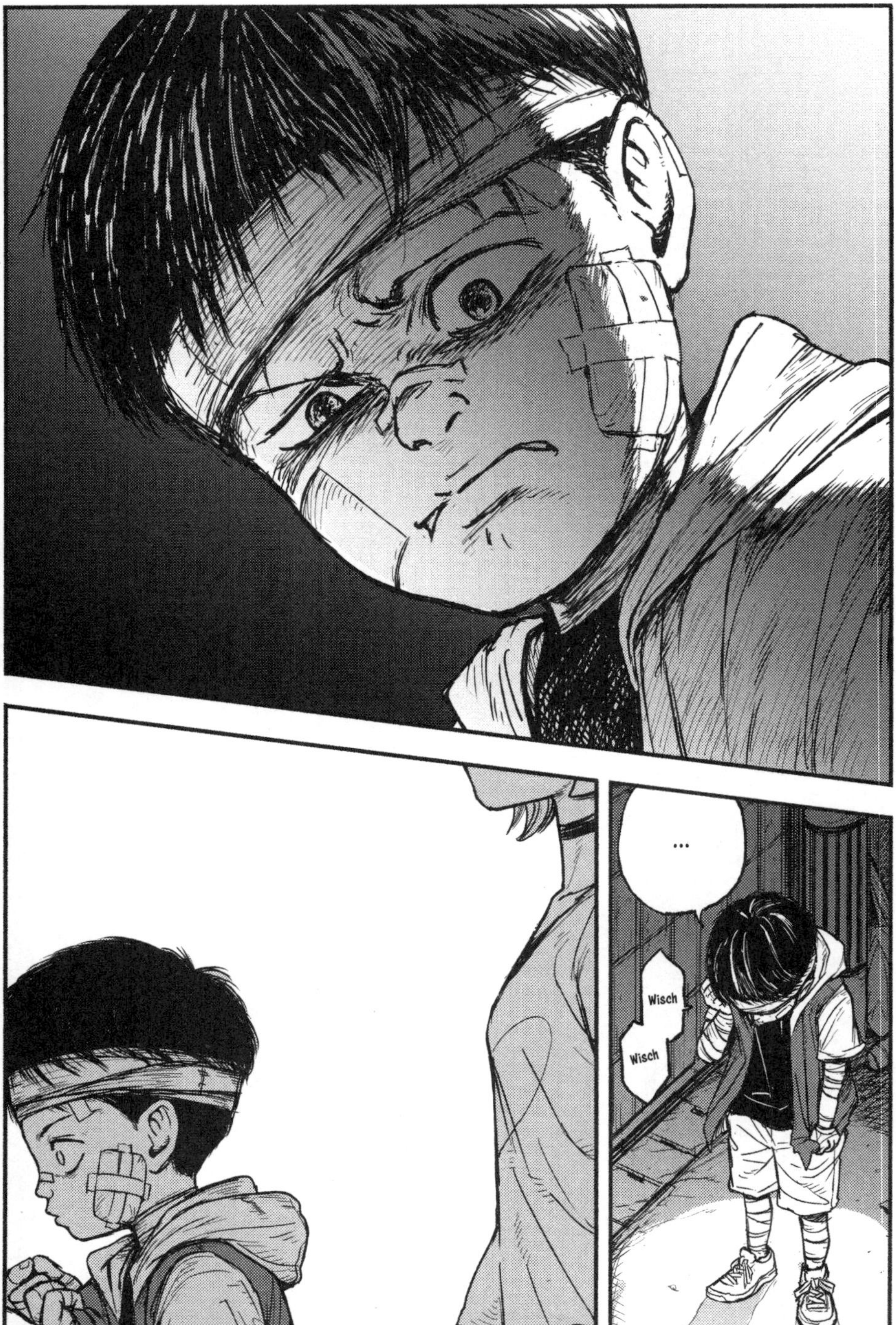
…
Wisch
Wisch

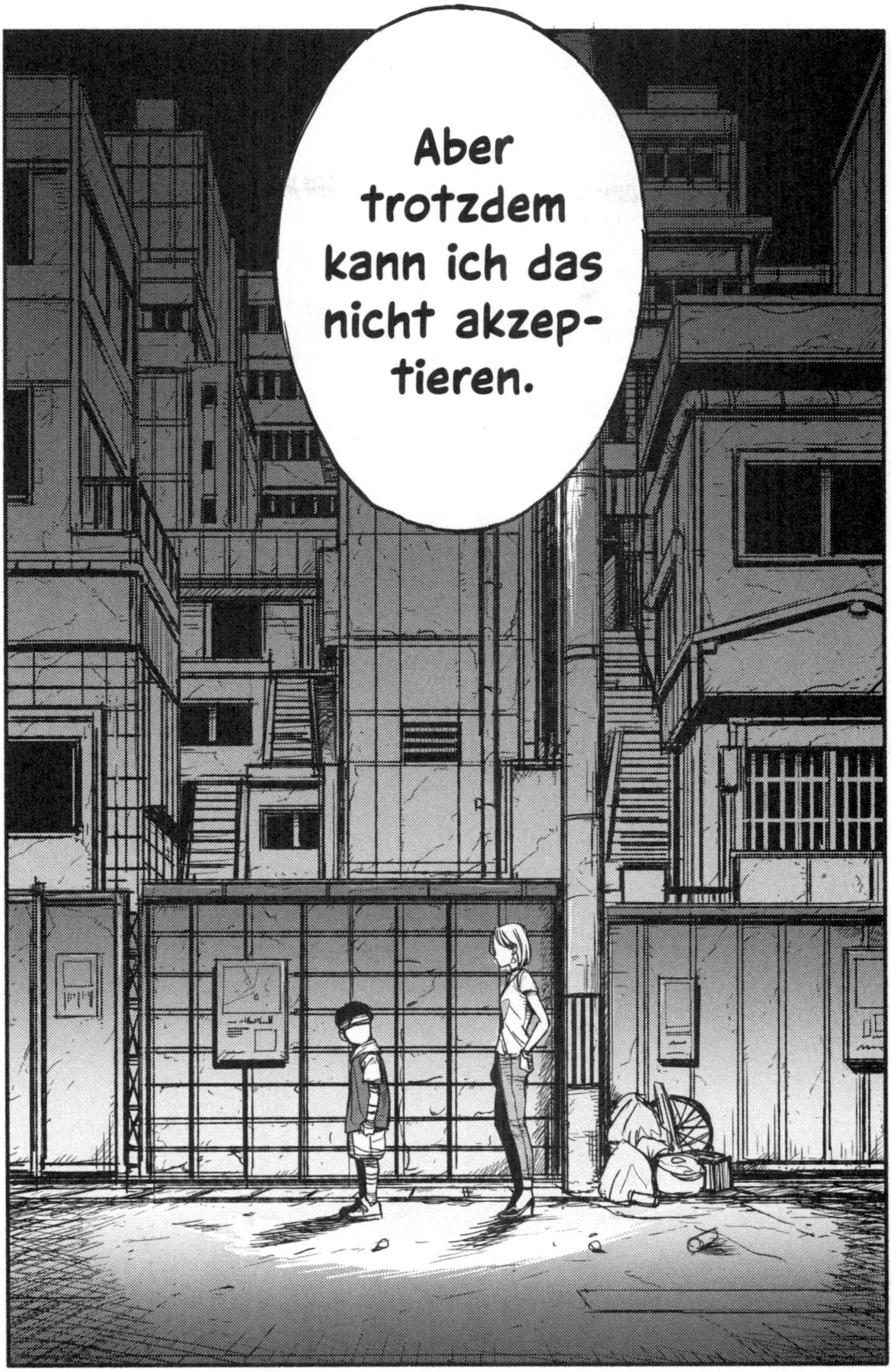
Aber trotzdem kann ich das nicht akzeptieren.

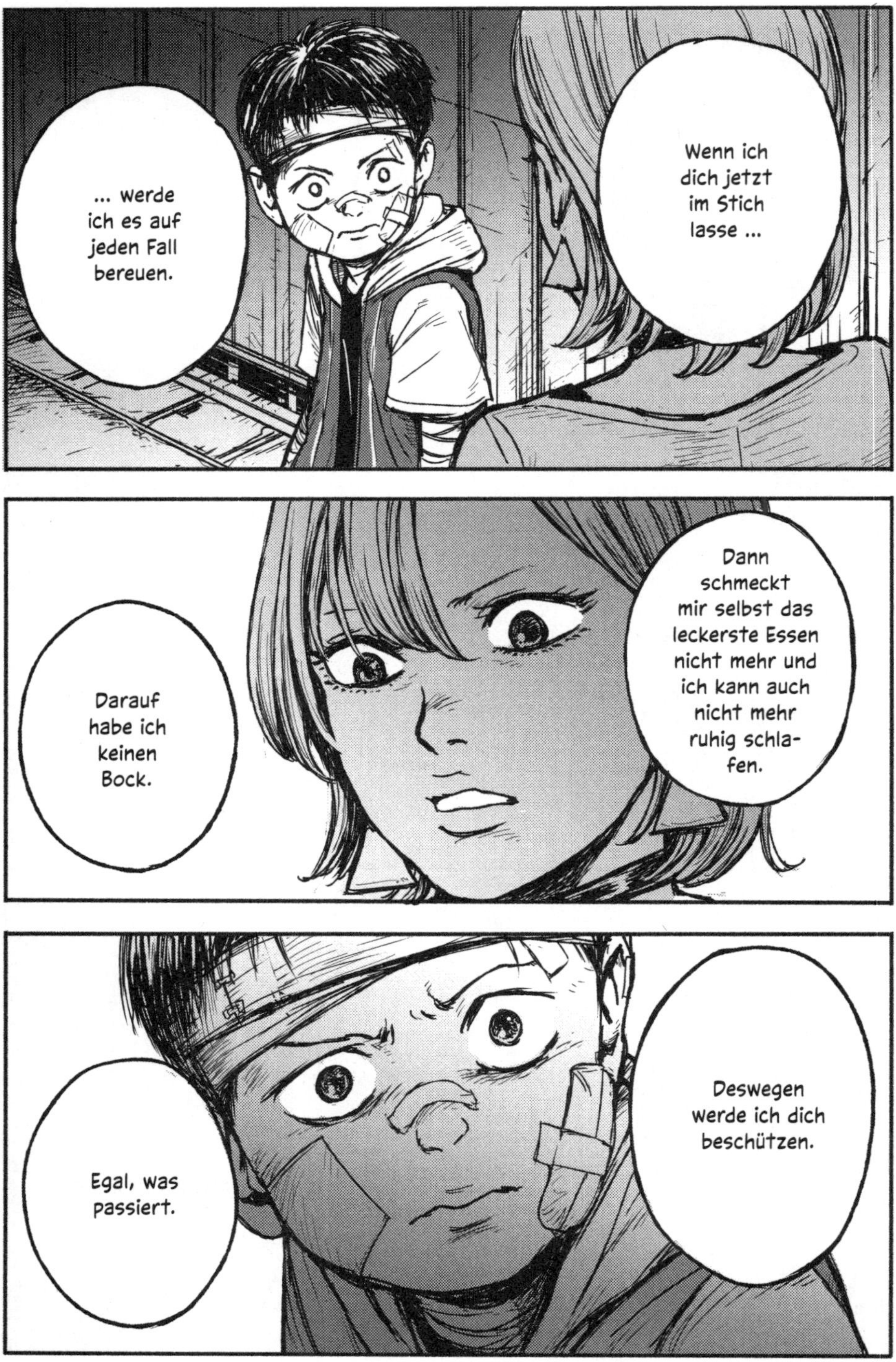

Wenn ich dich jetzt im Stich lasse ...
... werde ich es auf jeden Fall bereuen.
Dann schmeckt mir selbst das leckerste Essen nicht mehr und ich kann auch nicht mehr ruhig schla-fen.
Darauf habe ich keinen Bock.
Deswegen werde ich dich beschützen.
Egal, was passiert.

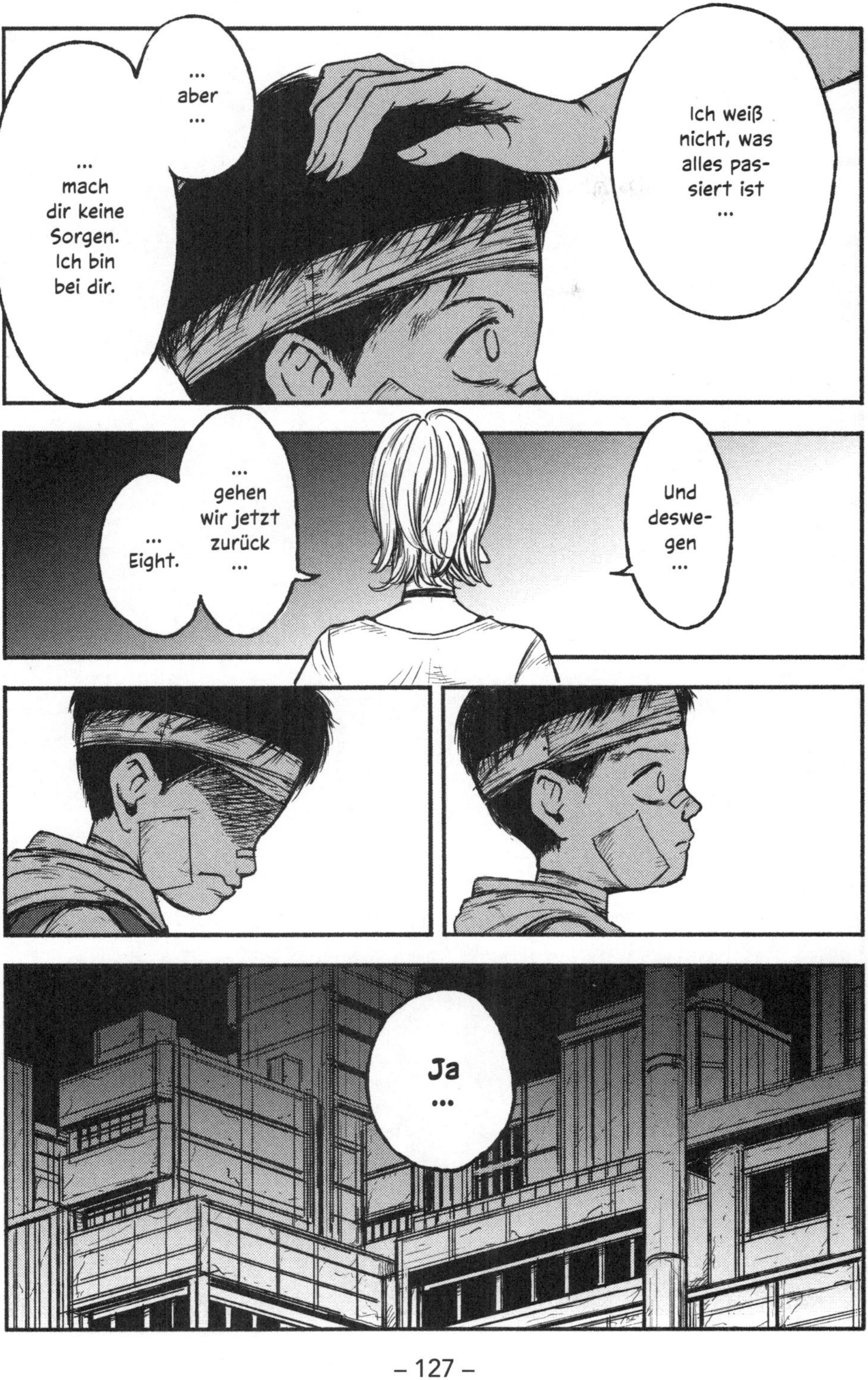
Ich weiß nicht, was alles passiert ist ...
... aber ...
... mach dir keine Sorgen. Ich bin bei dir.
Und deswegen ...
... gehen wir jetzt zurück ...
... Eight.
Ja ...

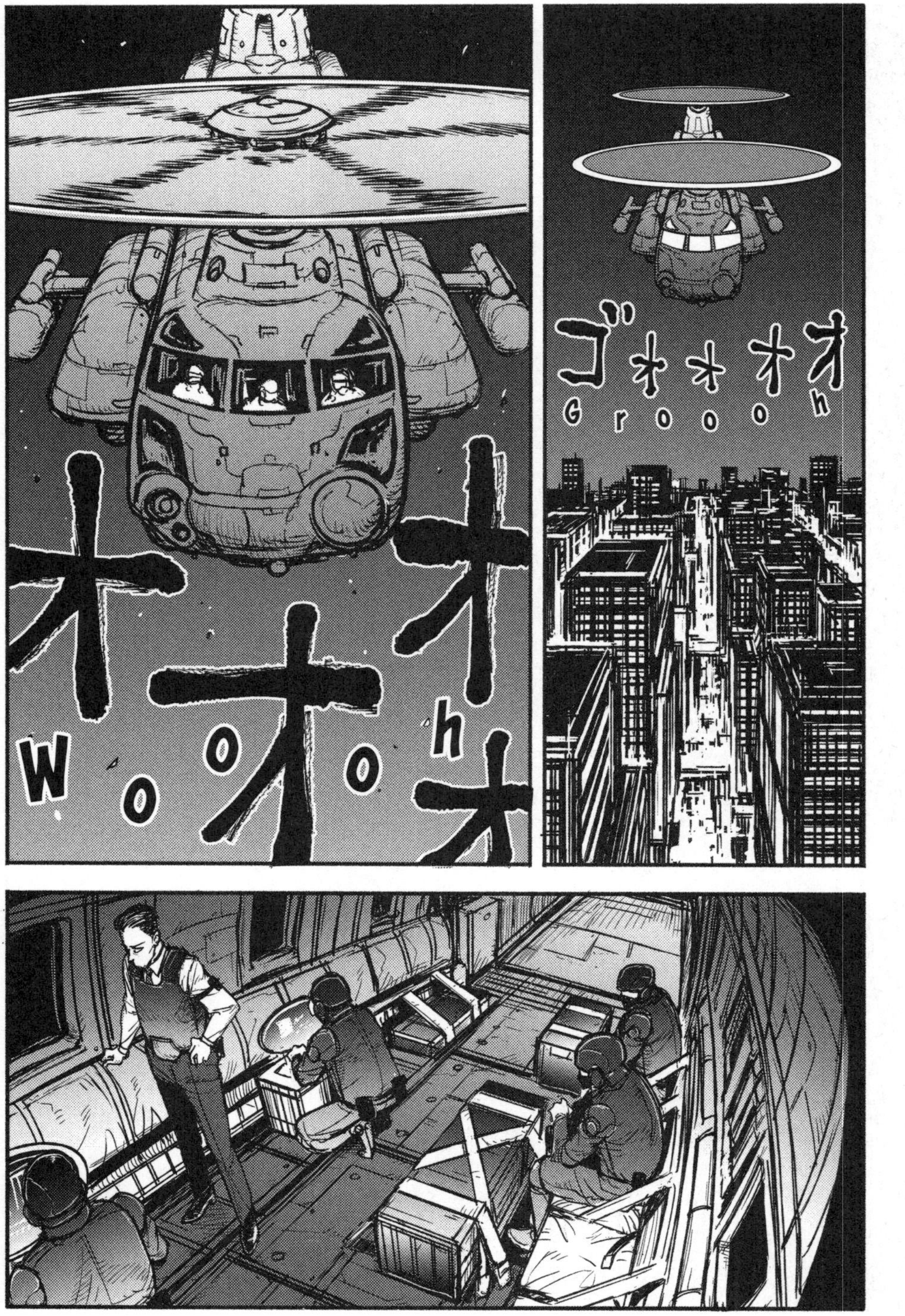
ゴォォオオ
Grooooh
オオオオ
Woooh

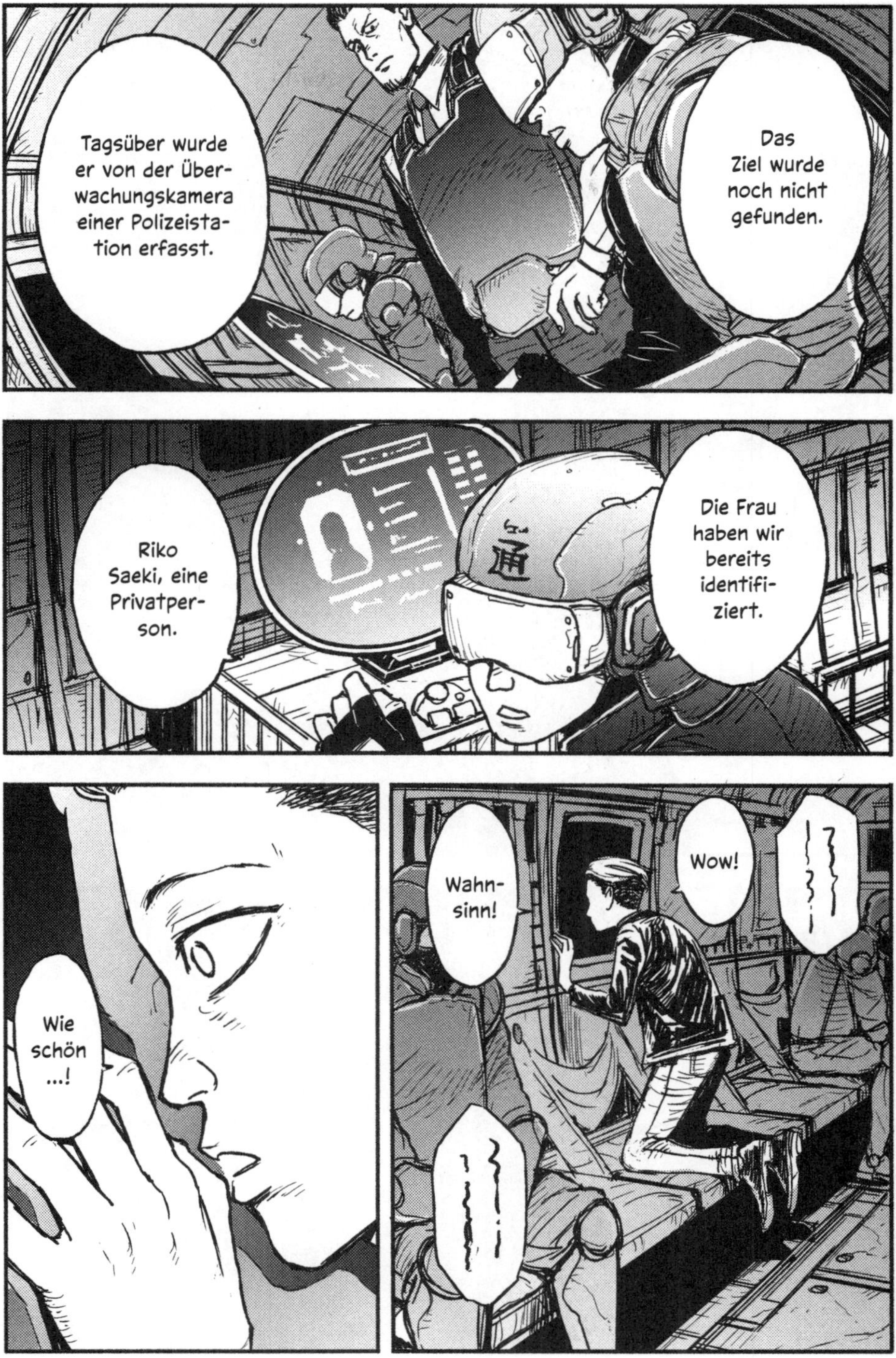
Das Ziel wurde noch nicht gefunden.
Tagsüber wurde er von der Überwachungskamera einer Polizeistation erfasst.
Die Frau haben wir bereits identifiziert.
Riko Saeki, eine Privatperson.
Wow!
Wahnsinn!
Wie schön ...!

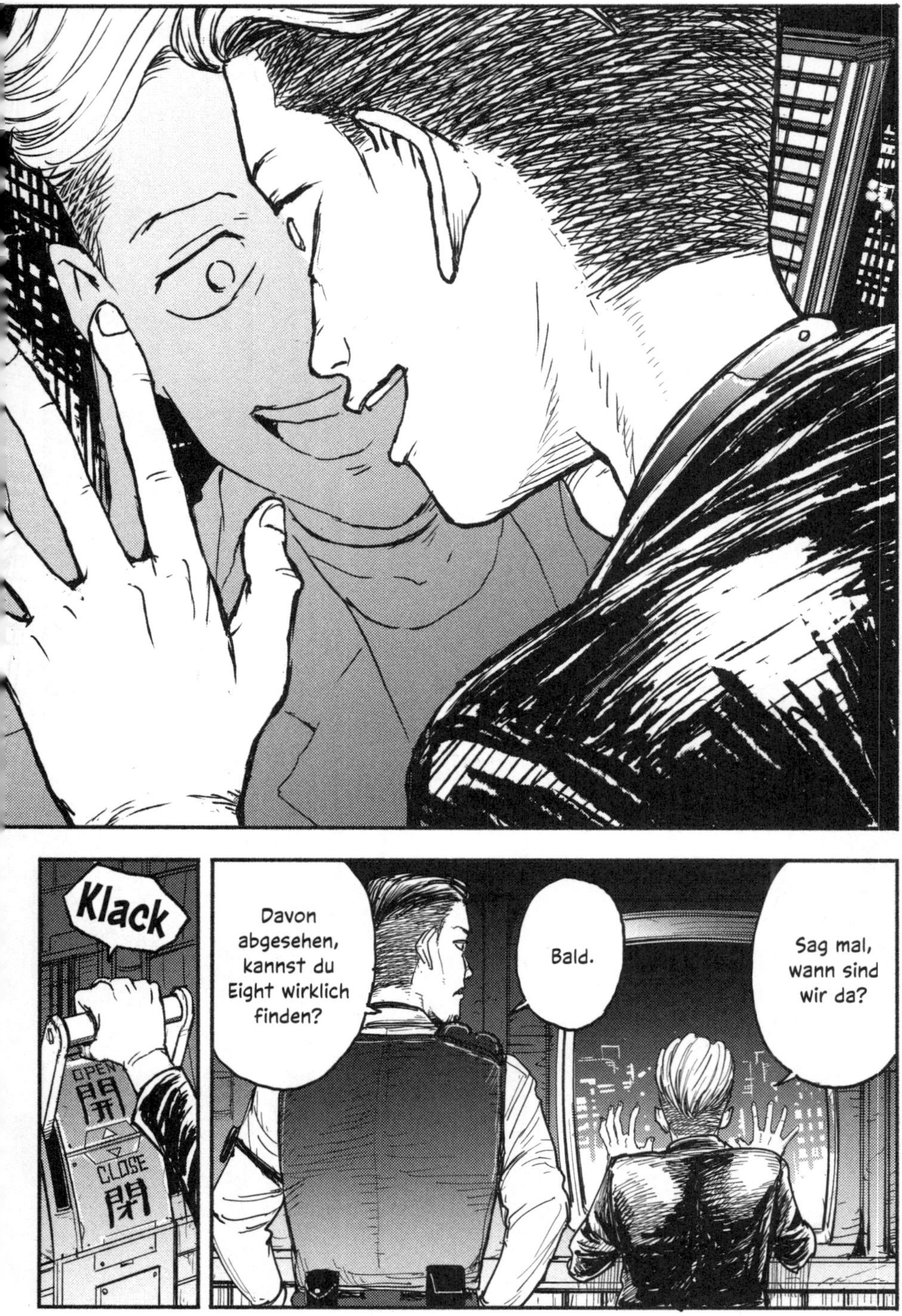
Sag mal, wann sind wir da?
Bald.
Davon abgesehen, kannst du Eight wirklich finden?
Klack
OPEN
CLOSE

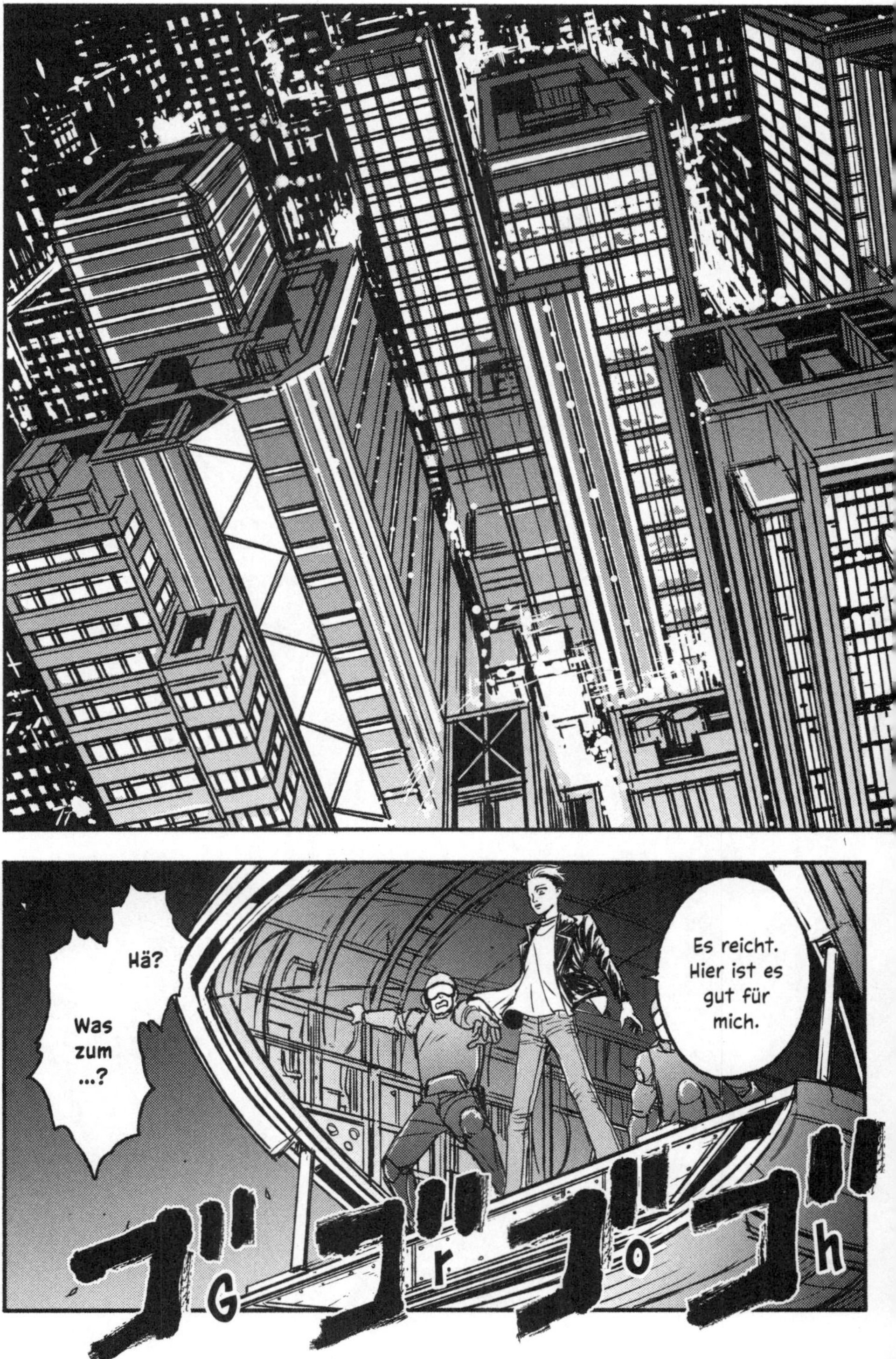
Es reicht. Hier ist es gut für mich.
Hä?
Was zum ...?
Grroh

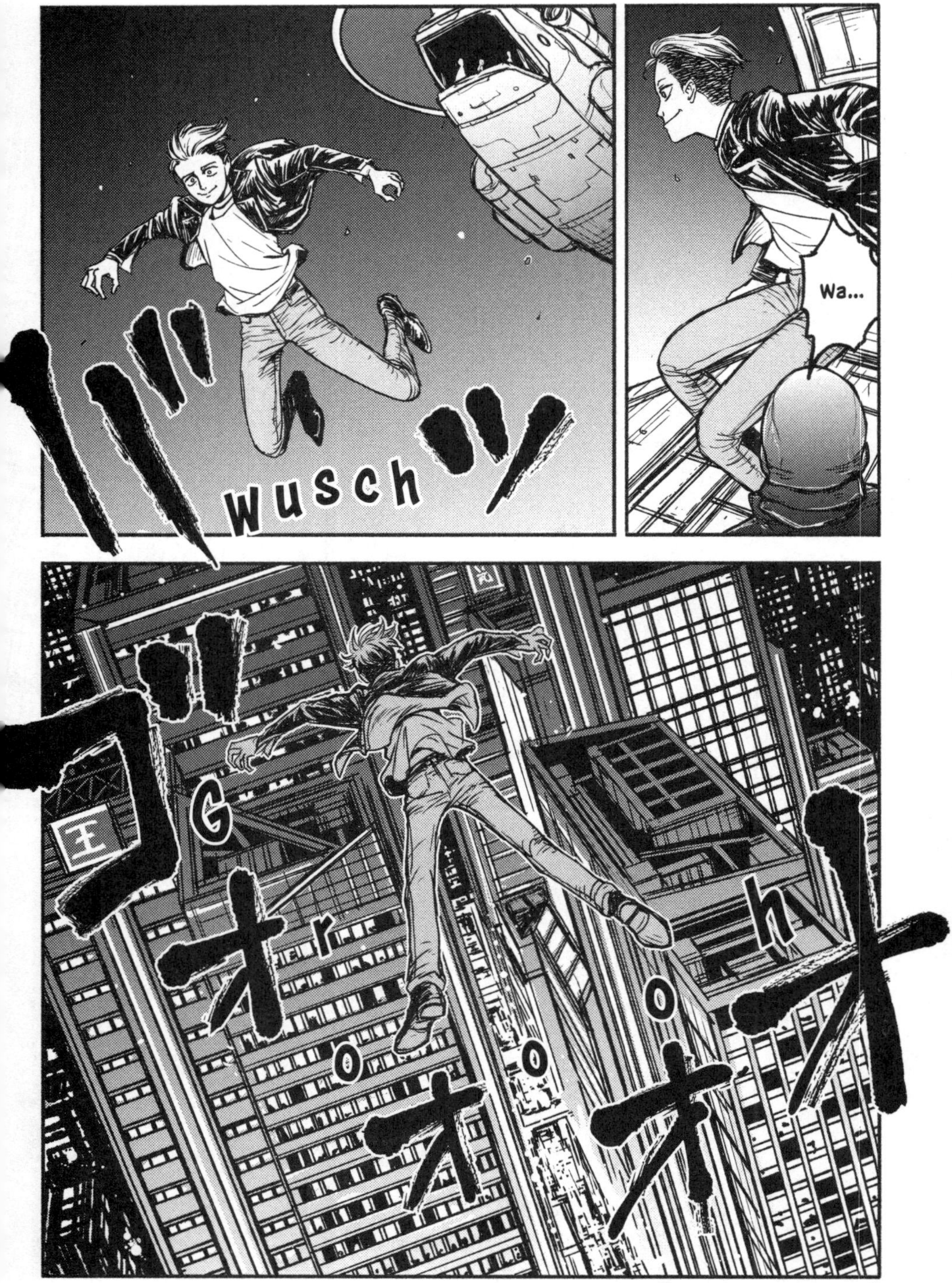

Kapitel drei / Ende

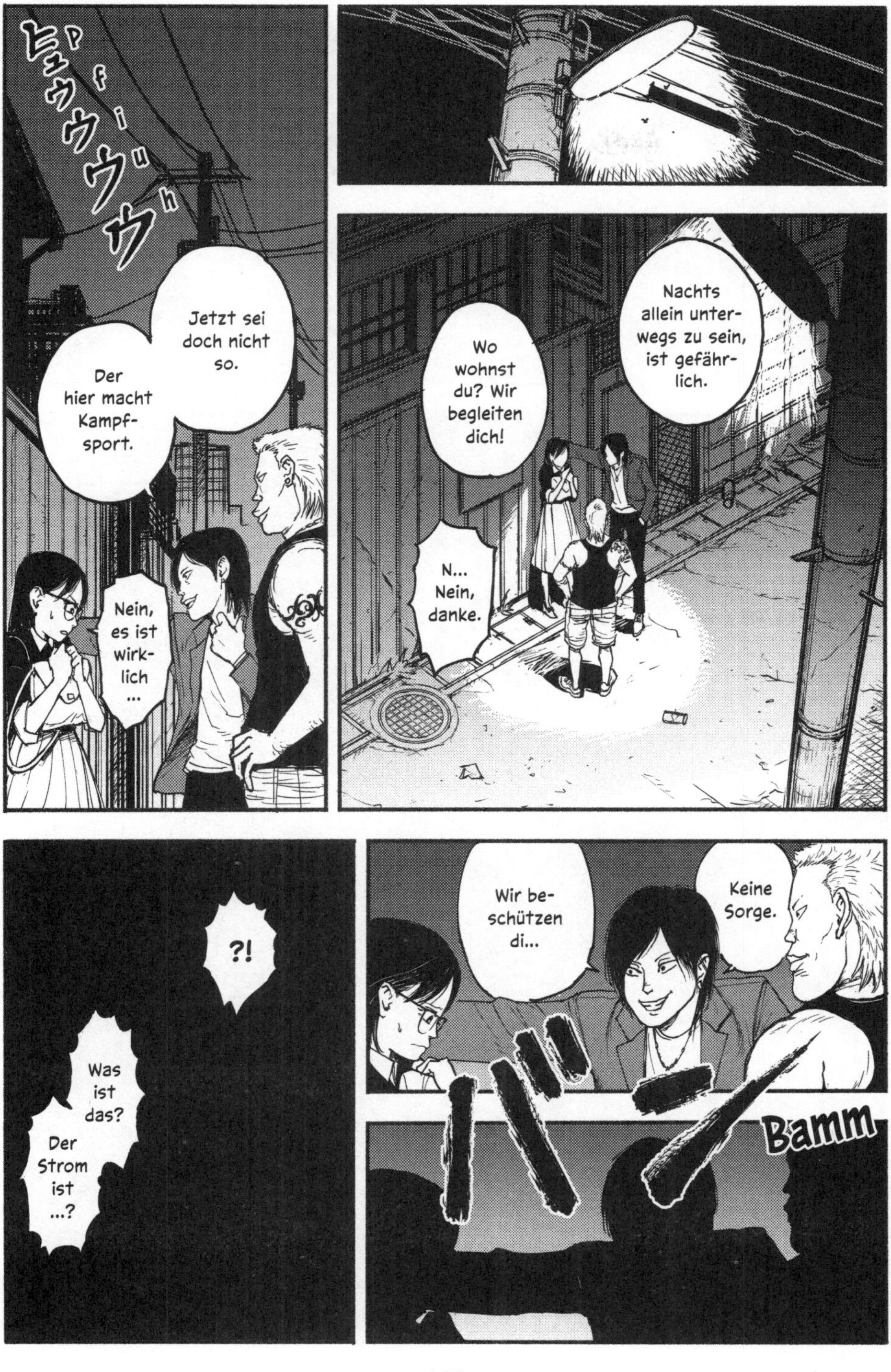
Nachts allein unter-wegs zu sein, ist gefähr-lich.
Wo wohnst du? Wir begleiten dich!
N... Nein, danke.
Pfiuh
ヒュウウウウ
Jetzt sei doch nicht so.
Der hier macht Kampf-sport.
Nein, es ist wirk-lich ...
Keine Sorge.
Wir be-schützen di...
Bamm
?!
Was ist das?
Der Strom ist ...?

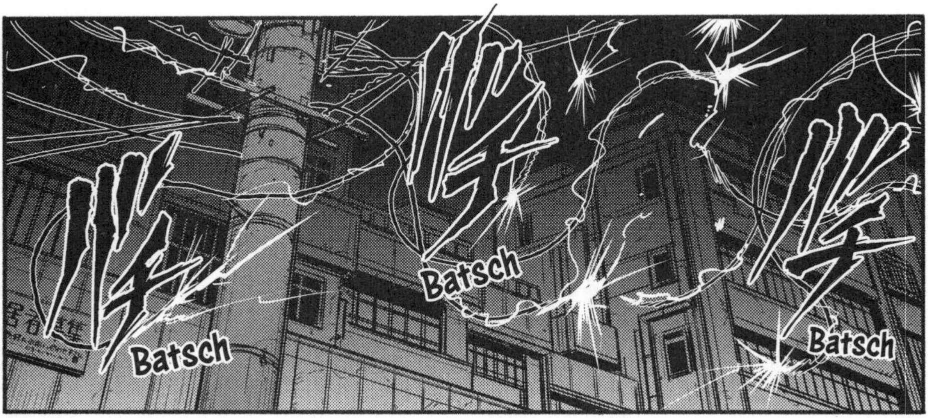
Batsch
Batsch
Batsch

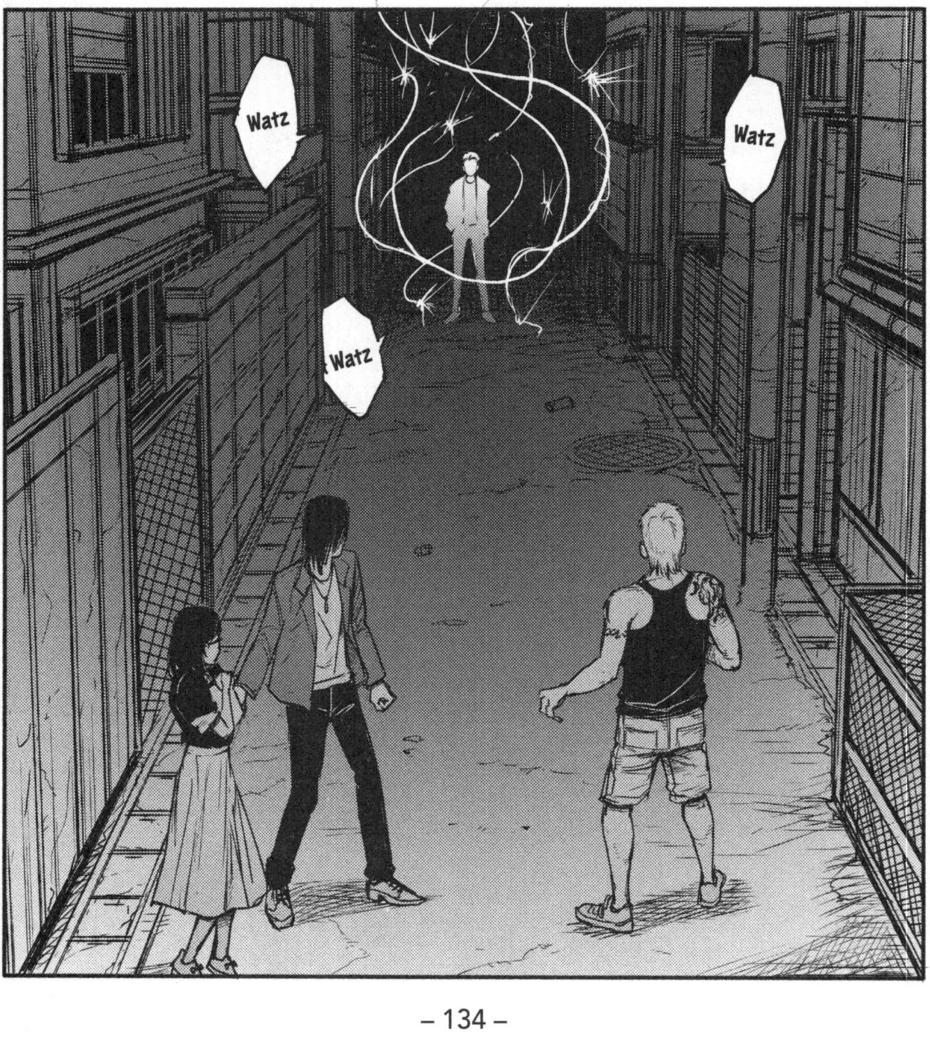
Watz
Watz
Watz

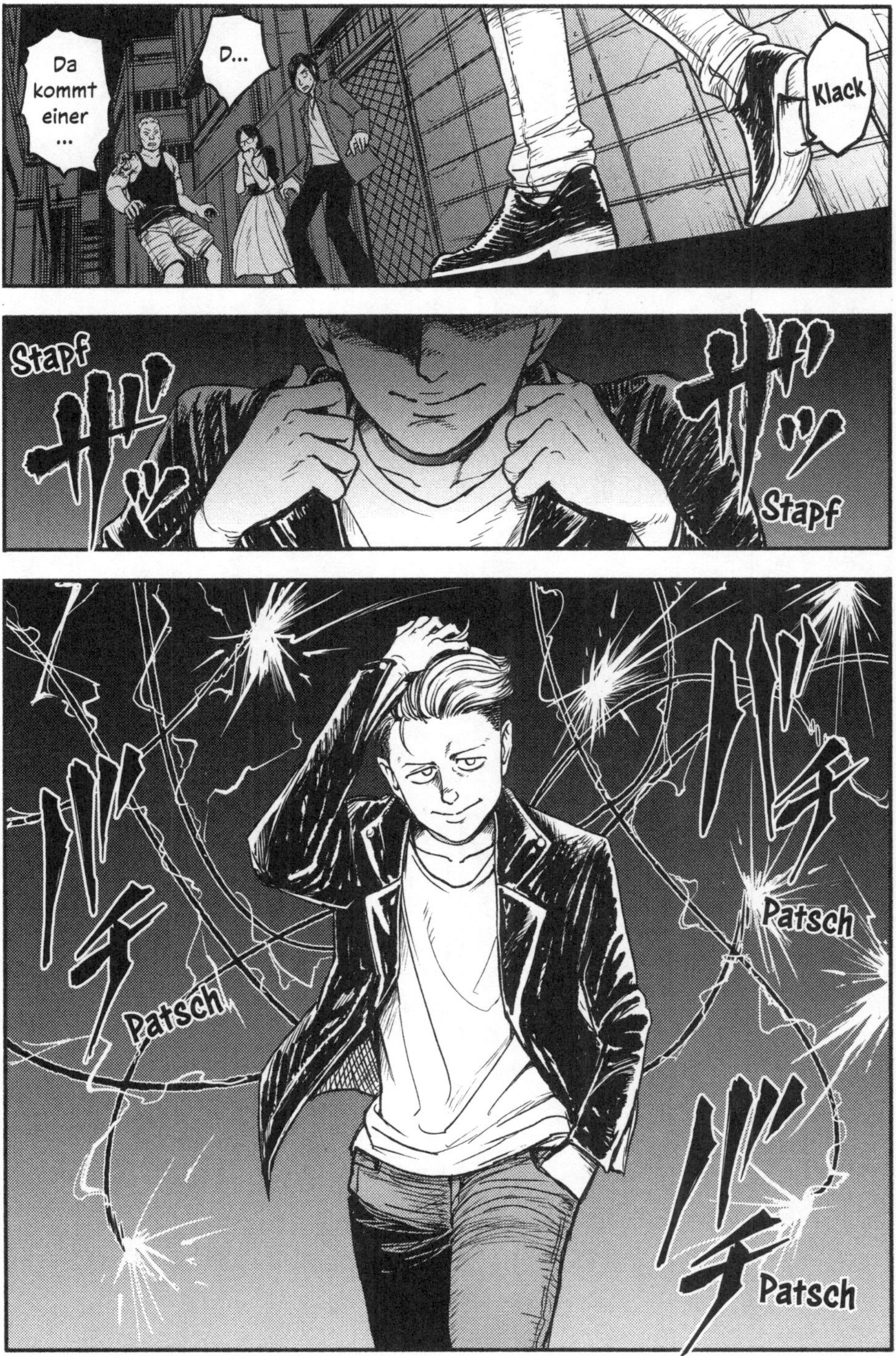
Klack
D...
Da kommt einer ...
Stapf
Stapf
Patsch
Patsch
Patsch

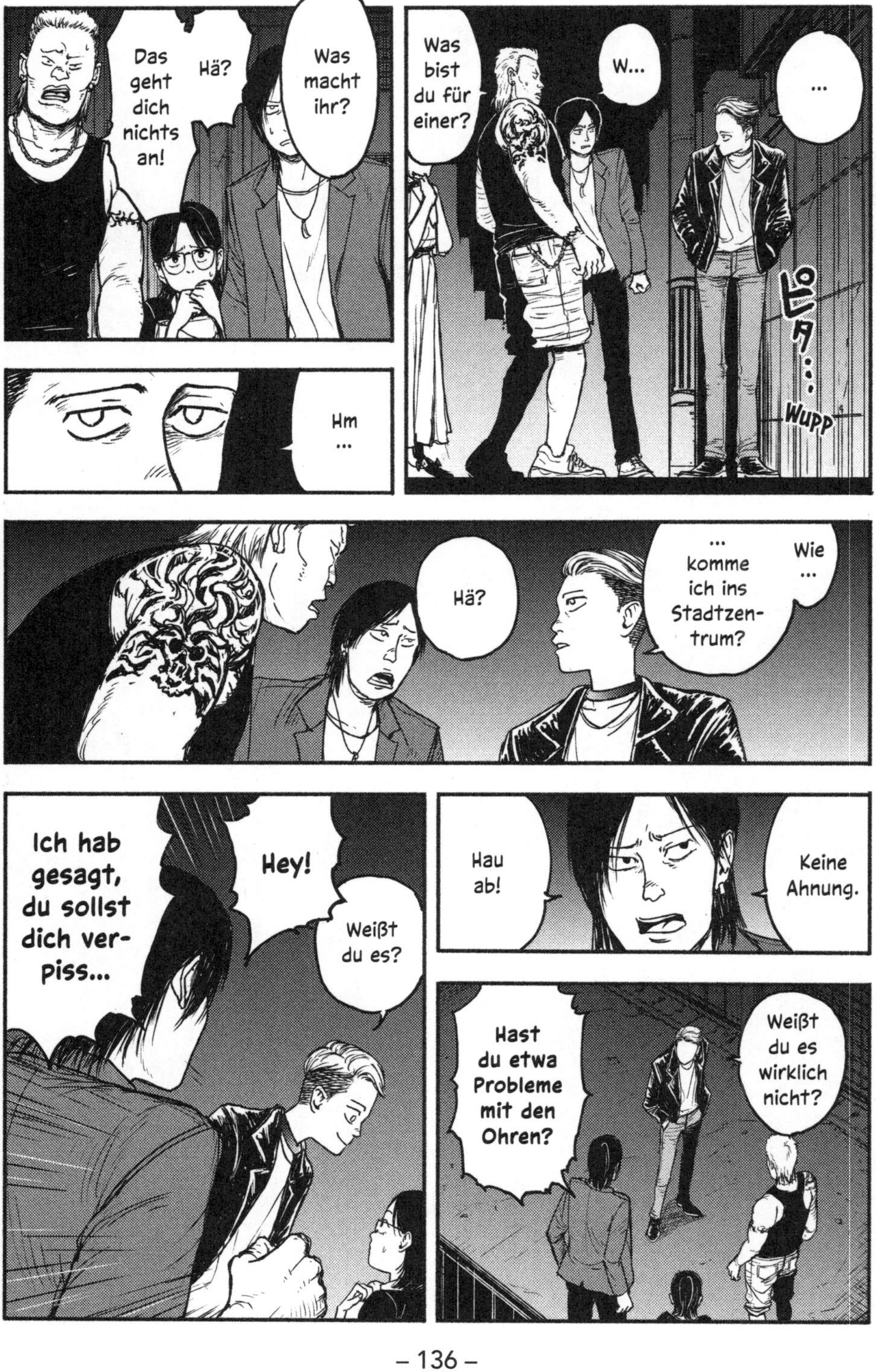
...
W...
Was bist du für einer?
ピタ...
WUPP
Was macht ihr?
Hä?
Das geht dich nichts an!
Hm ...
Wie ...
... komme ich ins Stadtzentrum?
Hä?
Keine Ahnung.
Hau ab!
Weißt du es wirklich nicht?
Hast du etwa Probleme mit den Ohren?
Weißt du es?
Hey!
Ich hab gesagt, du sollst dich verpiss...

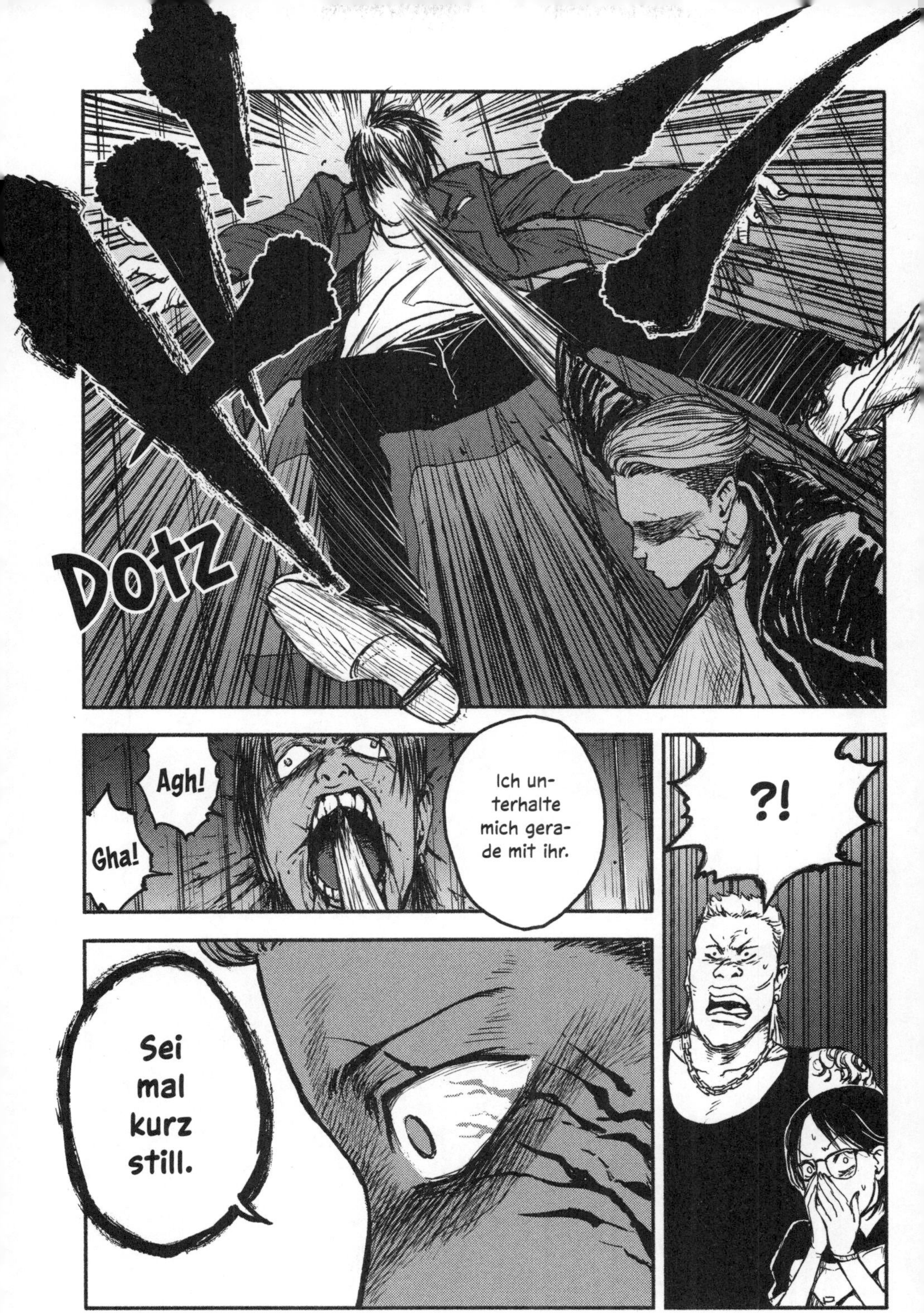

Dotz
Ich unterhalte mich gerade mit ihr.
Agh!
Gha!
?!
Sei mal kurz still.

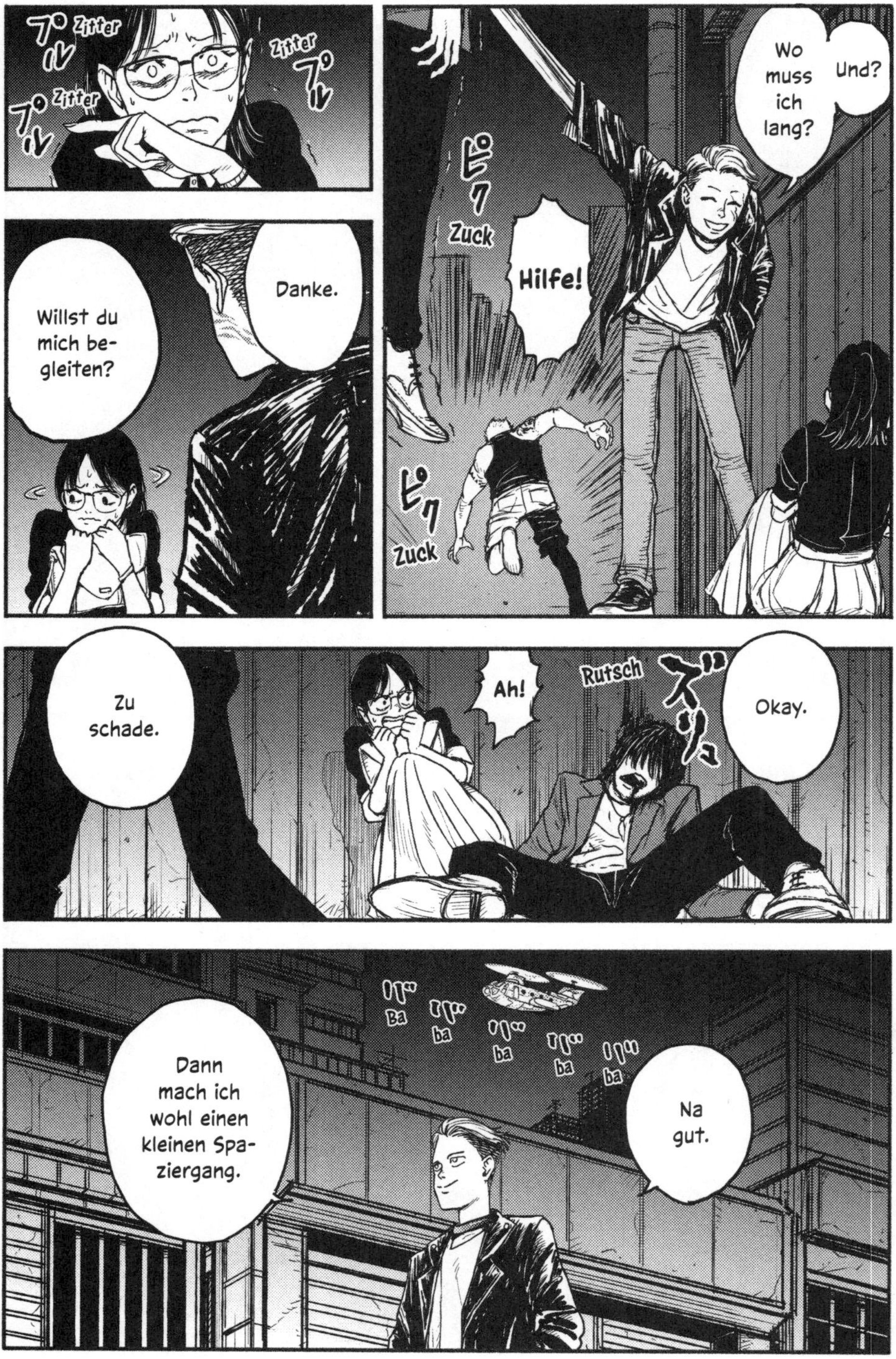

Und?
Wo muss ich lang?
Hilfe!
Zuck
Zuck
Zitter
Zitter
Zitter
Danke.
Willst du mich be-gleiten?
Okay.
Rutsch
Ah!
Zu schade.
Na gut.
Ba
ba
ba
ba
ba
Dann mach ich wohl einen kleinen Spa-ziergang.

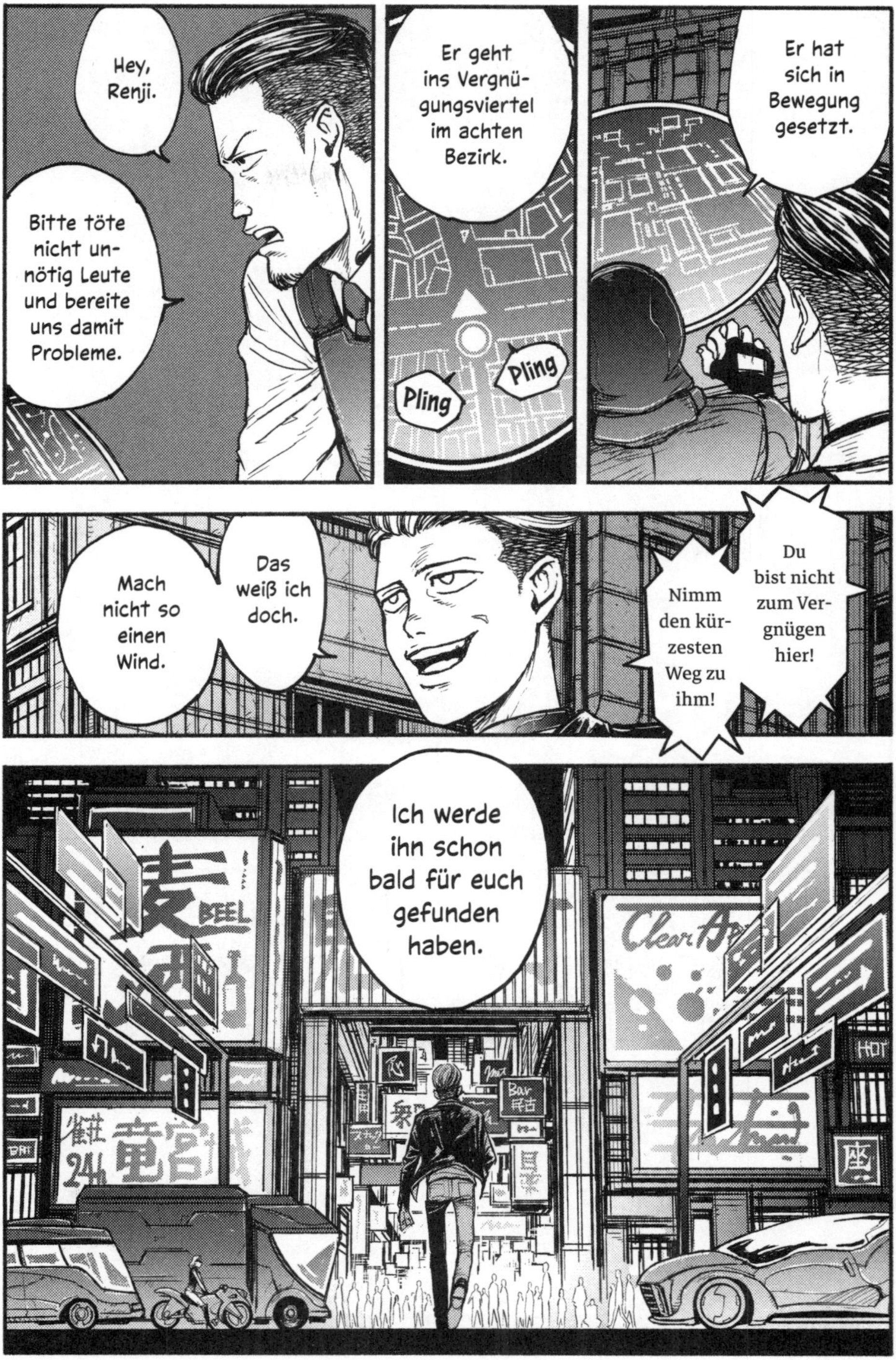
Er hat sich in Bewegung gesetzt.
Er geht ins Vergnügungsviertel im achten Bezirk.
Pling
Pling
Hey, Renji.
Bitte töte nicht unnötig Leute und bereite uns damit Probleme.
Du bist nicht zum Vergnügen hier!
Nimm den kürzesten Weg zu ihm!
Das weiß ich doch.
Mach nicht so einen Wind.
Ich werde ihn schon bald für euch gefunden haben.

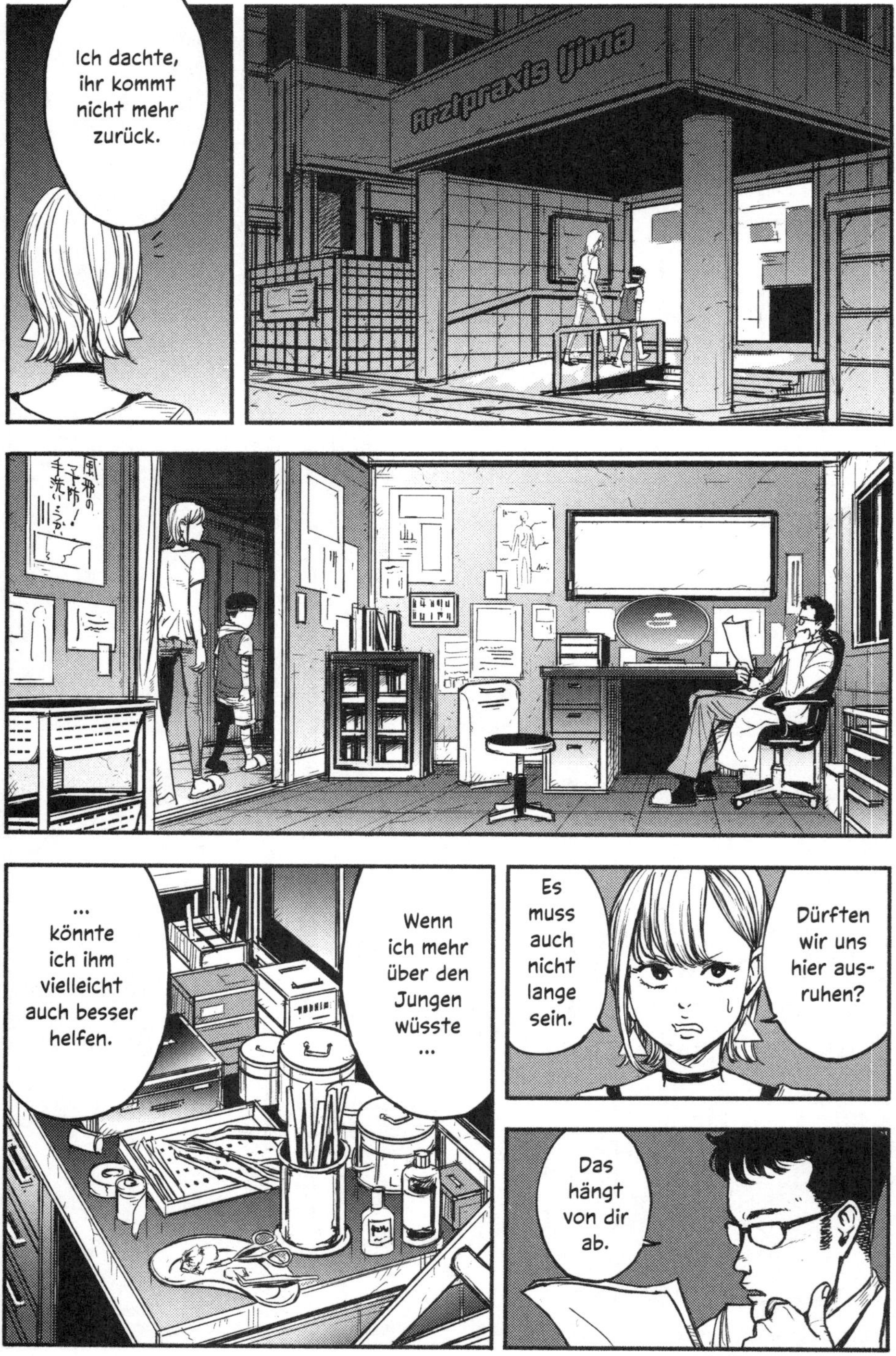

Arztpraxis Ijima
Ich dachte, ihr kommt nicht mehr zurück.
風邪の予防!
手洗い・うがい
Dürften wir uns hier aus-ruhen?
Es muss auch nicht lange sein.
Das hängt von dir ab.
Wenn ich mehr über den Jungen wüsste ...
... könnte ich ihm vielleicht auch besser helfen.

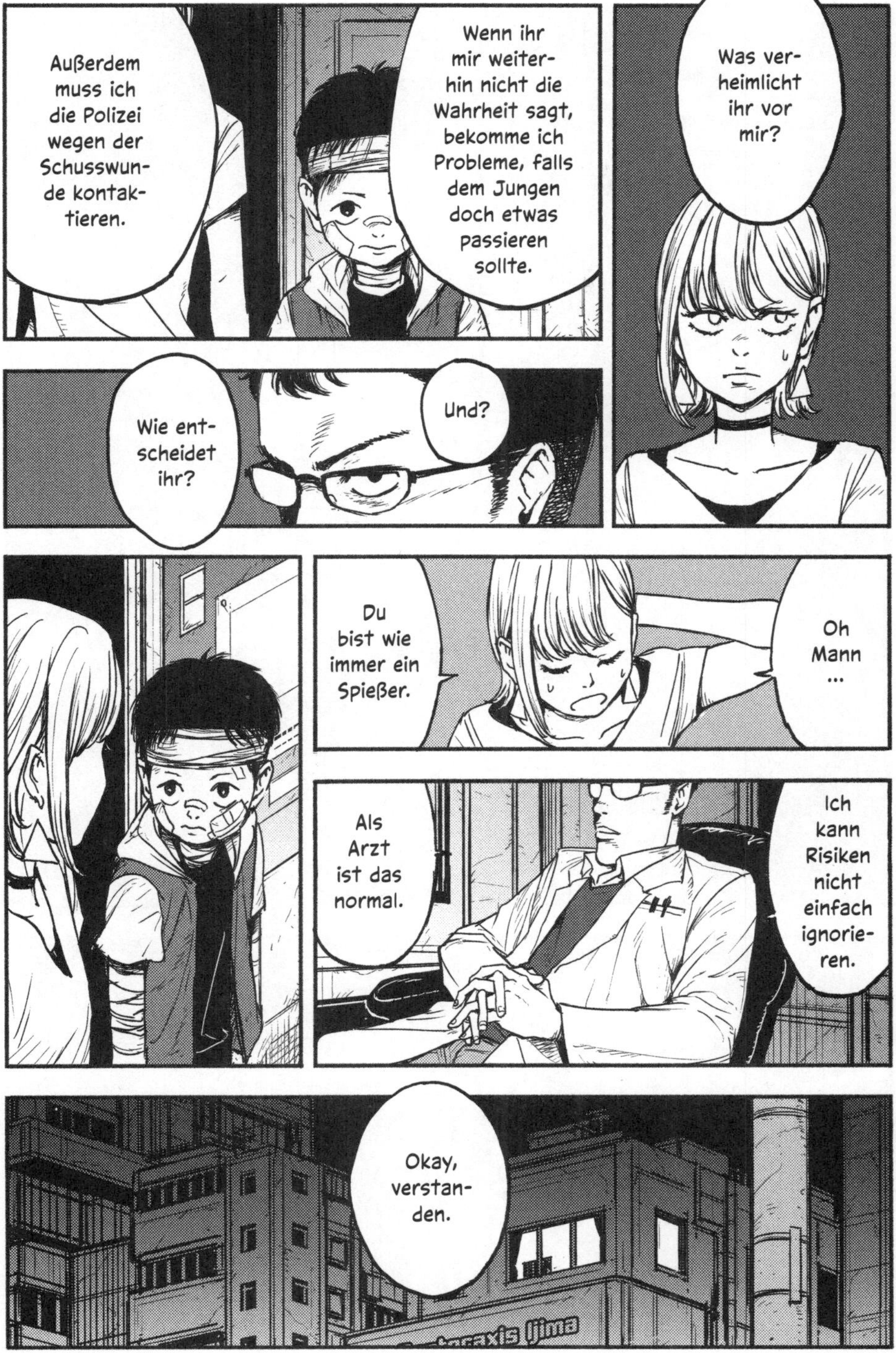
Was verheimlicht ihr vor mir?
Wenn ihr mir weiterhin nicht die Wahrheit sagt, bekomme ich Probleme, falls dem Jungen doch etwas passieren sollte.
Außerdem muss ich die Polizei wegen der Schusswunde kontaktieren.
Und?
Wie entscheidet ihr?
Oh Mann ...
Du bist wie immer ein Spießer.
Ich kann Risiken nicht einfach ignorieren.
Als Arzt ist das normal.
Okay, verstanden.

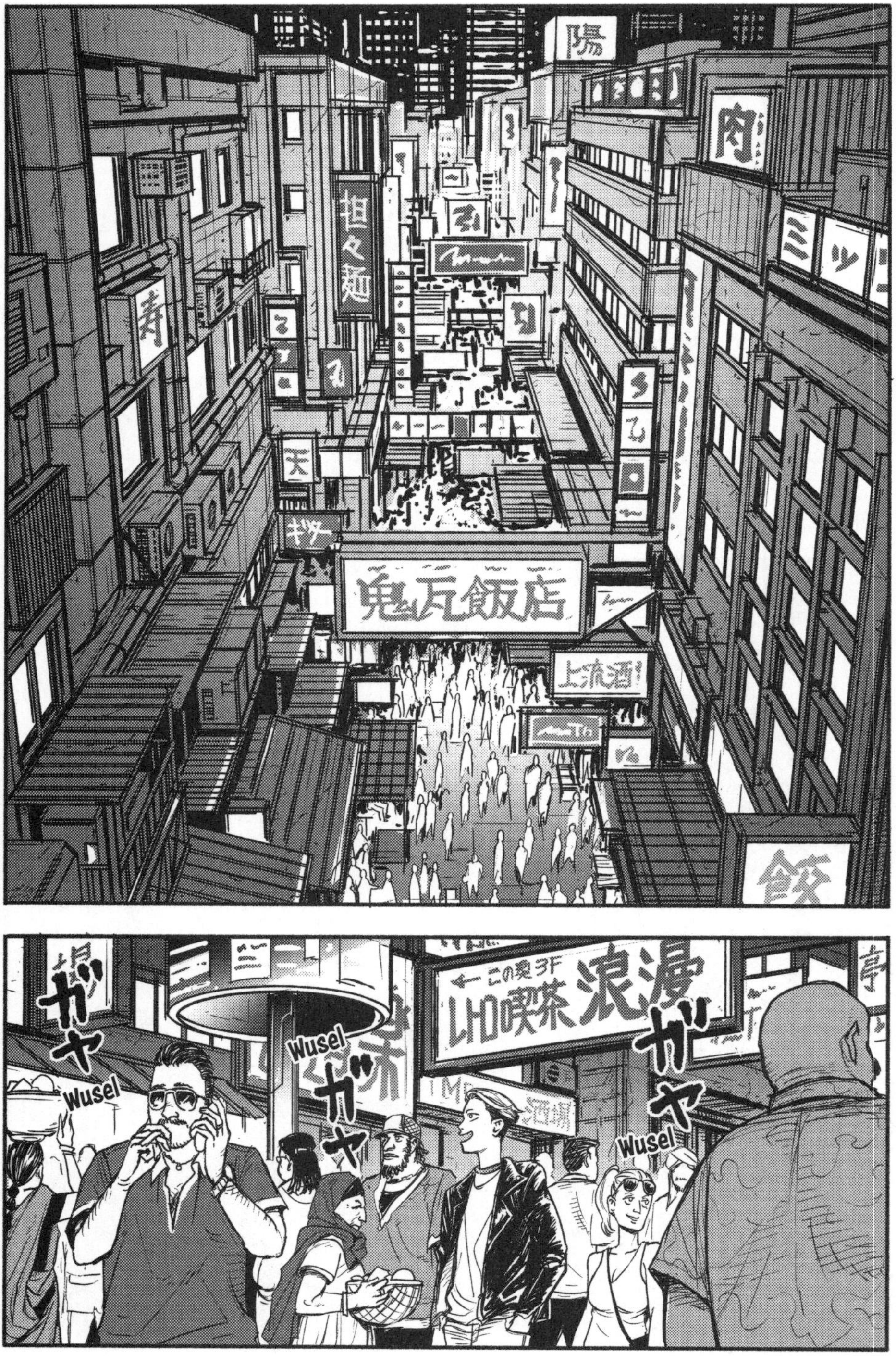
鬼瓦飯店
上流酒
担々麺
←この奥3F
LHO喫茶 浪漫
ガヤ
Wusel
Wusel
ガヤ
ガヤ
Wusel

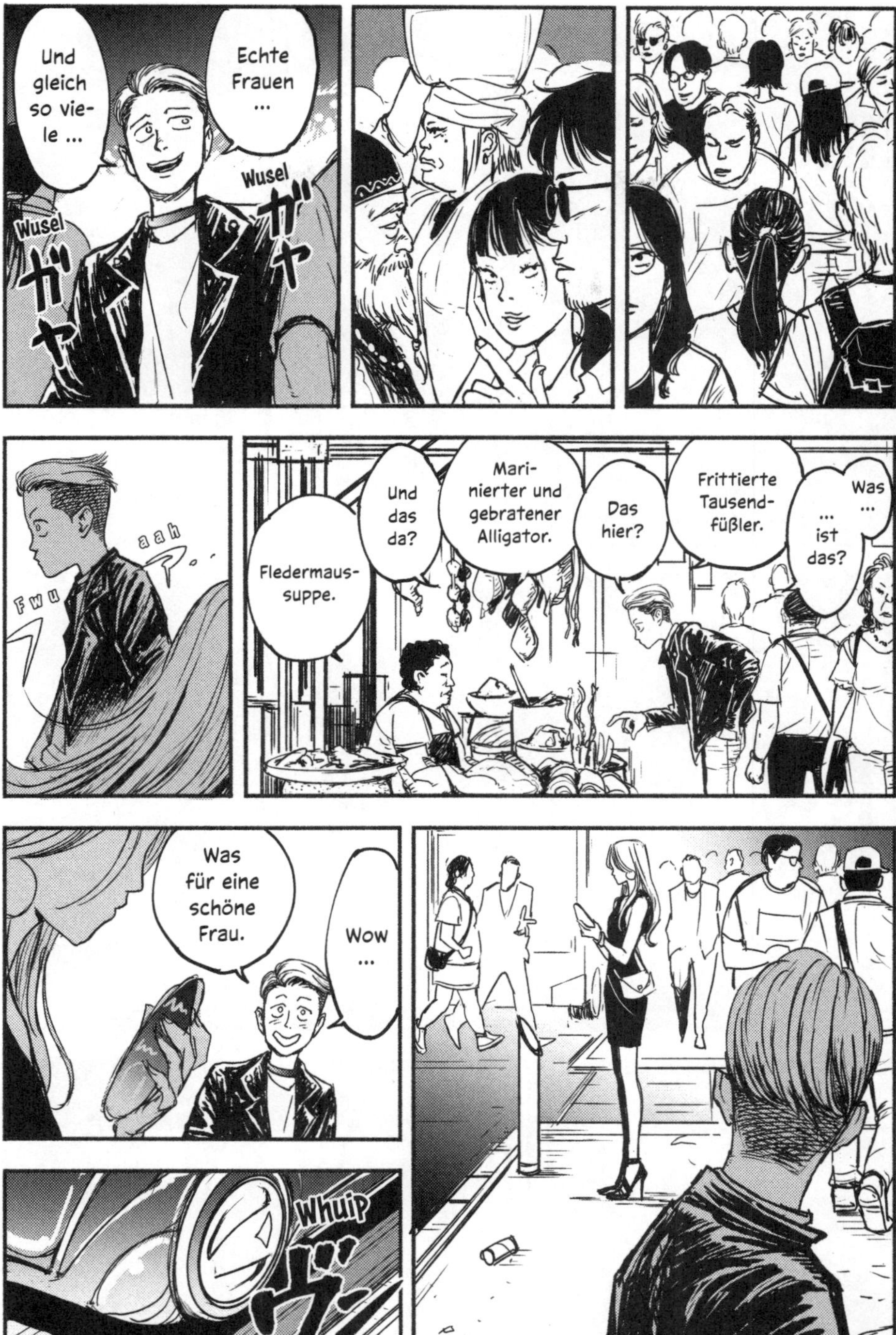
Echte Frauen ...
Und gleich so vie-le ...
Wusel
Wusel
Was ... ... ist das?
Frittierte Tausend-füßler.
Das hier?
Mari-nierter und gebratener Alligator.
Und das da?
Fledermaus-suppe.
aah
Fwu
Wow ...
Was für eine schöne Frau.
Whuip

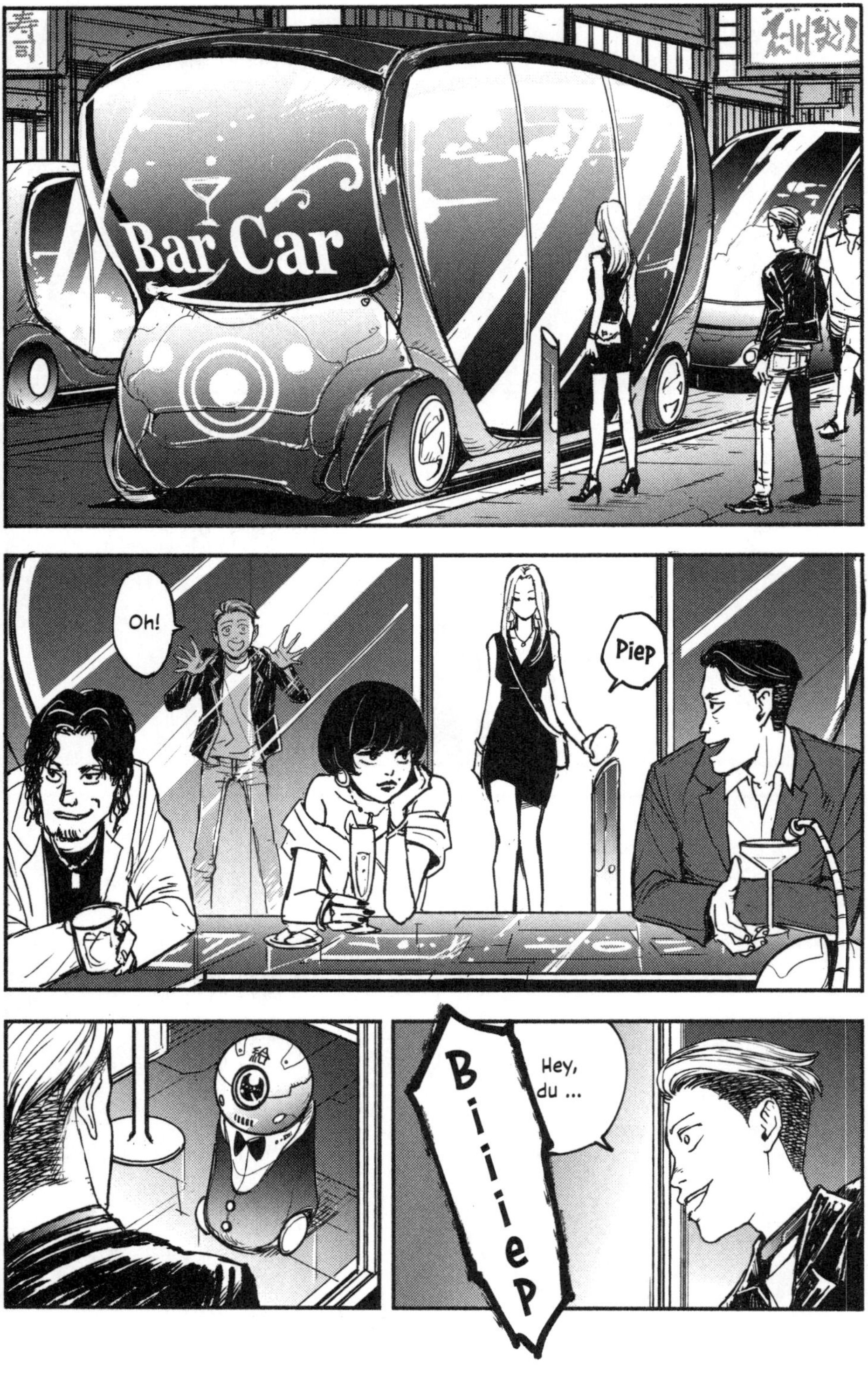
寿司
Bar Car
Oh!
Piep
Biiiep
Hey, du ...

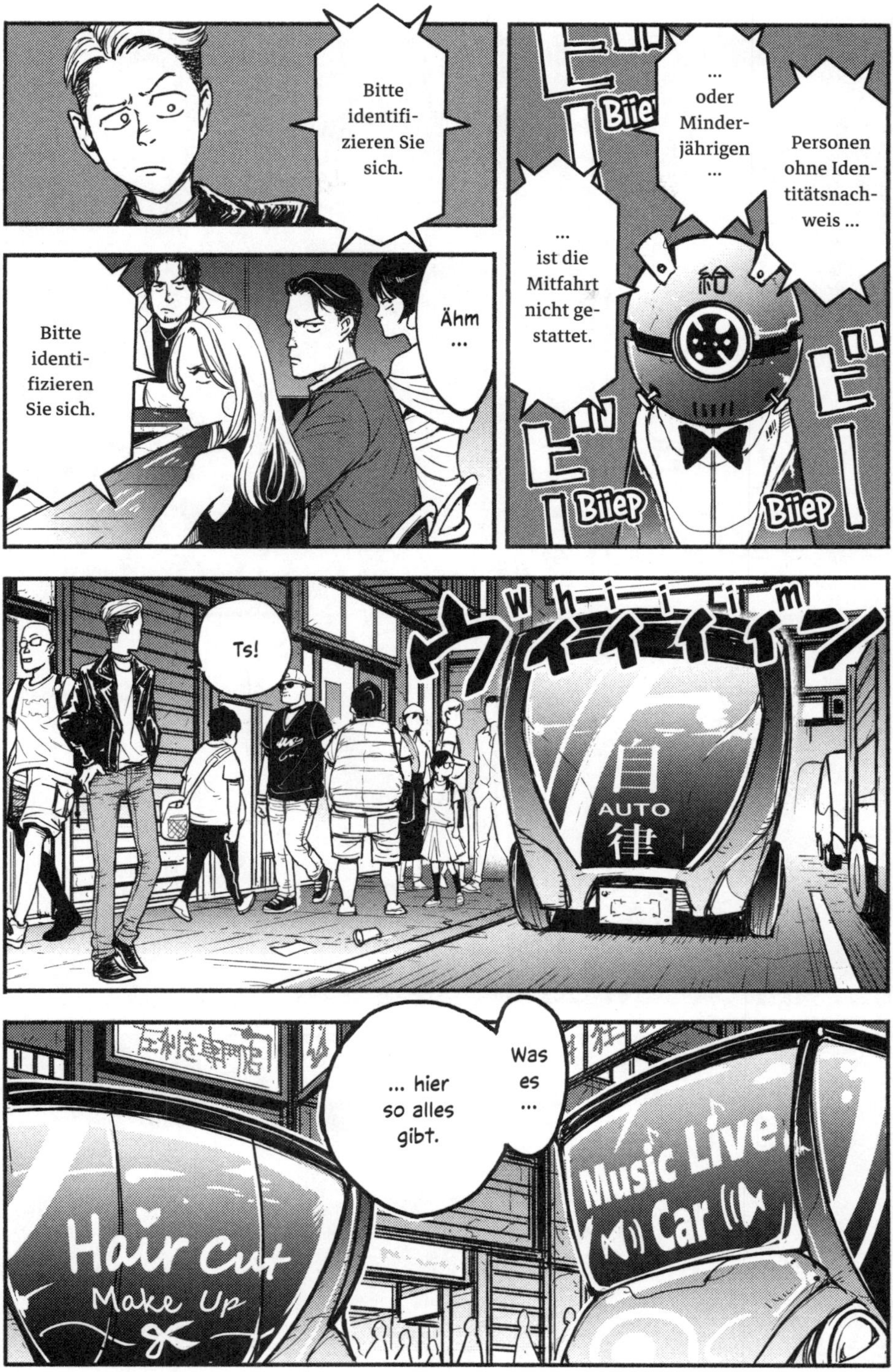

Personen ohne Identitätsnachweis ...
... oder Minderjährigen ...
... ist die Mitfahrt nicht gestattet.
Biiep
Biiep
Biiep
Bitte identifizieren Sie sich.
Ähm ...
Bitte identifizieren Sie sich.
Whiiim
Ts!
AUTO
Was es ...
... hier so alles gibt.
Music Live Car
Hair Cut
Make Up

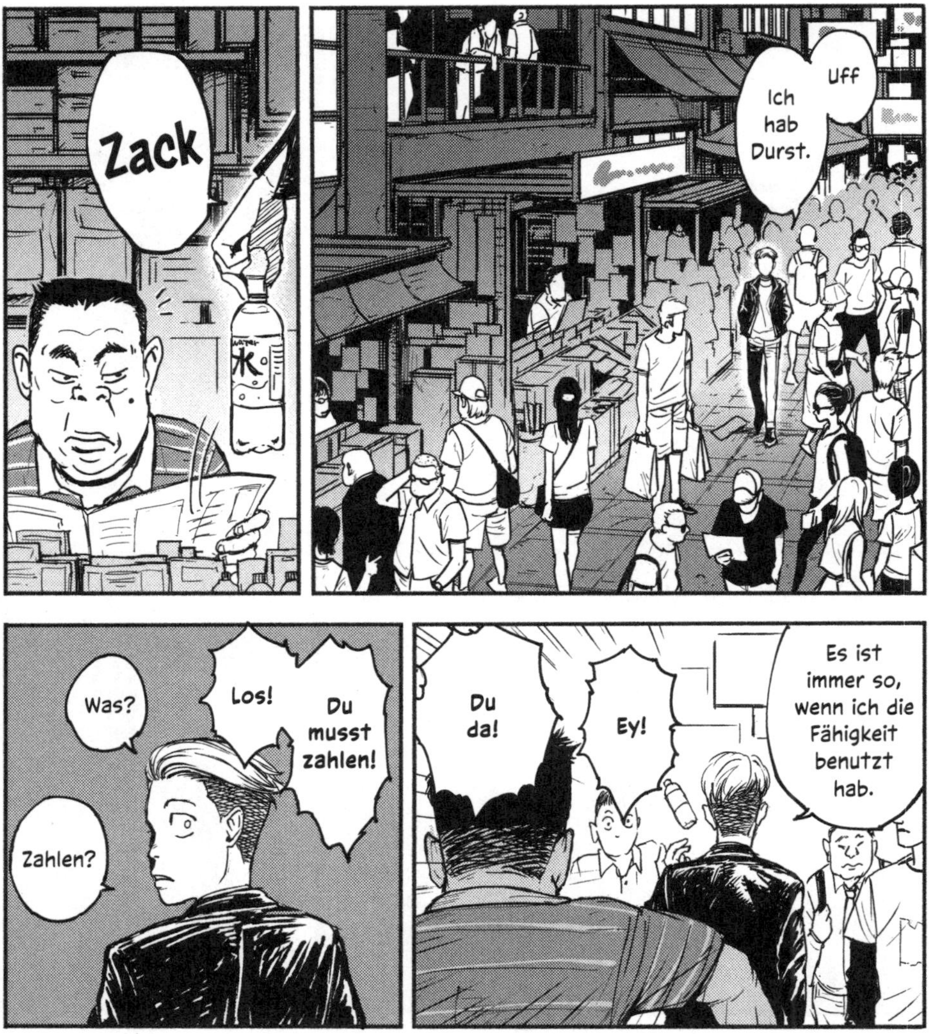
Uff
Ich hab Durst.
Zack
Es ist immer so, wenn ich die Fähigkeit benutzt hab.
Ey!
Du da!
Du musst zahlen!
Los!
Was?
Zahlen?
Das ist meine Ware!
Die kannst du nicht einfach klauen!
Ich ruf die Polizei!
Was glaubst du, wer du bist?!

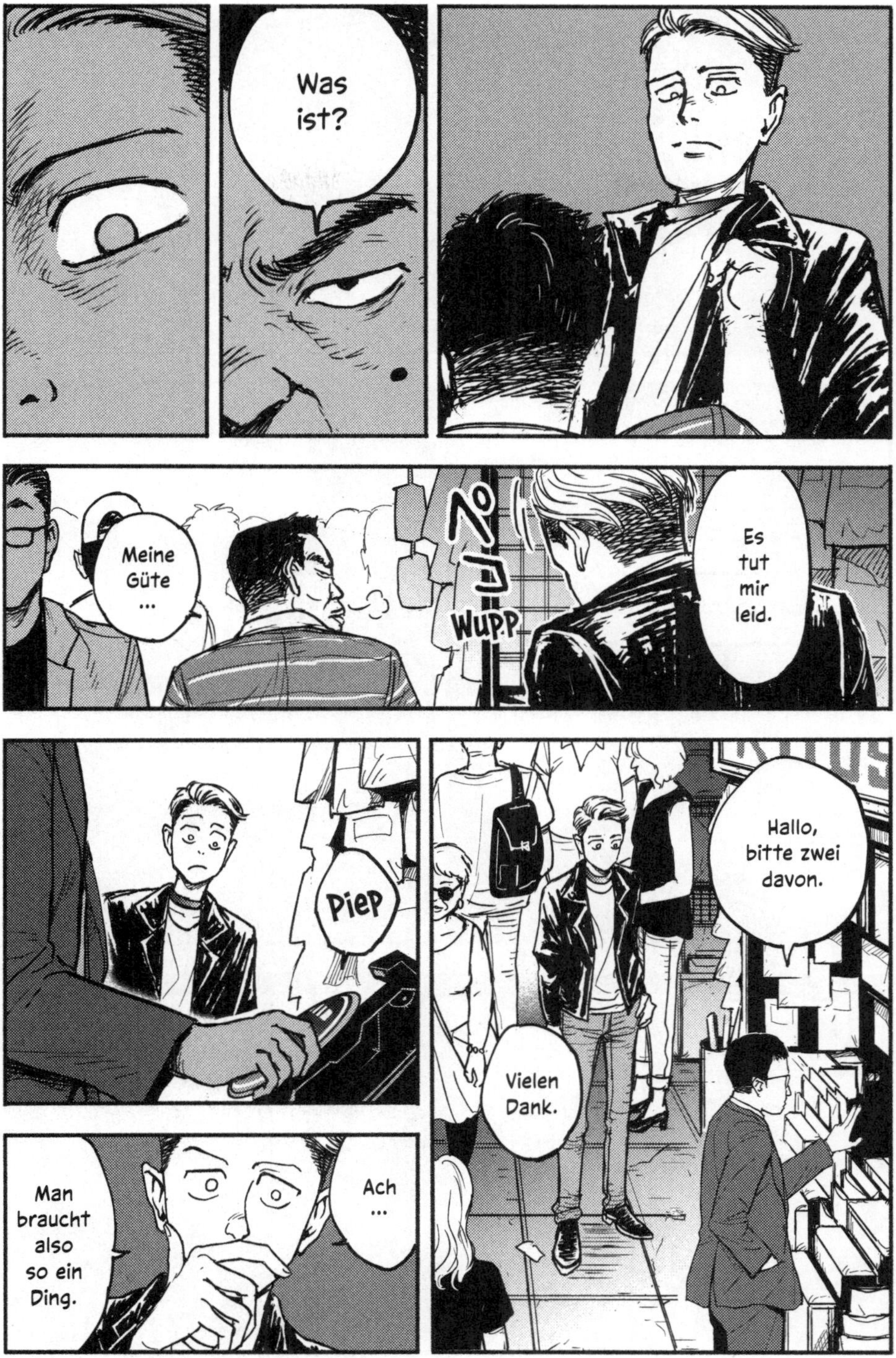

Was ist?
Es tut mir leid.
ペコ
WUPP
Meine Güte ...
Piep
Man braucht also so ein Ding.
Ach ...
Hallo, bitte zwei davon.
Vielen Dank.

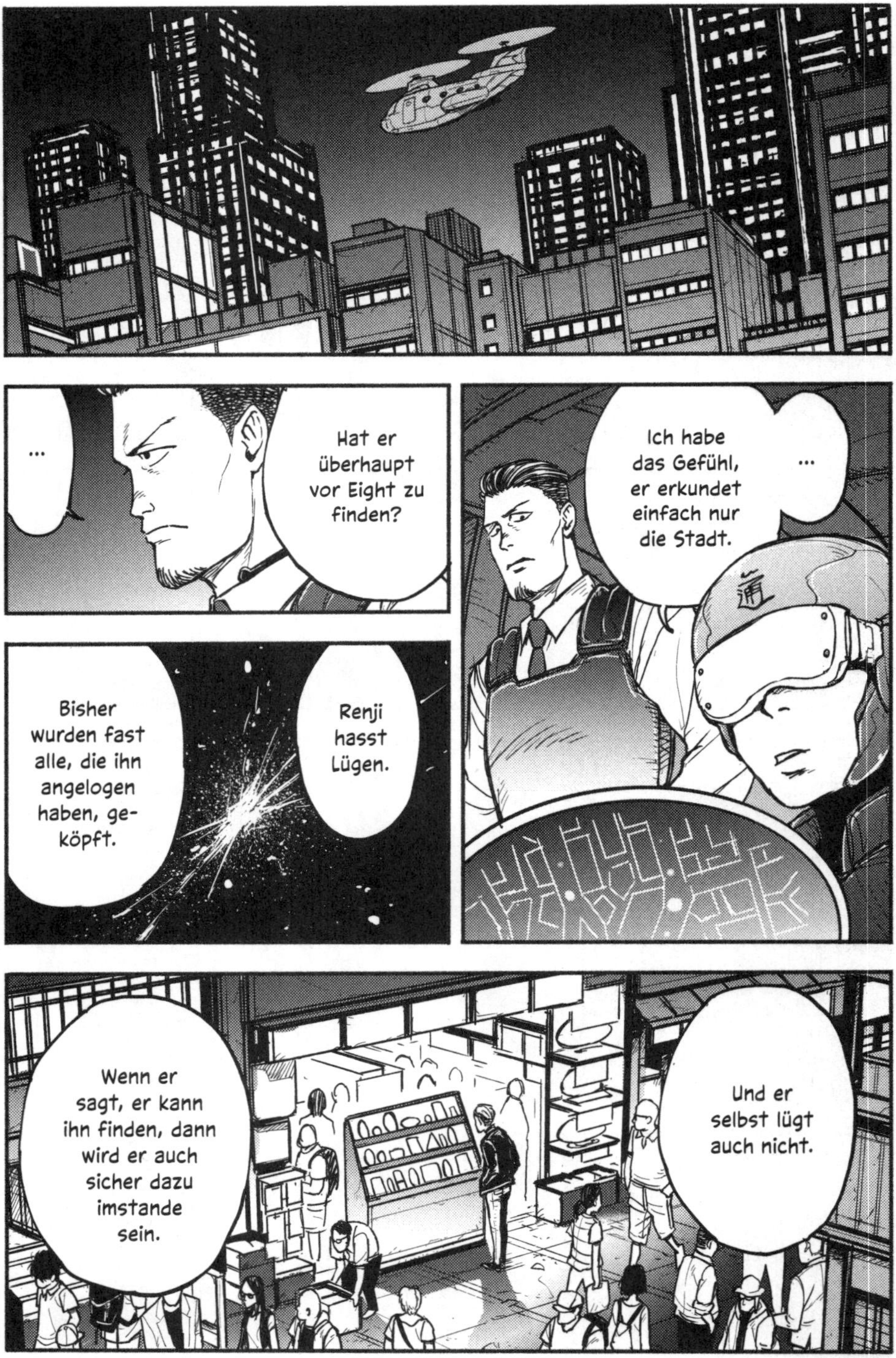
Ich habe das Gefühl, er erkundet einfach nur die Stadt.
...
Hat er überhaupt vor Eight zu finden?
...
Renji hasst Lügen.
Bisher wurden fast alle, die ihn angelogen haben, geköpft.
Und er selbst lügt auch nicht.
Wenn er sagt, er kann ihn finden, dann wird er auch sicher dazu imstande sein.

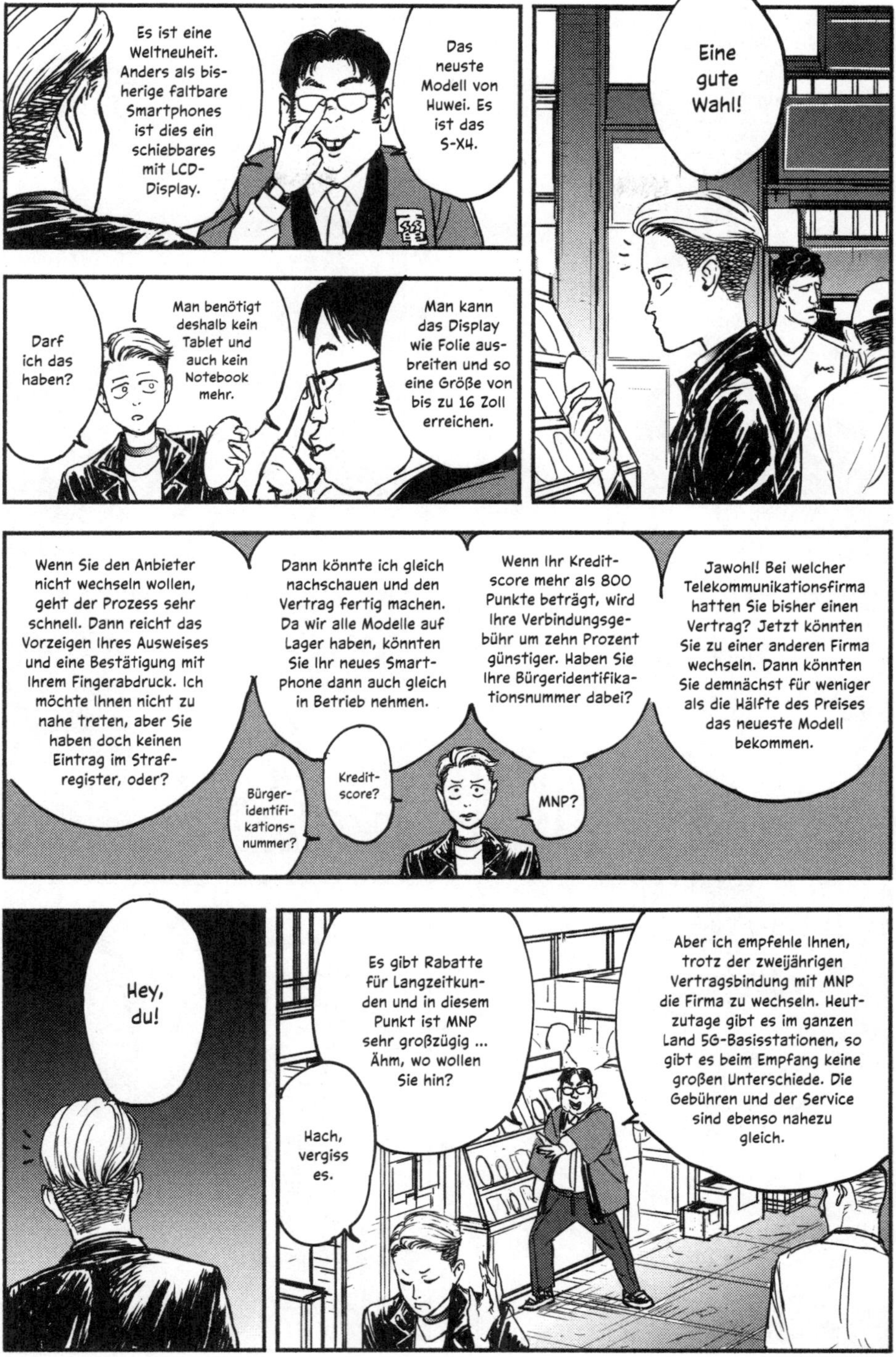
Eine gute Wahl!
Das neuste Modell von Huwei. Es ist das S-X4.
Es ist eine Weltneuheit. Anders als bisherige faltbare Smartphones ist dies ein schiebbares mit LCD-Display.
Man kann das Display wie Folie ausbreiten und so eine Größe von bis zu 16 Zoll erreichen.
Man benötigt deshalb kein Tablet und auch kein Notebook mehr.
Darf ich das haben?
Jawohl! Bei welcher Telekommunikationsfirma hatten Sie bisher einen Vertrag? Jetzt könnten Sie zu einer anderen Firma wechseln. Dann könnten Sie demnächst für weniger als die Hälfte des Preises das neueste Modell bekommen.
Wenn Ihr Kreditscore mehr als 800 Punkte beträgt, wird Ihre Verbindungsgebühr um zehn Prozent günstiger. Haben Sie Ihre Bürgeridentifikationsnummer dabei?
Dann könnte ich gleich nachschauen und den Vertrag fertig machen. Da wir alle Modelle auf Lager haben, könnten Sie Ihr neues Smartphone dann auch gleich in Betrieb nehmen.
Wenn Sie den Anbieter nicht wechseln wollen, geht der Prozess sehr schnell. Dann reicht das Vorzeigen Ihres Ausweises und eine Bestätigung mit Ihrem Fingerabdruck. Ich möchte Ihnen nicht zu nahe treten, aber Sie haben doch keinen Eintrag im Strafregister, oder?
MNP?
Kreditscore?
Bürgeridentifikationsnummer?
Aber ich empfehle Ihnen, trotz der zweijährigen Vertragsbindung mit MNP die Firma zu wechseln. Heutzutage gibt es im ganzen Land 5G-Basisstationen, so gibt es beim Empfang keine großen Unterschiede. Die Gebühren und der Service sind ebenso nahezu gleich.
Es gibt Rabatte für Langzeitkunden und in diesem Punkt ist MNP sehr großzügig ... Ähm, wo wollen Sie hin?
Hach, vergiss es.
Hey, du!

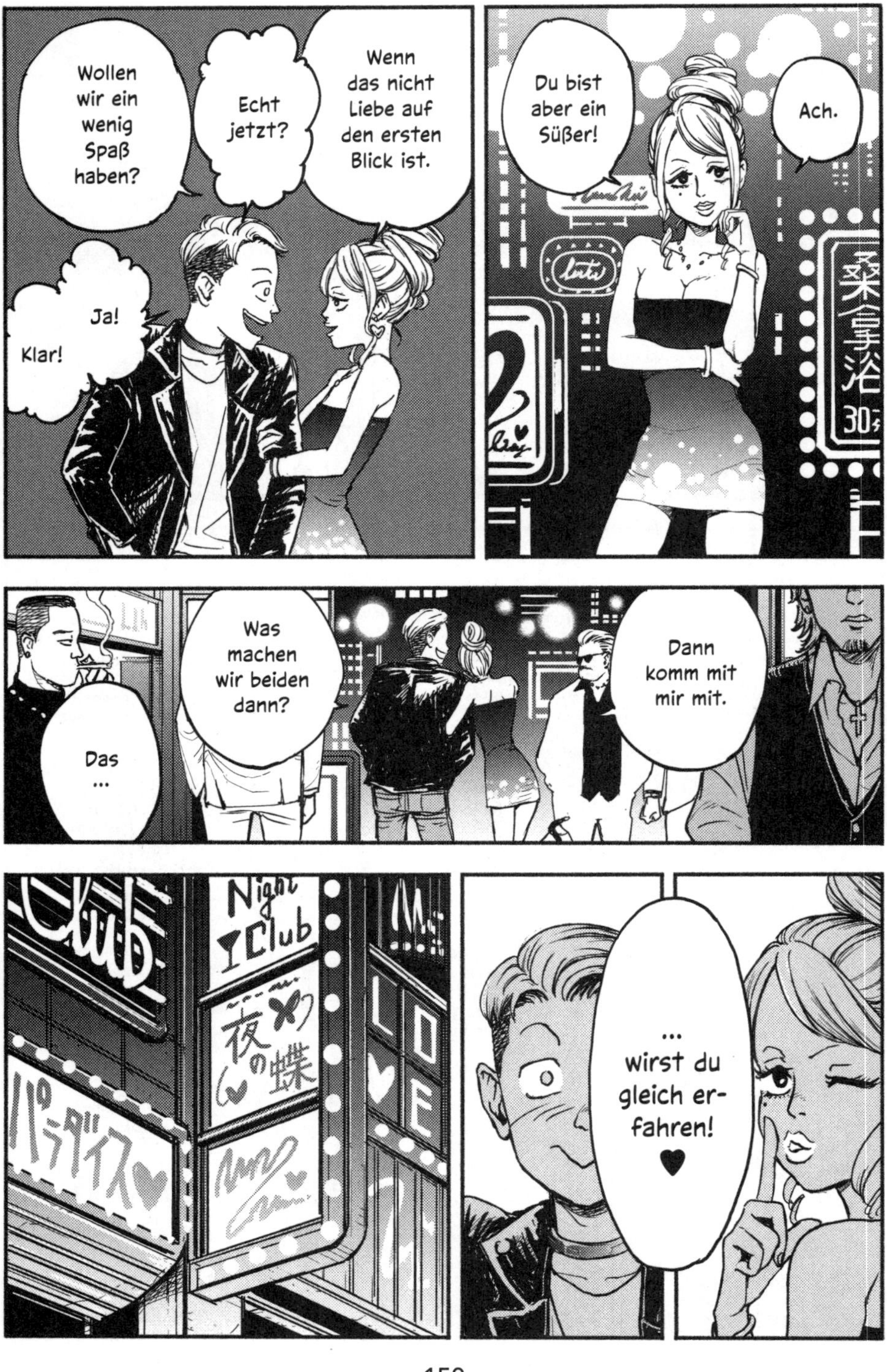
Ach.
Du bist aber ein Süßer!
Wenn das nicht Liebe auf den ersten Blick ist.
Echt jetzt?
Wollen wir ein wenig Spaß haben?
Ja! Klar!
Dann komm mit mir mit.
Was machen wir beiden dann?
Das …
… wirst du gleich erfahren! ♥
Night Club
夜の蝶
パラダイス
LOVE
Club

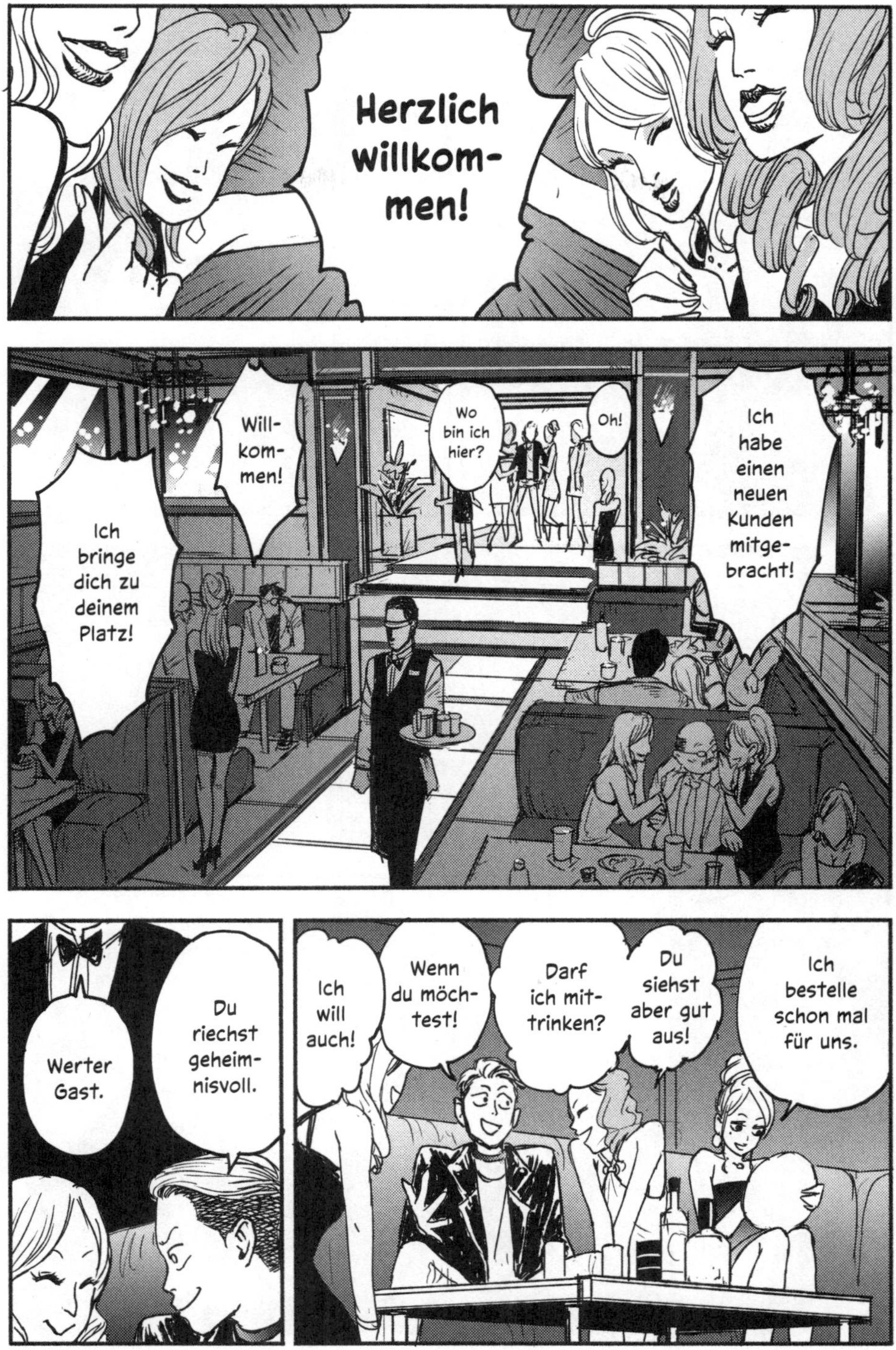
Herzlich willkommen!
Ich habe einen neuen Kunden mitgebracht!
Oh!
Wo bin ich hier?
Willkommen!
Ich bringe dich zu deinem Platz!
Ich bestelle schon mal für uns.
Du siehst aber gut aus!
Darf ich mittrinken?
Wenn du möchtest!
Ich will auch!
Du riechst geheimnisvoll.
Werter Gast.

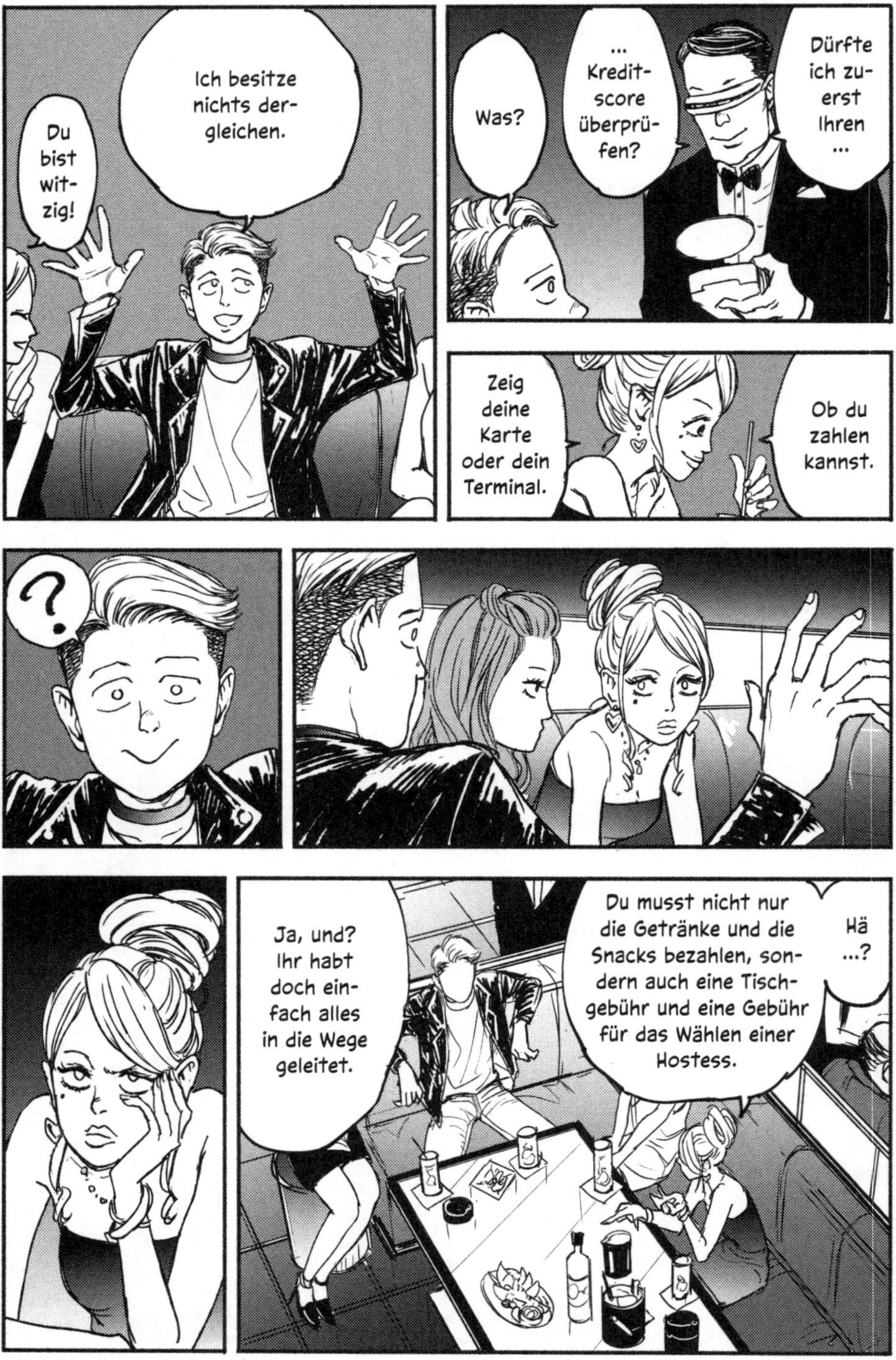
Dürfte ich zuerst Ihren ...
... Kreditscore überprüfen?
Was?
Ob du zahlen kannst.
Zeig deine Karte oder dein Terminal.
Ich besitze nichts dergleichen.
Du bist witzig!
?
Hä ...?
Du musst nicht nur die Getränke und die Snacks bezahlen, sondern auch eine Tischgebühr und eine Gebühr für das Wählen einer Hostess.
Ja, und? Ihr habt doch einfach alles in die Wege geleitet.

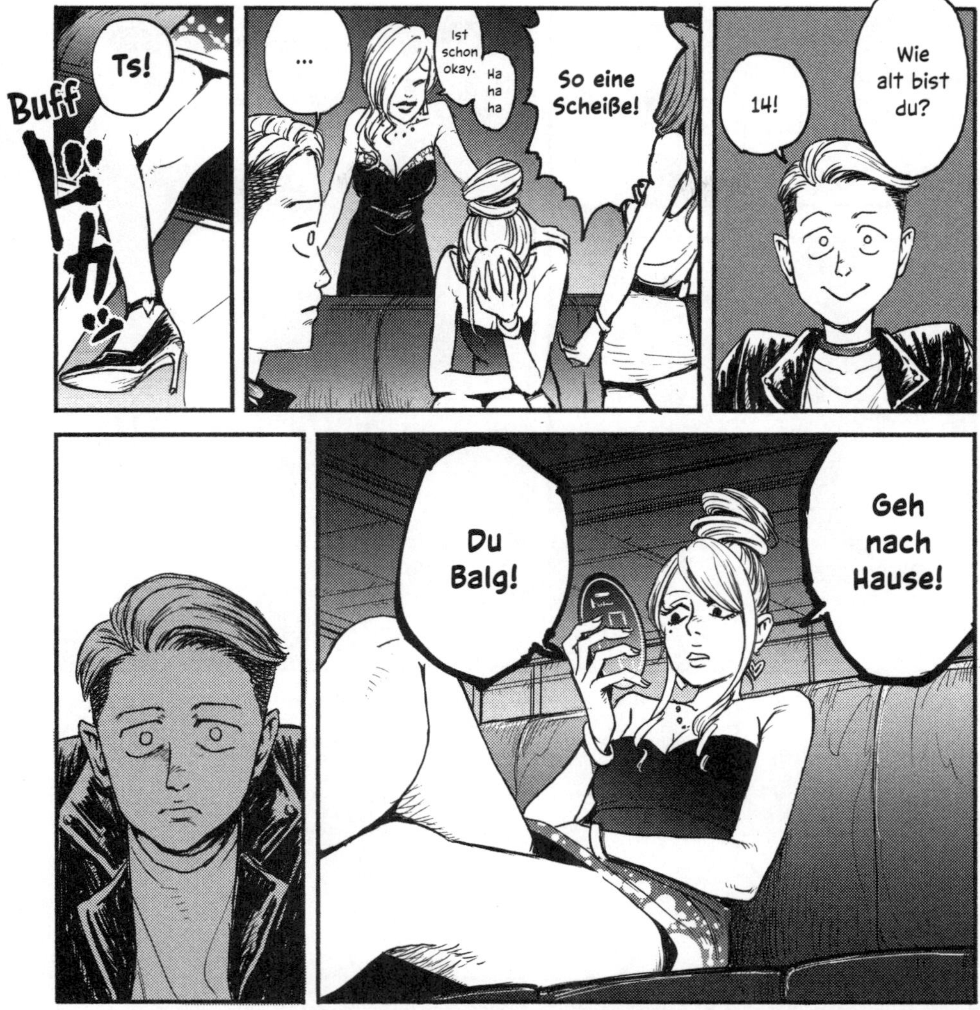
Wie alt bist du?
14!
So eine Scheiße!
Ist schon okay.
Ha ha ha
...
Ts!
Buff
Geh nach Hause!
Du Balg!
Komm schon.
Er war doch sicher noch nie in solch einem Laden.
Ah! ♥
Du bist es!

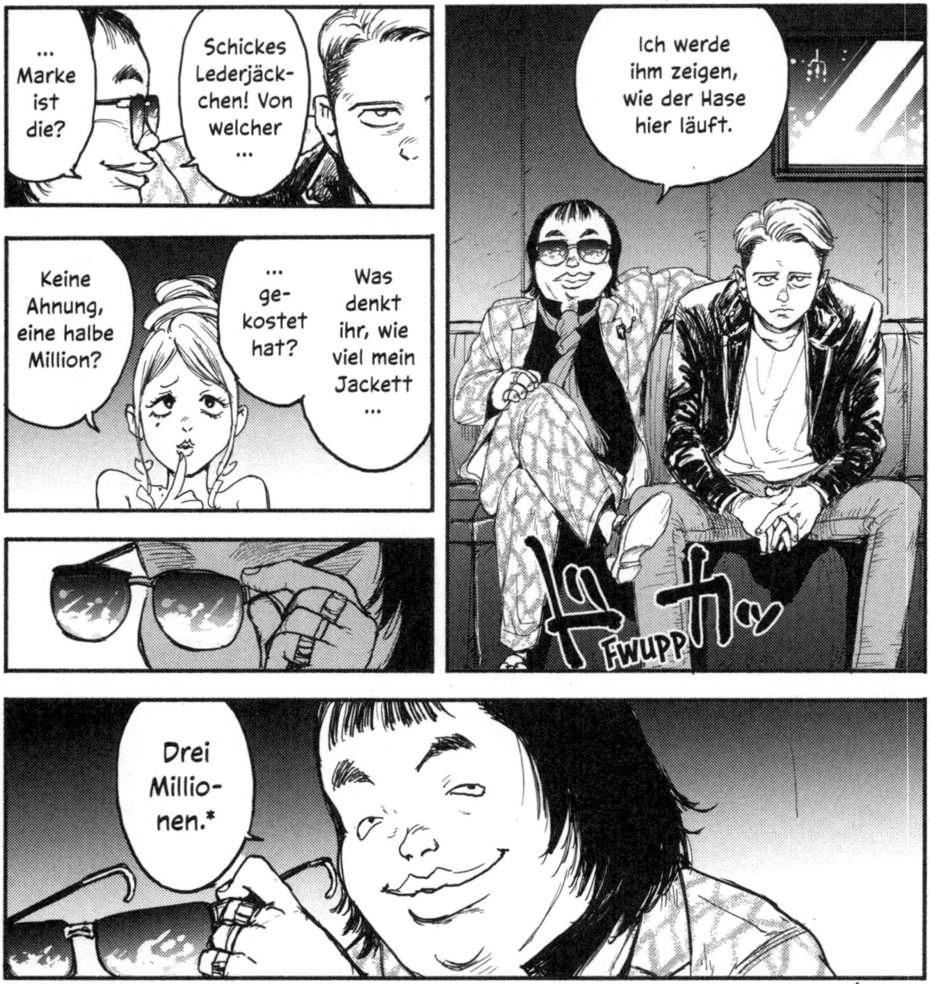

Ich werde ihm zeigen, wie der Hase hier läuft.
FWUPP
Schickes Lederjäckchen! Von welcher ...
... Marke ist die?
Was denkt ihr, wie viel mein Jackett ...
... gekostet hat?
Keine Ahnung, eine halbe Million?
Drei Millionen.*

* Ca. 25.000 €.

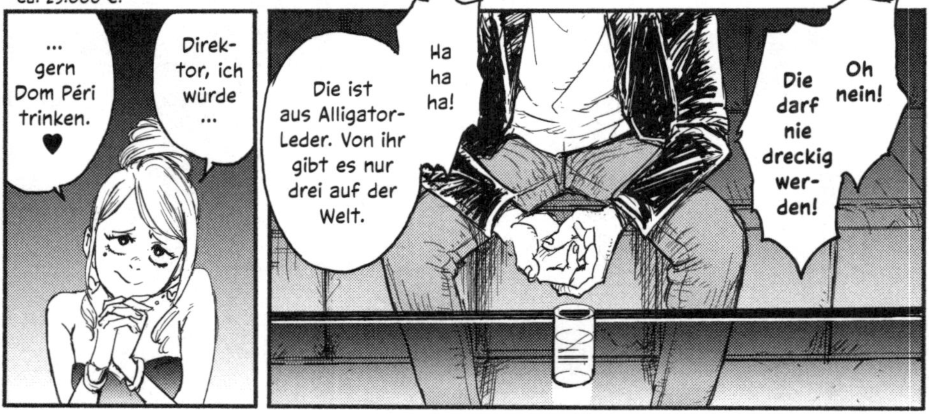

Oh nein!
Die darf nie dreckig werden!
Ha ha ha!
Die ist aus Alligator-Leder. Von ihr gibt es nur drei auf der Welt.
Direktor, ich würde ...
... gern Dom Péri trinken. ♥

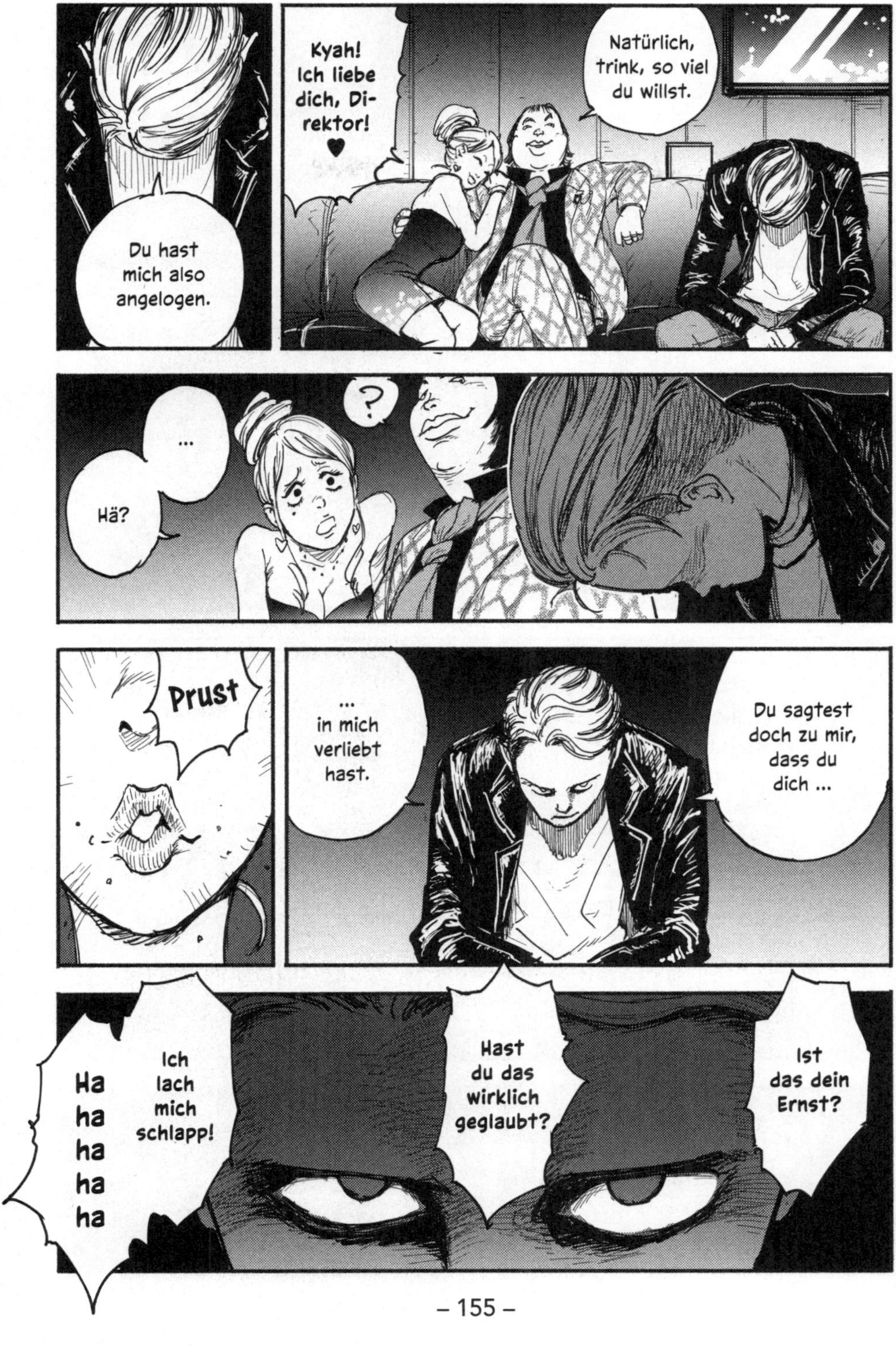
Natürlich, trink, so viel du willst.
Kyah! Ich liebe dich, Direktor! ♥
Du hast mich also angelogen.
?
...
Hä?
Du sagtest doch zu mir, dass du dich ...
... in mich verliebt hast.
Prust
Ist das dein Ernst?
Hast du das wirklich geglaubt?
Ich lach mich schlapp!
Ha ha ha ha ha

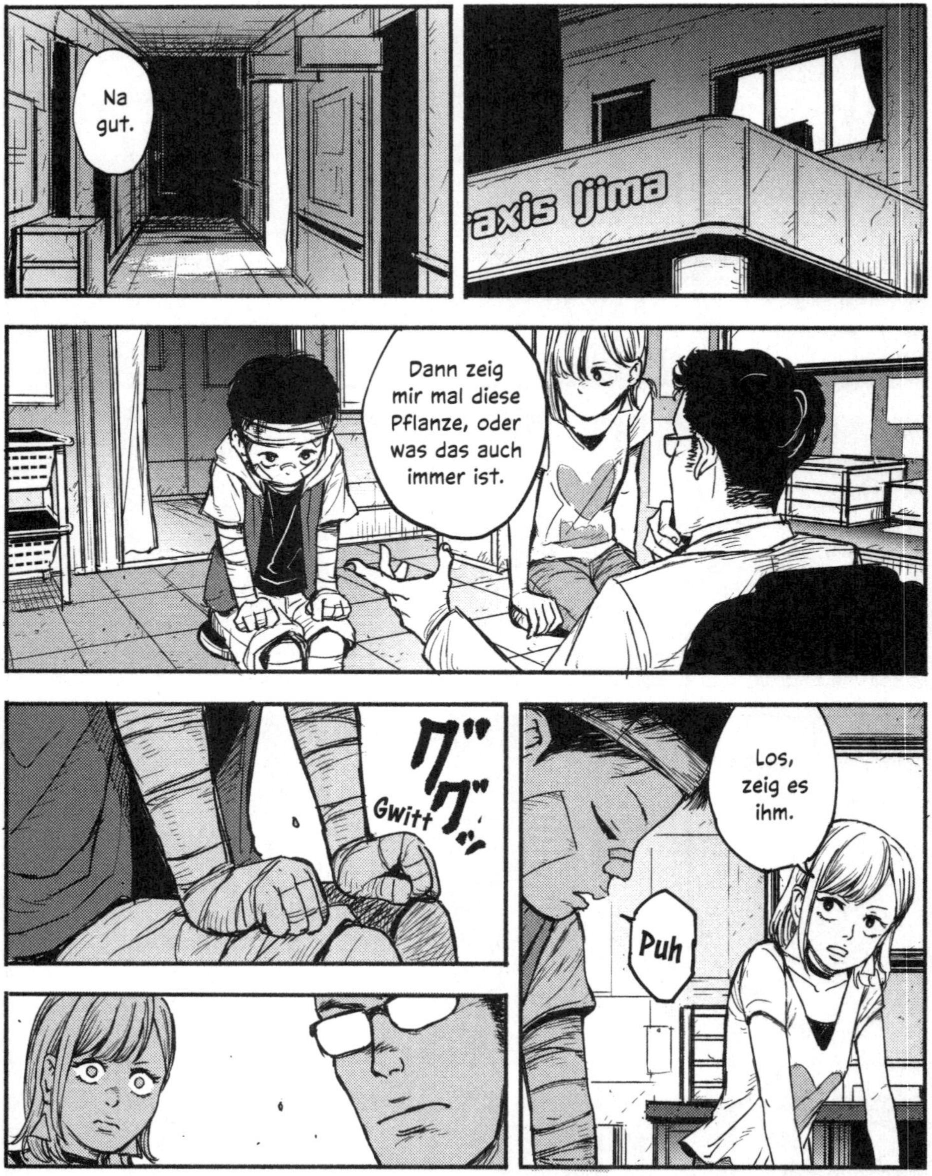
axis Ijima
Na gut.
Dann zeig mir mal diese Pflanze, oder was das auch immer ist.
Los, zeig es ihm.
Puh
Gwitt

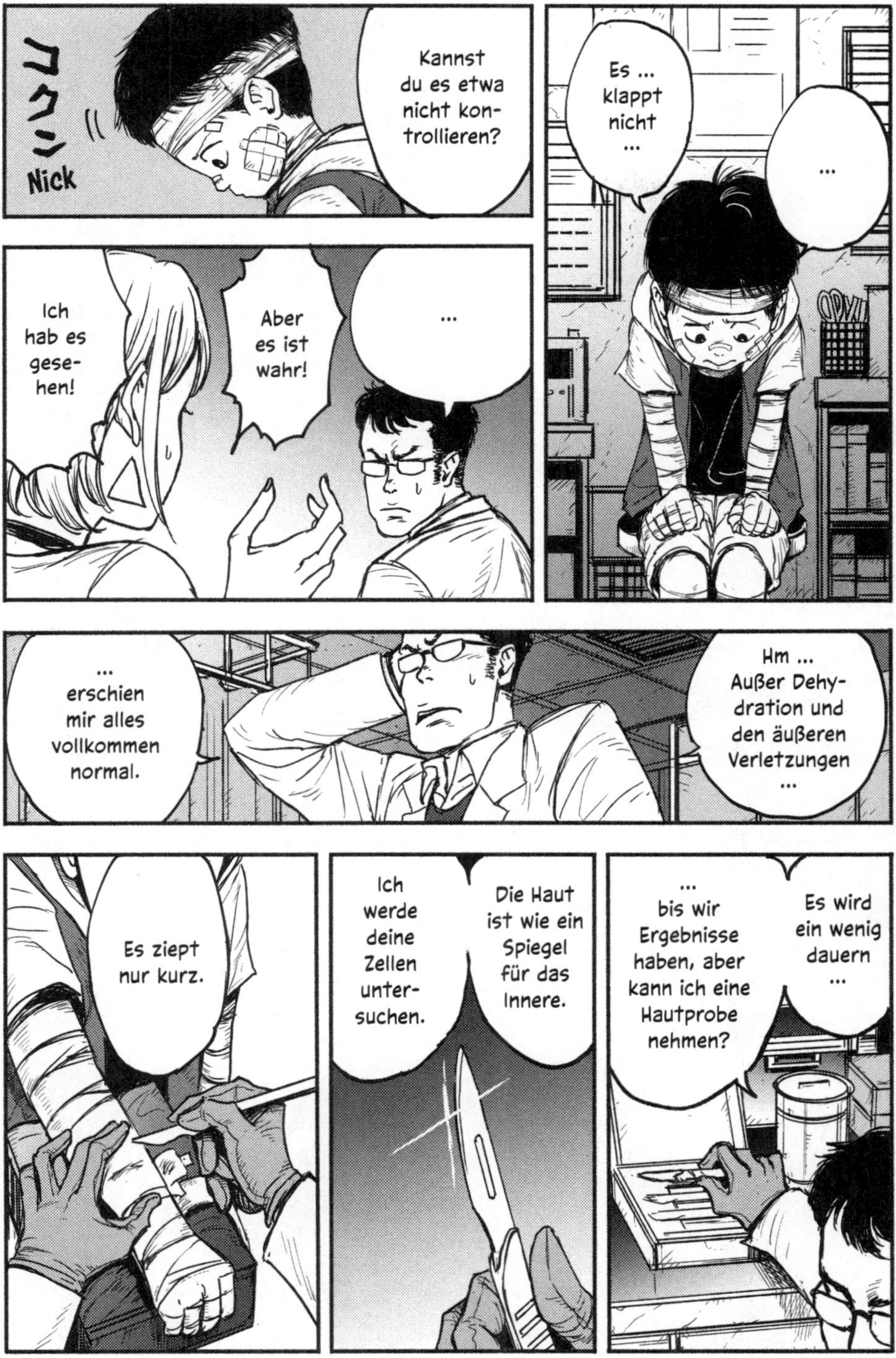
Kannst du es etwa nicht kontrollieren?
Nick
Es ... klappt nicht ...
...
...
Aber es ist wahr!
Ich hab es gesehen!
Hm ... Außer Dehydration und den äußeren Verletzungen ...
... erschien mir alles vollkommen normal.
Es wird ein wenig dauern ...
... bis wir Ergebnisse haben, aber kann ich eine Hautprobe nehmen?
Die Haut ist wie ein Spiegel für das Innere.
Ich werde deine Zellen untersuchen.
Es ziept nur kurz.

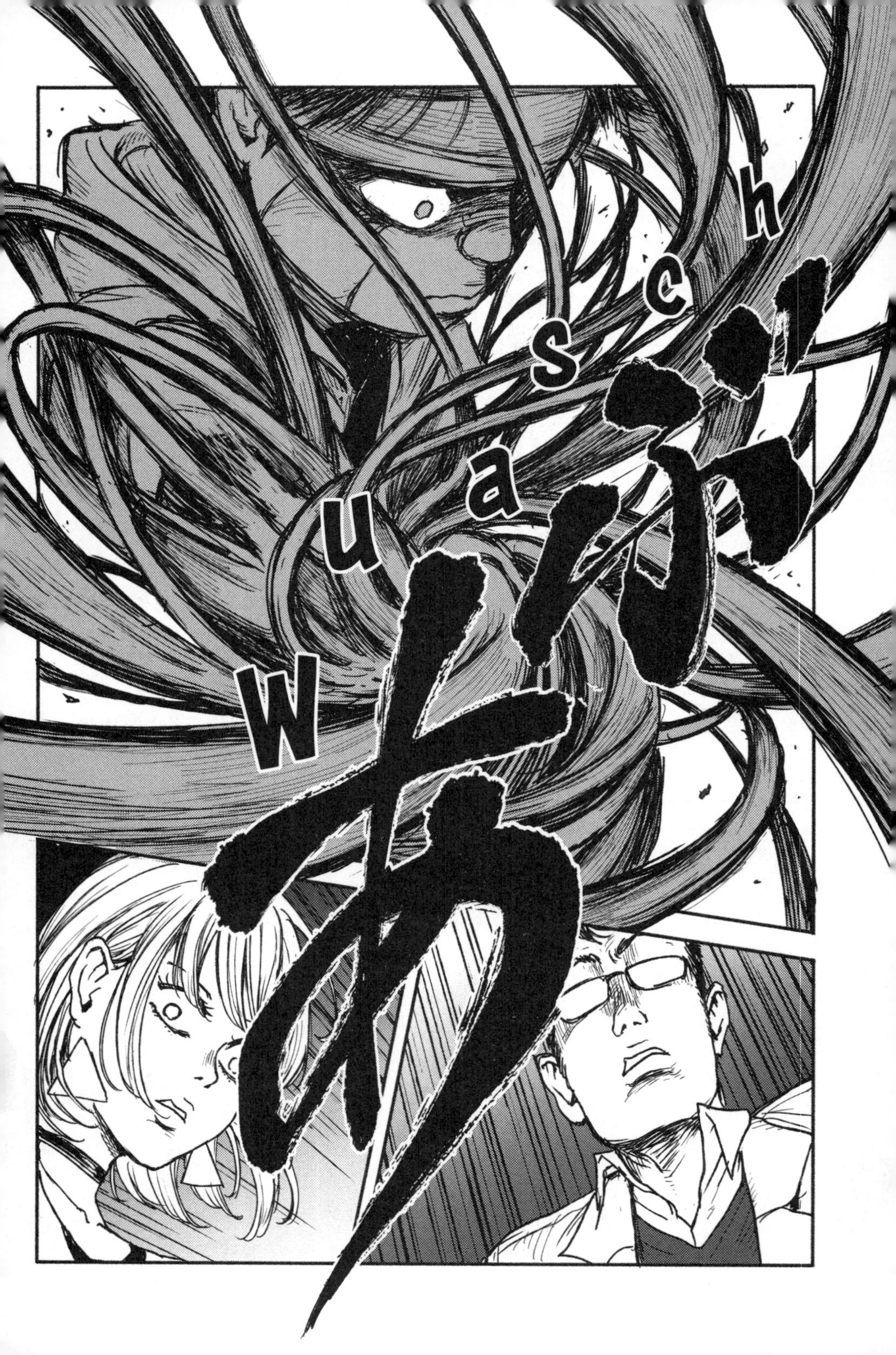
Wusch

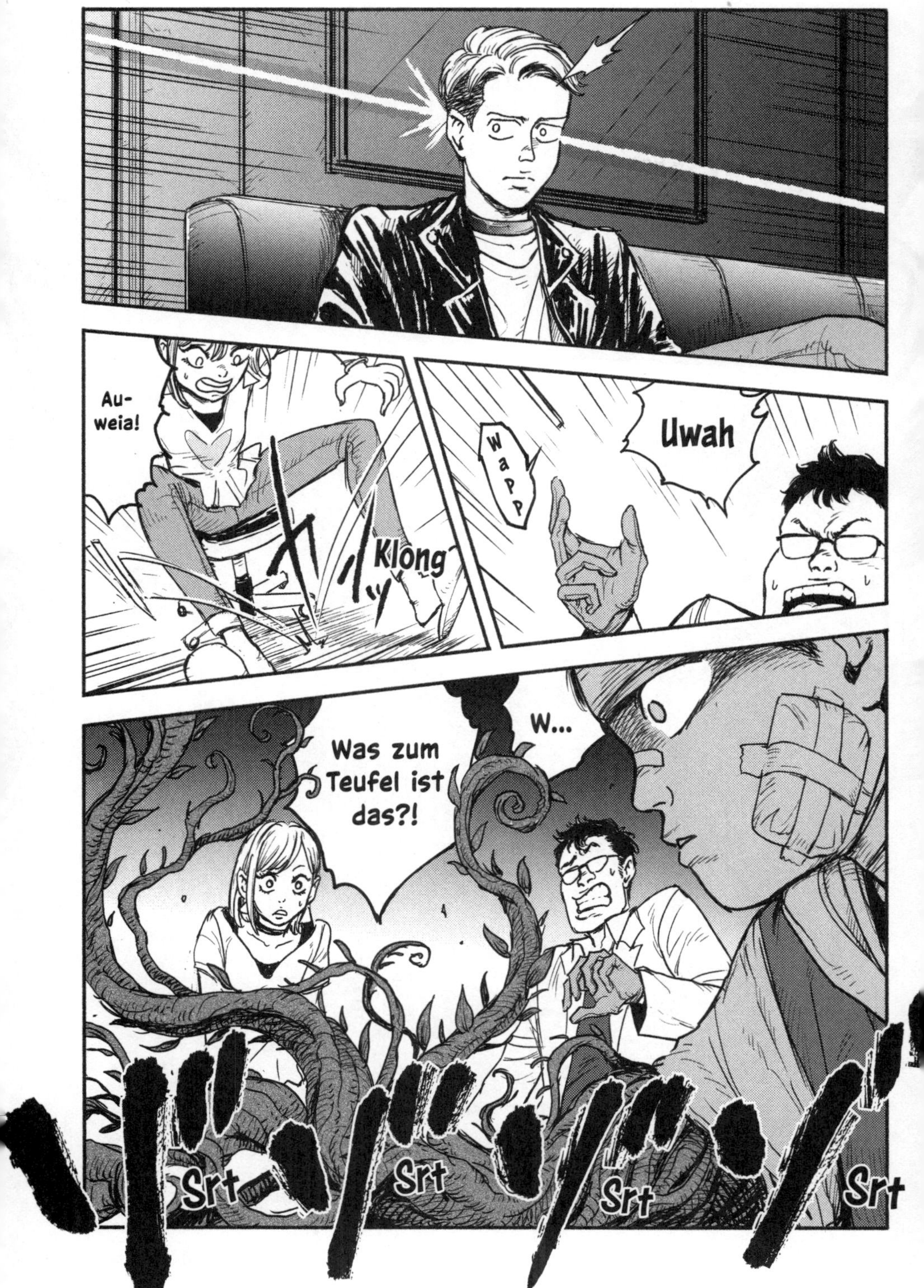
Uwah
Wapp
Klong
Au-
weia!
W...
Was zum
Teufel ist
das?!
Srt
Srt
Srt
Srt

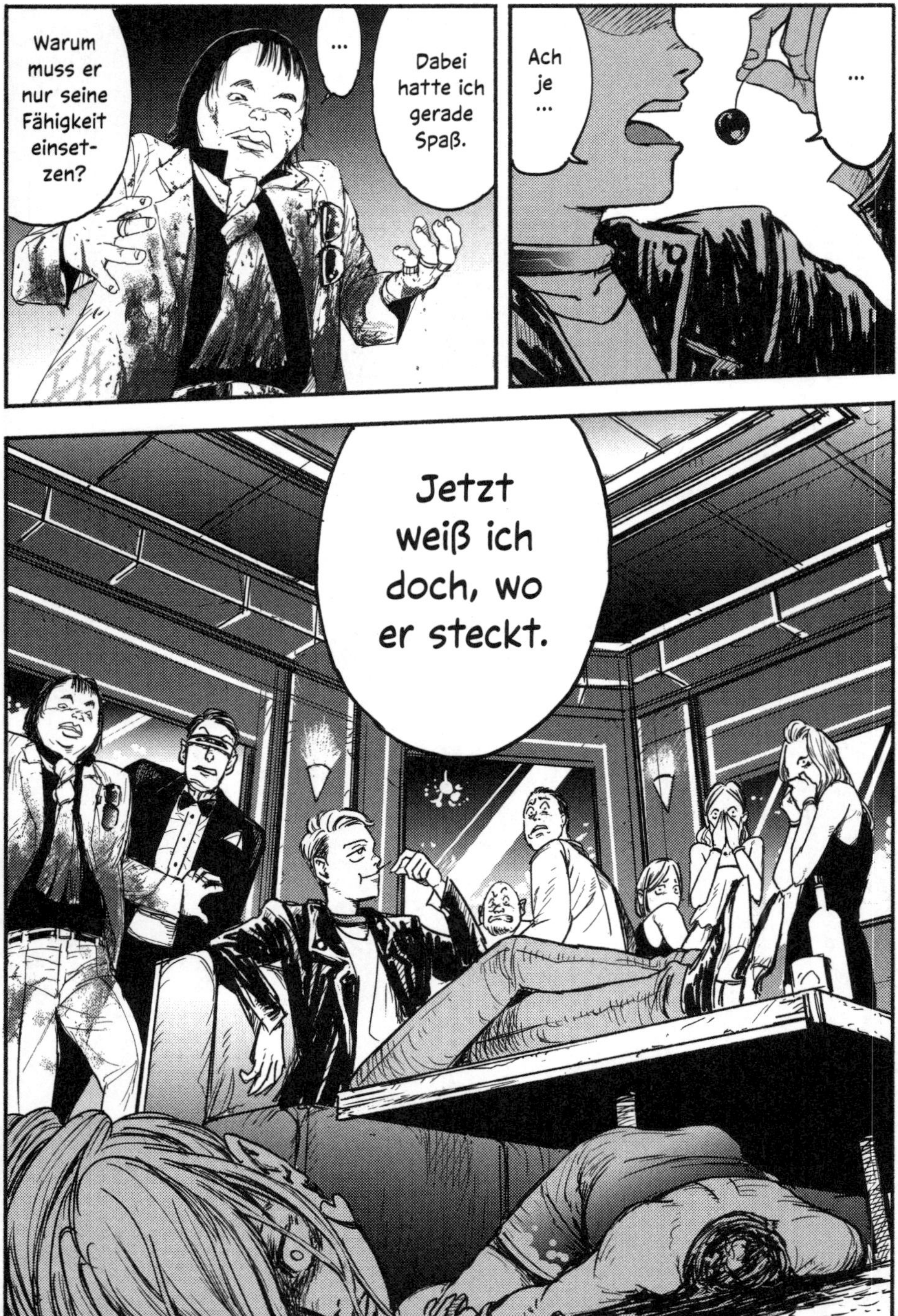

Kapitel vier / Ende

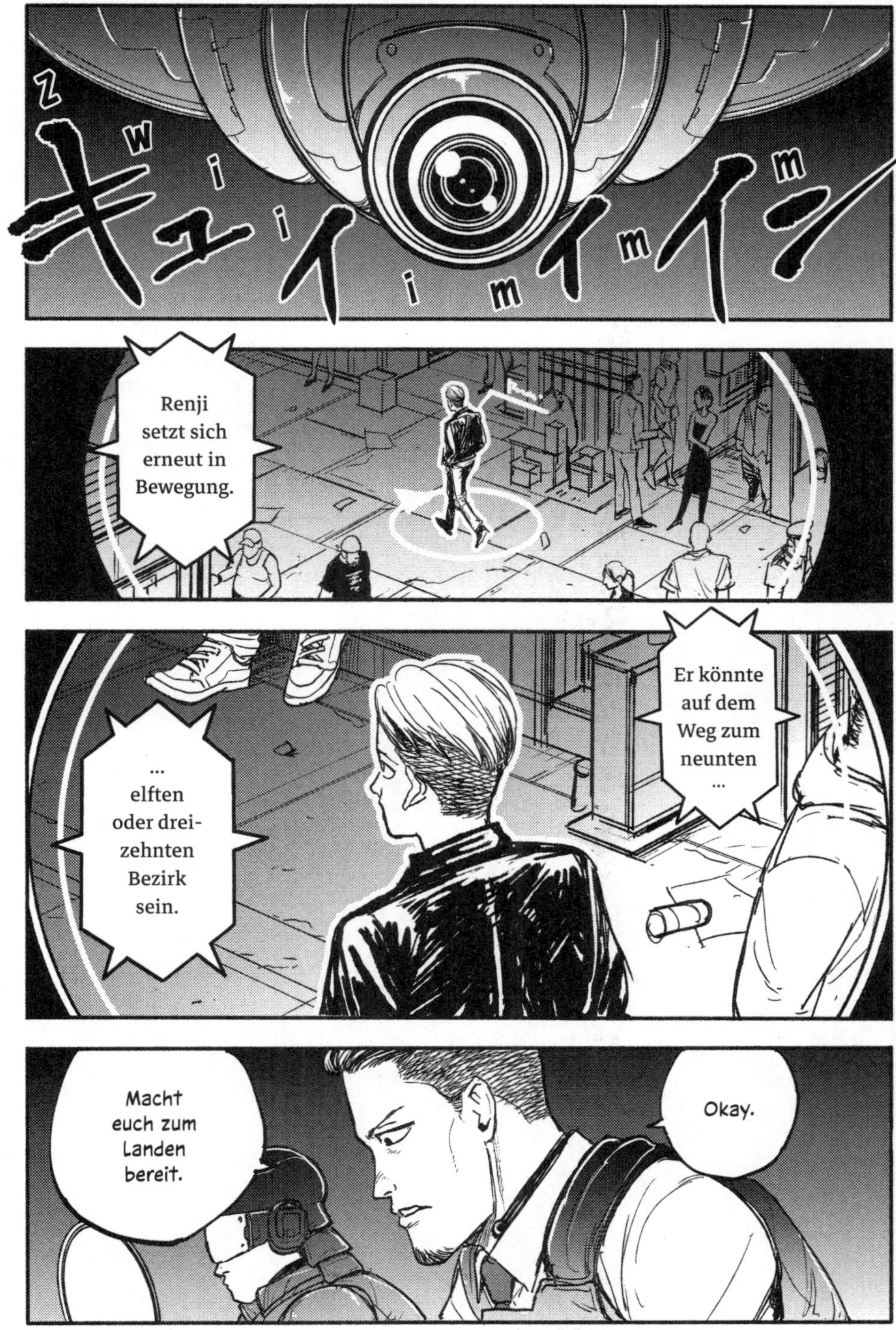
Zwiiimmm
キュイイイン
Renji setzt sich erneut in Bewegung.
Er könnte auf dem Weg zum neunten ...
... elften oder dreizehnten Bezirk sein.
Macht euch zum Landen bereit.
Okay.

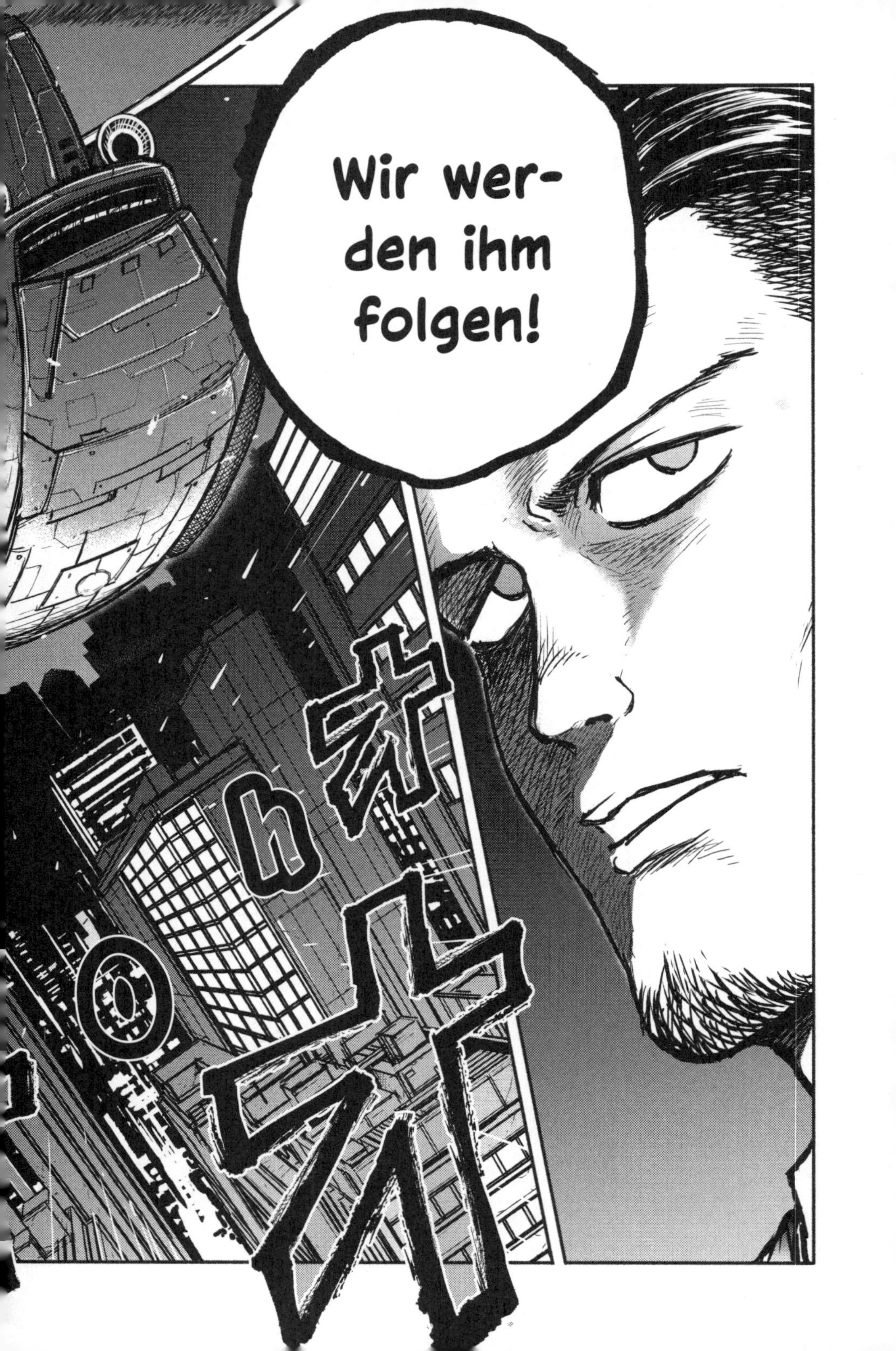
Wir werden ihm folgen!

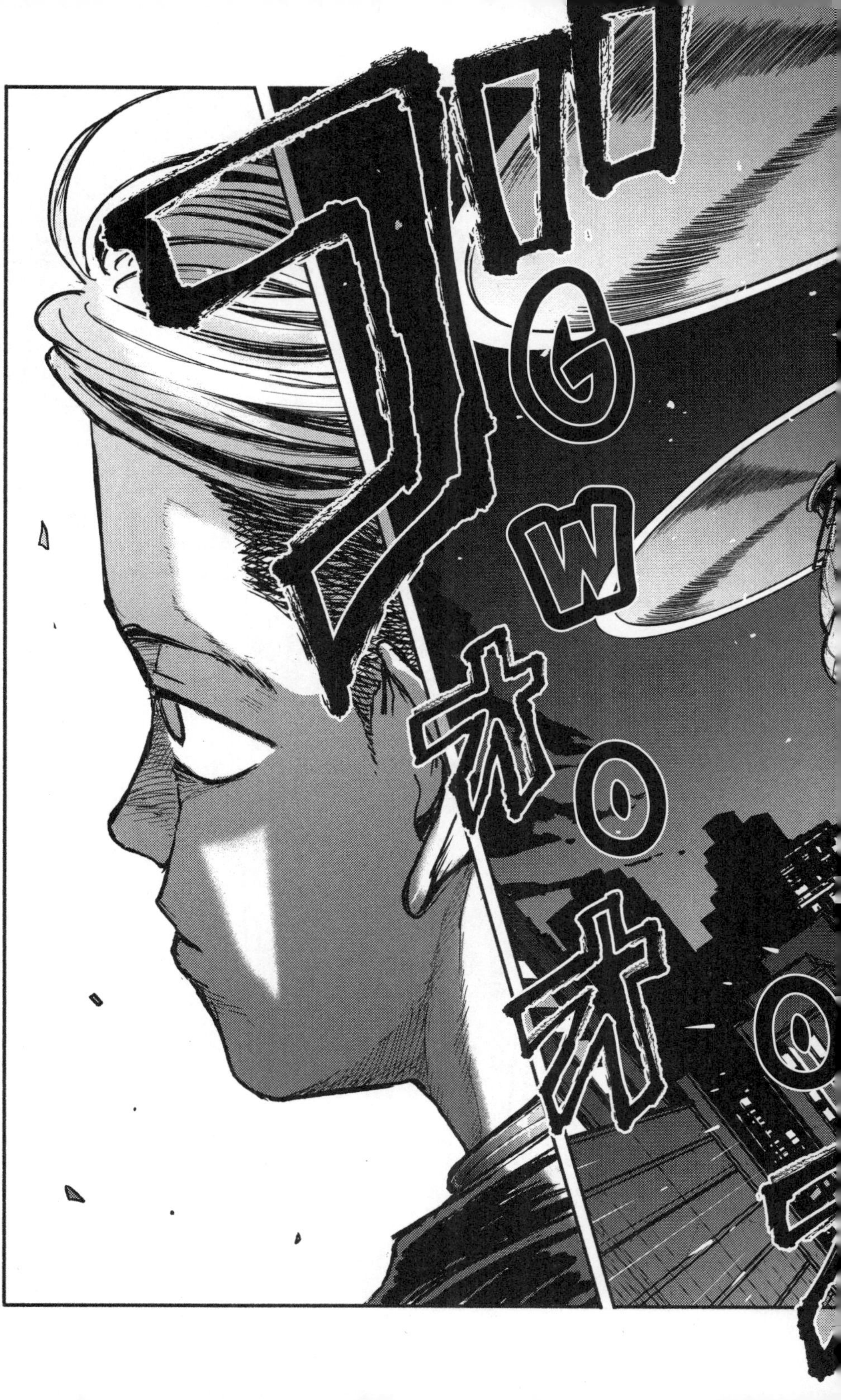
ゴGWオOオO

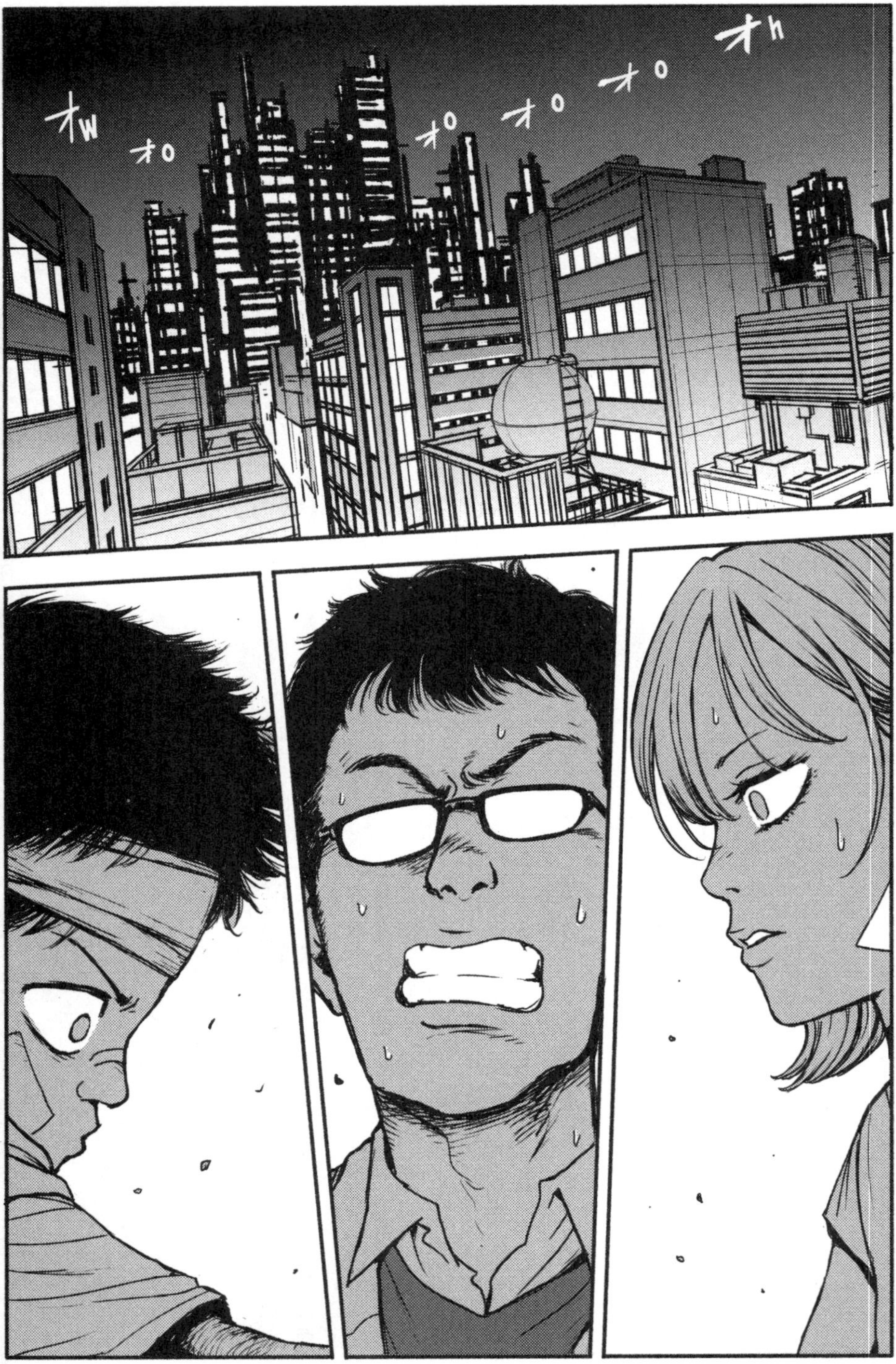
オw
オo
オo
オo
オo
オh

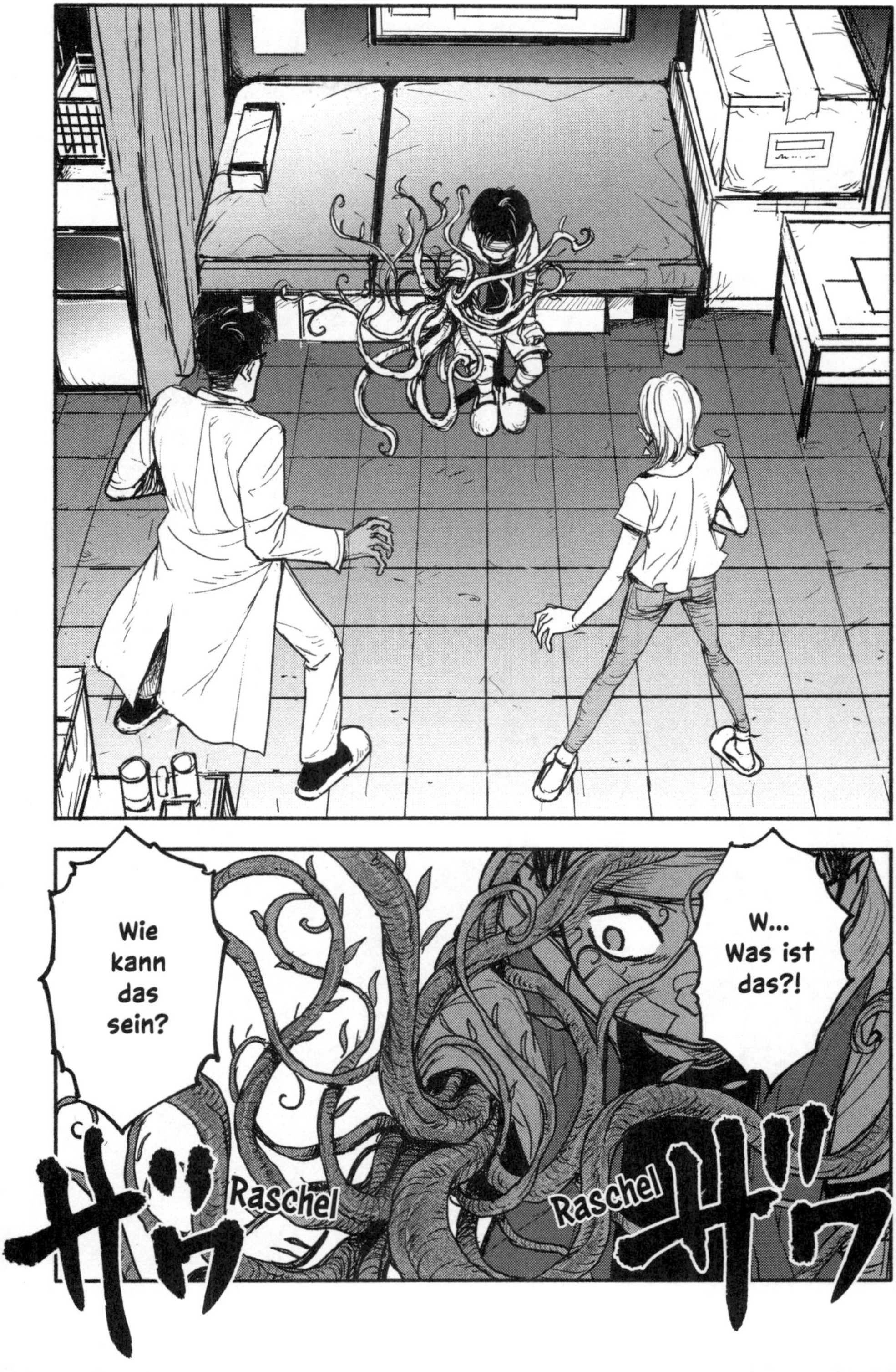
W... Was ist das?!
Wie kann das sein?
Raschel
Raschel

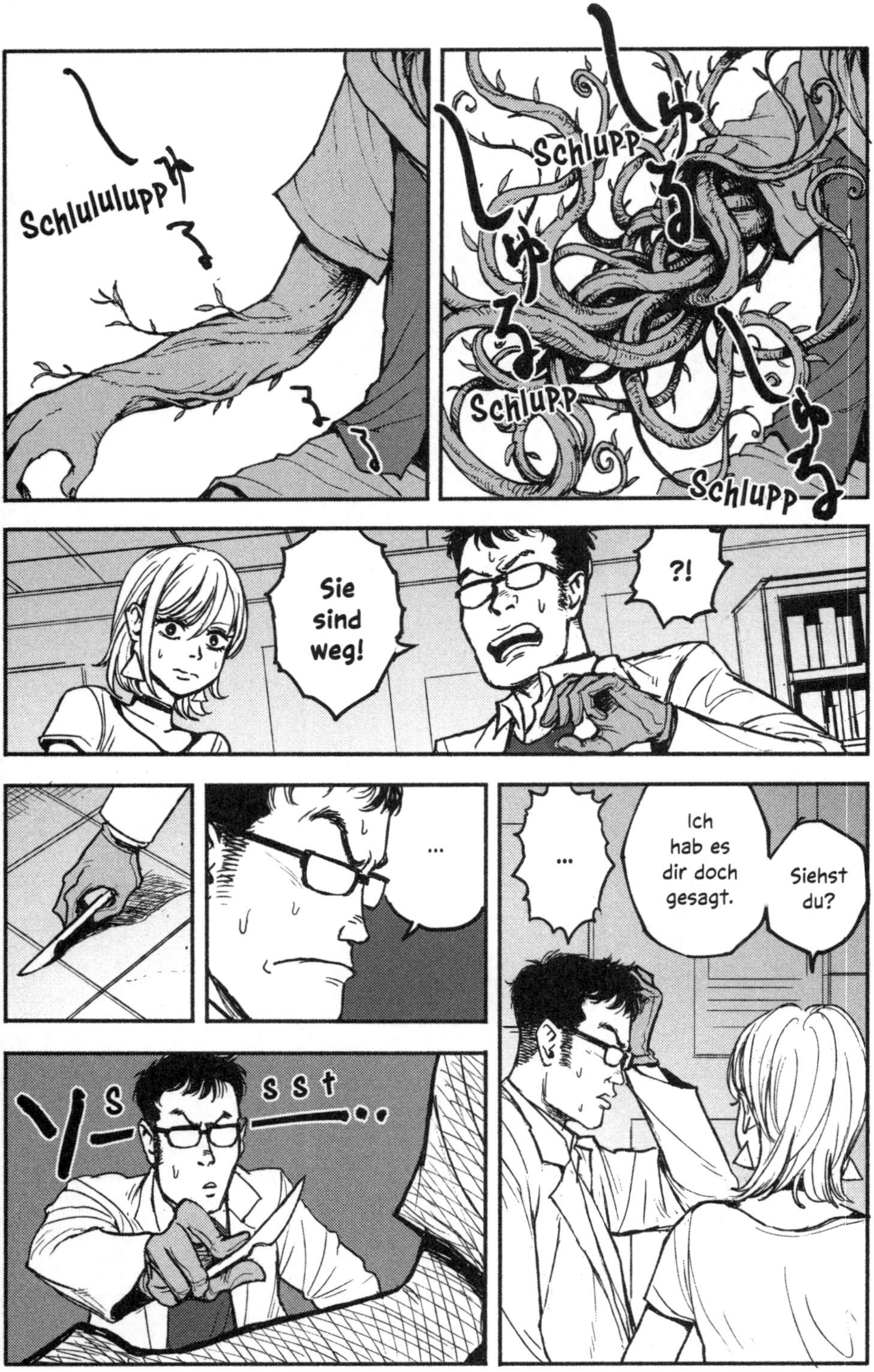
Schlupp
Schlupp
Schlupp
Schlululupp
?!
Sie sind weg!
Siehst du?
Ich hab es dir doch gesagt.
...
...
s s s t

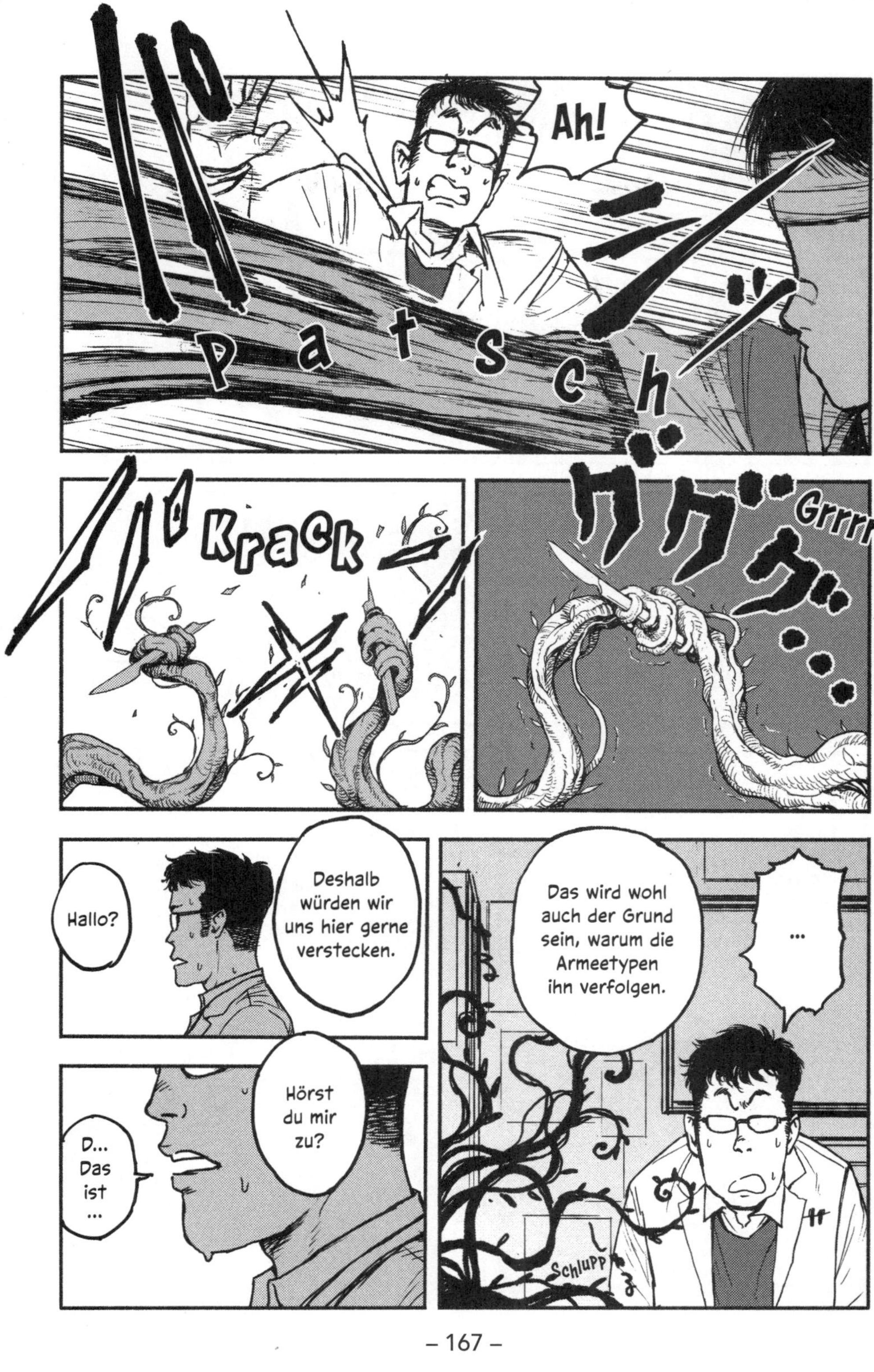
Ah!
Patsch
Grrrrt
Krack
Das wird wohl auch der Grund sein, warum die Armeetypen ihn verfolgen.
...
Schlupp
Deshalb würden wir uns hier gerne verstecken.
Hallo?
Hörst du mir zu?
D... Das ist ...

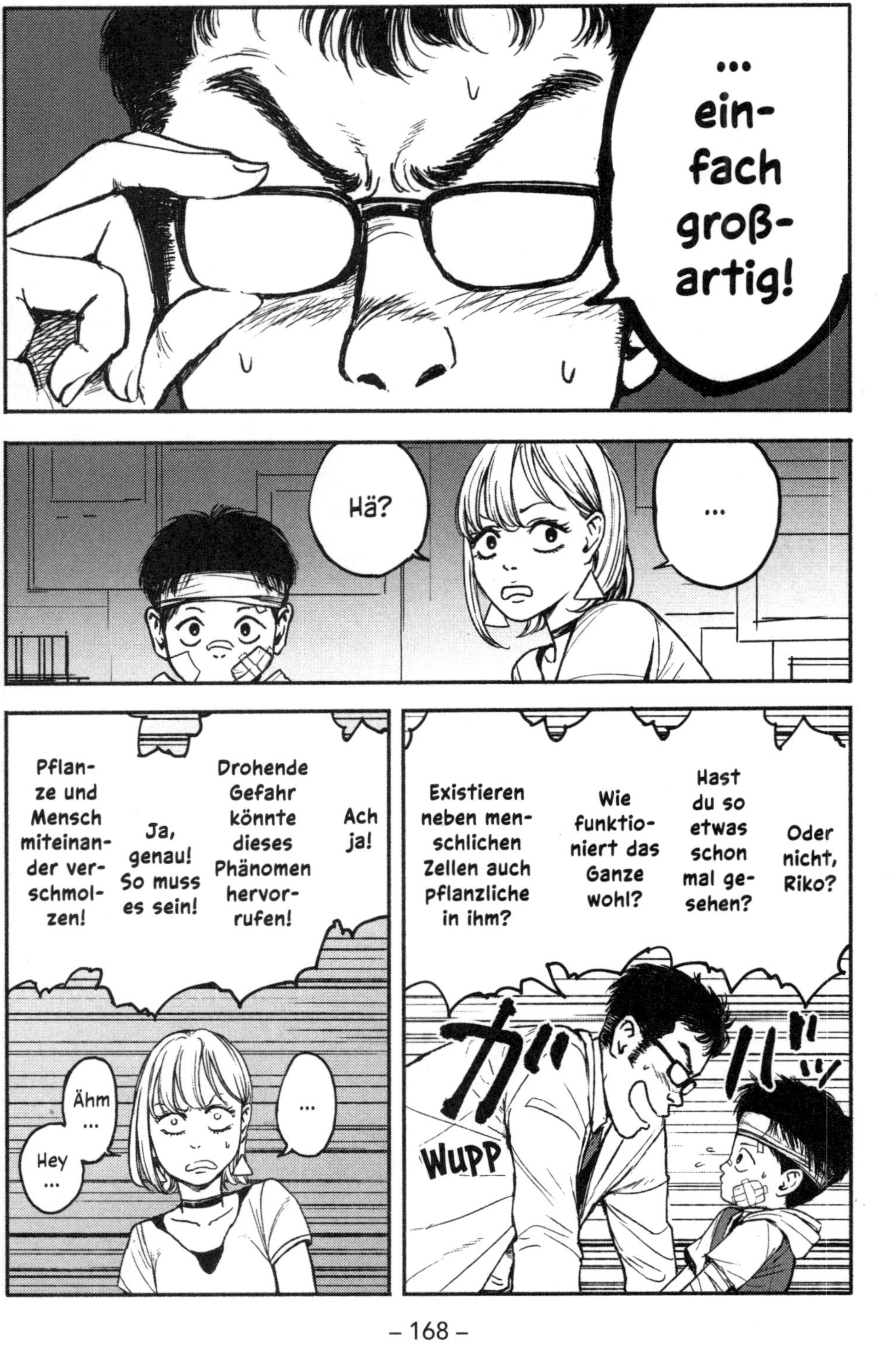
... ein-fach groß-artig!
...
Hä?
Existieren neben menschlichen Zellen auch pflanzliche in ihm?
Wie funktioniert das Ganze wohl?
Hast du so etwas schon mal gesehen?
Oder nicht, Riko?
WUPP
Ach ja!
Drohende Gefahr könnte dieses Phänomen hervorrufen!
Ja, genau! So muss es sein!
Pflanze und Mensch miteinander verschmolzen!
...
Ähm ...
Hey ...

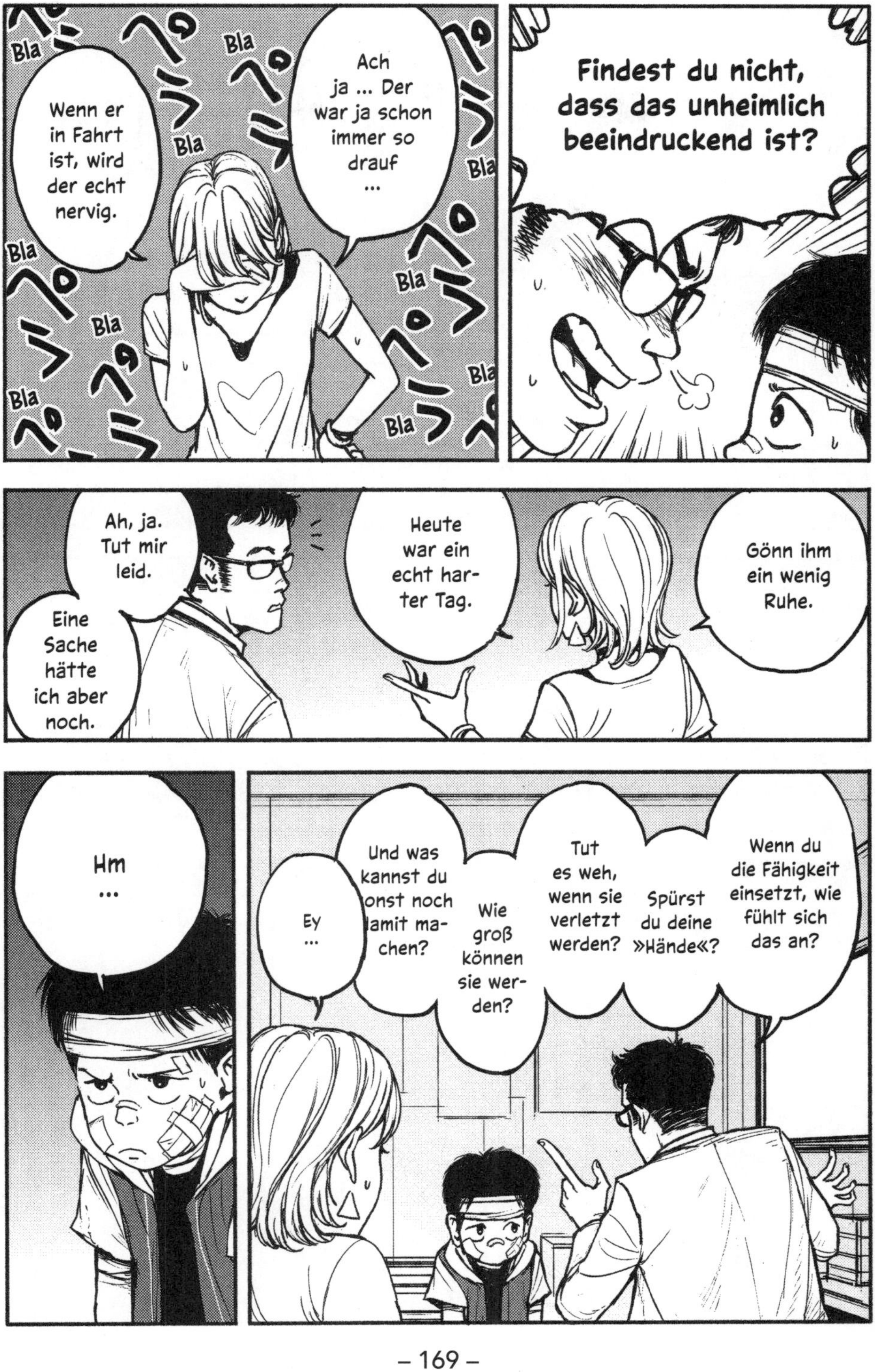
Findest du nicht, dass das unheimlich beeindruckend ist?
Ach ja ... Der war ja schon immer so drauf ...
Wenn er in Fahrt ist, wird der echt nervig.
Bla Bla Bla Bla Bla Bla Bla Bla Bla Bla Bla
Gönn ihm ein wenig Ruhe.
Heute war ein echt harter Tag.
Ah, ja. Tut mir leid.
Eine Sache hätte ich aber noch.
Wenn du die Fähigkeit einsetzt, wie fühlt sich das an?
Spürst du deine »Hände«?
Tut es weh, wenn sie verletzt werden?
Wie groß können sie werden?
Und was kannst du onst noch amit machen?
Ey ...
Hm ...

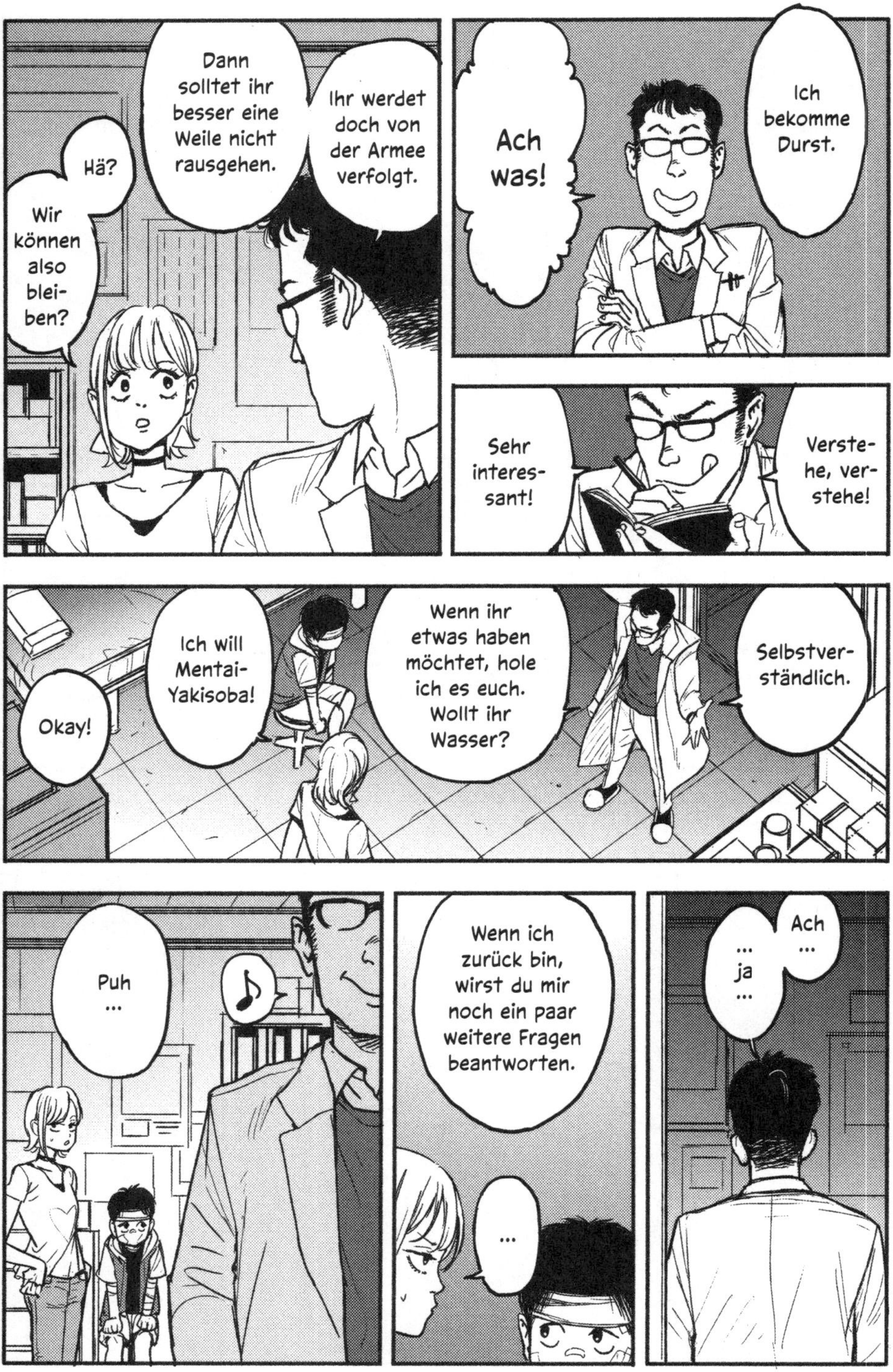
Hä?
Wir können also blei-ben?
Dann solltet ihr besser eine Weile nicht rausgehen.
Ihr werdet doch von der Armee verfolgt.
Ach was!
Ich bekomme Durst.
Sehr interes-sant!
Verste-he, ver-stehe!
Okay!
Ich will Mentai-Yakisoba!
Wenn ihr etwas haben möchtet, hole ich es euch. Wollt ihr Wasser?
Selbstver-ständlich.
Puh …
♪
Wenn ich zurück bin, wirst du mir noch ein paar weitere Fragen beantworten.
…
Ach …
… ja …

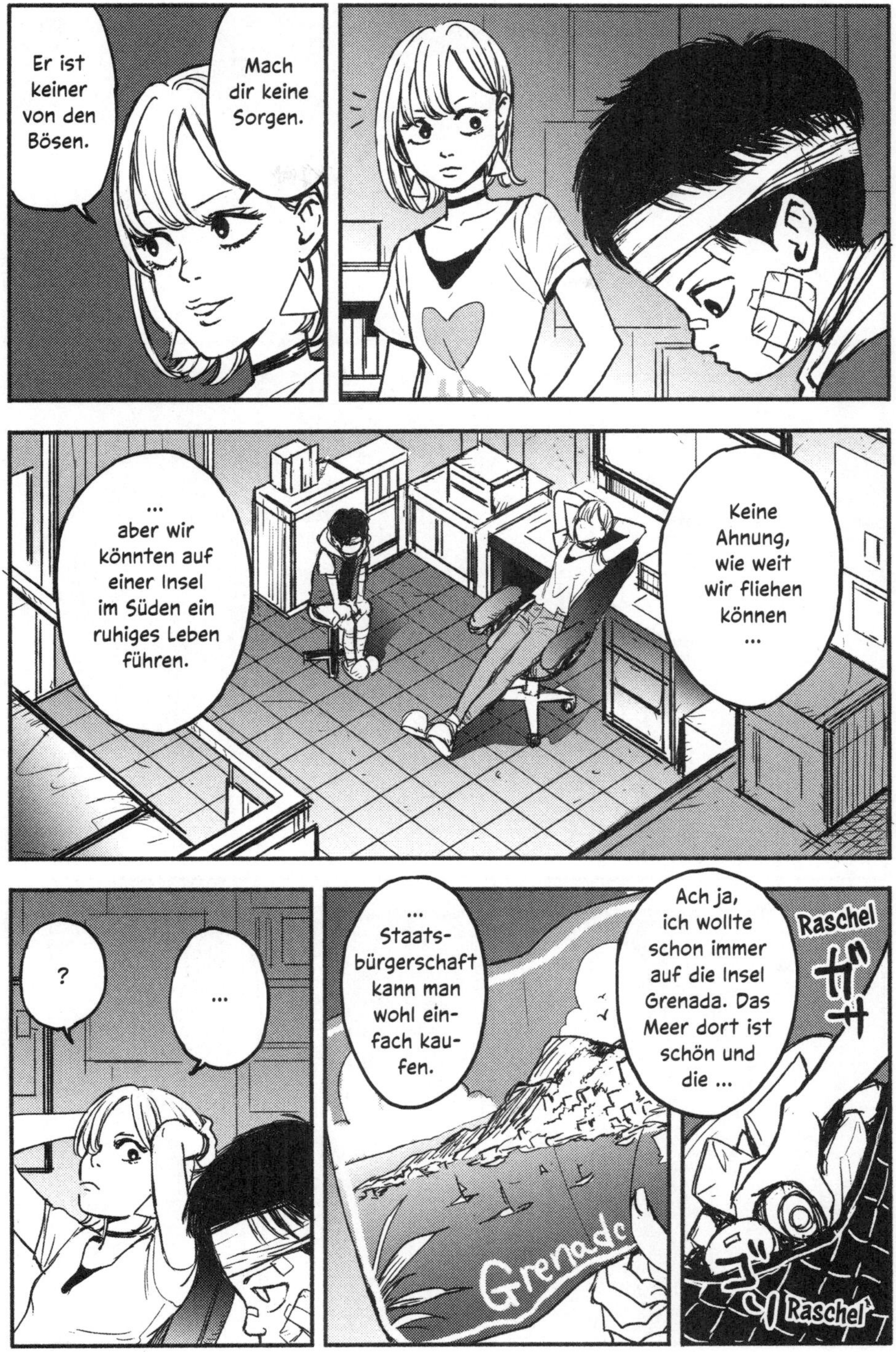
Mach dir keine Sorgen.
Er ist keiner von den Bösen.
Keine Ahnung, wie weit wir fliehen können ...
... aber wir könnten auf einer Insel im Süden ein ruhiges Leben führen.
Raschel
Ach ja, ich wollte schon immer auf die Insel Grenada. Das Meer dort ist schön und die ...
Raschel
... Staatsbürgerschaft kann man wohl einfach kaufen.
...
?

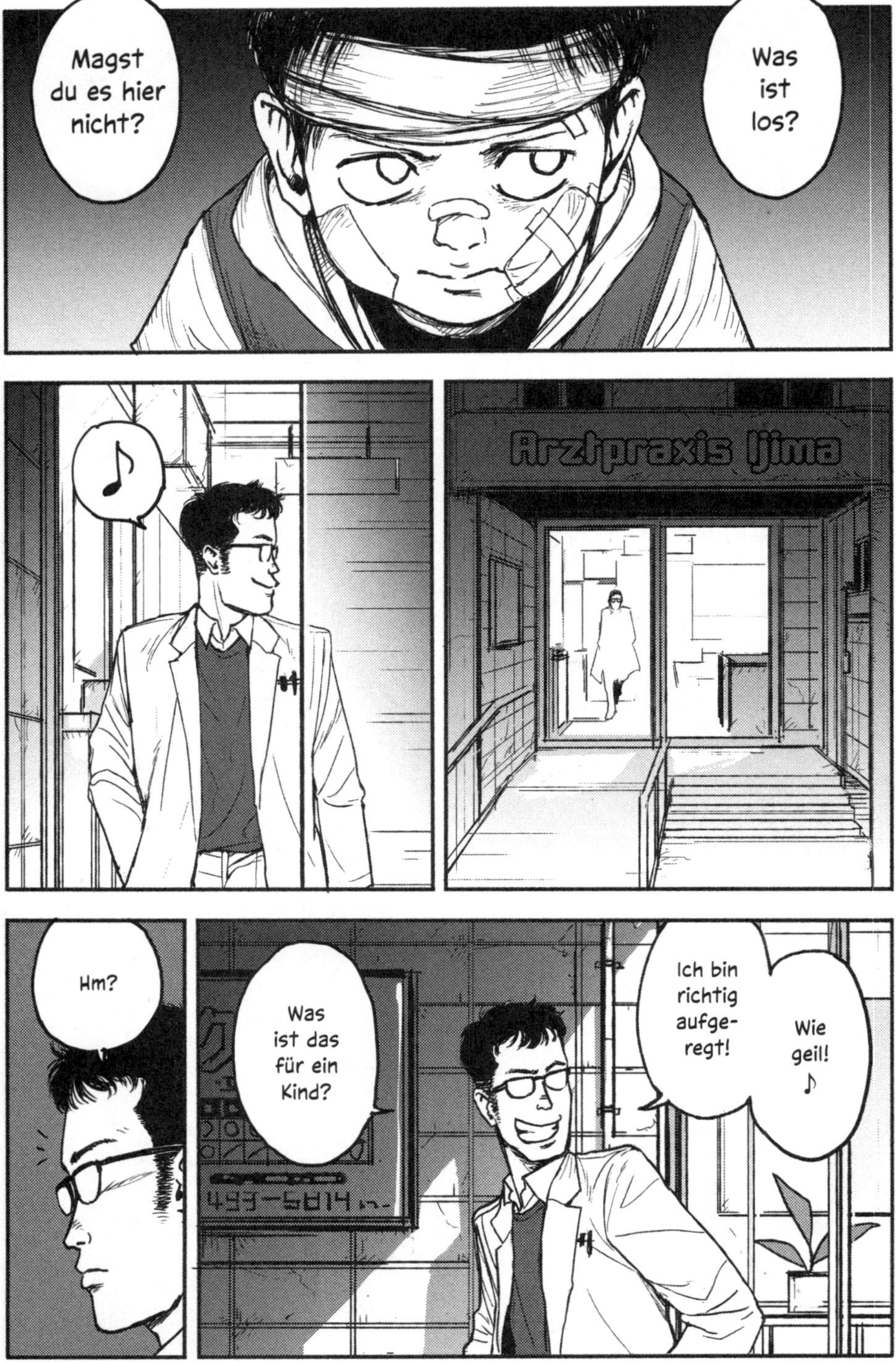
Was ist los?
Magst du es hier nicht?
Arztpraxis Ijima
♪
Ich bin richtig aufgeregt!
Wie geil! ♪
Was ist das für ein Kind?
Hm?

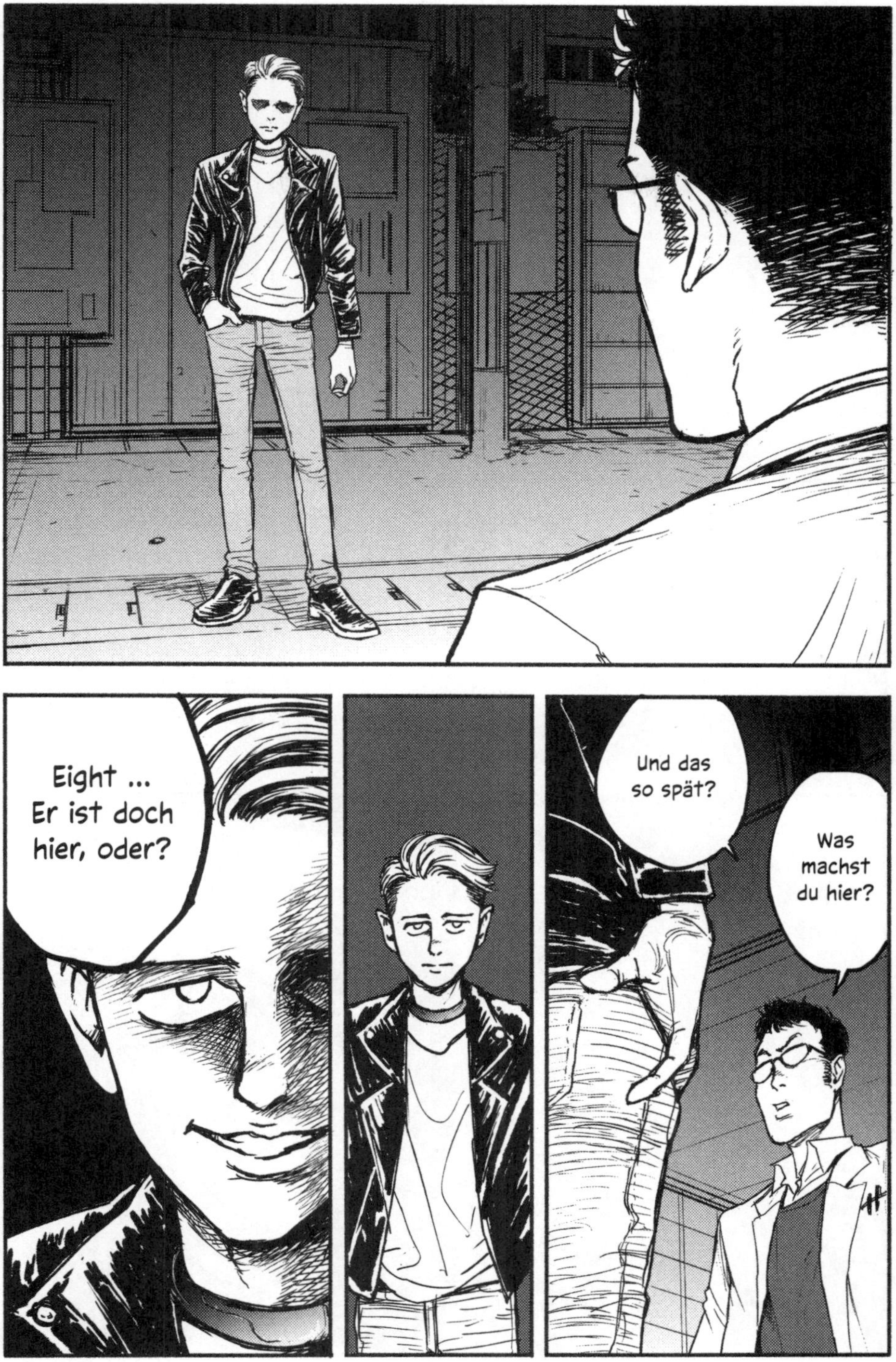
Eight ...
Er ist doch hier, oder?
Und das so spät?
Was machst du hier?

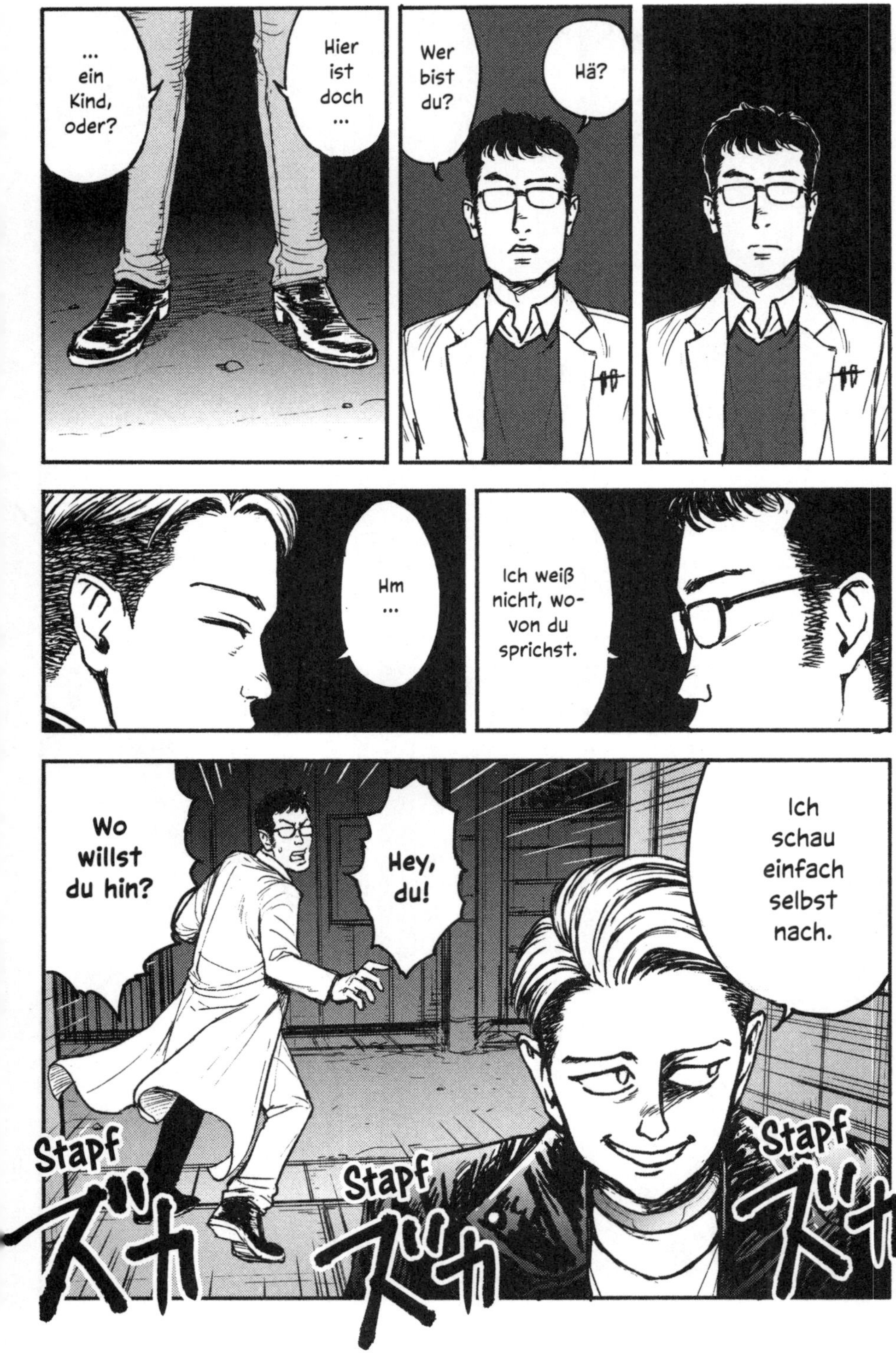
Hä?
Wer bist du?
Hier ist doch ...
... ein Kind, oder?
Ich weiß nicht, wo-von du sprichst.
Hm ...
Ich schau einfach selbst nach.
Hey, du!
Wo willst du hin?
Stapf
ズカ
Stapf
ズカ
Stapf
ズカ

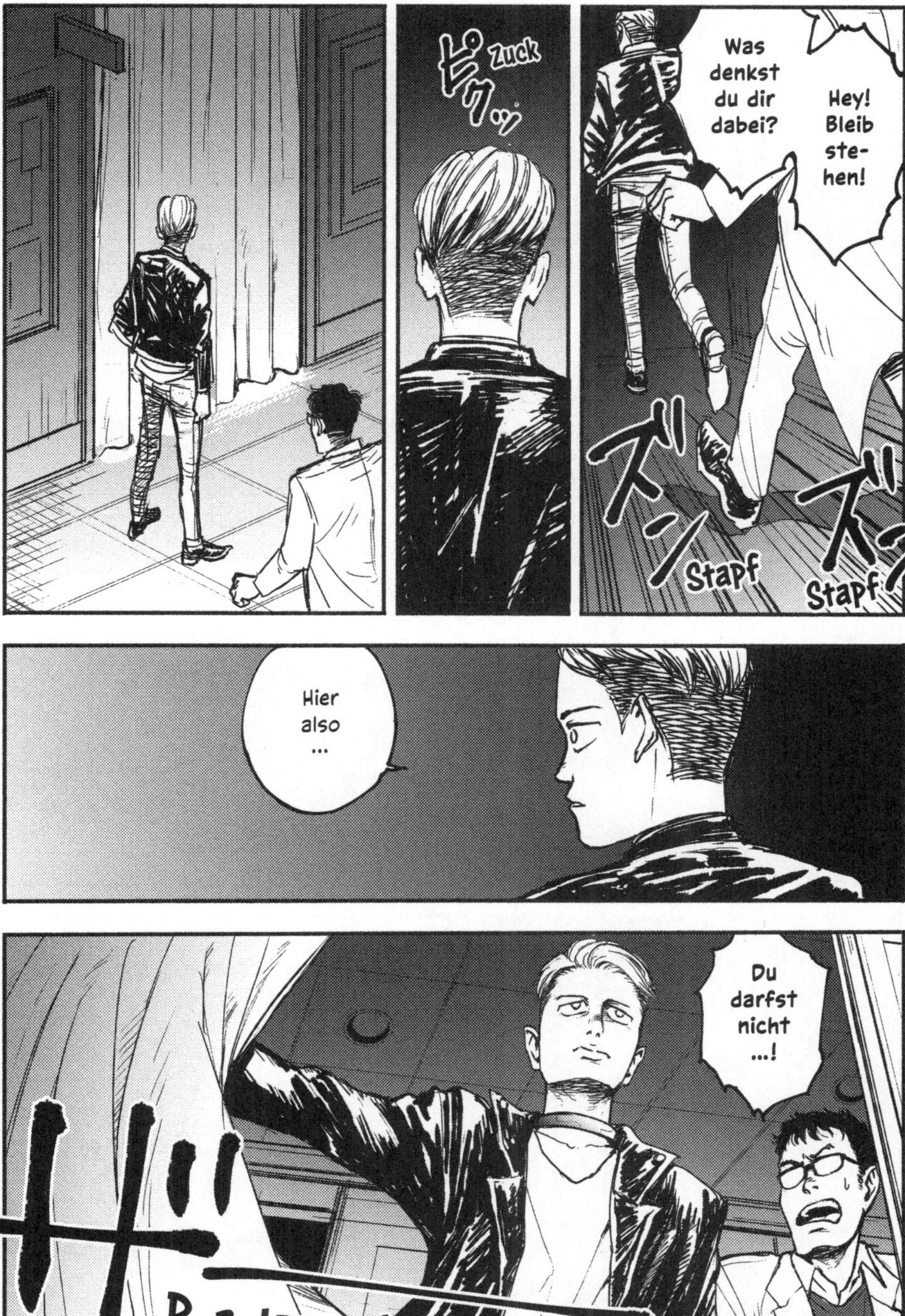
ピクッ Zuck
Was denkst du dir dabei?
Hey! Bleib ste-hen!
ズン Stapf
ズン Stapf
Hier also ...
Du darfst nicht ...!
サッ Ratsch

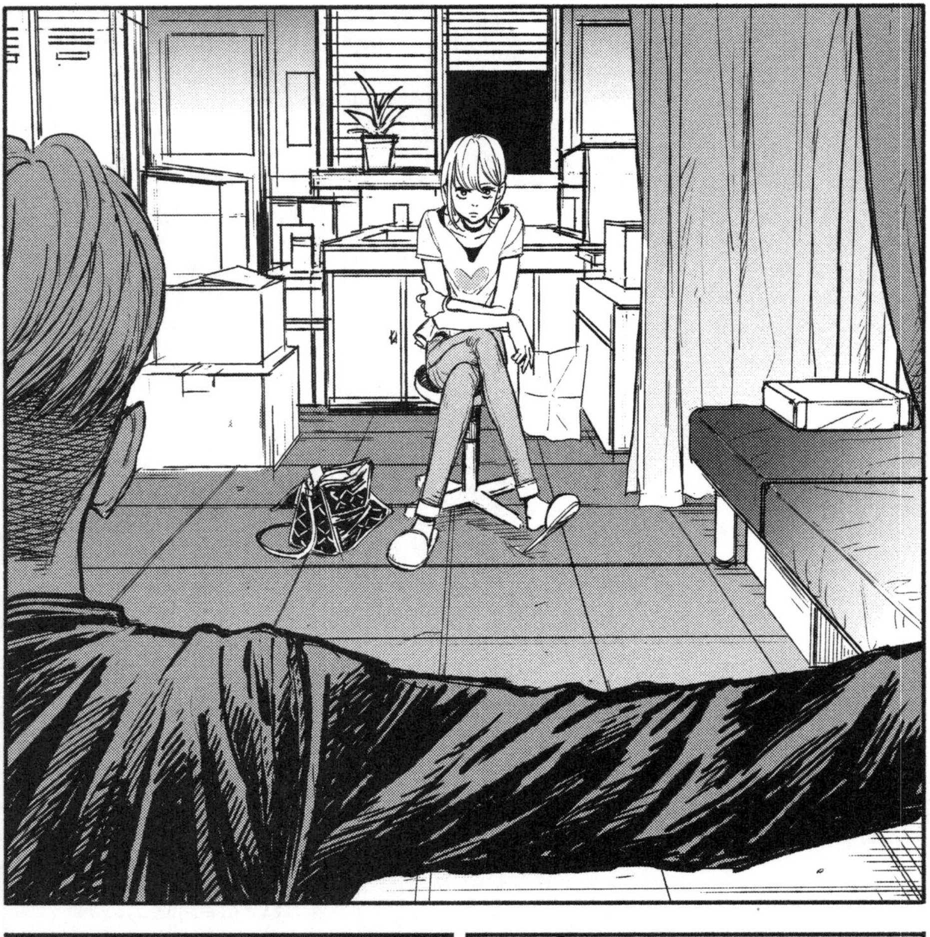
Wer
bist
du?

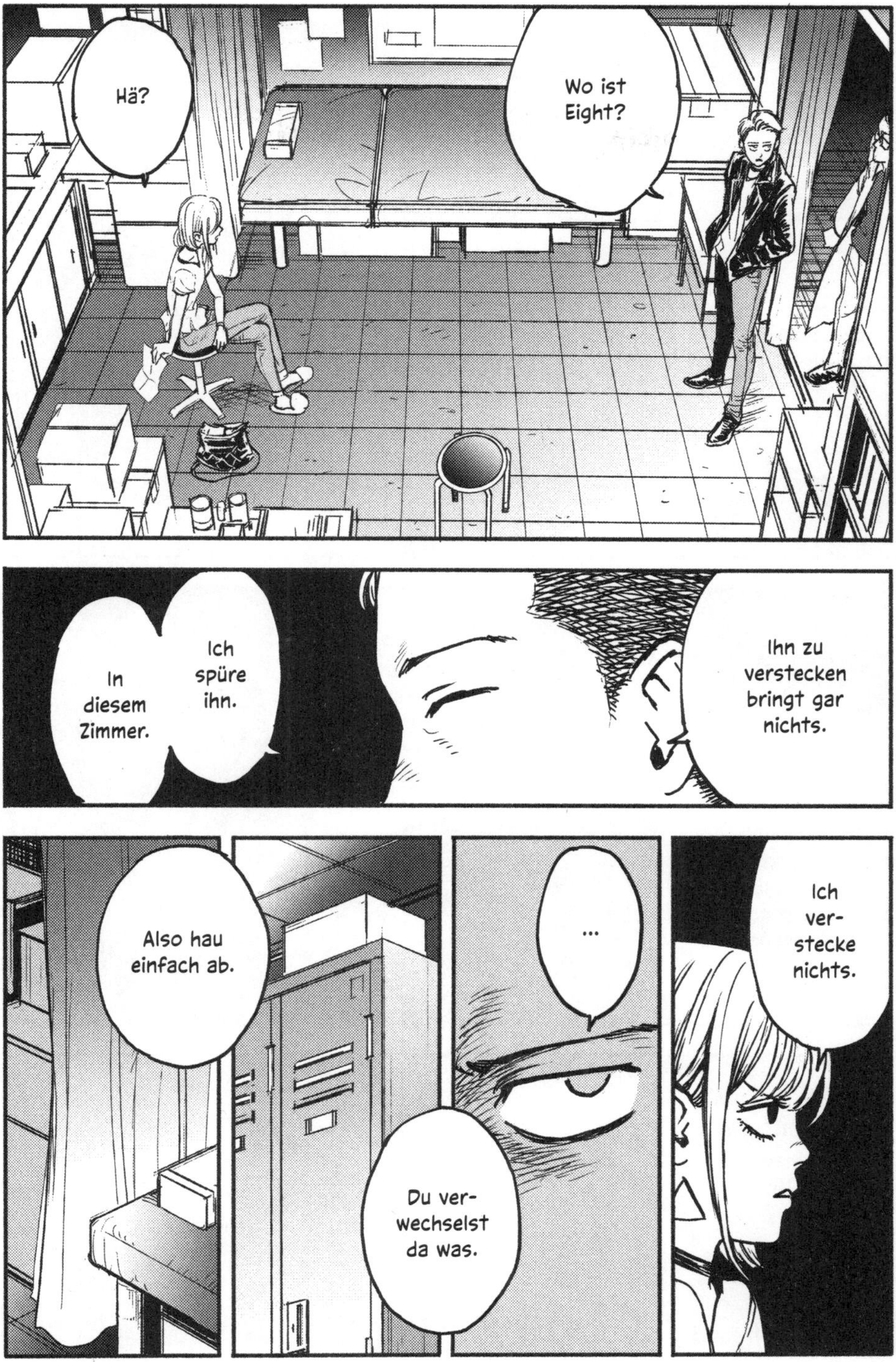
Wo ist Eight?
Hä?
Ihn zu verstecken bringt gar nichts.
Ich spüre ihn.
In diesem Zimmer.
Ich ver-stecke nichts.
...
Du ver-wechselst da was.
Also hau einfach ab.

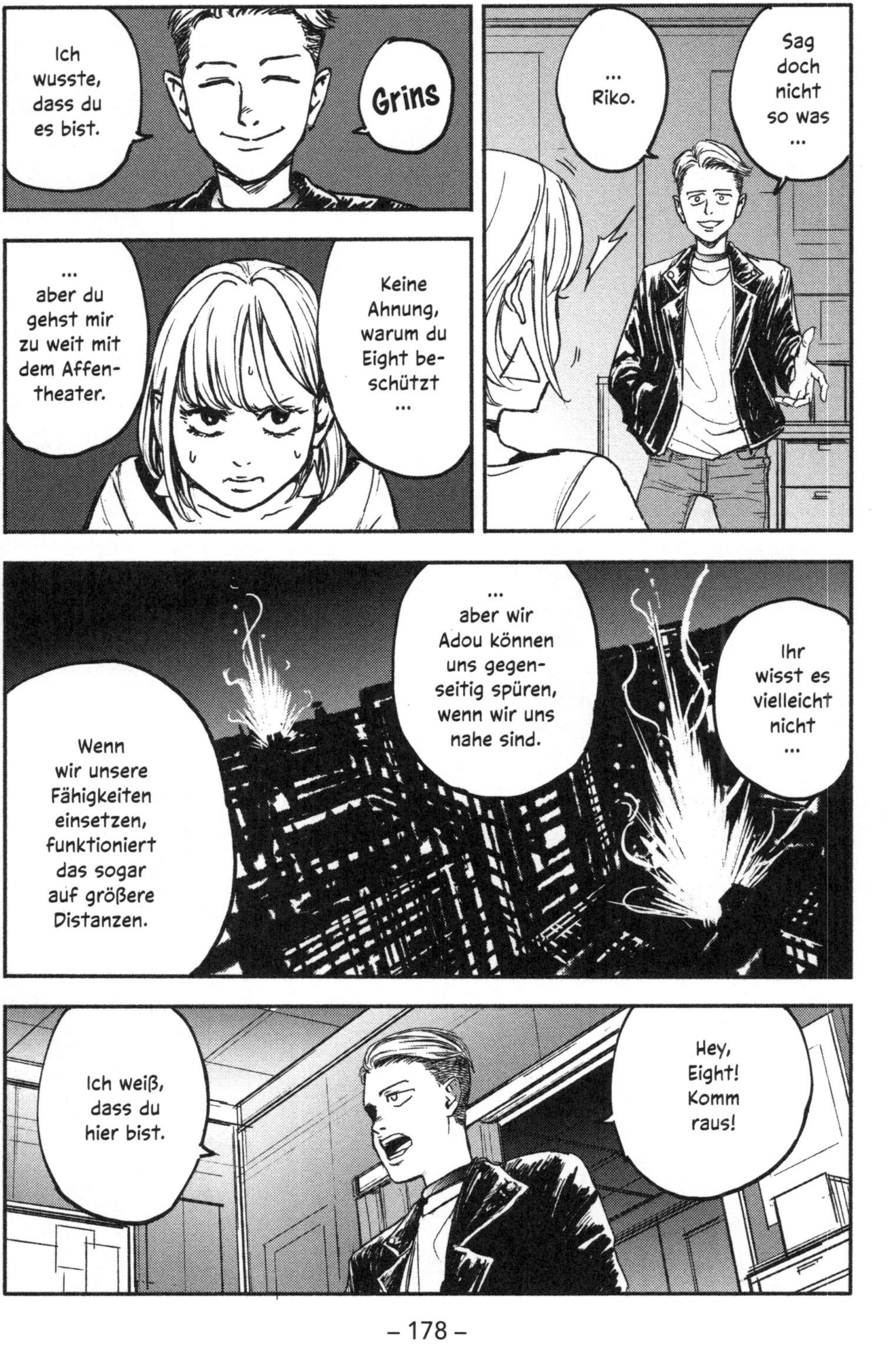
Sag doch nicht so was ...
... Riko.
Grins
Ich wusste, dass du es bist.
Keine Ahnung, warum du Eight beschützt ...
... aber du gehst mir zu weit mit dem Affentheater.
Ihr wisst es vielleicht nicht ...
... aber wir Adou können uns gegenseitig spüren, wenn wir uns nahe sind.
Wenn wir unsere Fähigkeiten einsetzen, funktioniert das sogar auf größere Distanzen.
Hey, Eight! Komm raus!
Ich weiß, dass du hier bist.

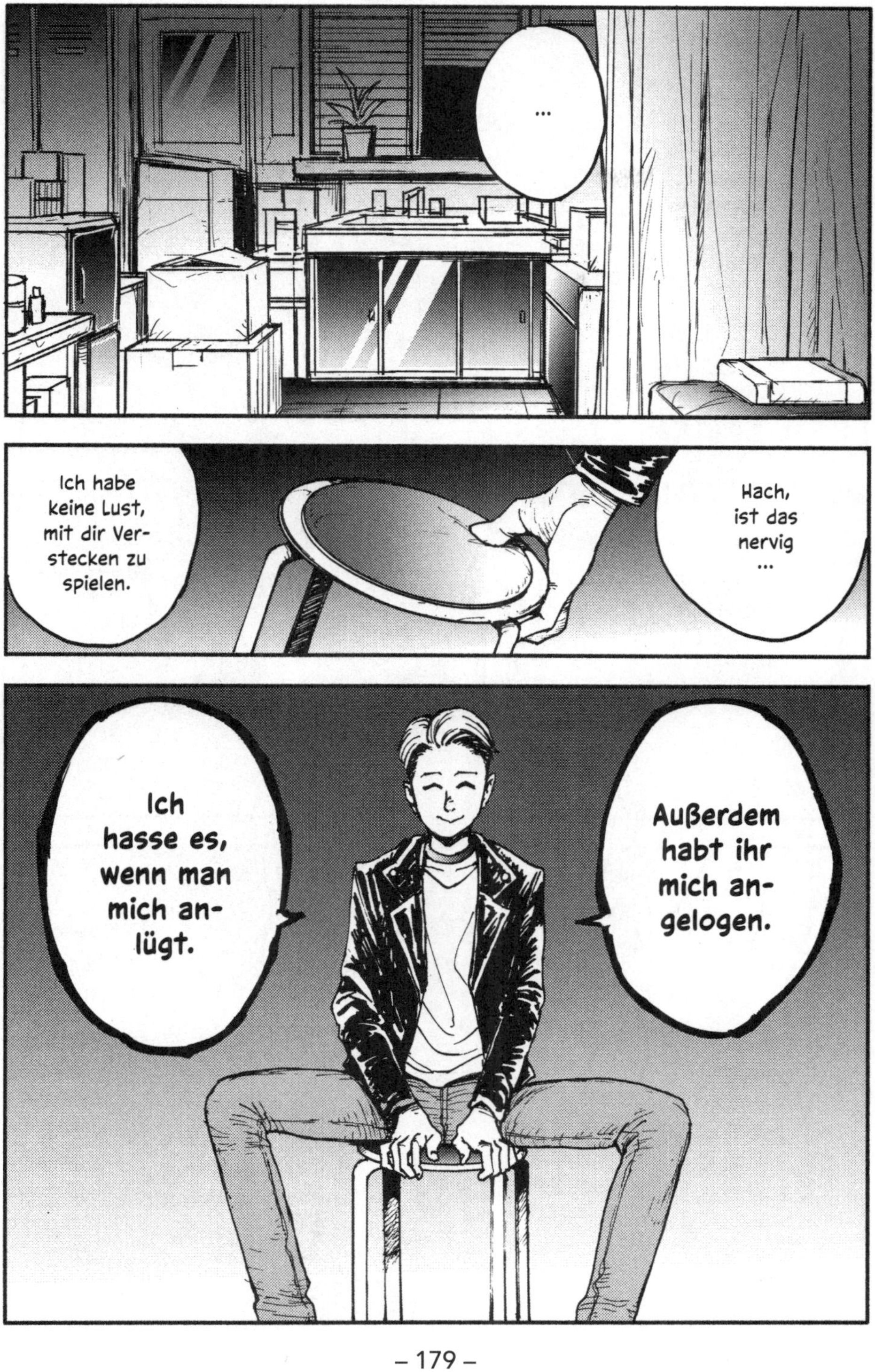
…
Hach, ist das nervig …
Ich habe keine Lust, mit dir Verstecken zu spielen.
Außerdem habt ihr mich angelogen.
Ich hasse es, wenn man mich anlügt.

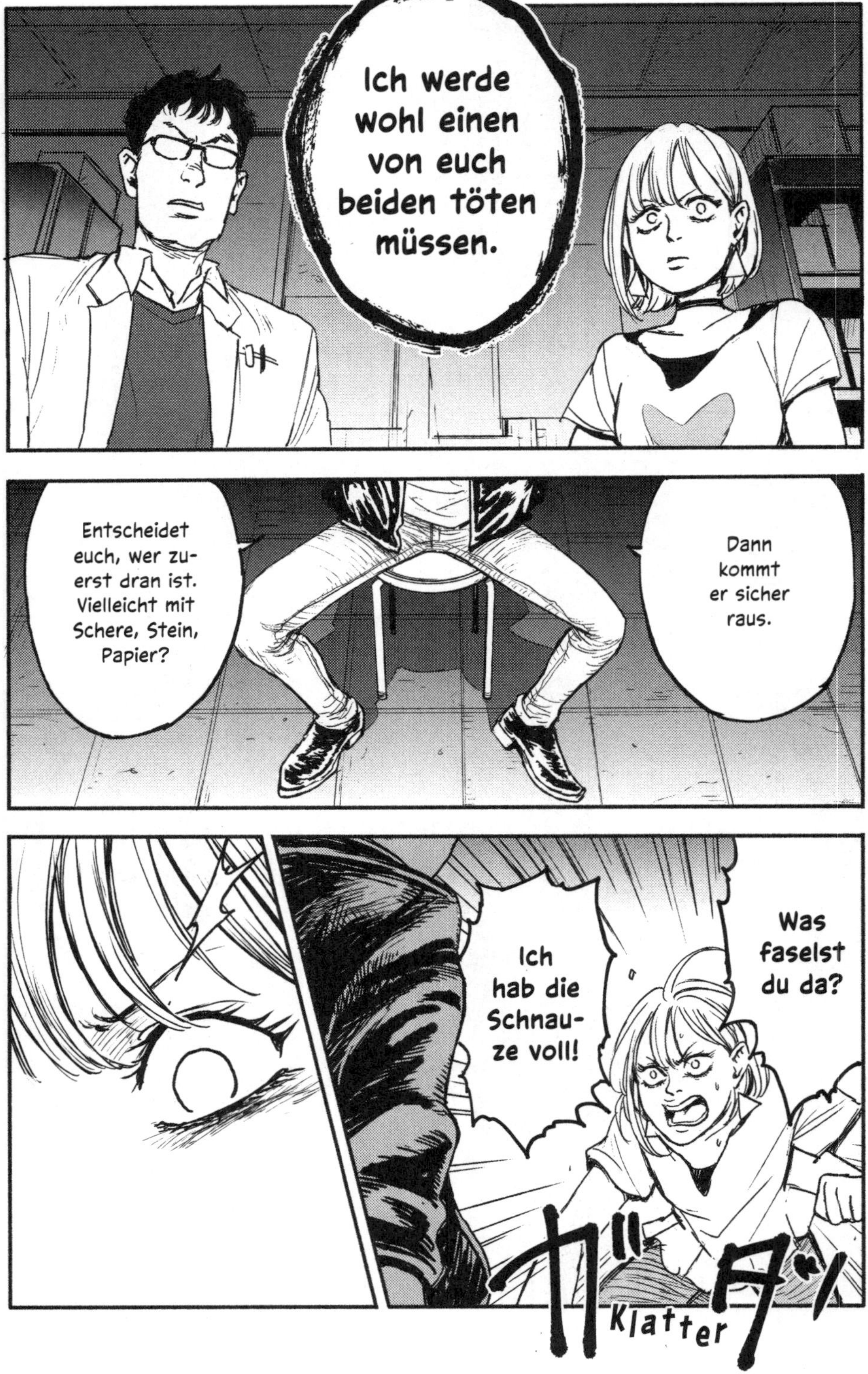
Ich werde wohl einen von euch beiden töten müssen.
Dann kommt er sicher raus.
Entscheidet euch, wer zuerst dran ist. Vielleicht mit Schere, Stein, Papier?
Was faselst du da?
Ich hab die Schnauze voll!
Klatter

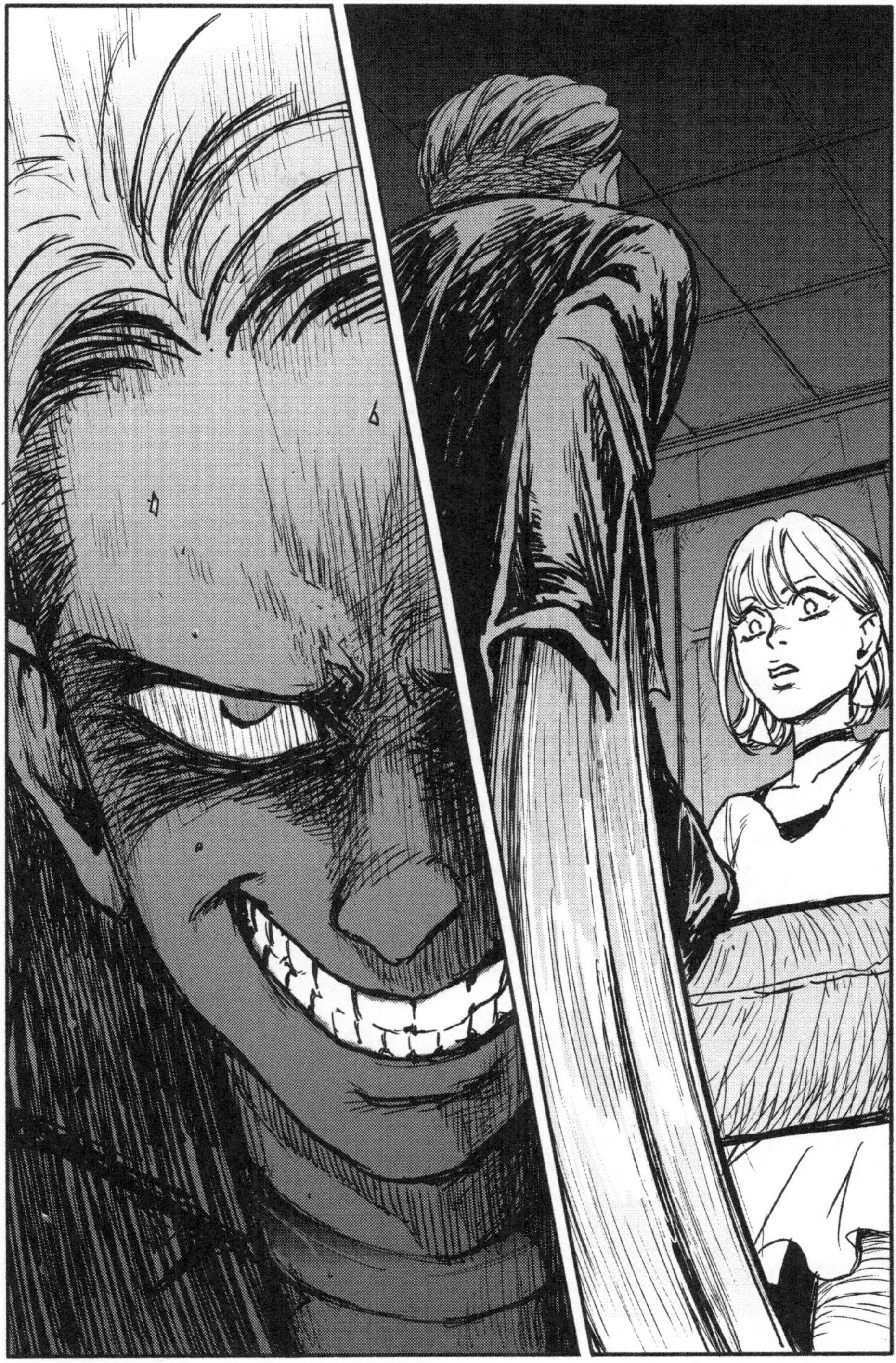

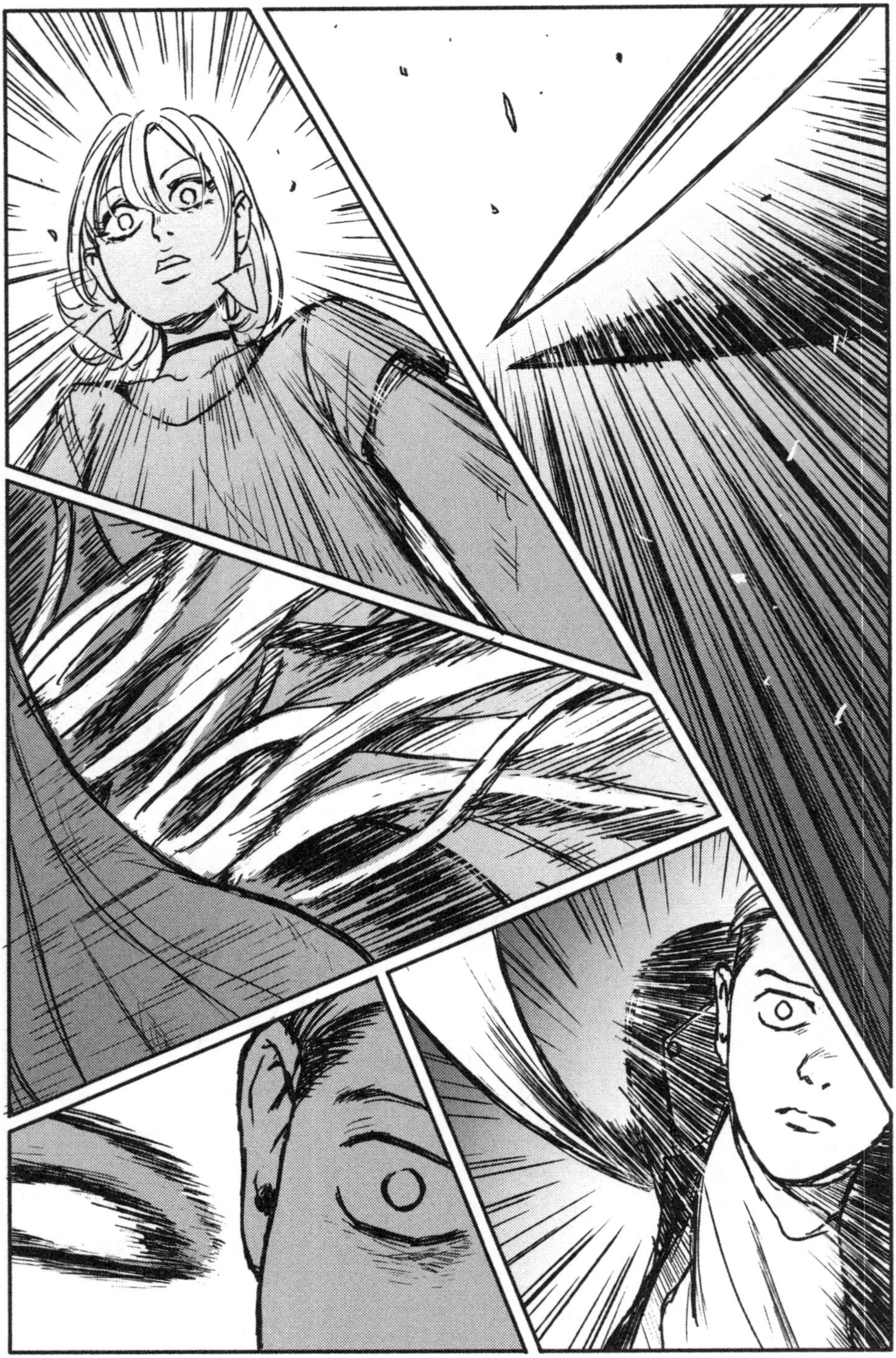

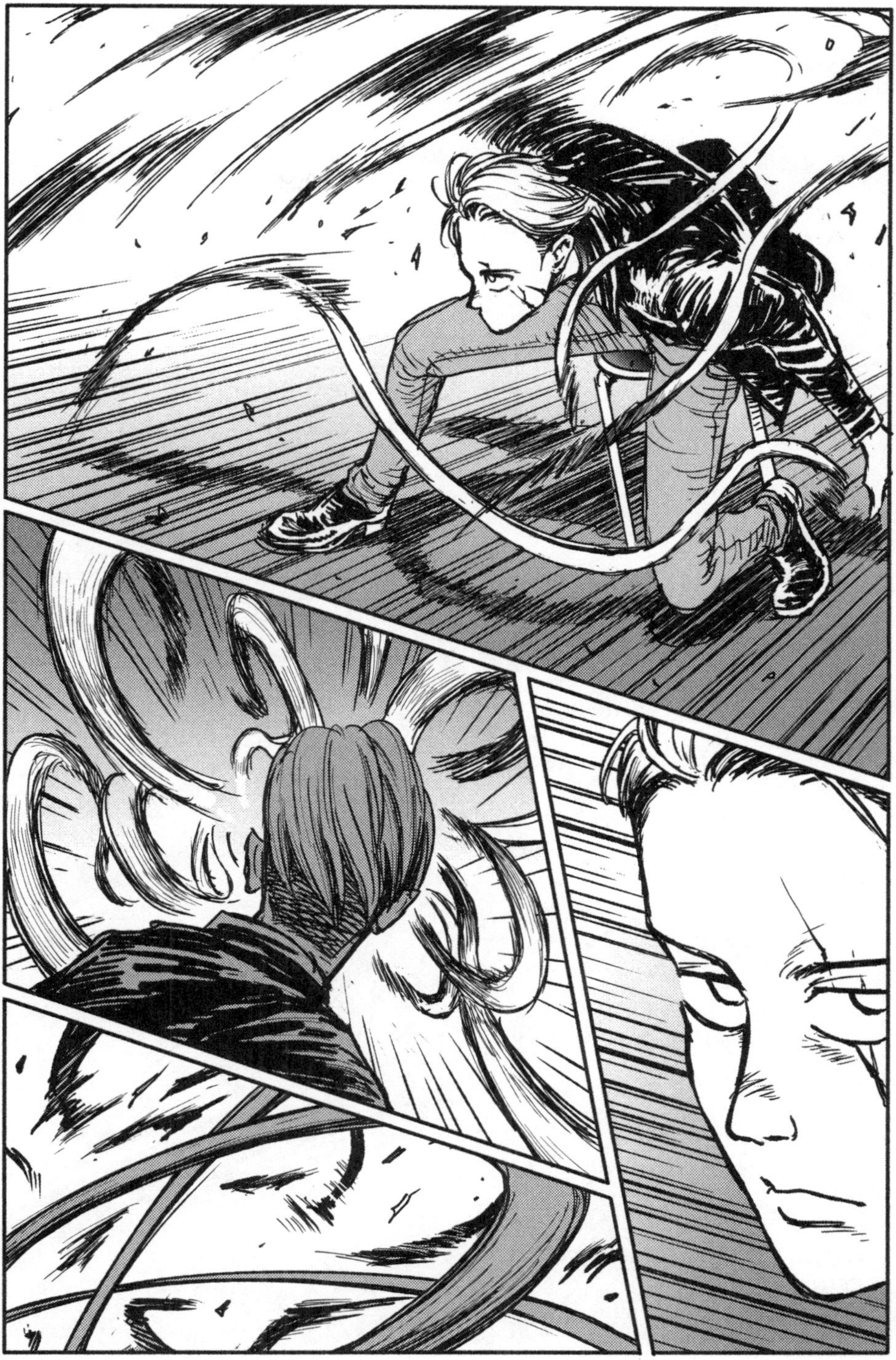

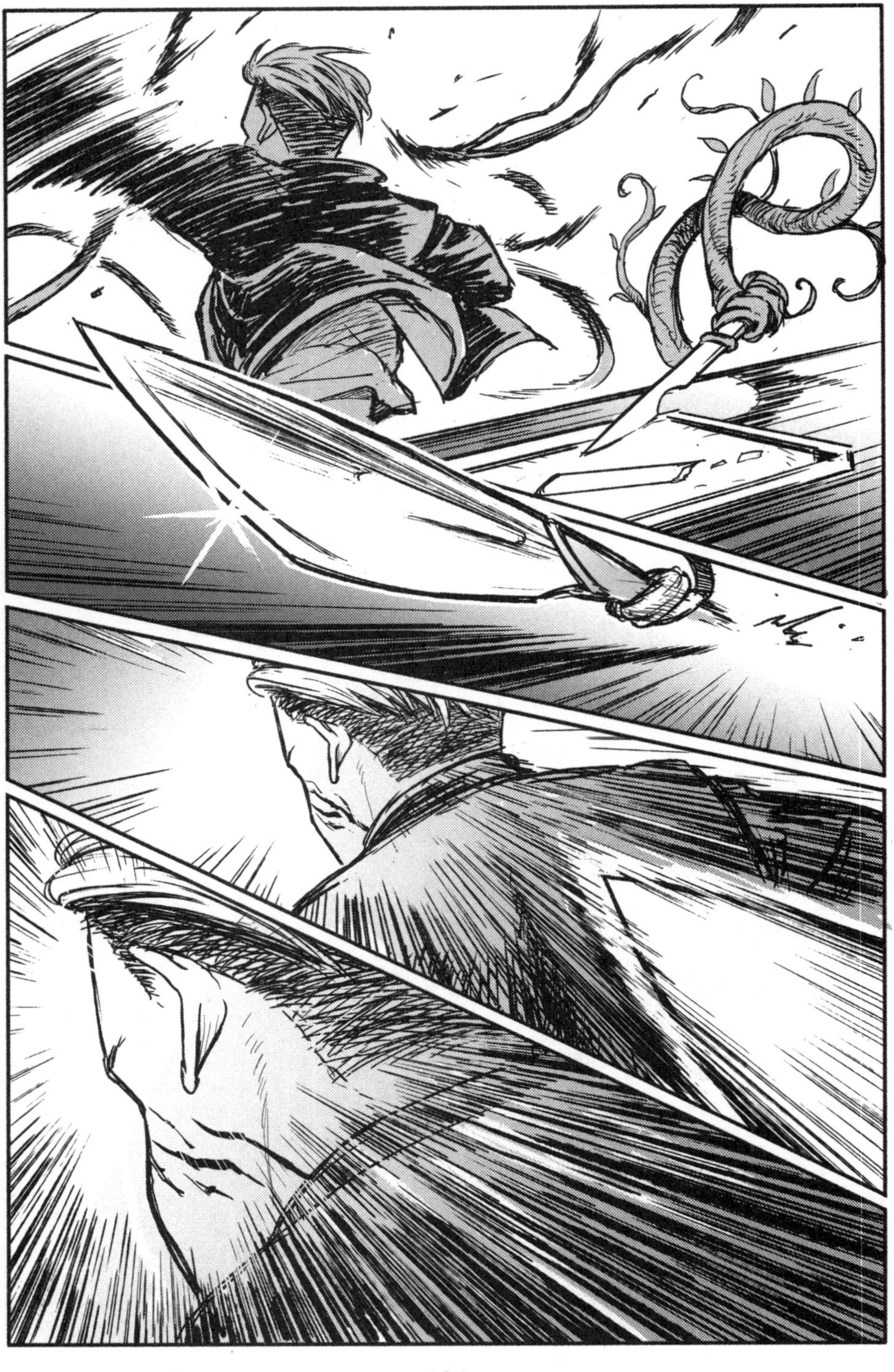

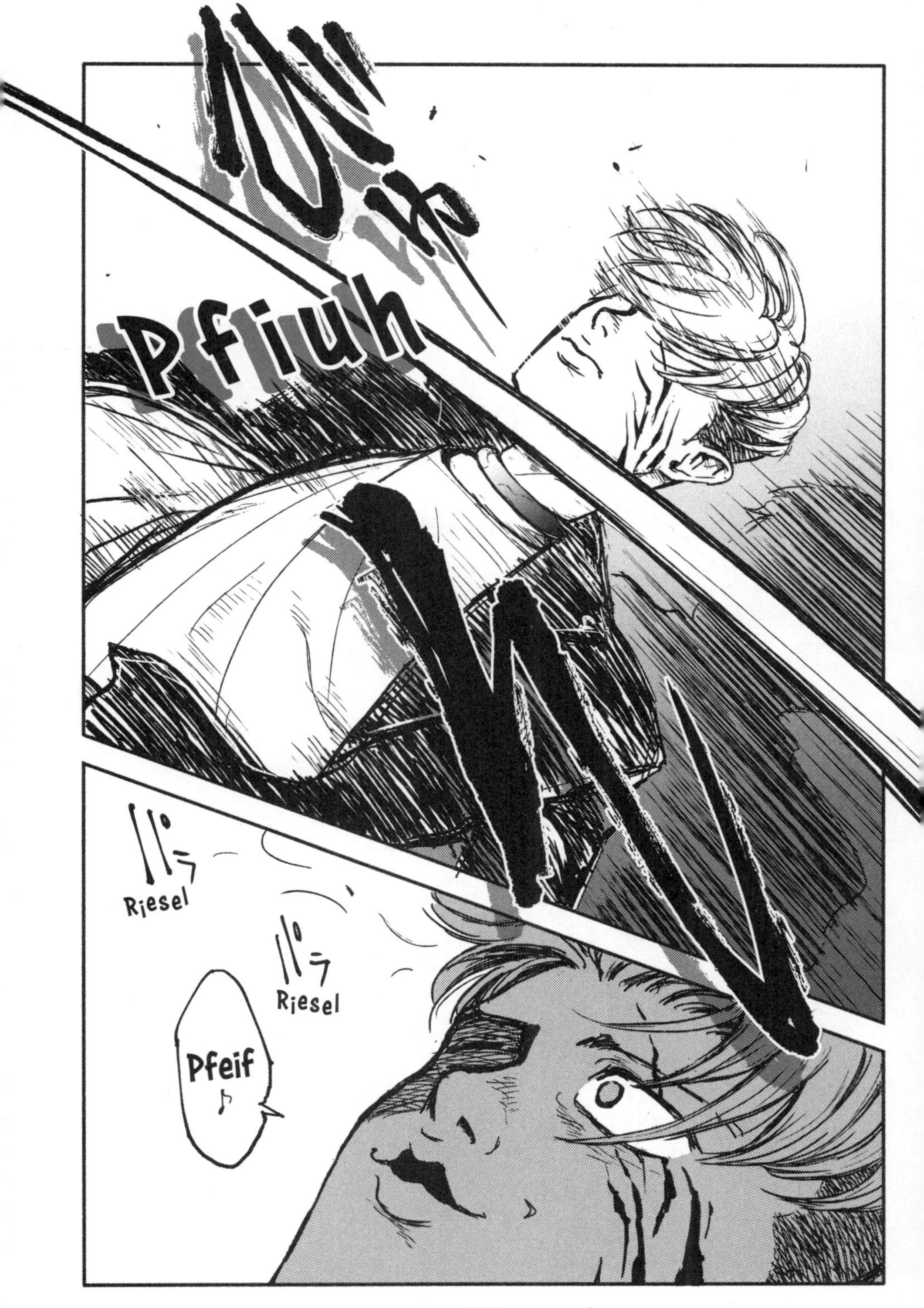
Pfiuh
パラ
Riesel
パラ
Riesel
Pfeif ♪

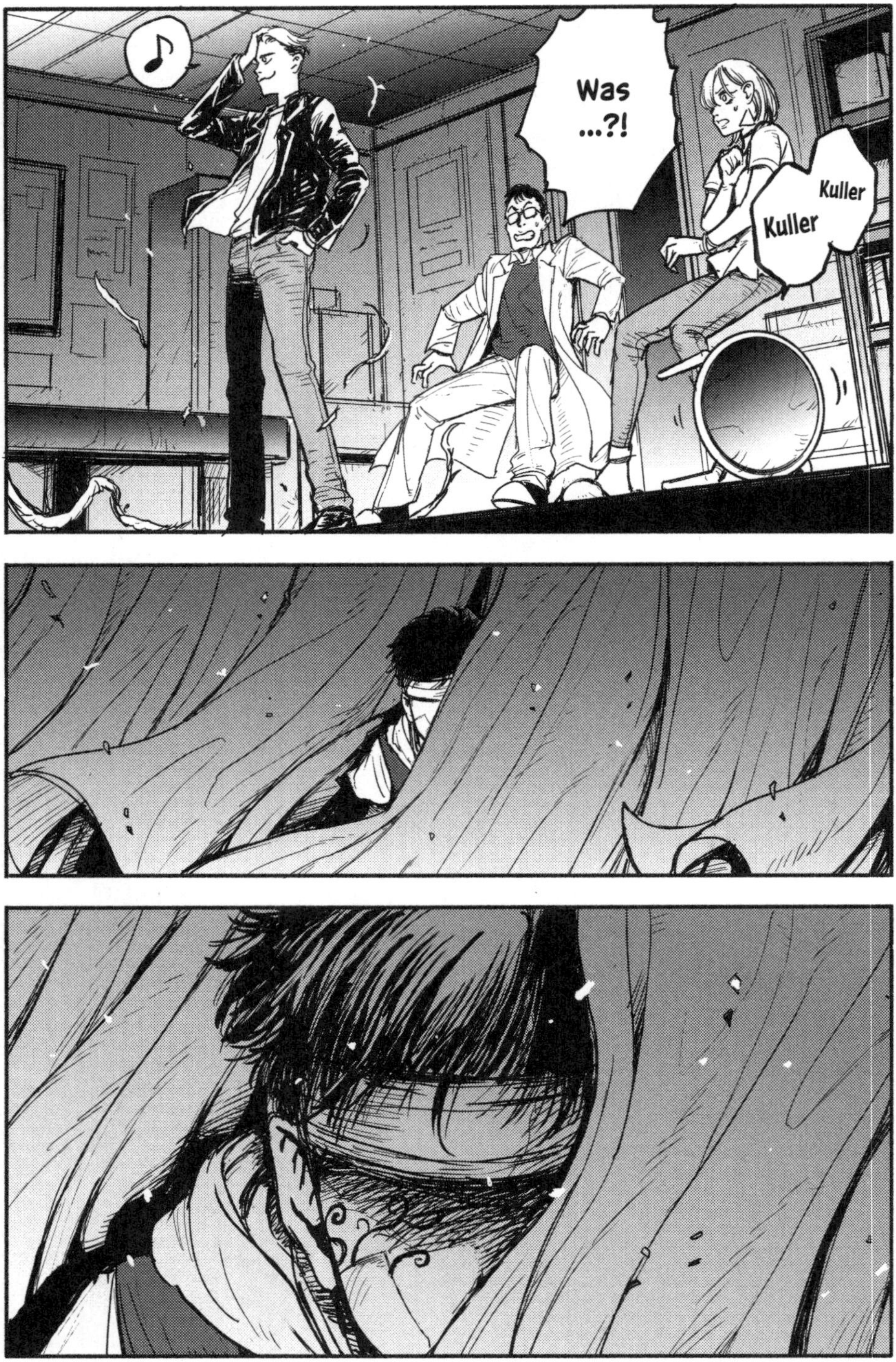
♪
Was ...?!
Kuller
Kuller

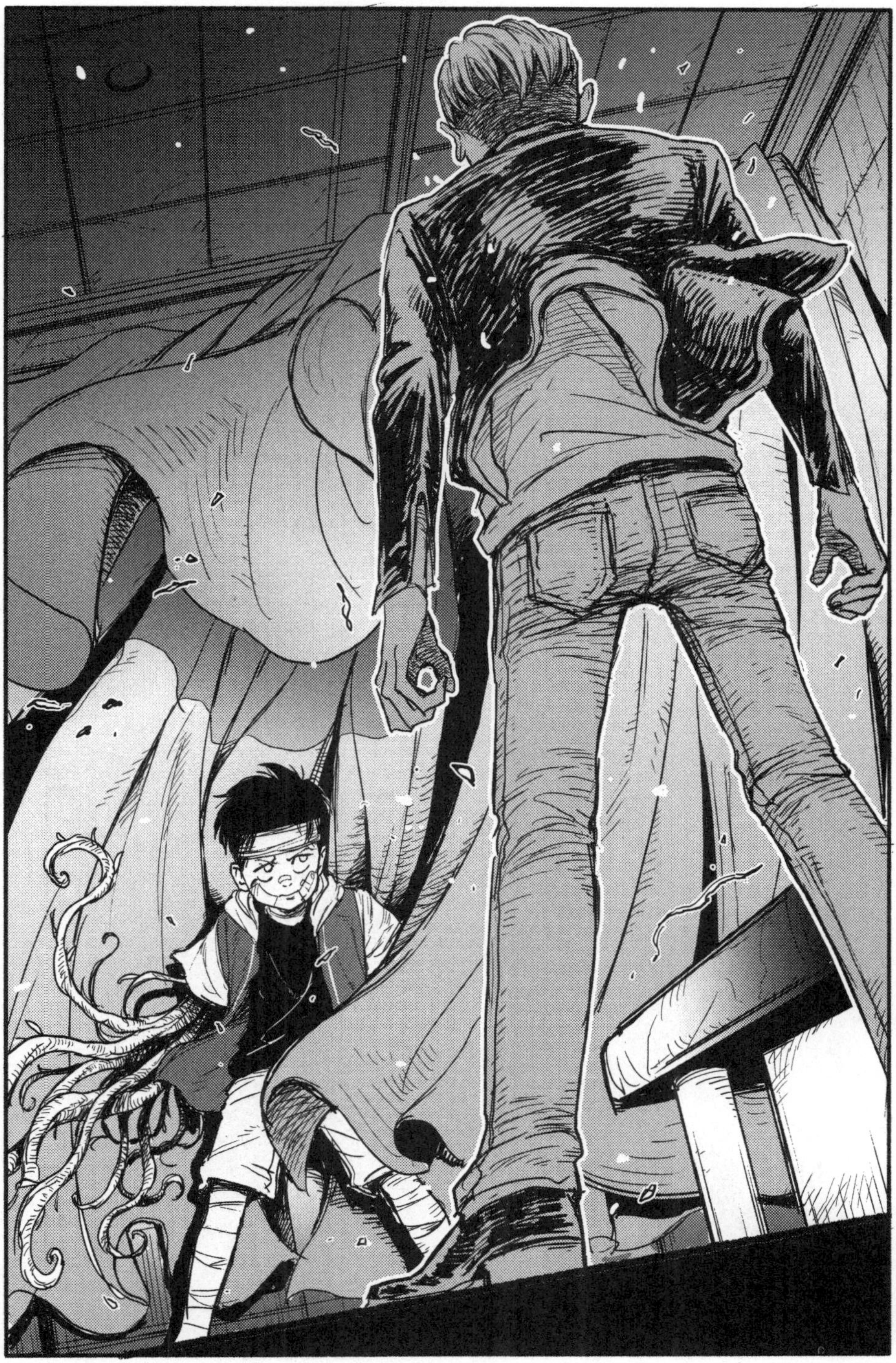

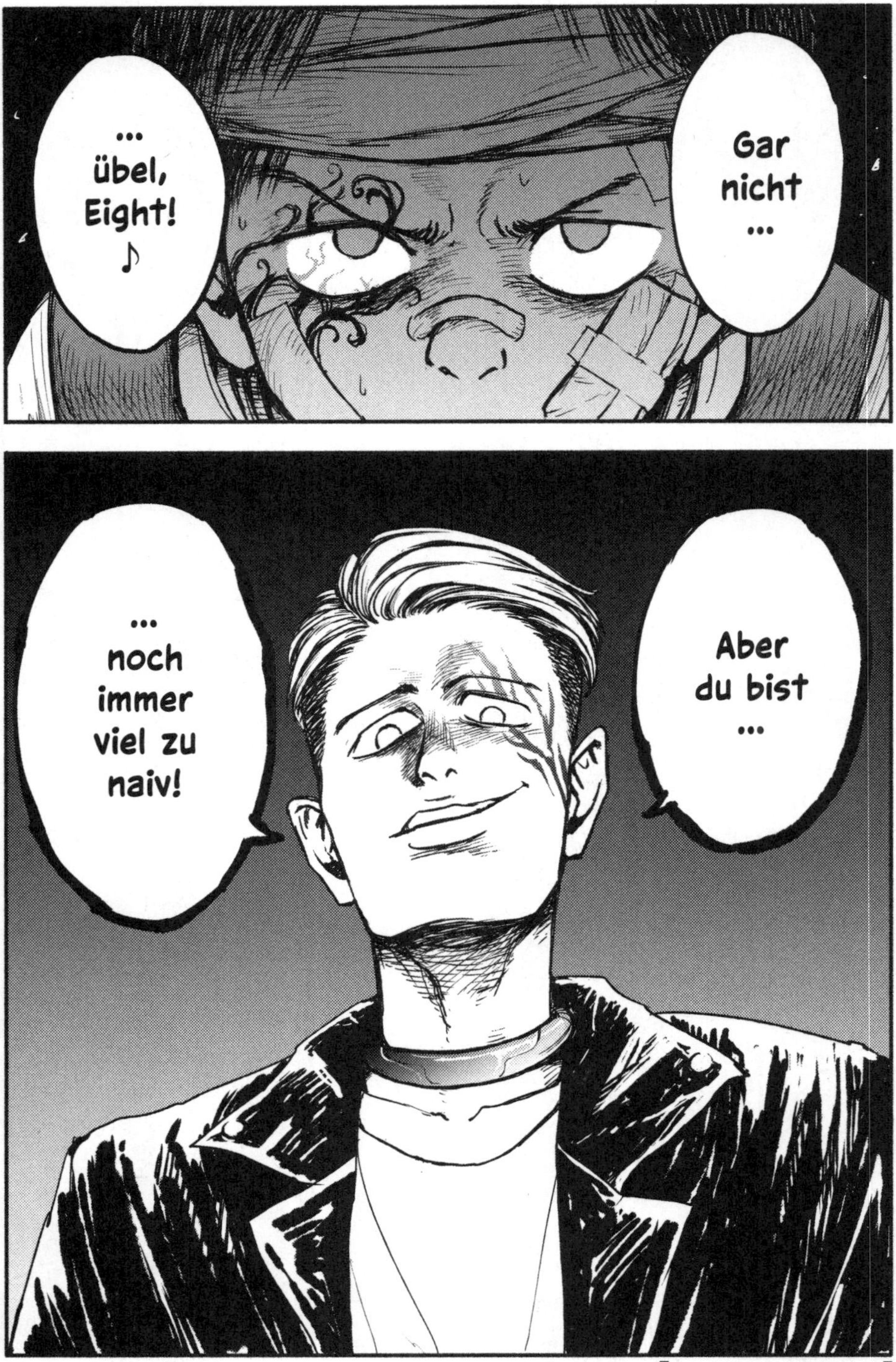

Kapitel fünf / Ende

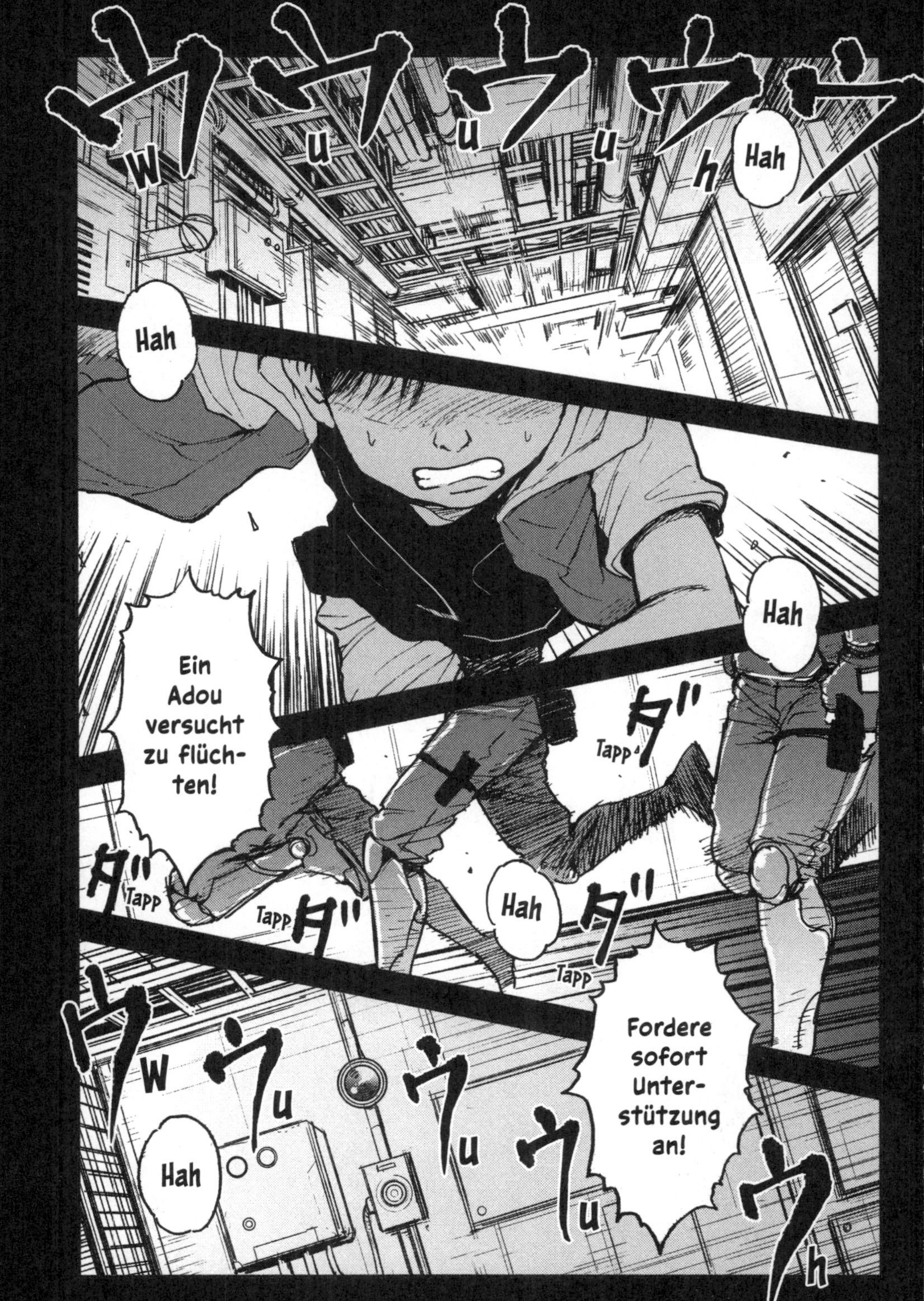
Wuuh
Hah
Hah
Hah
Ein Adou versucht zu flüchten!
Tapp
Tapp
Hah
Tapp
Tapp
Fordere sofort Unterstützung an!
Wuuuh
Hah

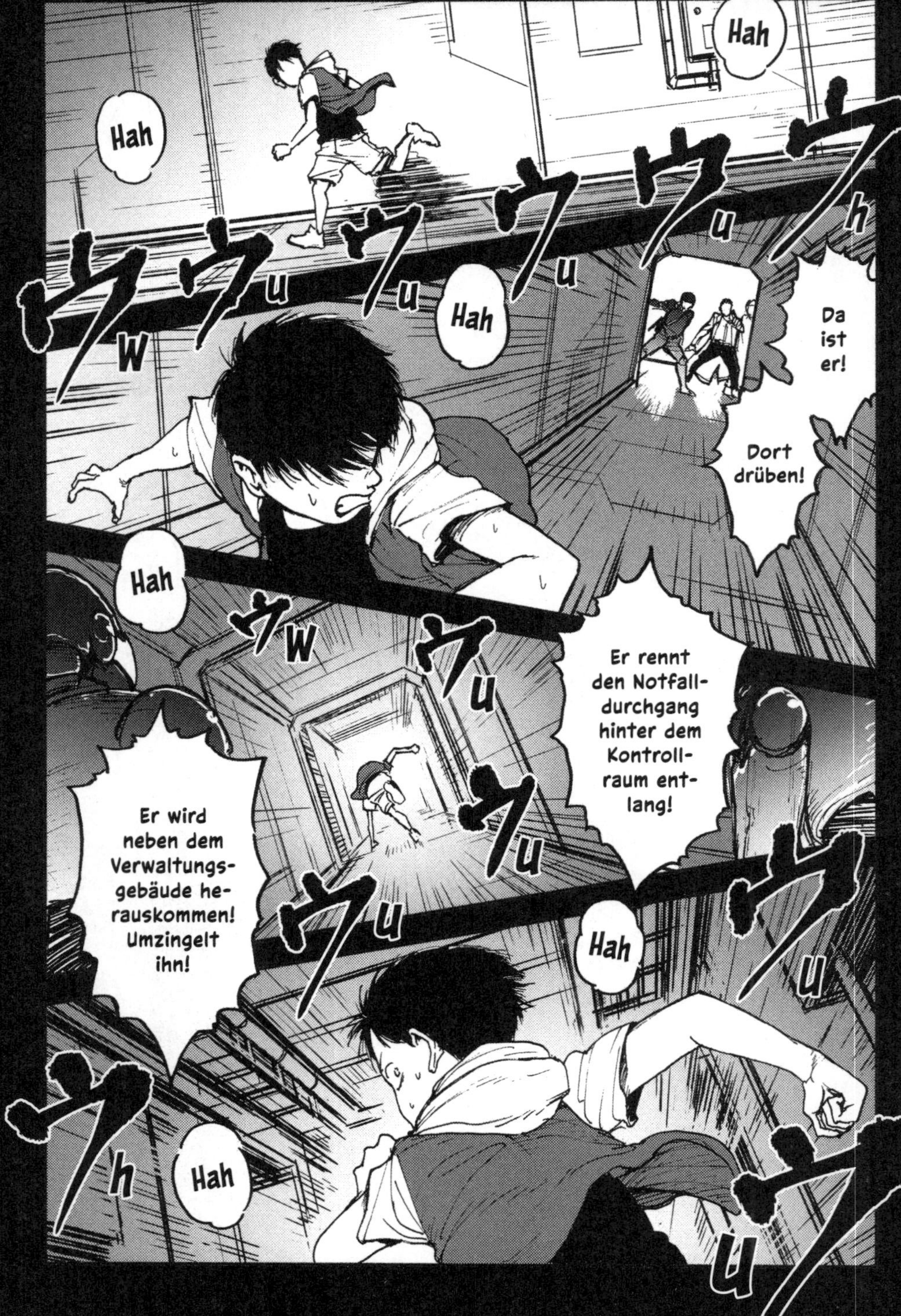

Hah
Hah
W u u u u h
Hah
Da ist er!
Dort drüben!
Hah
W u u
Er rennt den Notfalldurchgang hinter dem Kontrollraum entlang!
Er wird neben dem Verwaltungsgebäude herauskommen! Umzingelt ihn!
u
Hah
u u
h
Hah

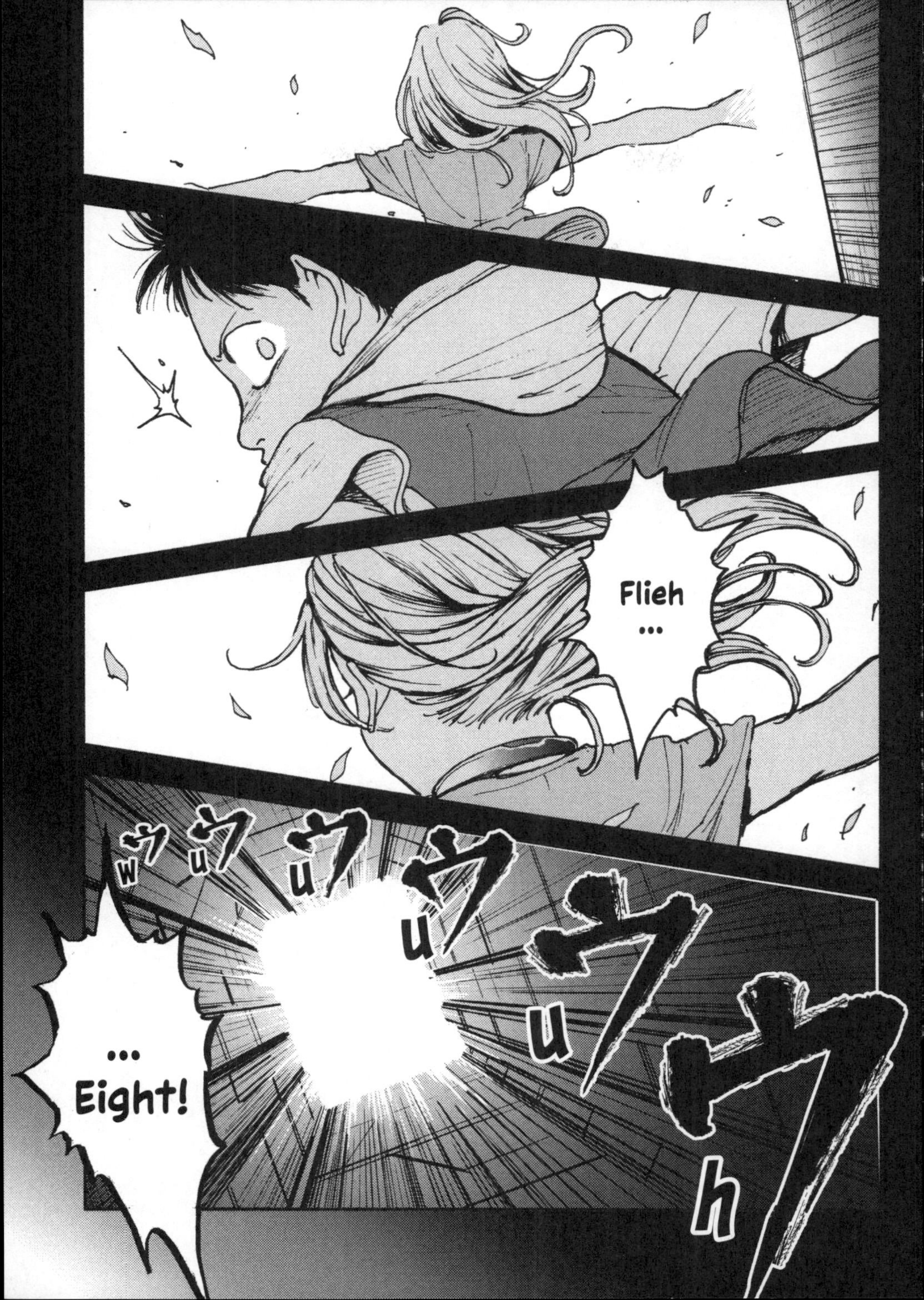
Flieh ...
... Eight!
wuuuuuh

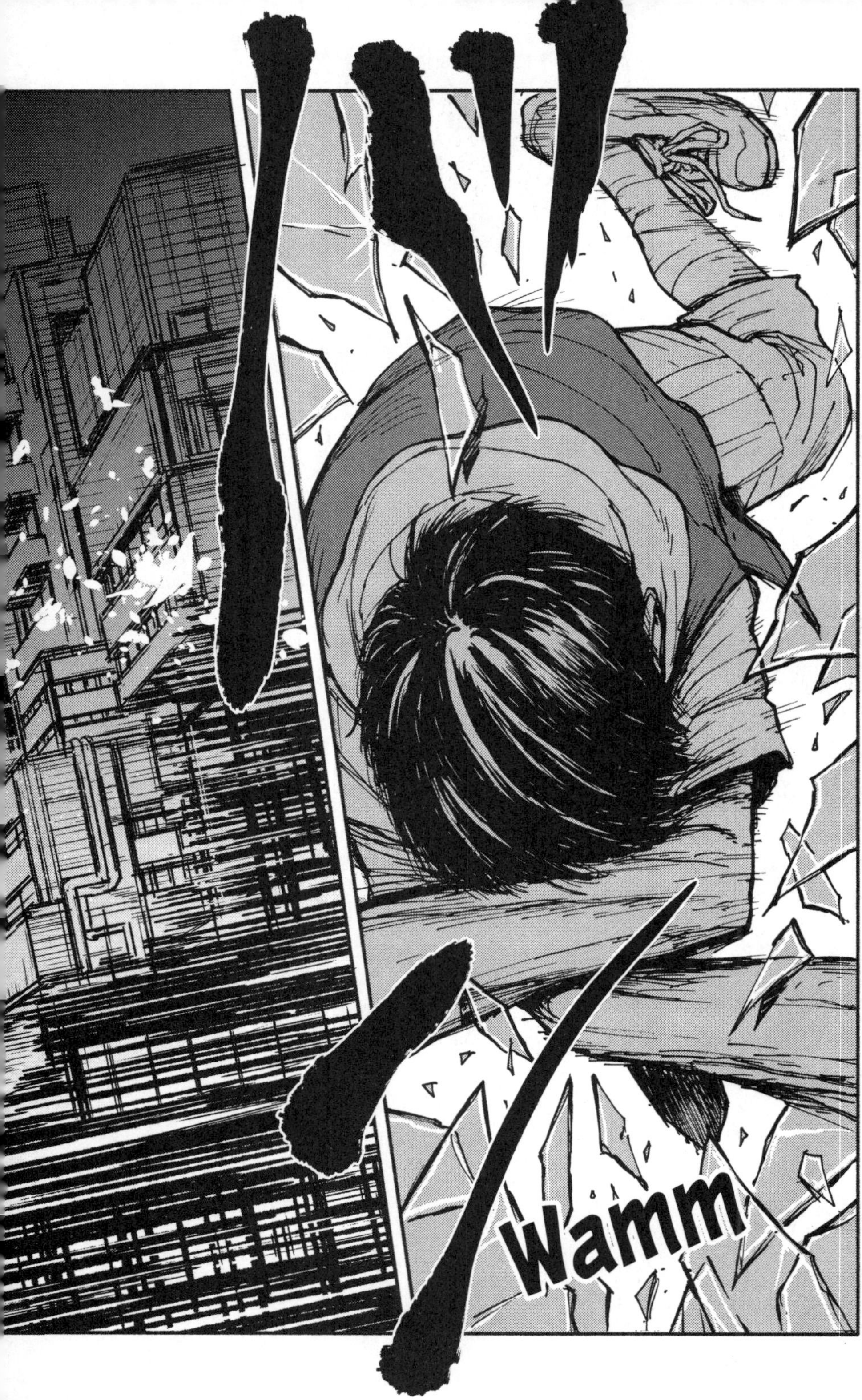
Wamm

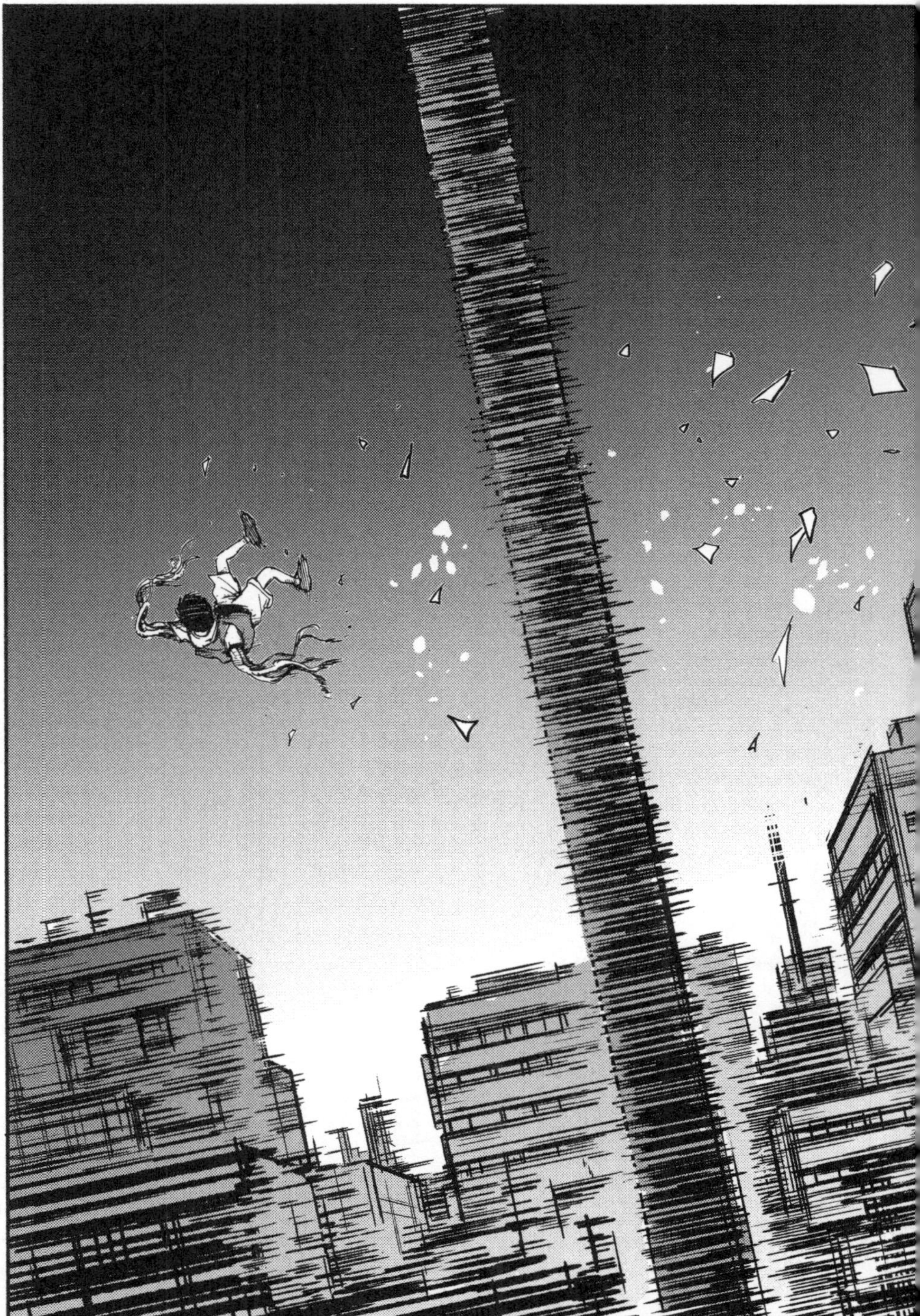

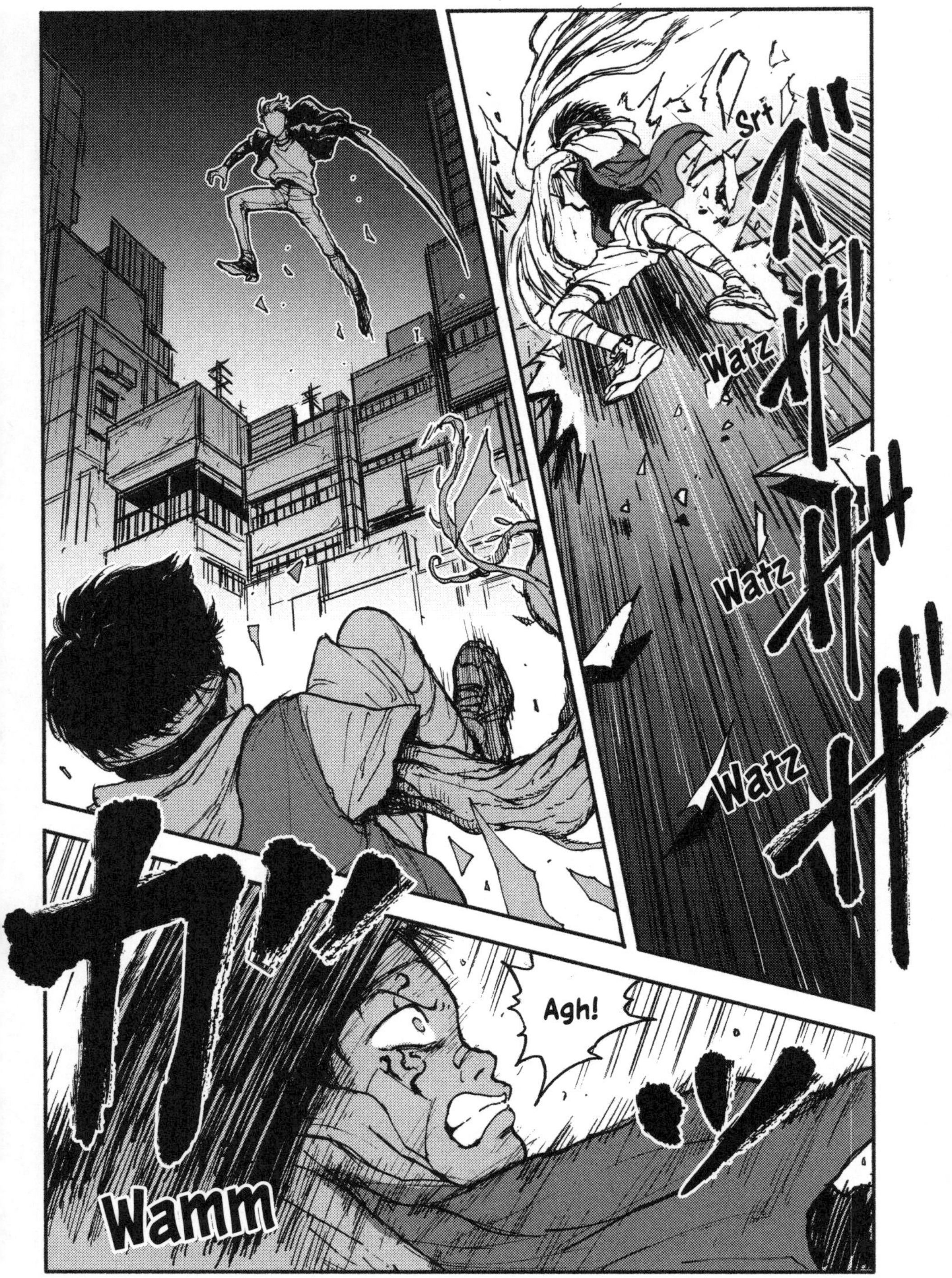
Srt
ズバ
Watz
ガ
Watz
ガ
Watz
ガ
ガ
Agh!
ッ
Wamm

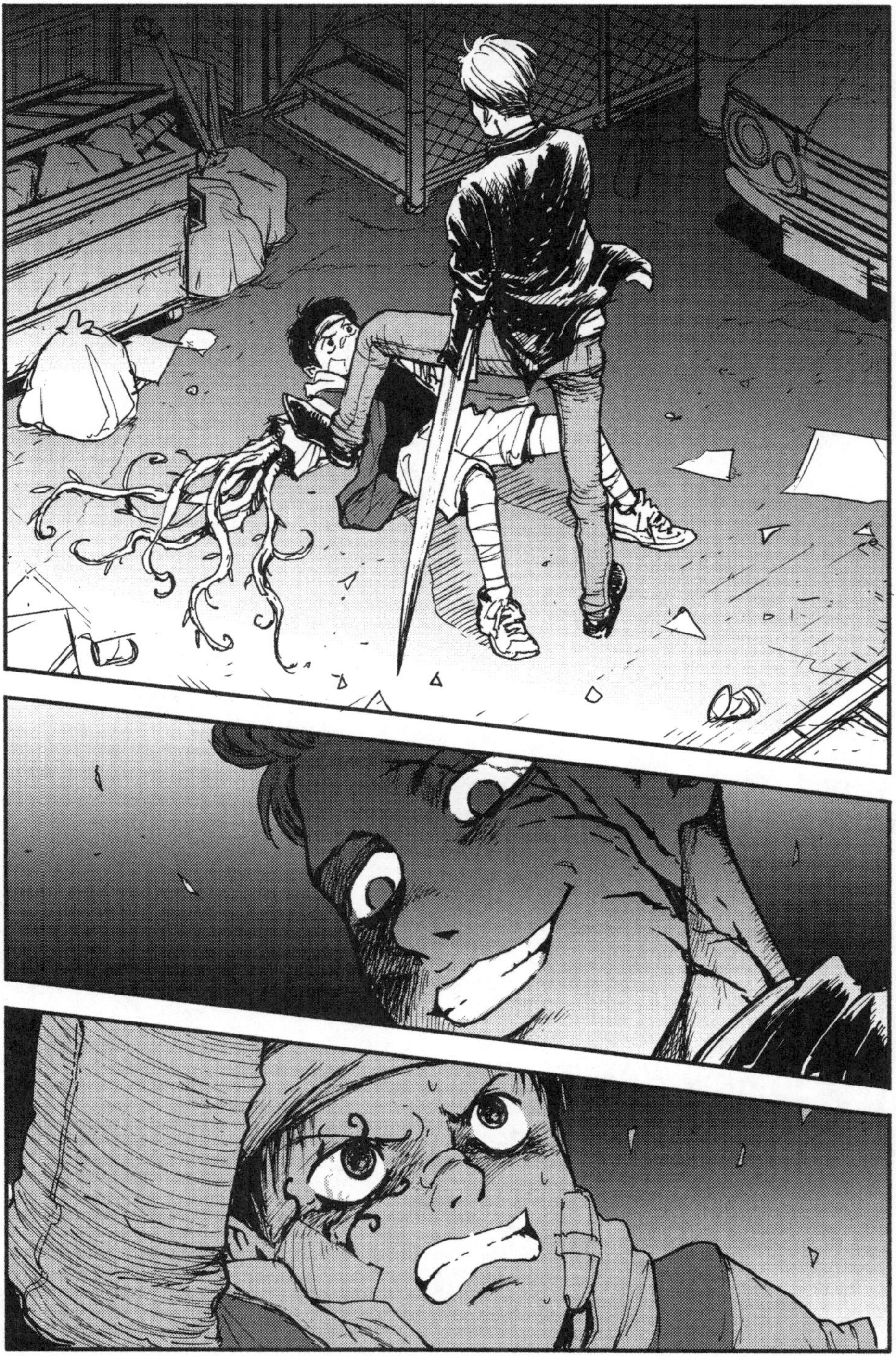

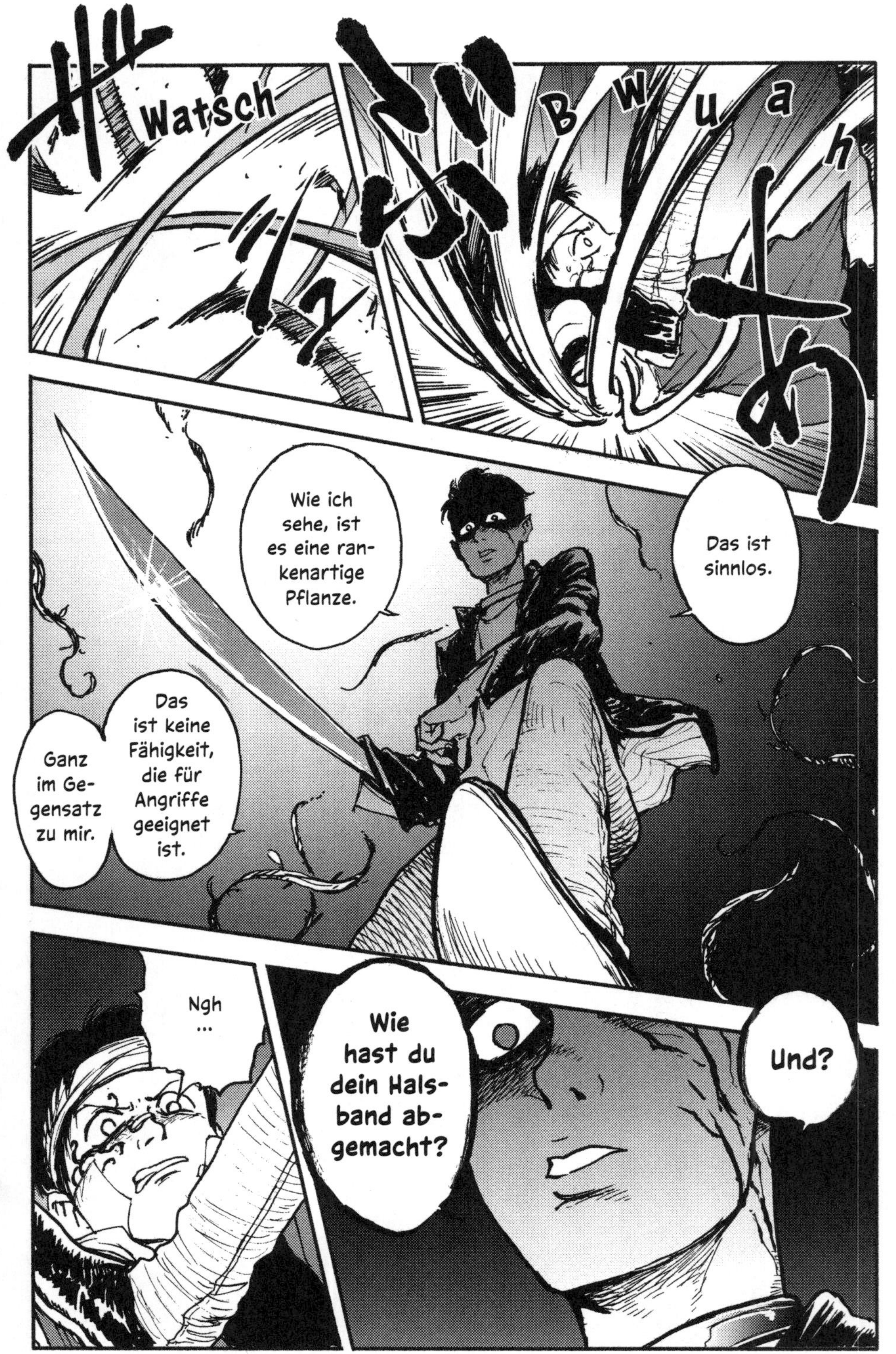
Watsch
Bwuah
Das ist sinnlos.
Wie ich sehe, ist es eine rankenartige Pflanze.
Das ist keine Fähigkeit, die für Angriffe geeignet ist.
Ganz im Gegensatz zu mir.
Und?
Wie hast du dein Halsband abgemacht?
Ngh ...

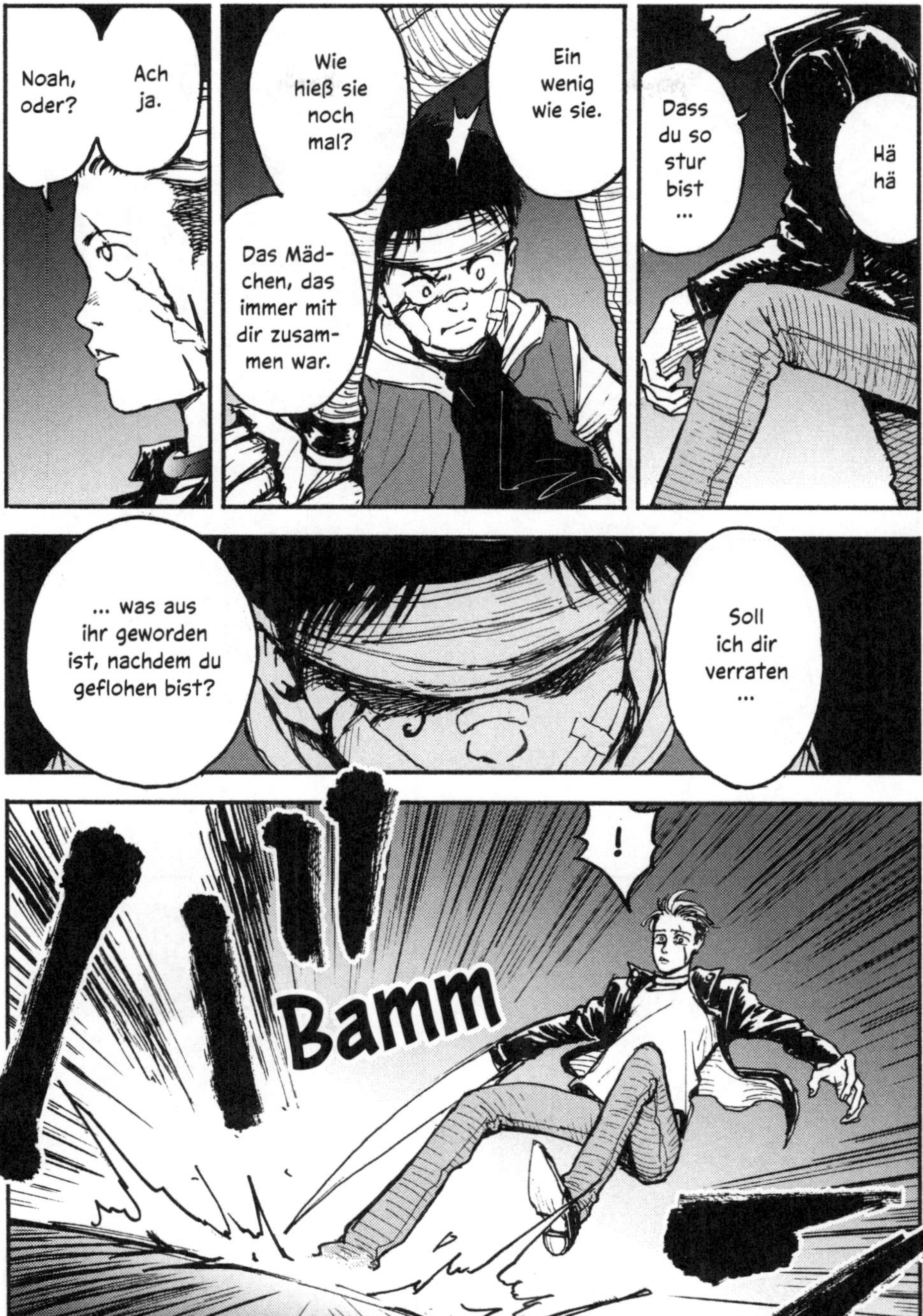
Hä hä
Dass du so stur bist ...
Ein wenig wie sie.
Wie hieß sie noch mal?
Das Mäd-chen, das immer mit dir zusam-men war.
Ach ja.
Noah, oder?
Soll ich dir verraten ...
... was aus ihr geworden ist, nachdem du geflohen bist?
!
Bamm

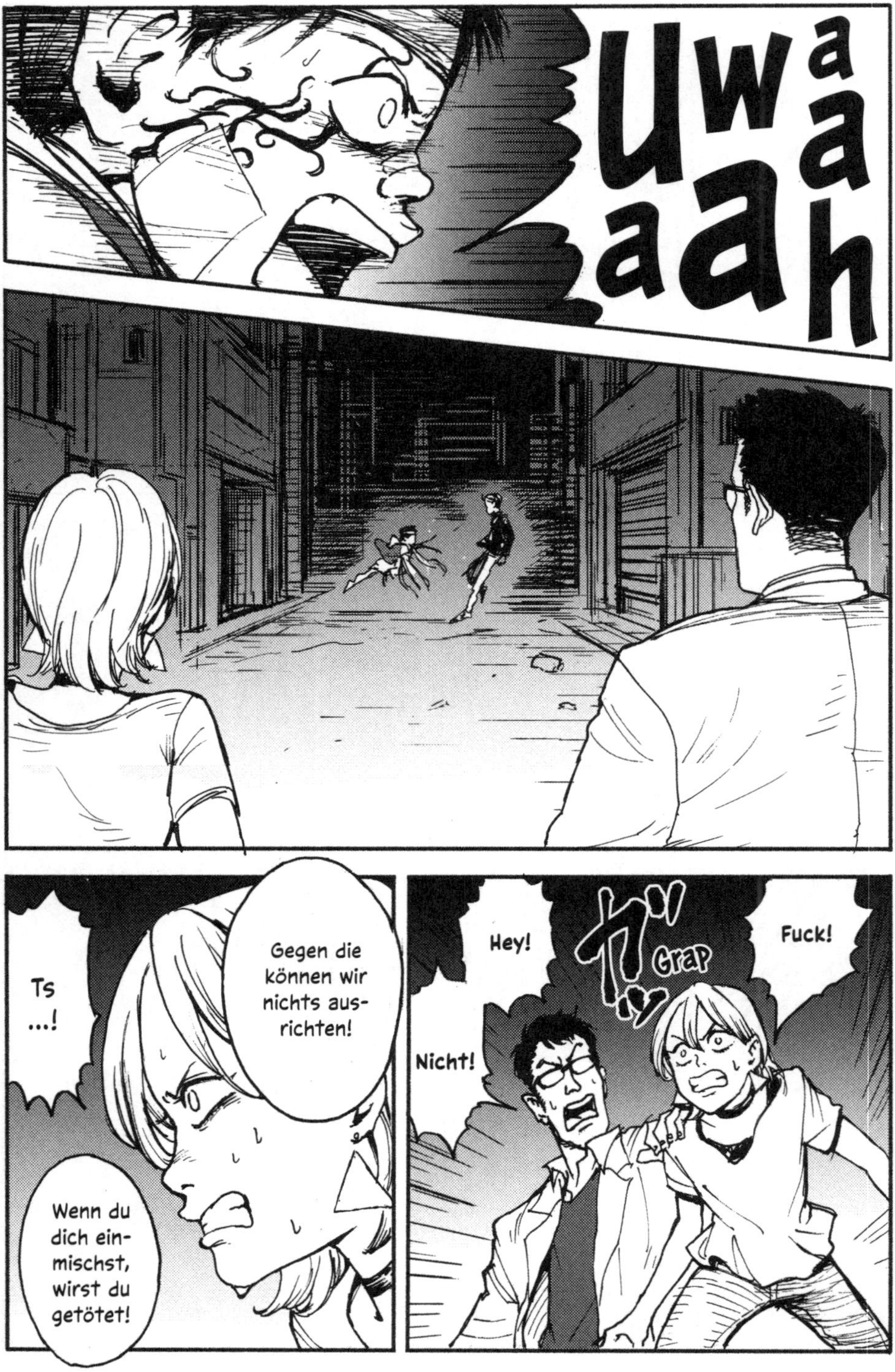
Uwaaaah
Fuck!
Grap
Hey!
Nicht!
Gegen die können wir nichts ausrichten!
Ts ...!
Wenn du dich einmischst, wirst du getötet!

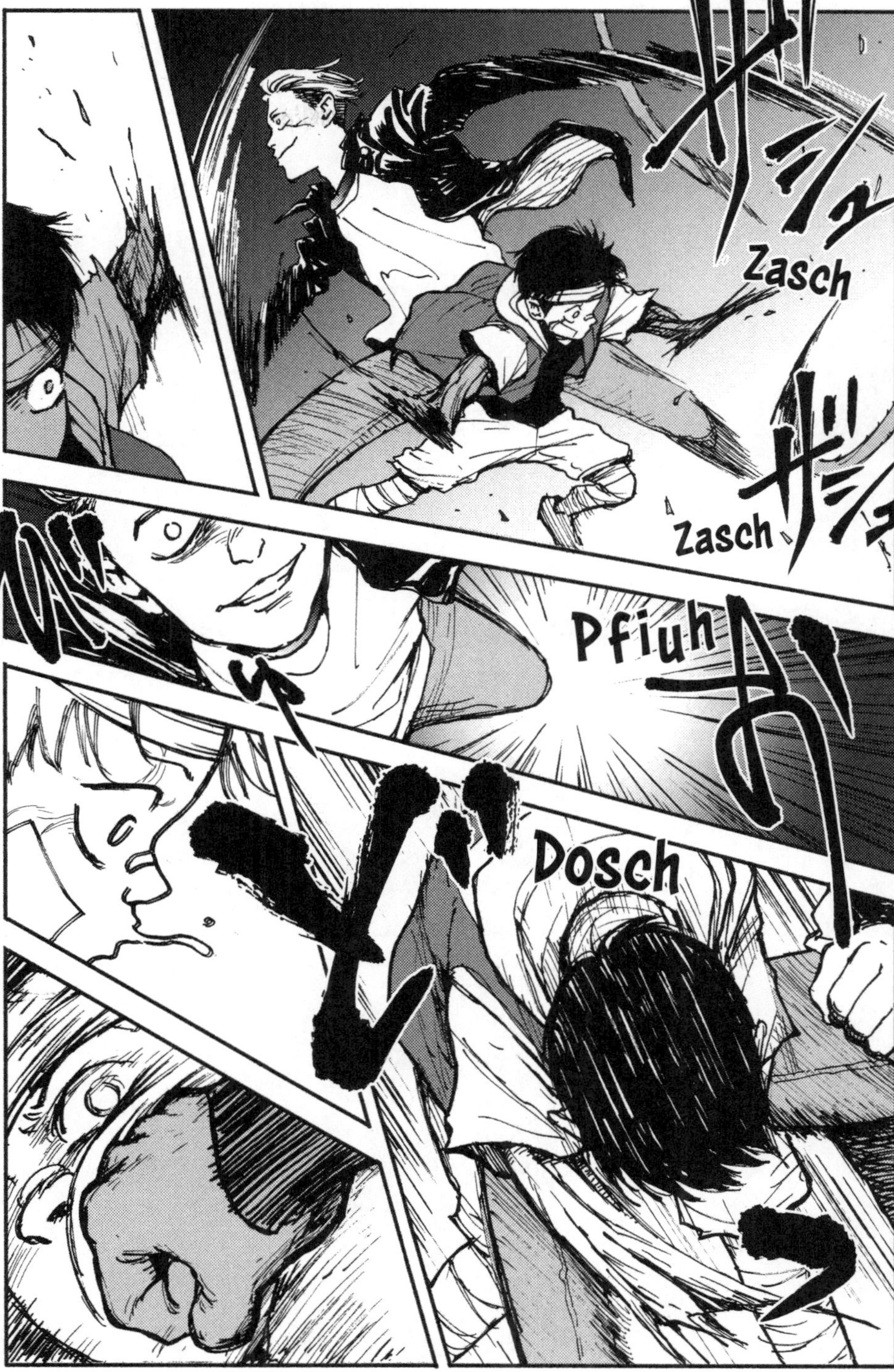
Zasch
Zasch
Pfiuh
Dosch

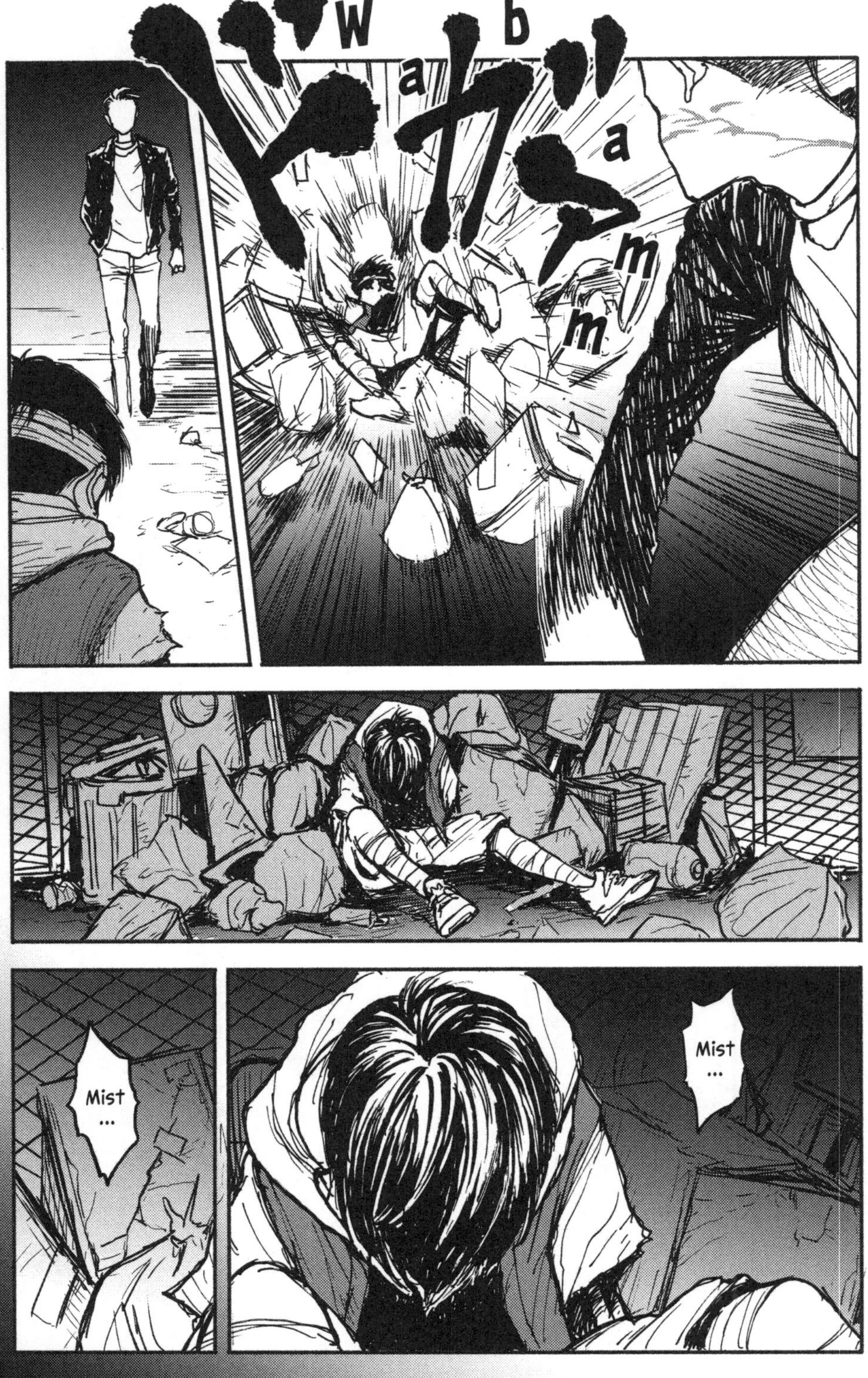
Wabamm
Mist ...
Mist ...

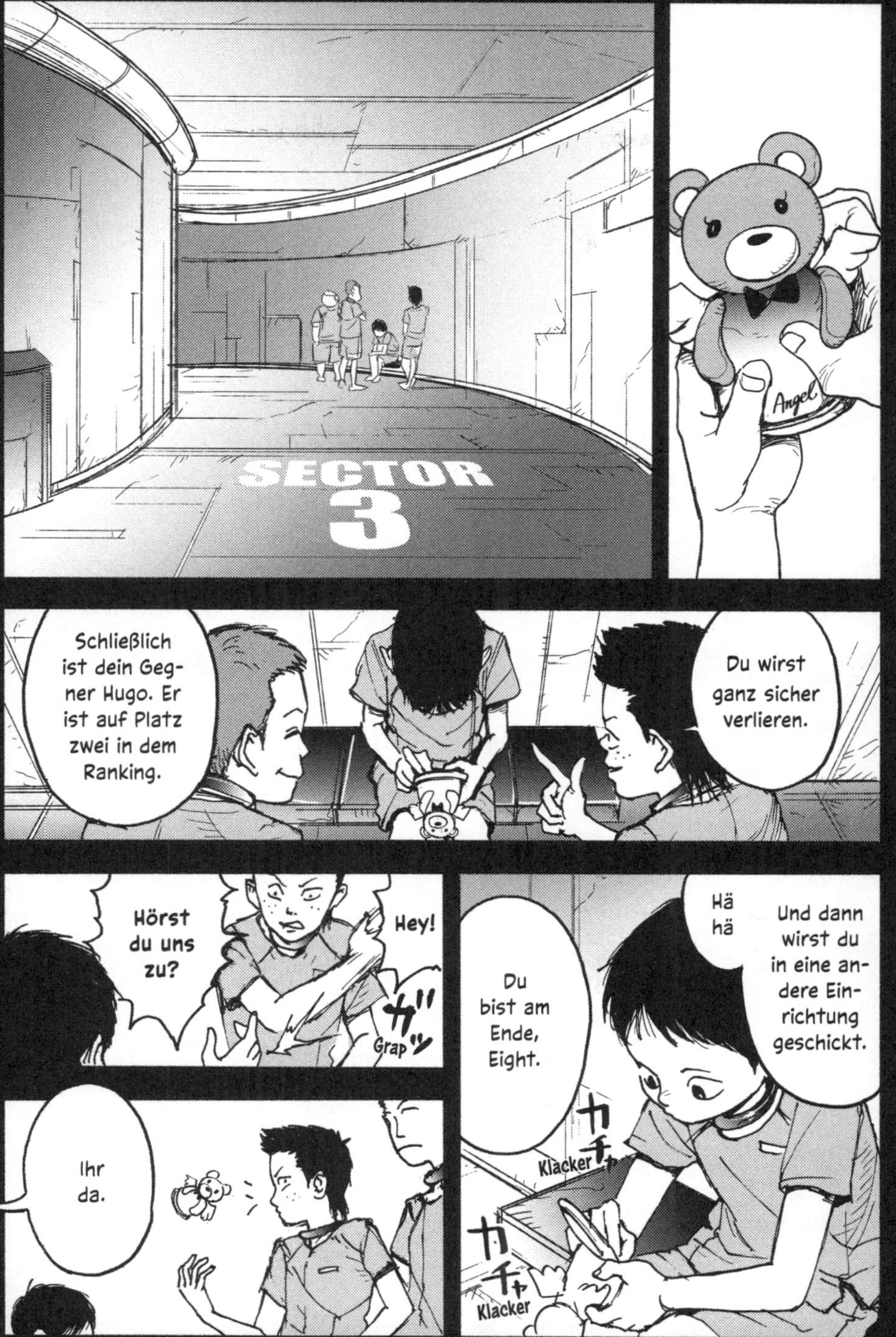
Angel
SECTOR 3
Du wirst ganz sicher verlieren.
Schließlich ist dein Gegner Hugo. Er ist auf Platz zwei in dem Ranking.
Hä hä
Und dann wirst du in eine andere Einrichtung geschickt.
Du bist am Ende, Eight.
Klacker
Klacker
Hey!
Hörst du uns zu?
Grap
Ihr da.

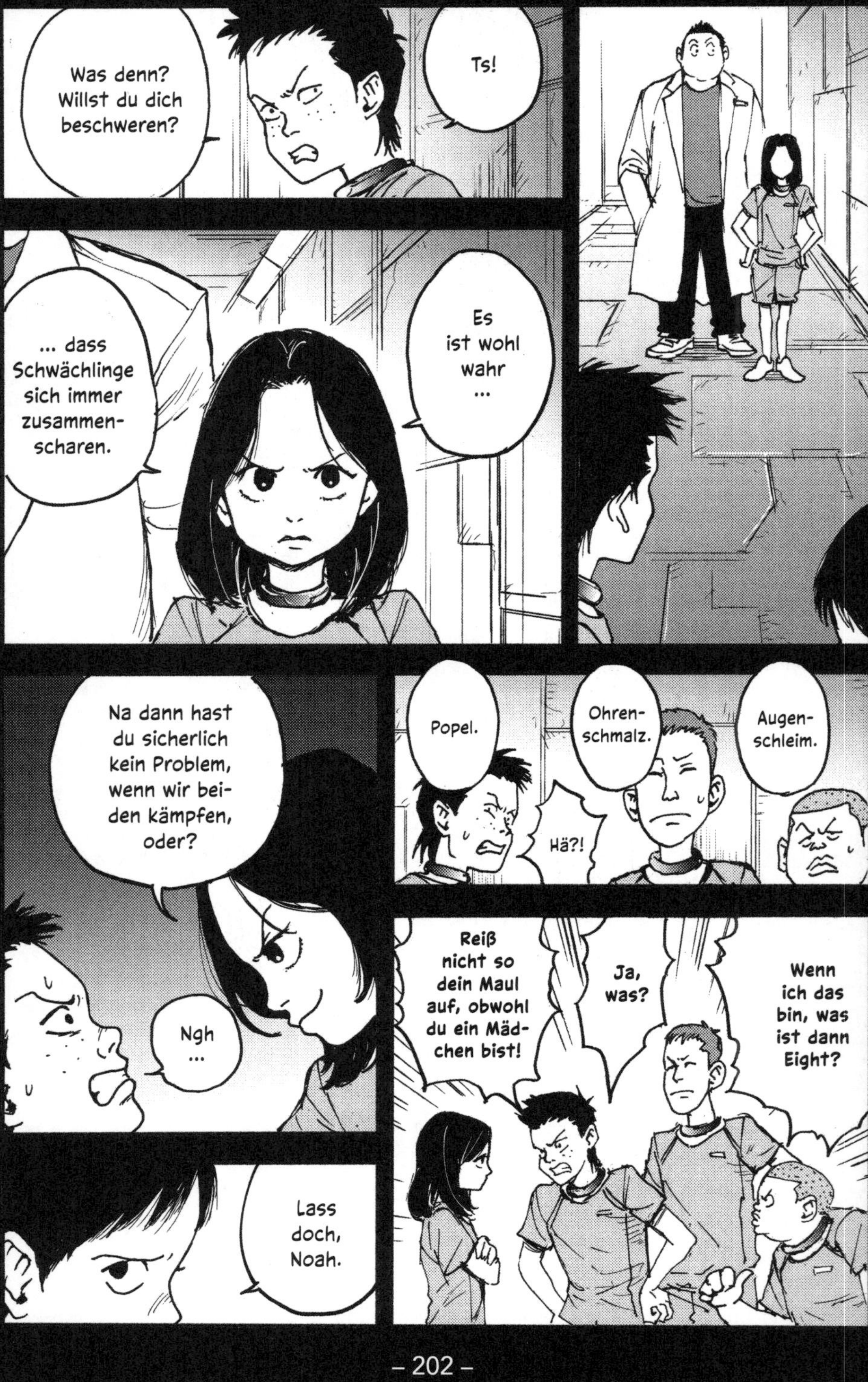
Ts!
Was denn? Willst du dich beschweren?
Es ist wohl wahr ...
... dass Schwächlinge sich immer zusammen-scharen.
Augen-schleim.
Ohren-schmalz.
Popel.
Hä?!
Wenn ich das bin, was ist dann Eight?
Ja, was?
Reiß nicht so dein Maul auf, obwohl du ein Mäd-chen bist!
Na dann hast du sicherlich kein Problem, wenn wir bei-den kämpfen, oder?
Ngh ...
Lass doch, Noah.

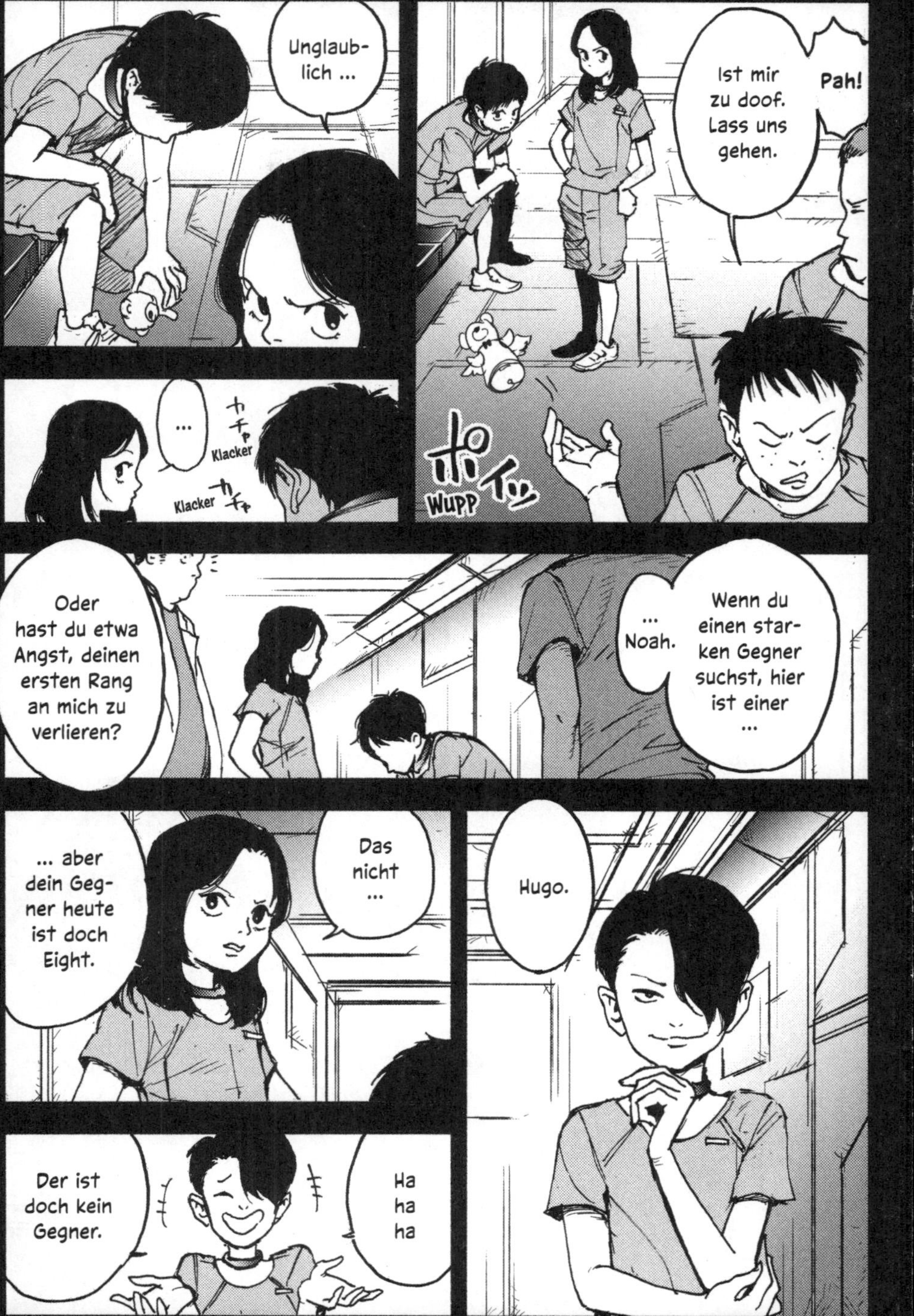

Pah!
Ist mir zu doof. Lass uns gehen.
ポイッ
Wupp
Unglaublich ...
...
Klacker
Klacker
Wenn du einen starken Gegner suchst, hier ist einer ...
... Noah.
Oder hast du etwa Angst, deinen ersten Rang an mich zu verlieren?
Hugo.
Das nicht ...
... aber dein Gegner heute ist doch Eight.
Ha ha ha
Der ist doch kein Gegner.

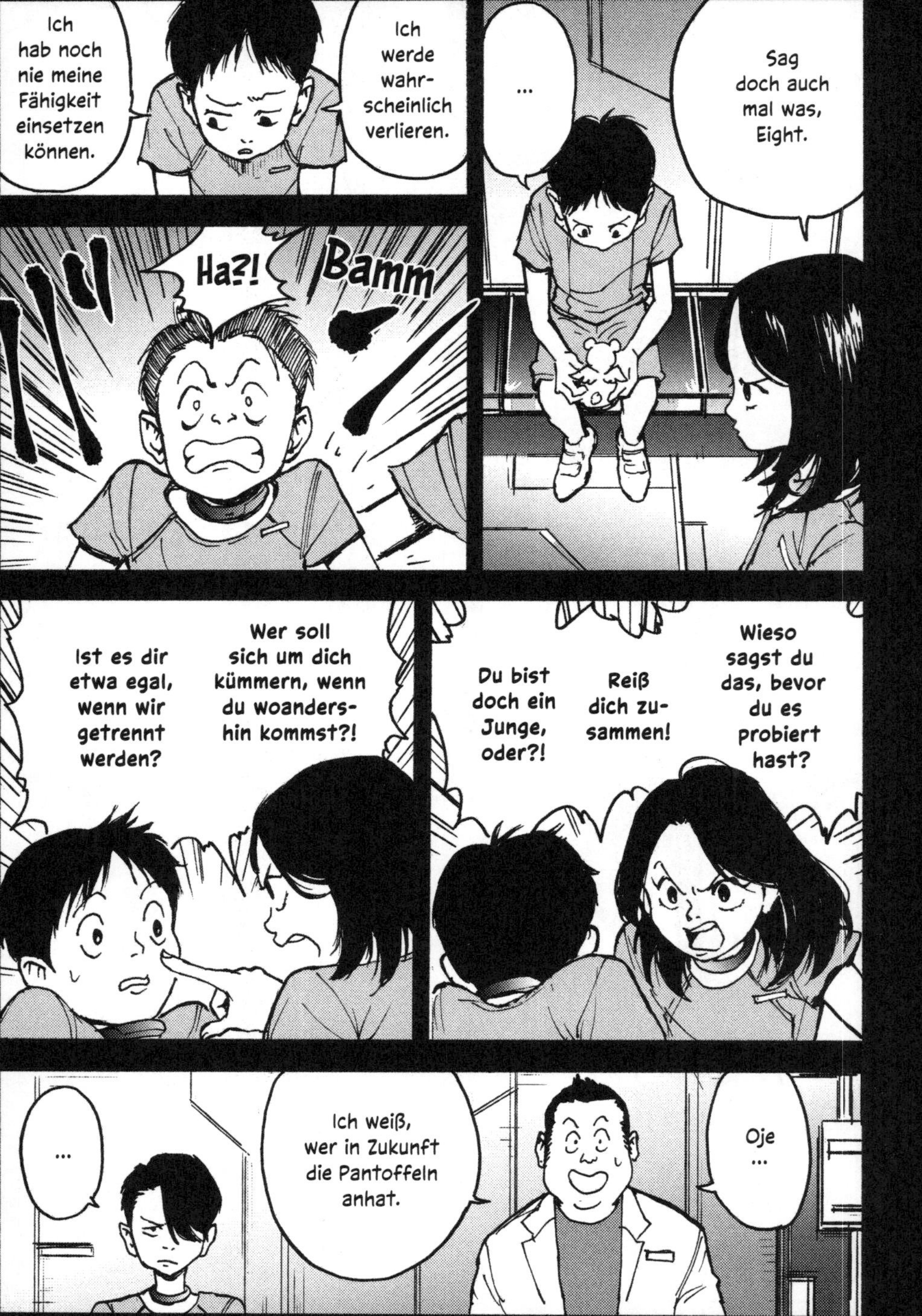
Sag doch auch mal was, Eight.
...
Ich werde wahrscheinlich verlieren.
Ich hab noch nie meine Fähigkeit einsetzen können.
Bamm
Ha?!
Wieso sagst du das, bevor du es probiert hast?
Reiß dich zusammen!
Du bist doch ein Junge, oder?!
Wer soll sich um dich kümmern, wenn du woandershin kommst?!
Ist es dir etwa egal, wenn wir getrennt werden?
Oje ...
Ich weiß, wer in Zukunft die Pantoffeln anhat.
...

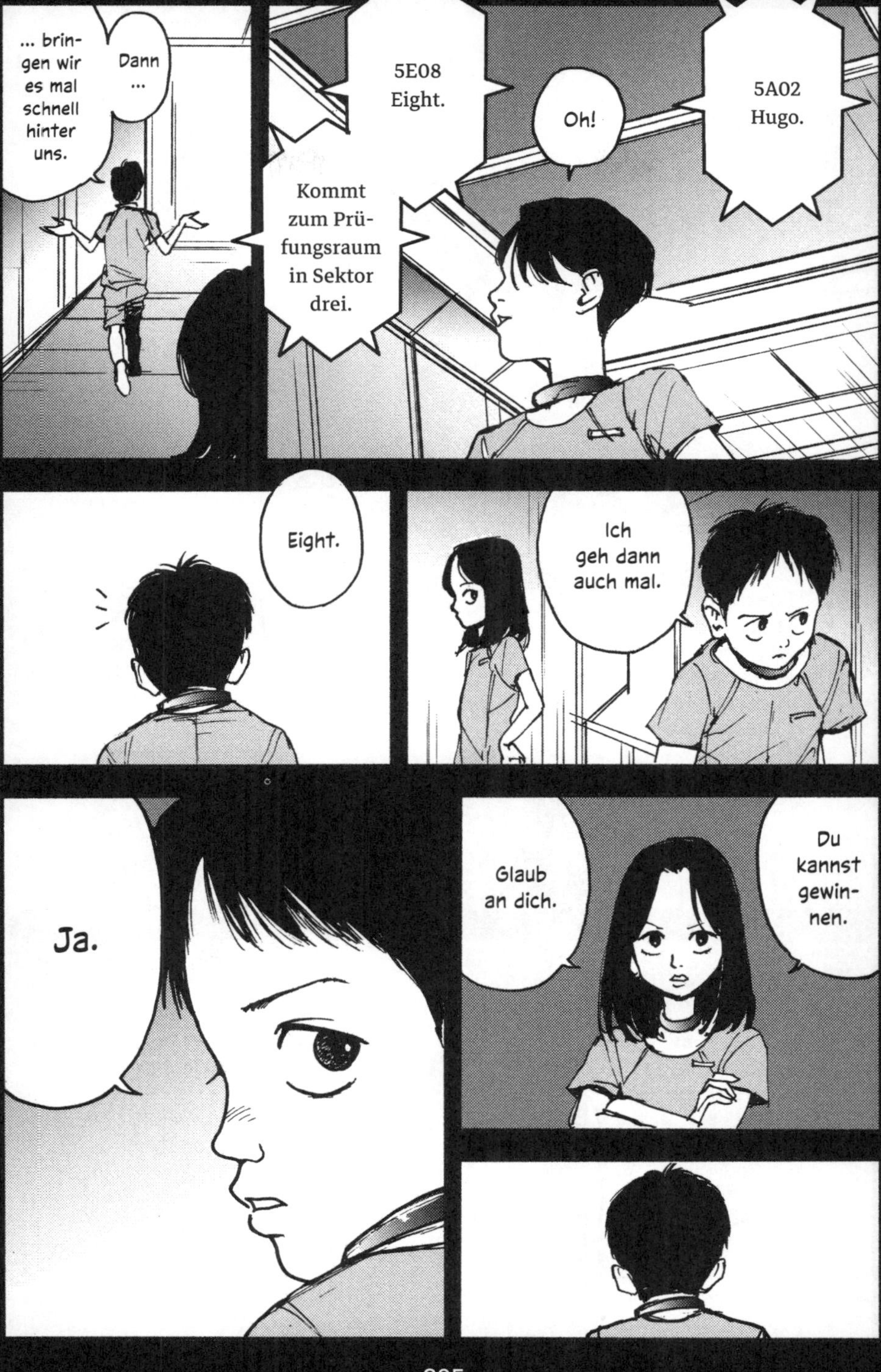

5A02 Hugo.
Oh!
5E08 Eight.
Kommt zum Prüfungsraum in Sektor drei.
Dann …
… bringen wir es mal schnell hinter uns.
Ich geh dann auch mal.
Eight.
Du kannst gewinnen.
Glaub an dich.
Ja.

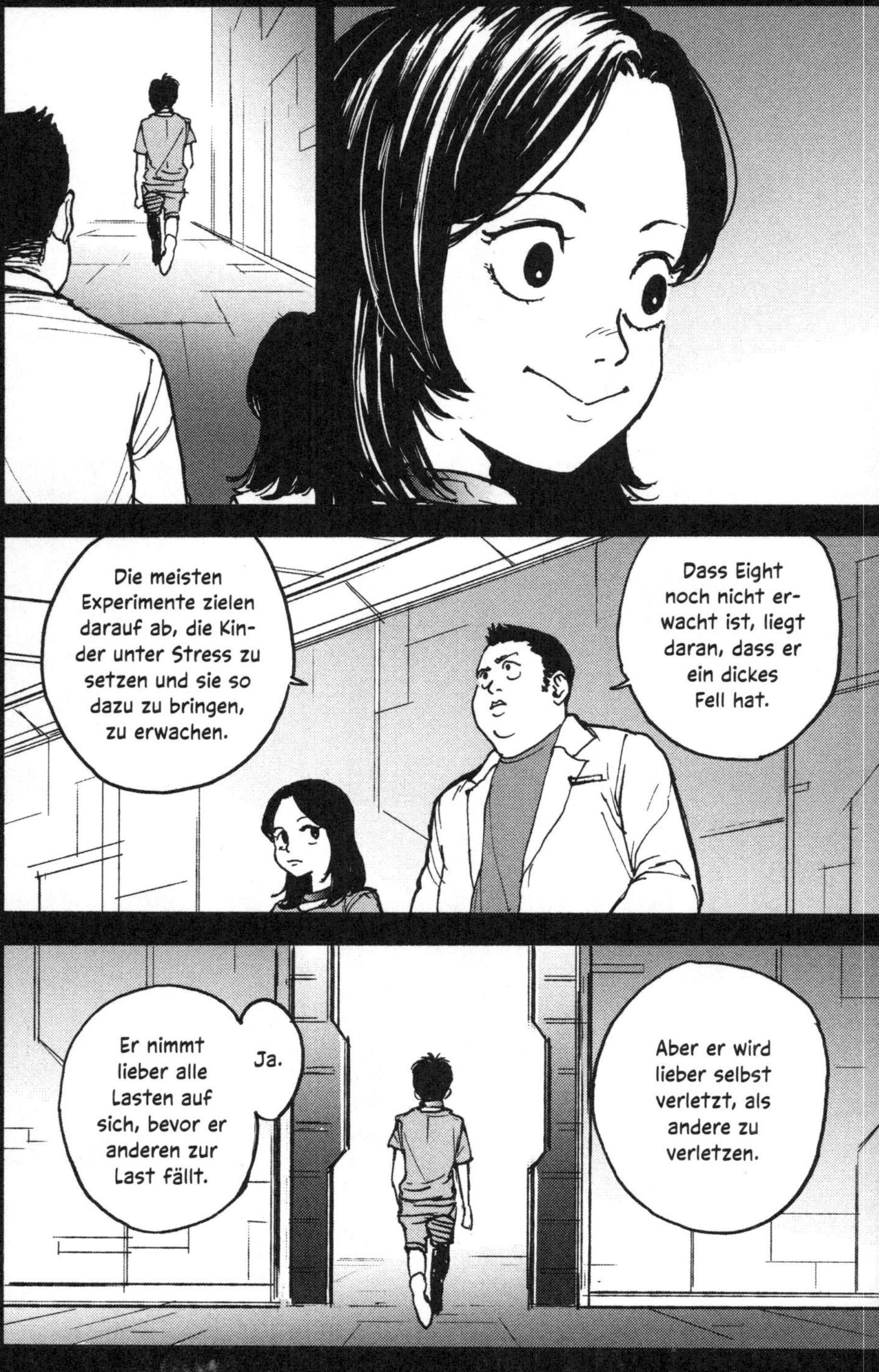
Dass Eight noch nicht erwacht ist, liegt daran, dass er ein dickes Fell hat.
Die meisten Experimente zielen darauf ab, die Kinder unter Stress zu setzen und sie so dazu zu bringen, zu erwachen.
Aber er wird lieber selbst verletzt, als andere zu verletzen.
Ja.
Er nimmt lieber alle Lasten auf sich, bevor er anderen zur Last fällt.

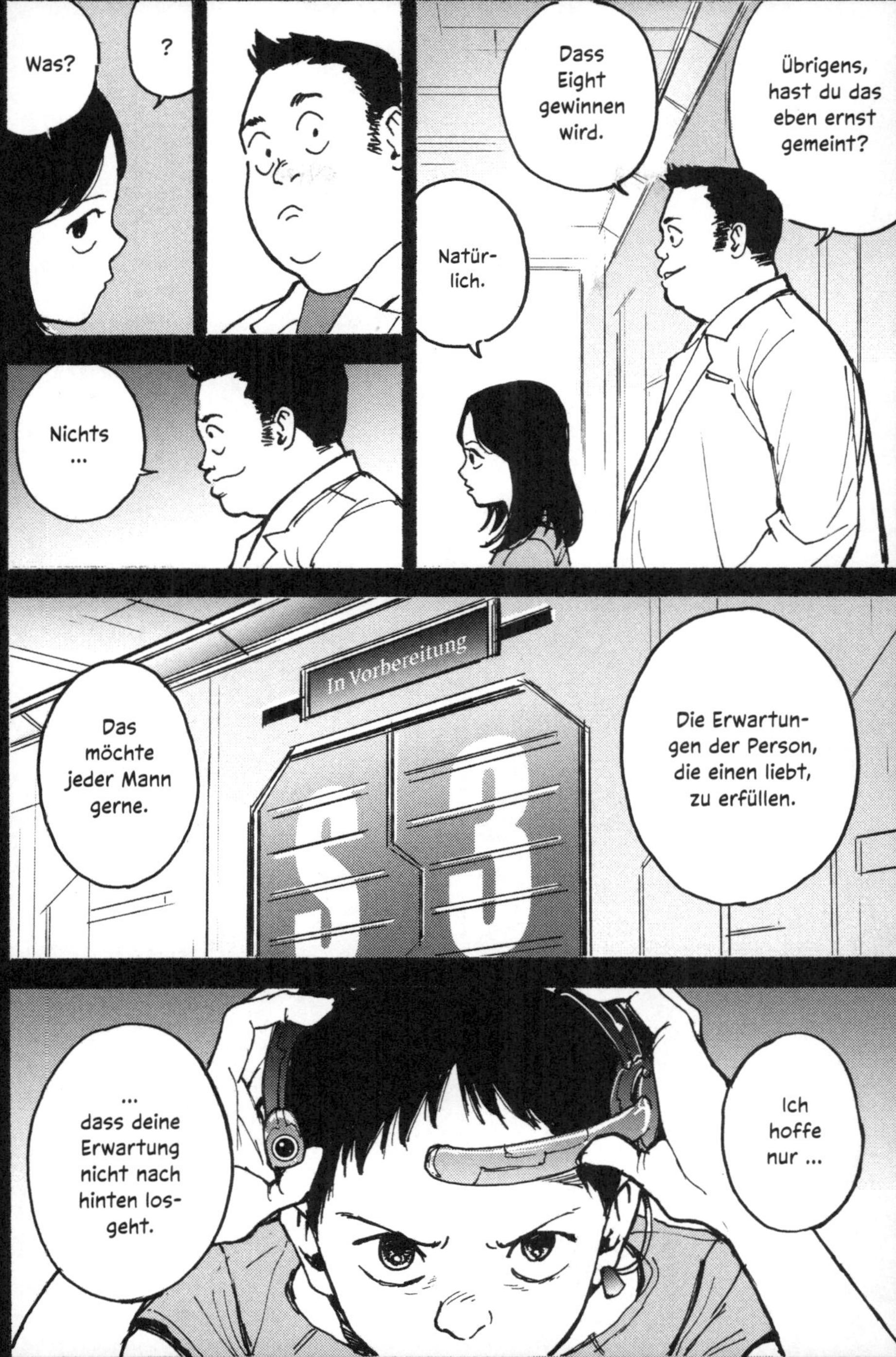
Übrigens, hast du das eben ernst gemeint?
Dass Eight gewinnen wird.
Natürlich.
?
Was?
Nichts ...
In Vorbereitung
Die Erwartungen der Person, die einen liebt, zu erfüllen.
Das möchte jeder Mann gerne.
Ich hoffe nur ...
... dass deine Erwartung nicht nach hinten losgeht.

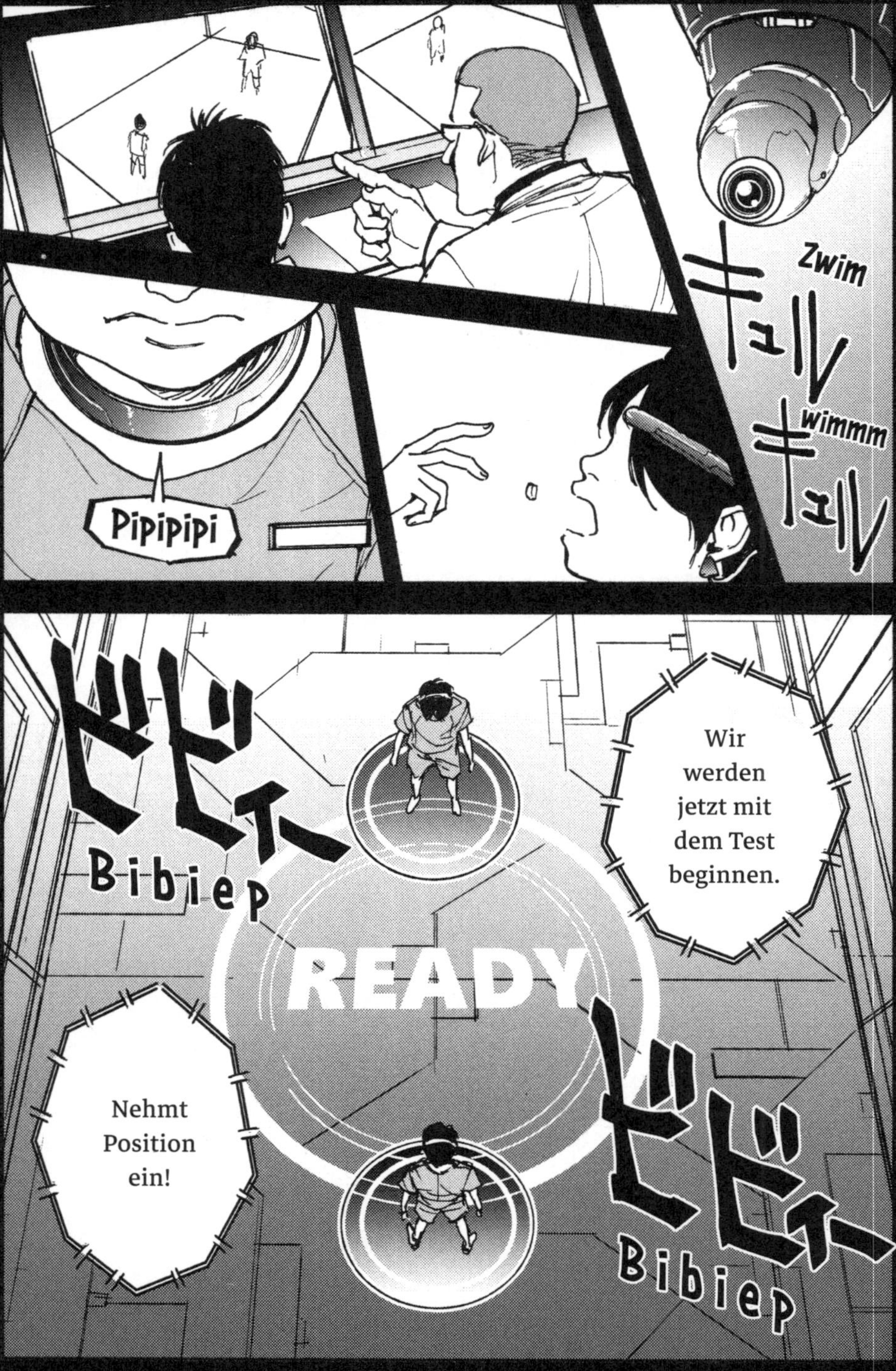

キュル
Zwim
キュル
wimmm
Pipipipi
Wir werden jetzt mit dem Test beginnen.
ビビィー
Bibiep
READY
ビビィー
Bibiep
Nehmt Position ein!

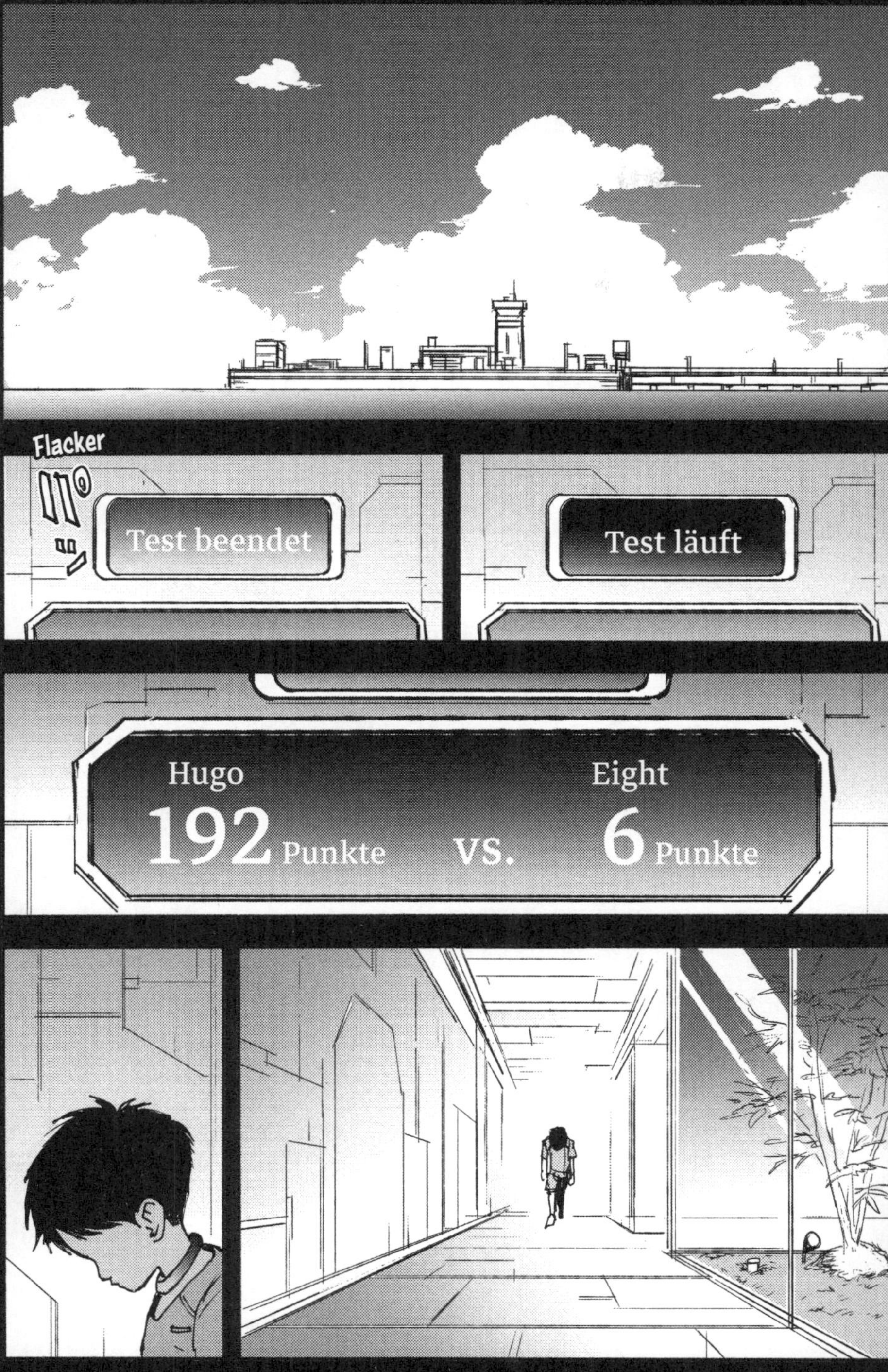
Flacker
Test beendet
Test läuft
Hugo
192 Punkte
vs.
Eight
6 Punkte

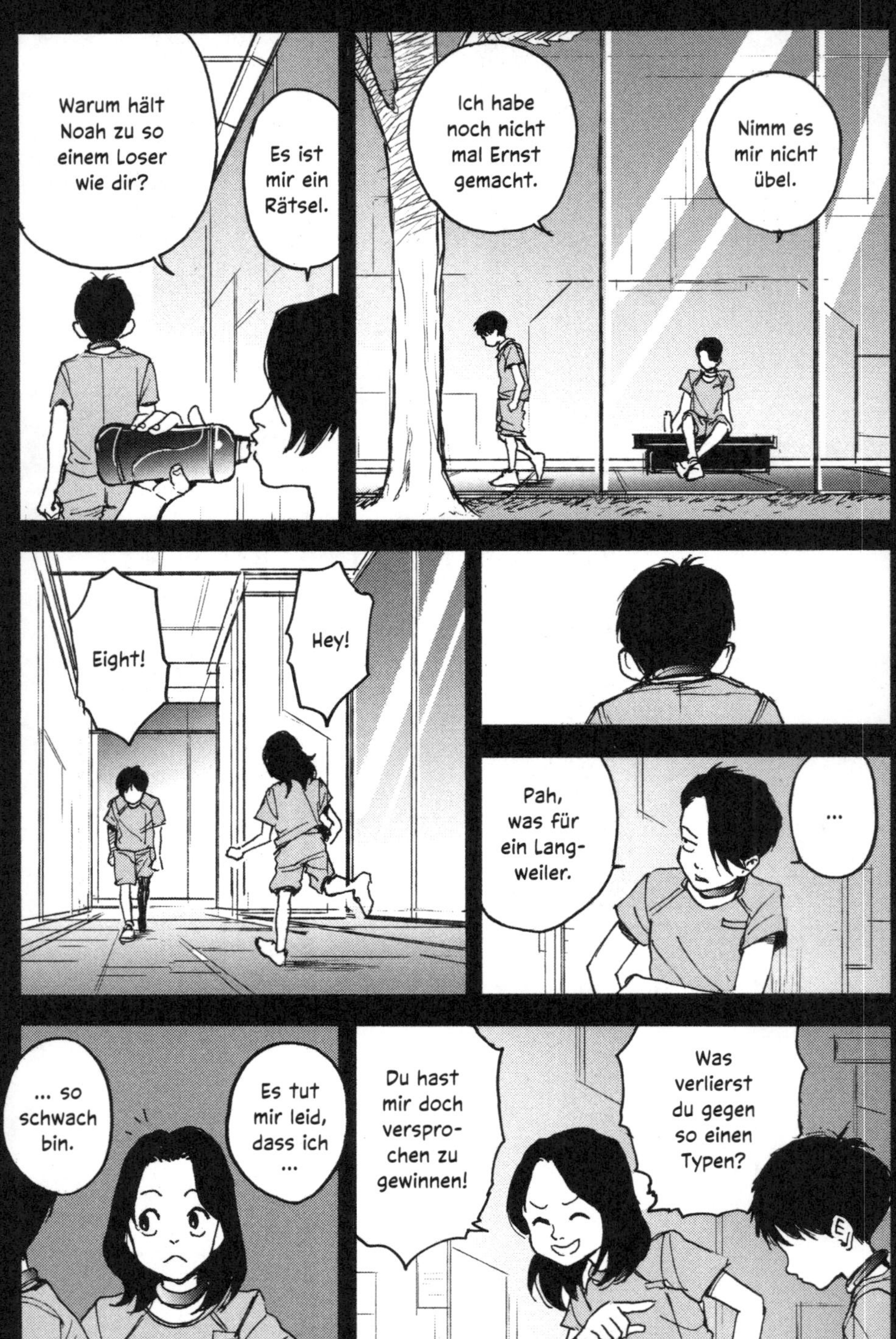
Nimm es mir nicht übel.
Ich habe noch nicht mal Ernst gemacht.
Es ist mir ein Rätsel.
Warum hält Noah zu so einem Loser wie dir?
...
Pah, was für ein Lang-weiler.
Hey!
Eight!
Was verlierst du gegen so einen Typen?
Du hast mir doch verspro-chen zu gewinnen!
Es tut mir leid, dass ich ...
... so schwach bin.

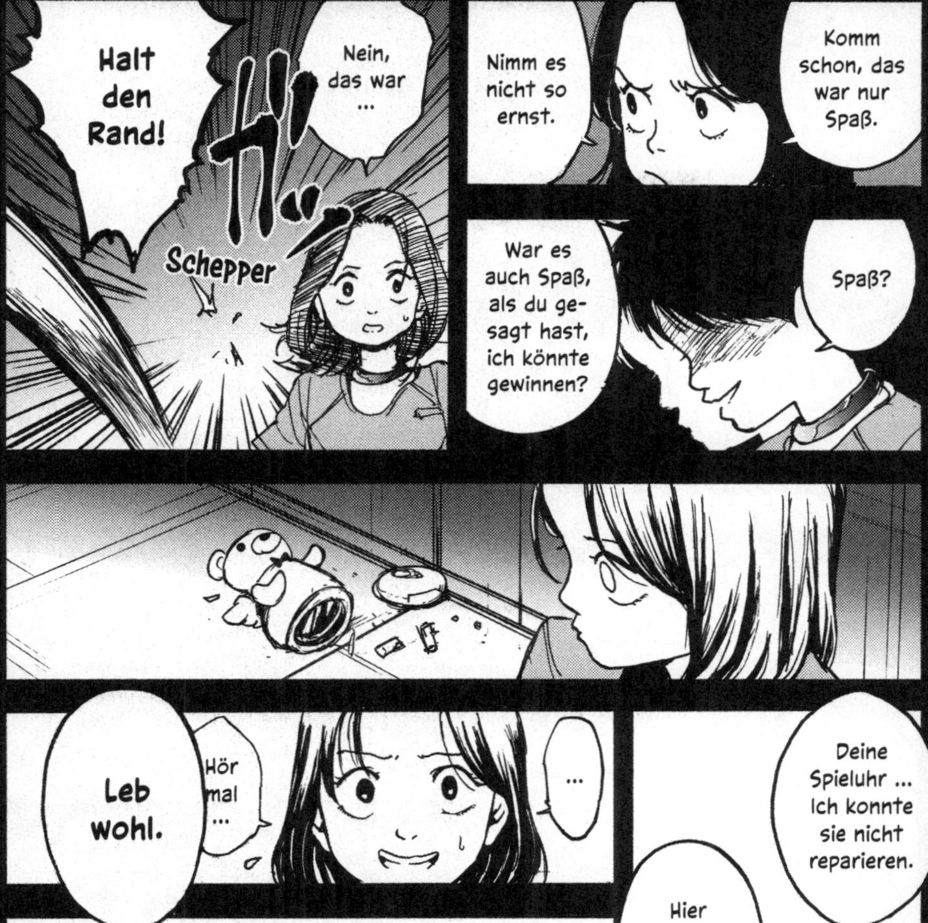
Komm schon, das war nur Spaß.
Nimm es nicht so ernst.
Spaß?
War es auch Spaß, als du gesagt hast, ich könnte gewinnen?
Nein, das war ...
Halt den Rand!
Schepper
Deine Spieluhr ... Ich konnte sie nicht reparieren.
Hier hast du sie zurück.
...
Hör mal ...
Leb wohl.

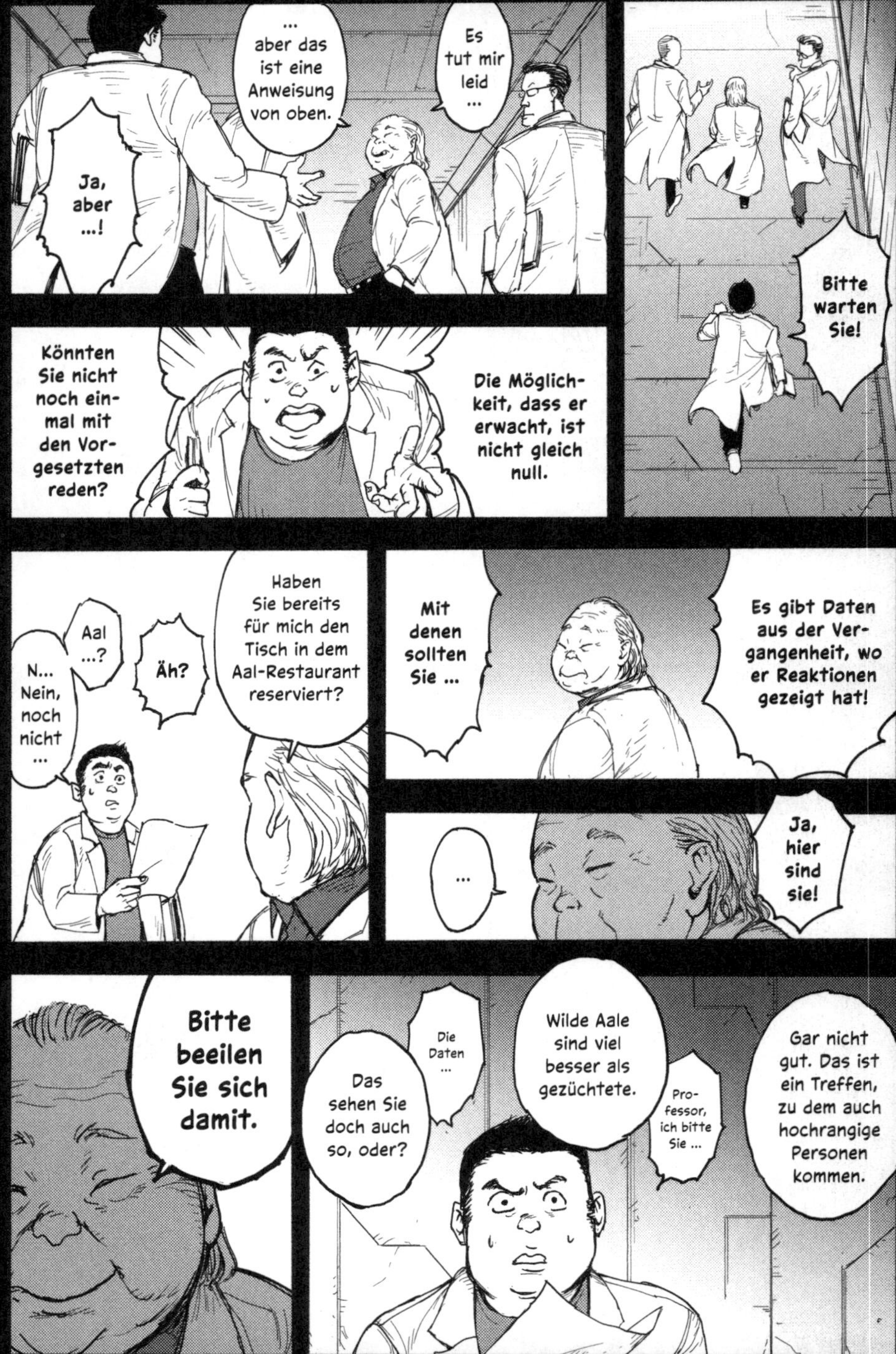
Bitte warten Sie!
Es tut mir leid ...
... aber das ist eine Anweisung von oben.
Ja, aber ...!
Die Möglich-keit, dass er erwacht, ist nicht gleich null.
Könnten Sie nicht noch ein-mal mit den Vor-gesetzten reden?
Es gibt Daten aus der Ver-gangenheit, wo er Reaktionen gezeigt hat!
Mit denen sollten Sie ...
Ja, hier sind sie!
...
Haben Sie bereits für mich den Tisch in dem Aal-Restaurant reserviert?
Äh?
Aal ...?
N... Nein, noch nicht ...
Gar nicht gut. Das ist ein Treffen, zu dem auch hochrangige Personen kommen.
Pro-fessor, ich bitte Sie ...
Wilde Aale sind viel besser als gezüchtete.
Die Daten ...
Das sehen Sie doch auch so, oder?
Bitte beeilen Sie sich damit.

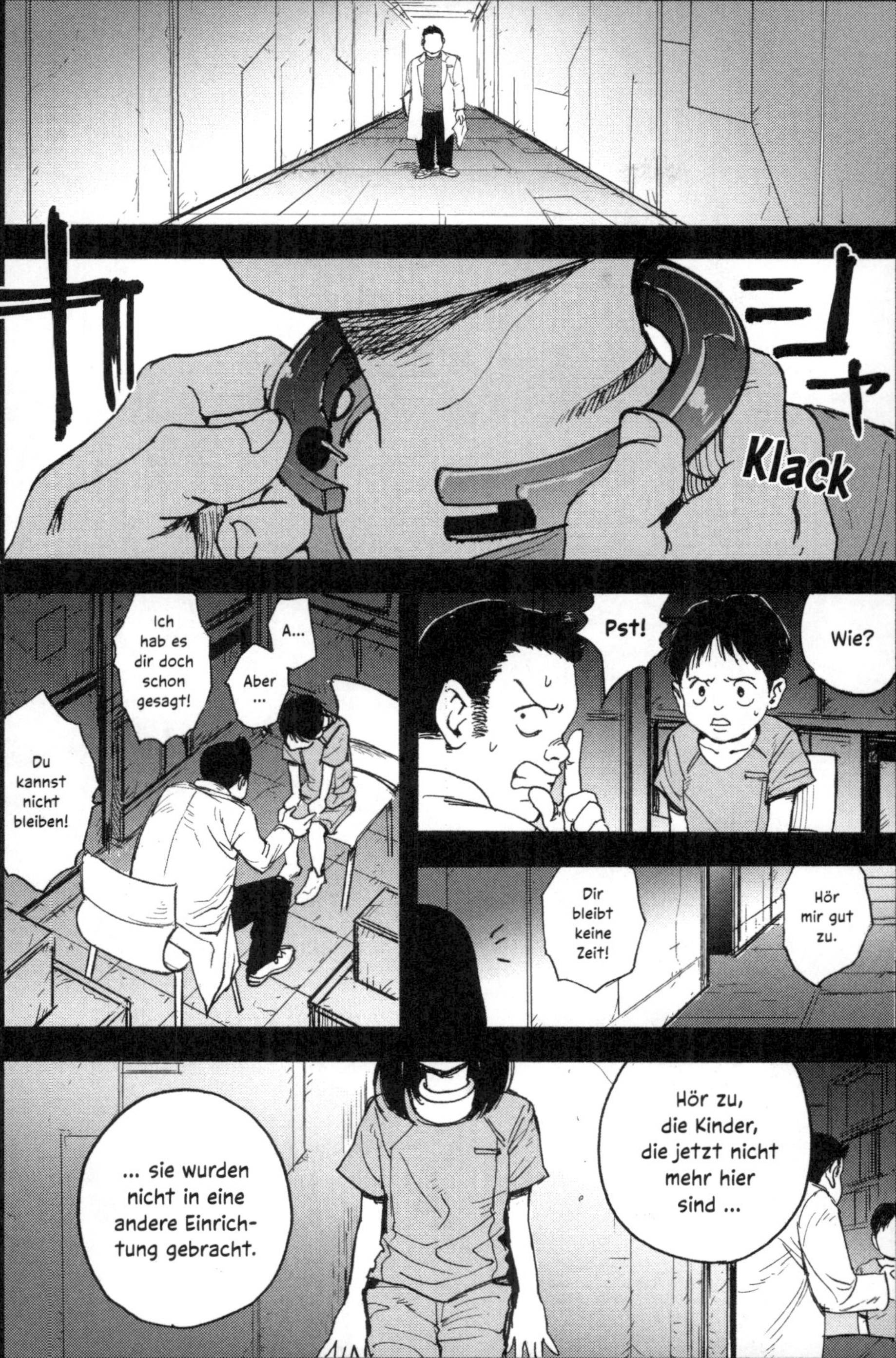

Klack
Wie?
Pst!
Hör mir gut zu.
Dir bleibt keine Zeit!
A...
Aber ...
Ich hab es dir doch schon gesagt!
Du kannst nicht bleiben!
Hör zu, die Kinder, die jetzt nicht mehr hier sind ...
... sie wurden nicht in eine andere Einrich-tung gebracht.

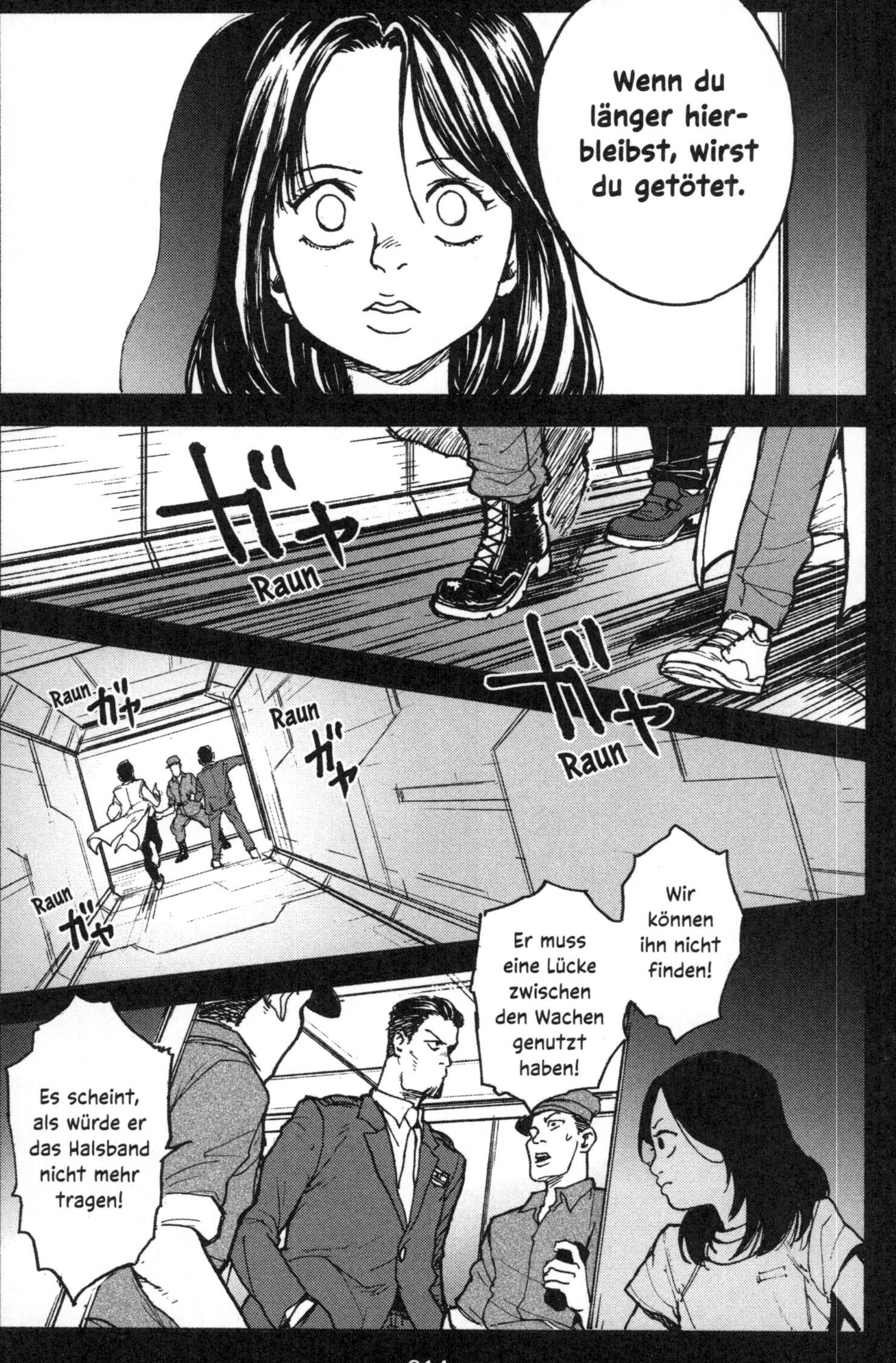
Wenn du länger hierbleibst, wirst du getötet.
ガャ
Raun
ガャ
Raun
Raun ガャ
Raun ガャ
Raun ガャ
Wir können ihn nicht finden!
Er muss eine Lücke zwischen den Wachen genutzt haben!
Es scheint, als würde er das Halsband nicht mehr tragen!

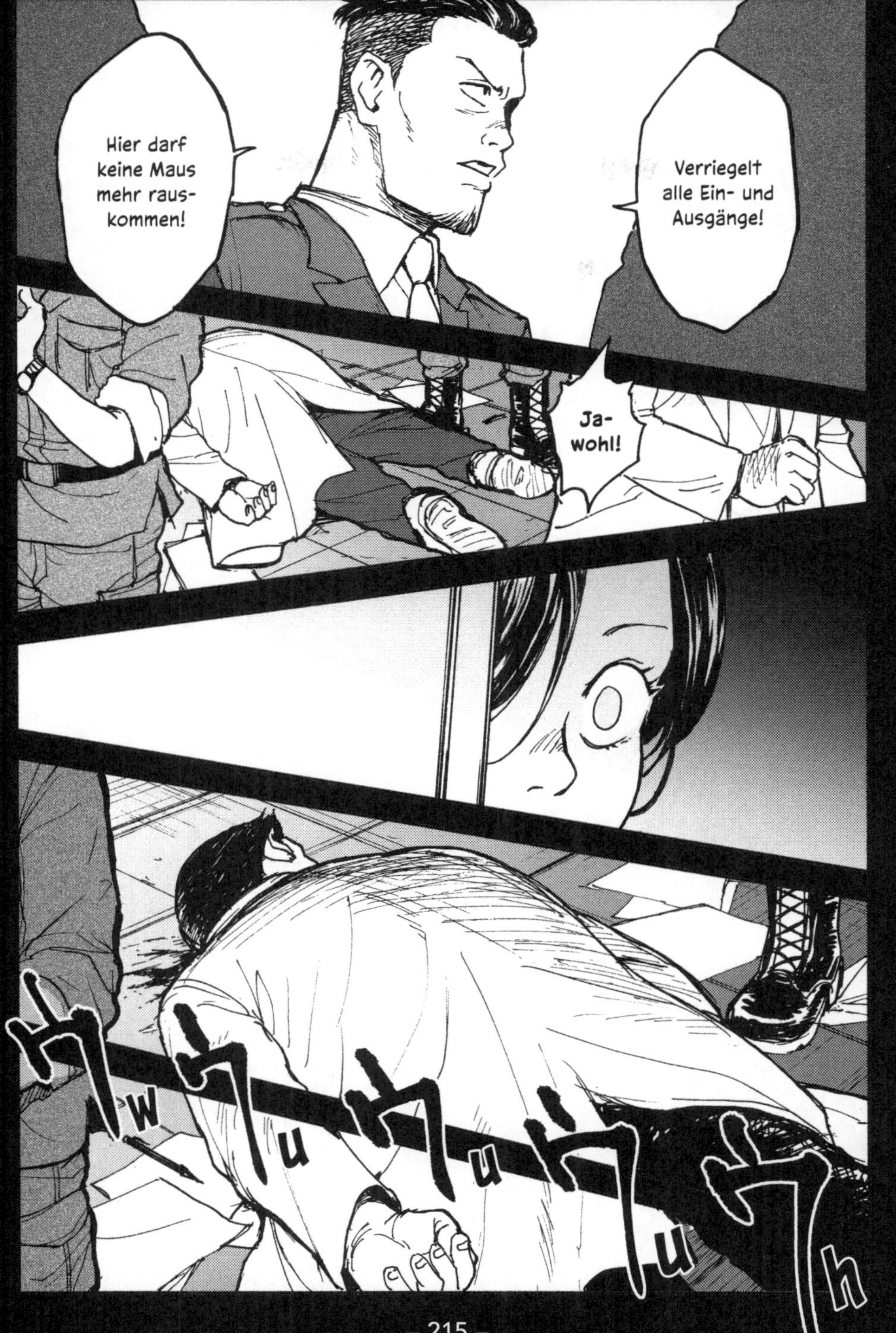
Verriegelt alle Ein- und Ausgänge!
Hier darf keine Maus mehr raus-kommen!
Ja-wohl!
Wuuuuh

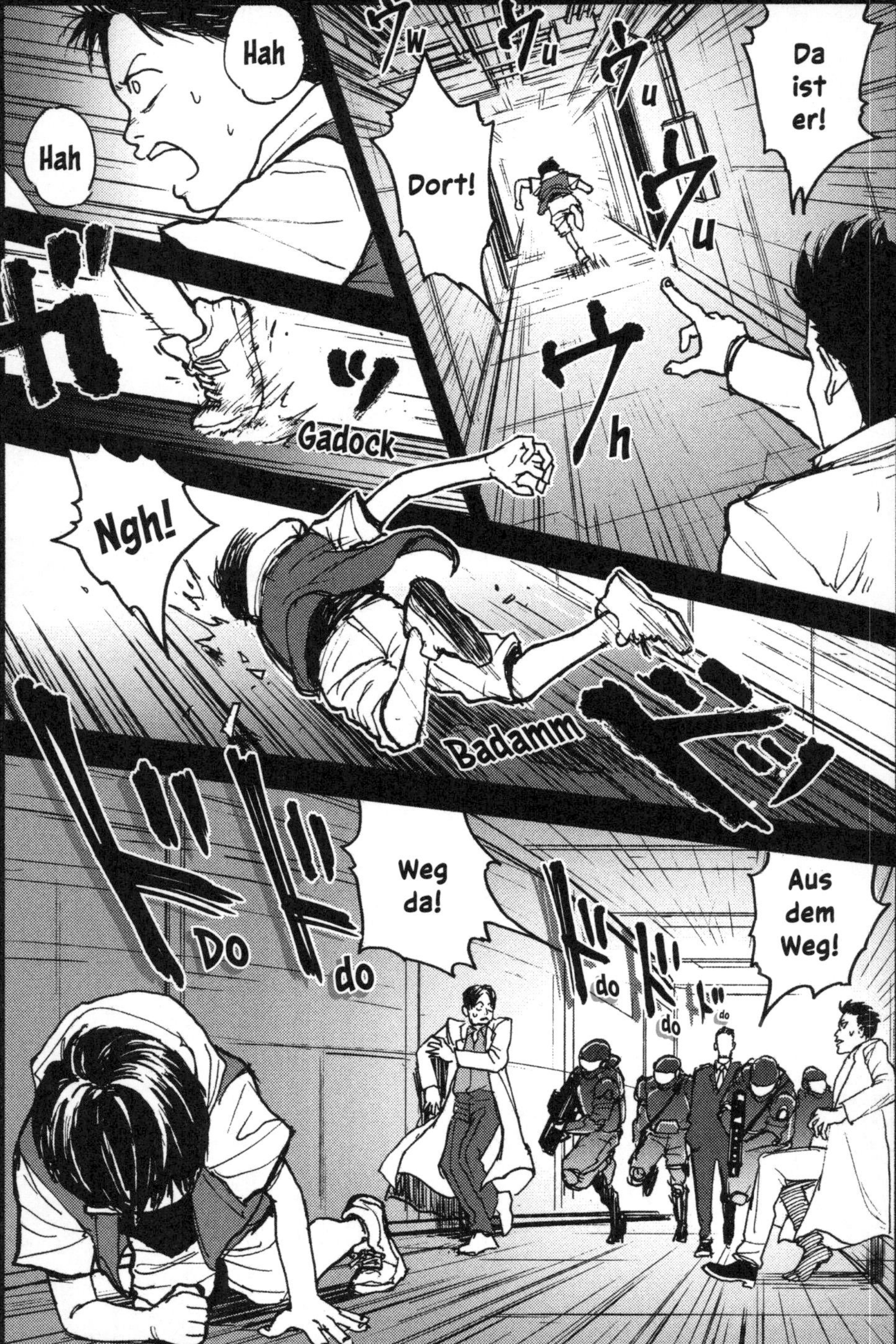

Da ist er!
Dort!
w
u
u
u
h
Hah
Hah
Gadock
Ngh!
Badamm
Aus dem Weg!
Weg da!
do
do
do
Do
do

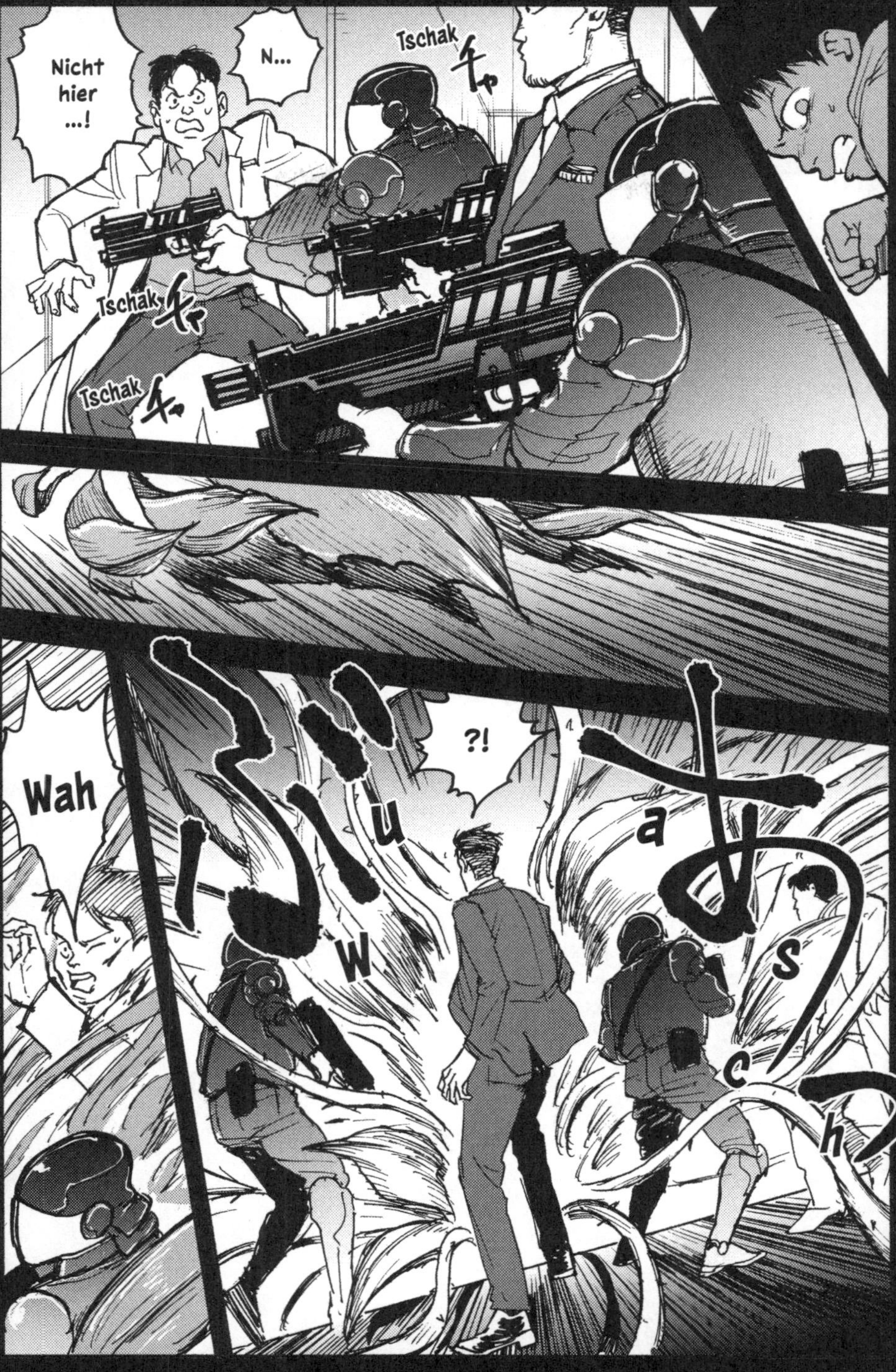
Tschak
N...
Nicht hier ...!
Tschak
Tschak
Wah
?!
Wusch
Wasch

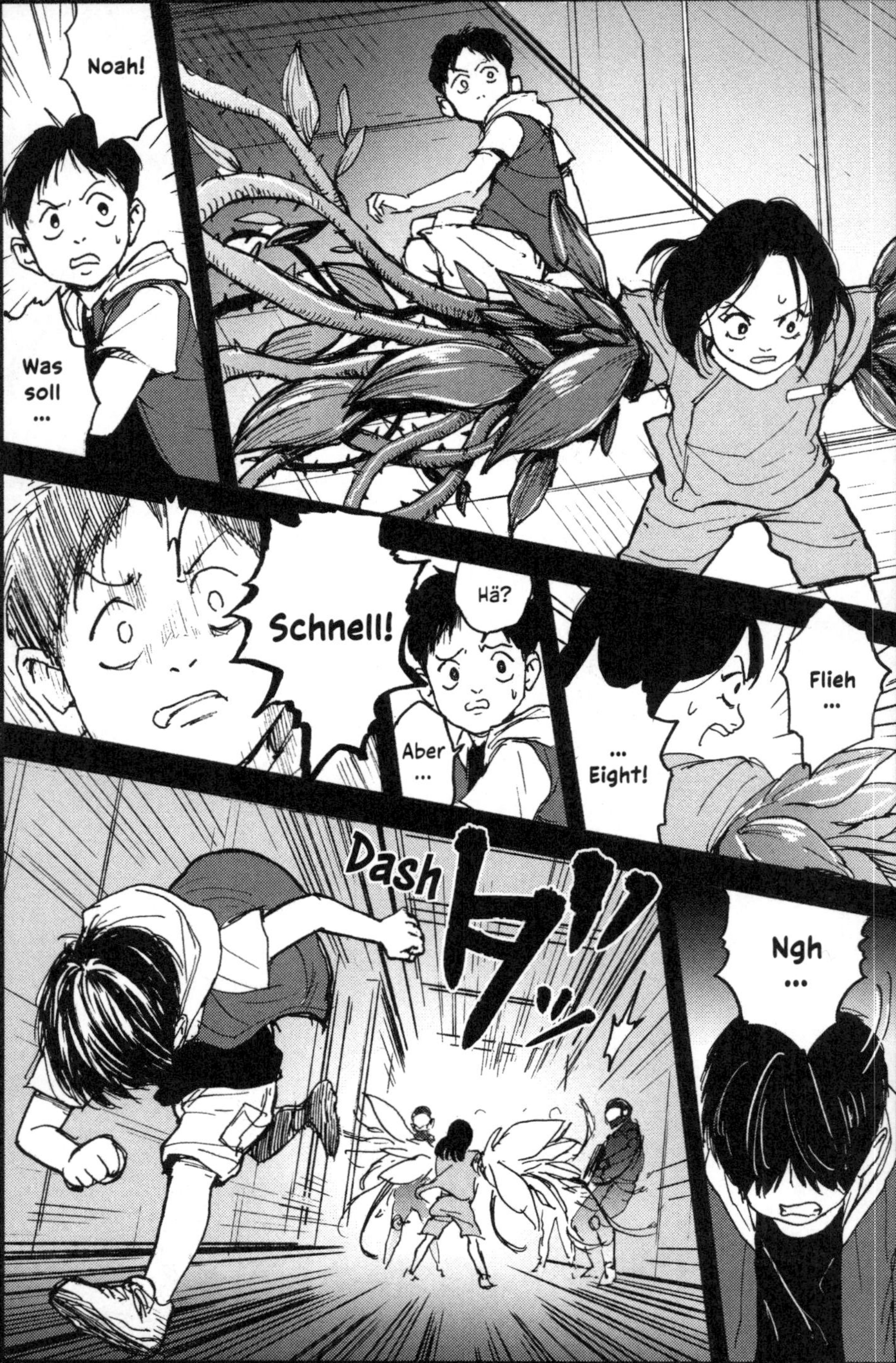
Noah!
Was soll ...
Flieh ...
... Eight!
Hä?
Aber ...
Schnell!
Ngh ...
Dash

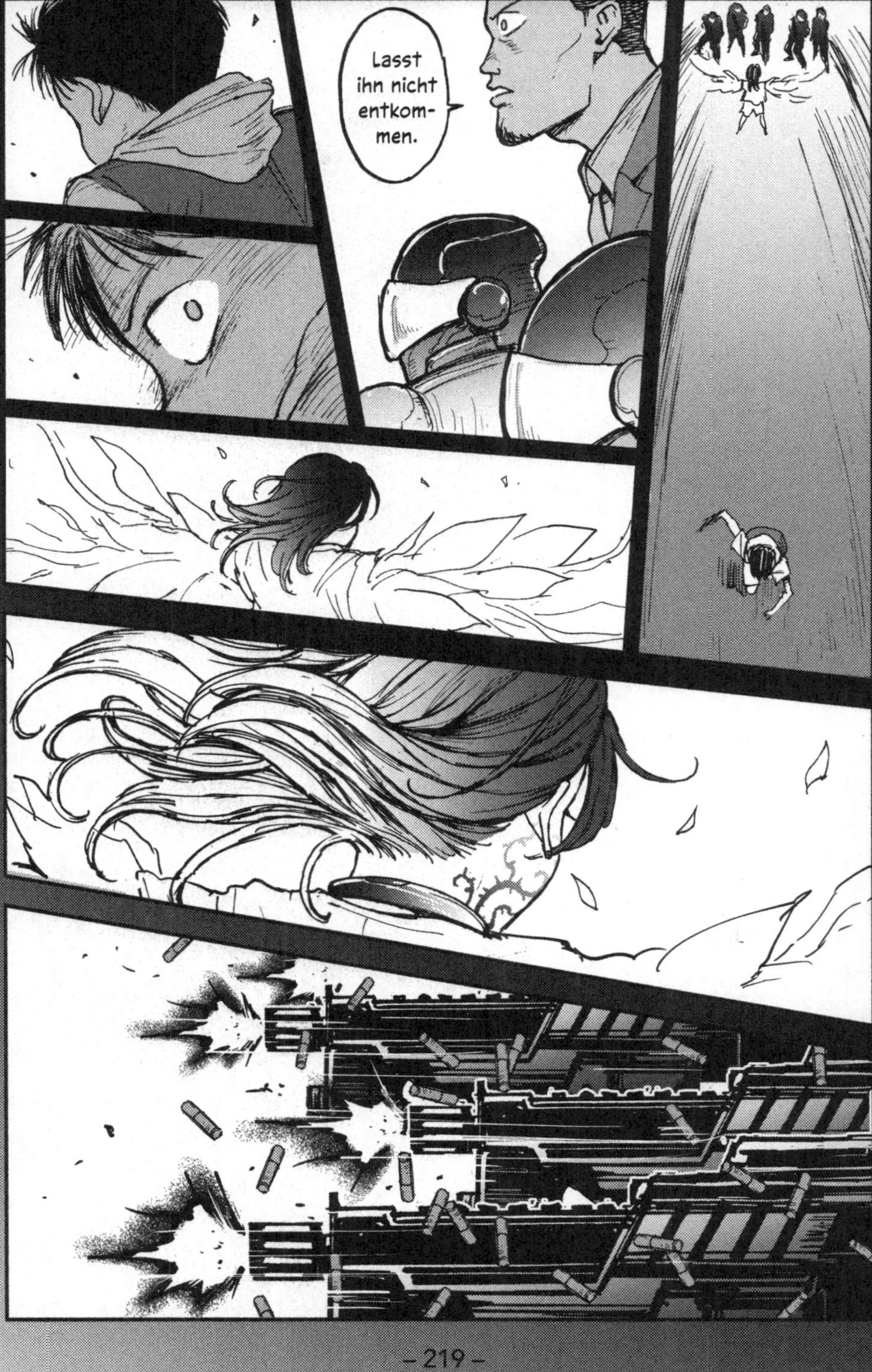
Lasst ihn nicht entkom- men.

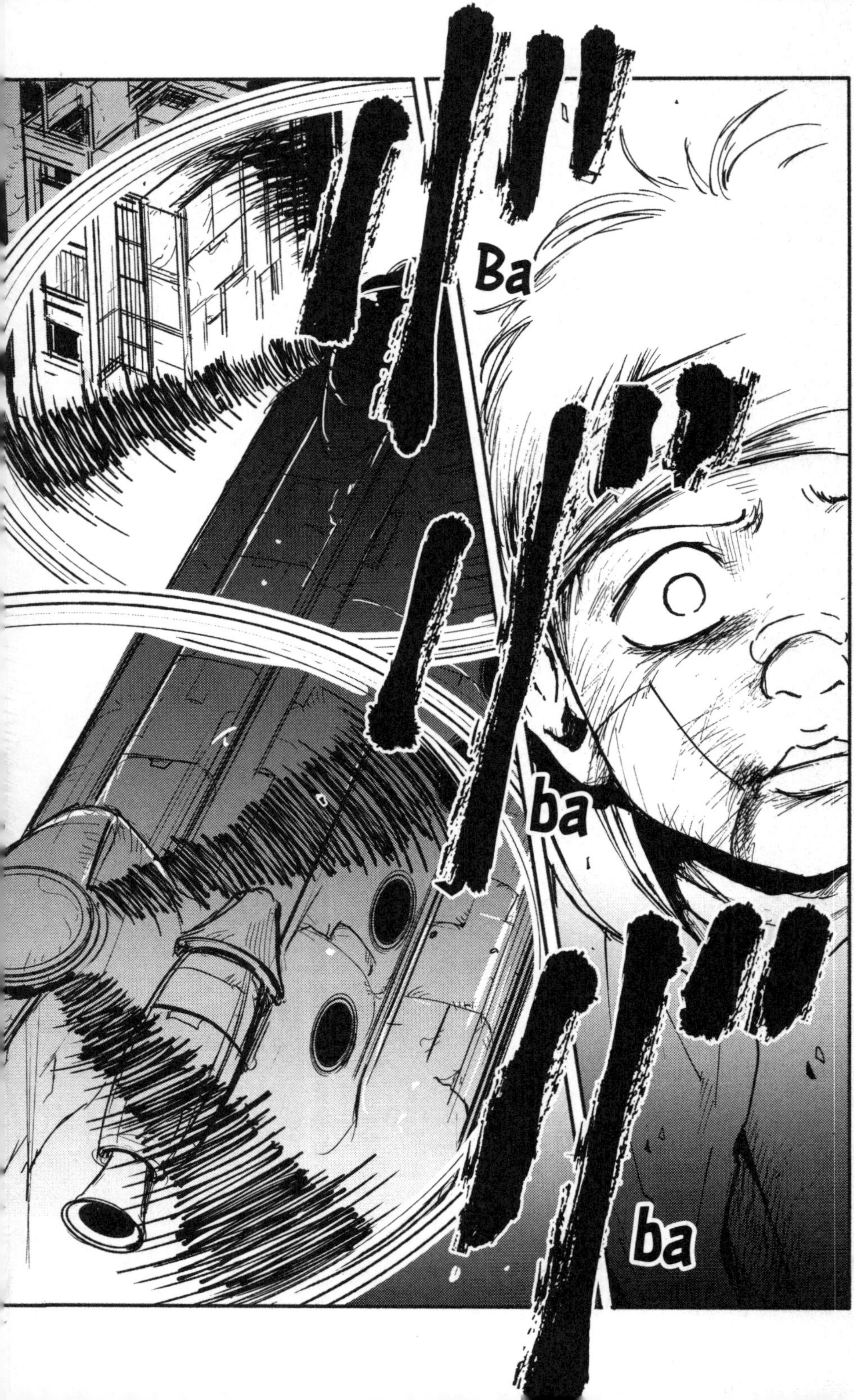
Ba
ba
ba

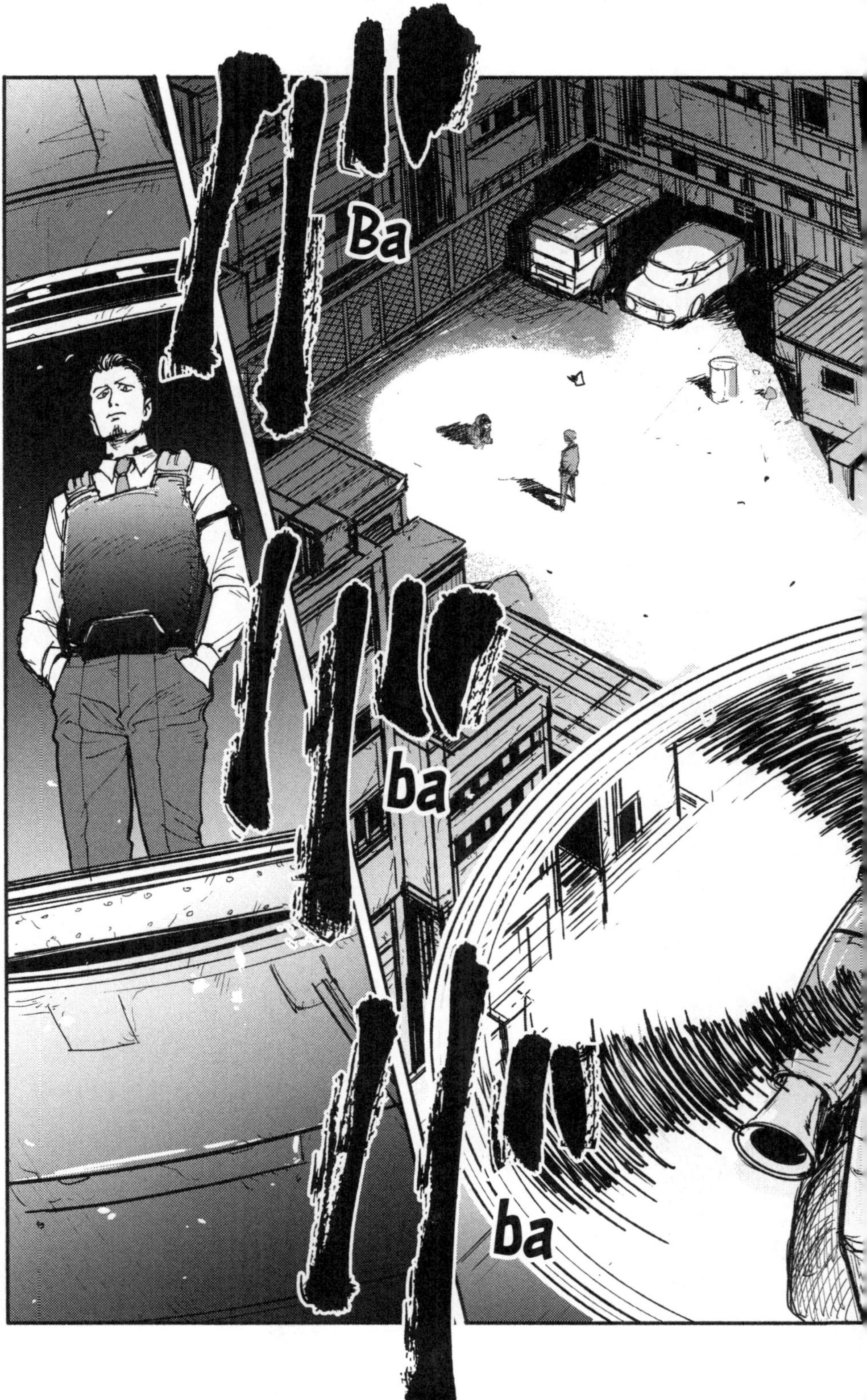
Ba
ba
ba

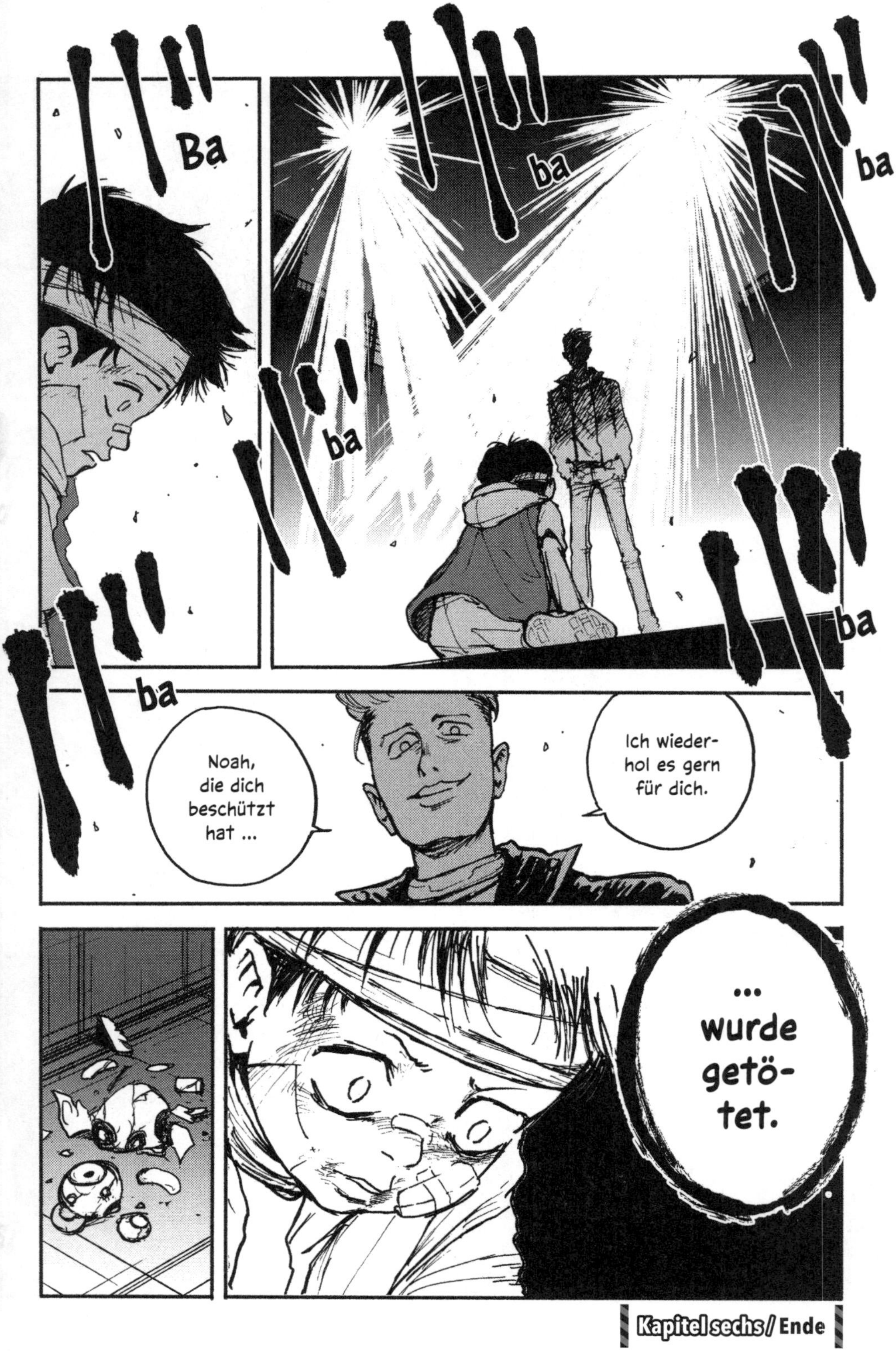
Ba
ba
ba
ba
ba
ba
Noah, die dich beschützt hat ...
Ich wiederhol es gern für dich.
... wurde getötet.
Kapitel sechs / Ende

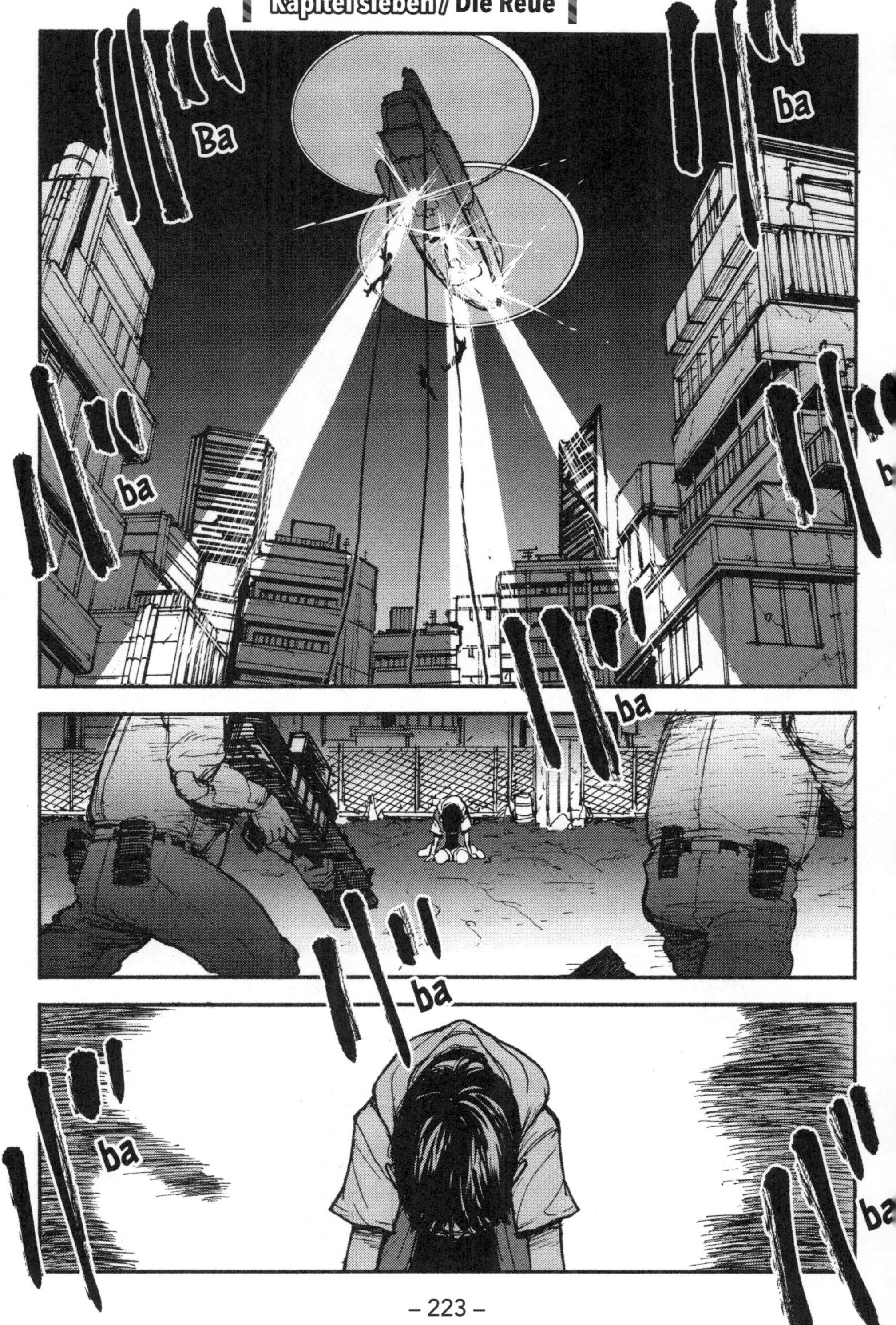
ba
Ba
ba
ba
ba
ba
ba

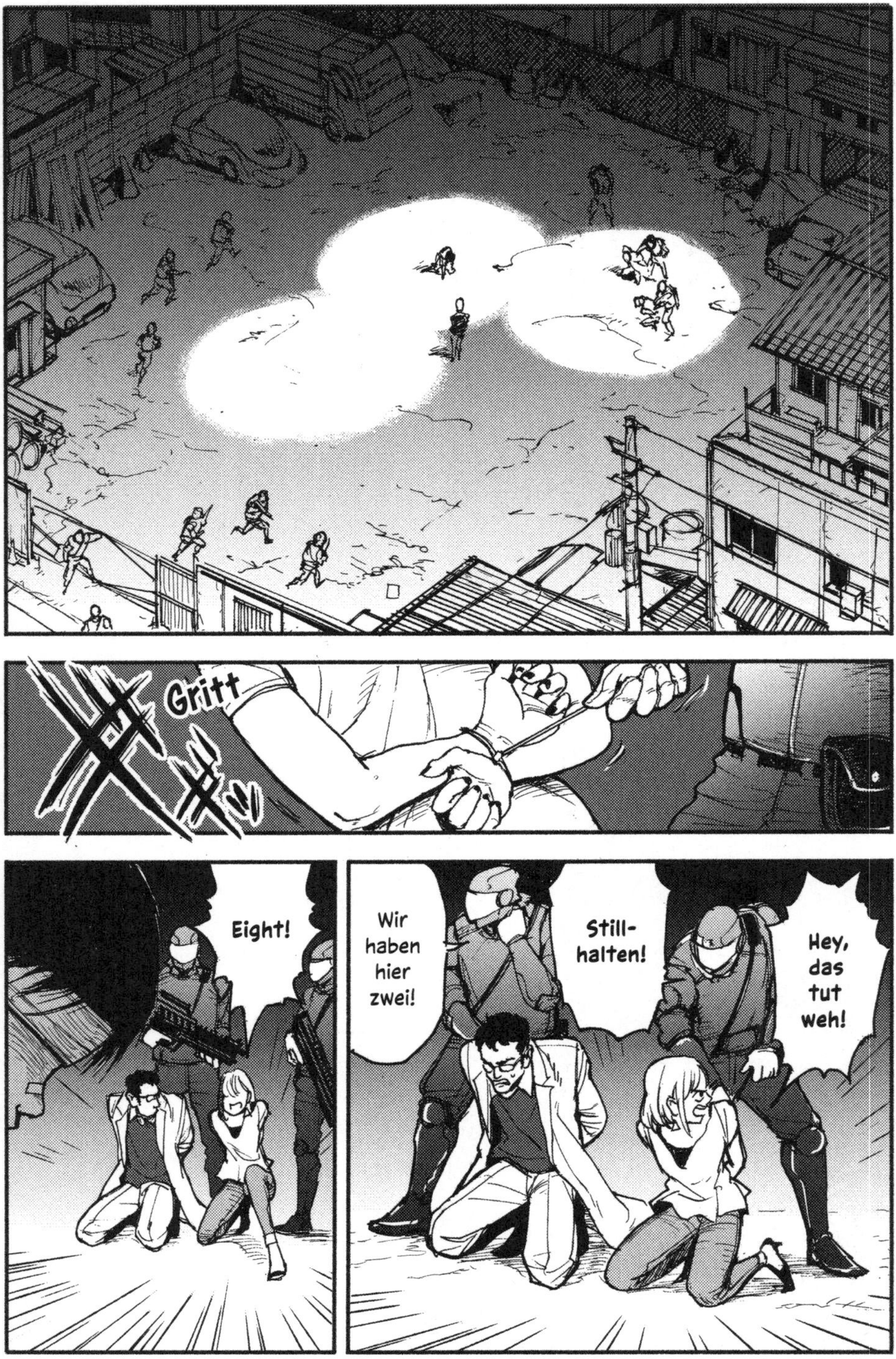
Gritt
Eight!
Wir haben hier zwei!
Still-halten!
Hey, das tut weh!

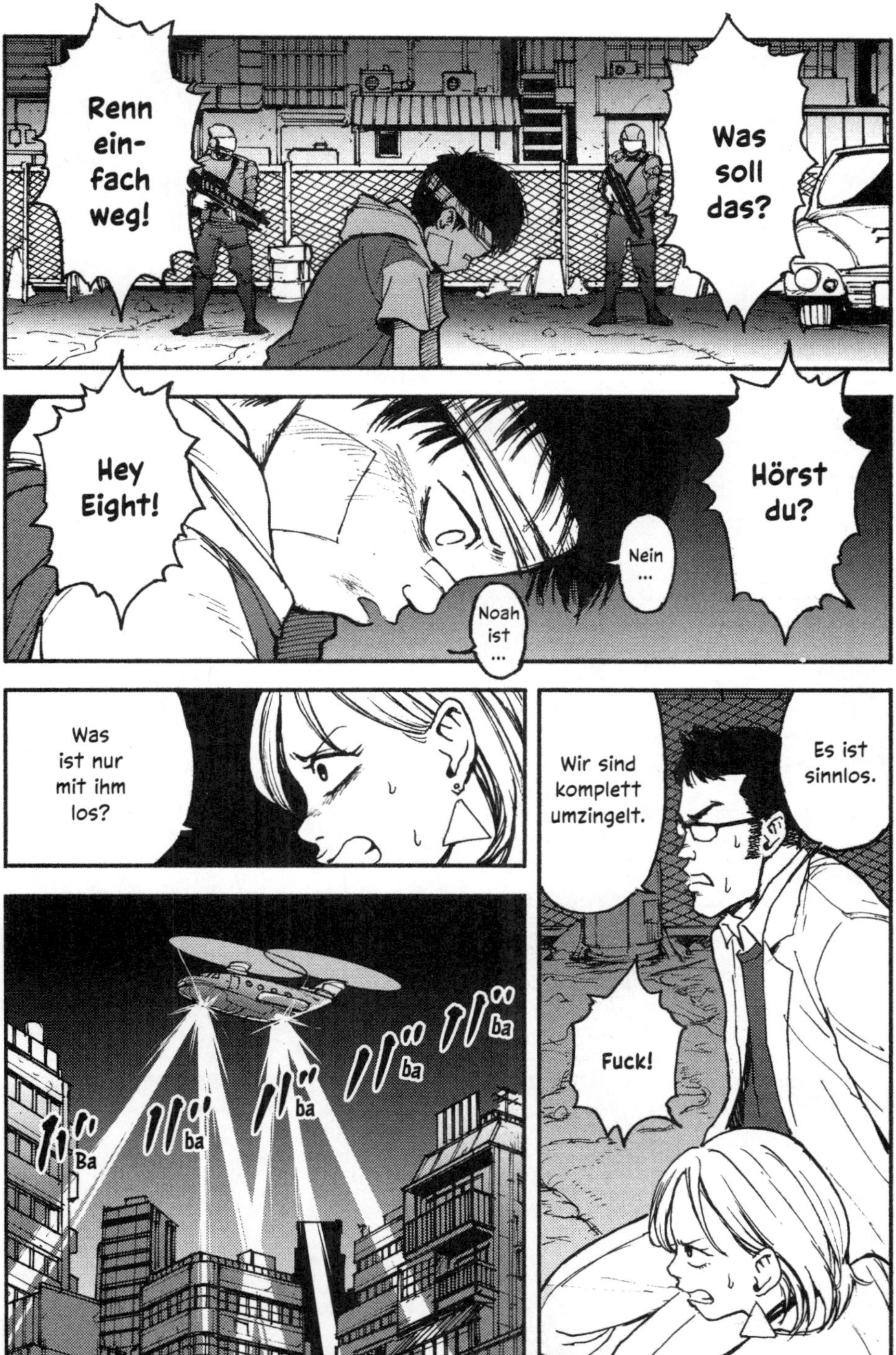
Renn ein-fach weg!
Was soll das?
Hey Eight!
Hörst du?
Nein ...
Noah ist ...
Was ist nur mit ihm los?
Es ist sinnlos.
Wir sind komplett umzingelt.
Ba
ba
ba
ba
ba
Fuck!

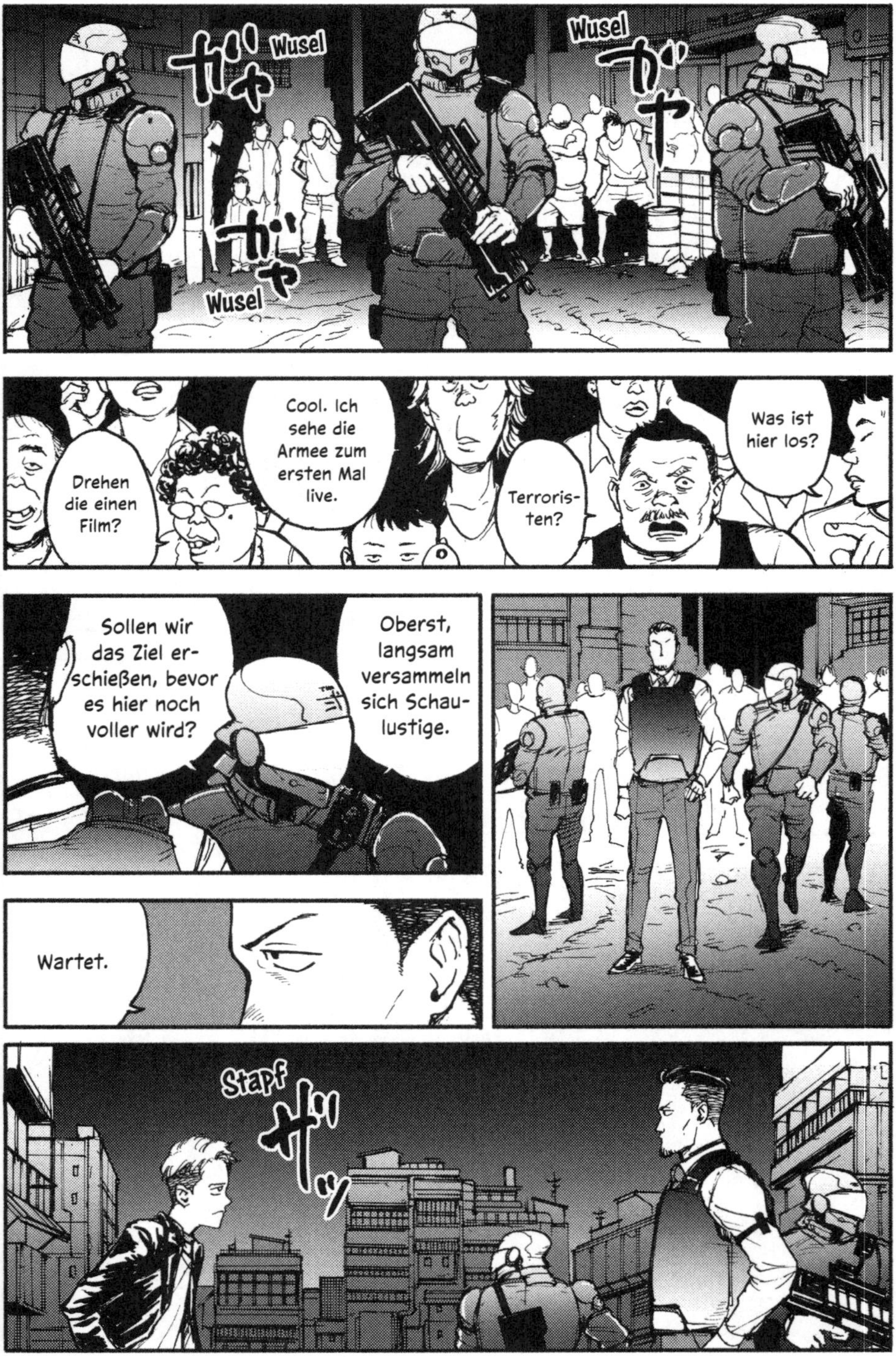
Wusel
ガヤ
Wusel
ガヤ
Wusel
ガヤ
Was ist hier los?
Terroris-ten?
Cool. Ich sehe die Armee zum ersten Mal live.
Drehen die einen Film?
Oberst, langsam versammeln sich Schaulustige.
Sollen wir das Ziel er-schießen, bevor es hier noch voller wird?
Wartet.
Stapf
ザッ

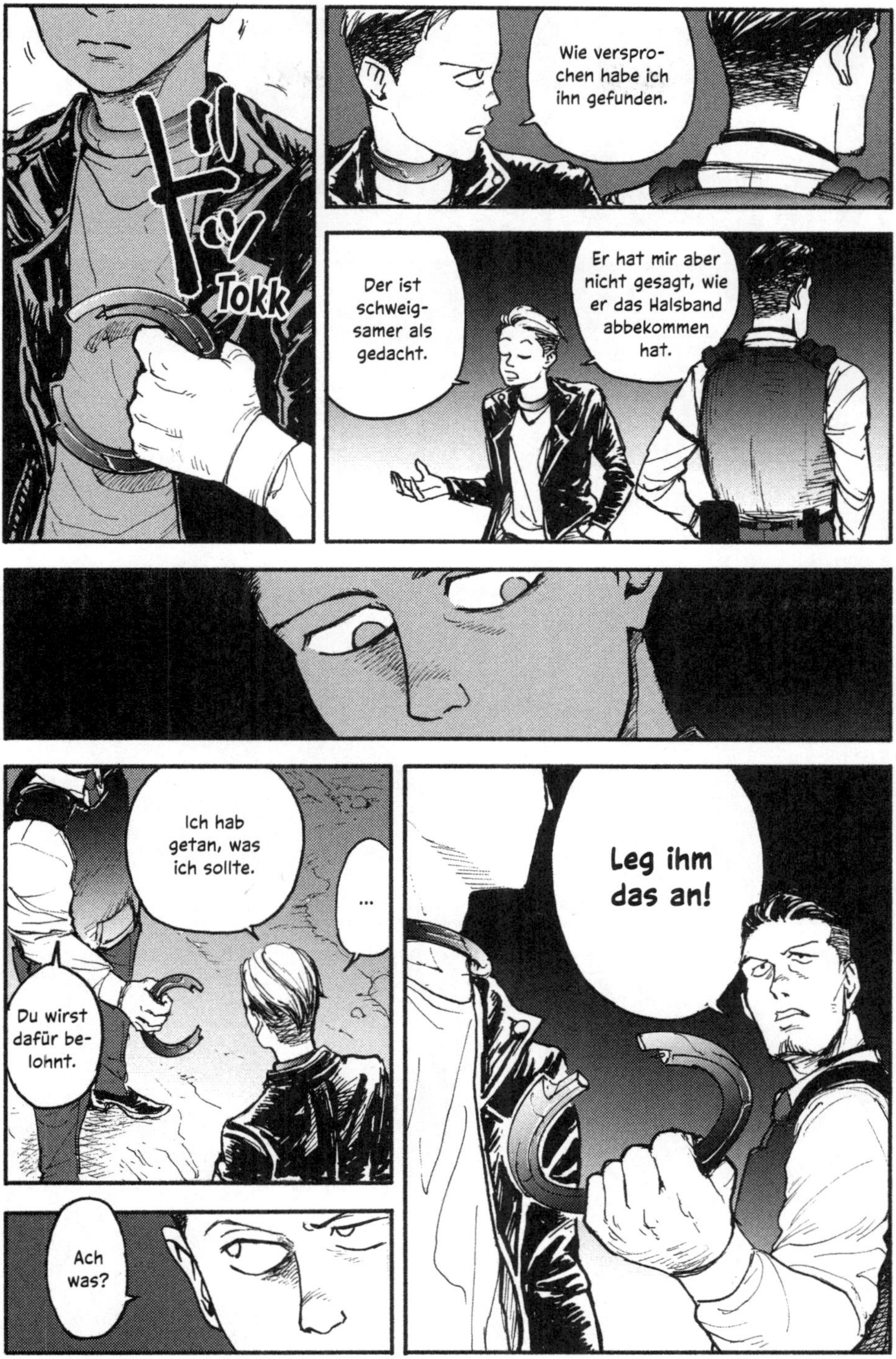
Tokk
Wie versprochen habe ich ihn gefunden.
Der ist schweigsamer als gedacht.
Er hat mir aber nicht gesagt, wie er das Halsband abbekommen hat.
Ich hab getan, was ich sollte.
...
Du wirst dafür belohnt.
Leg ihm das an!
Ach was?

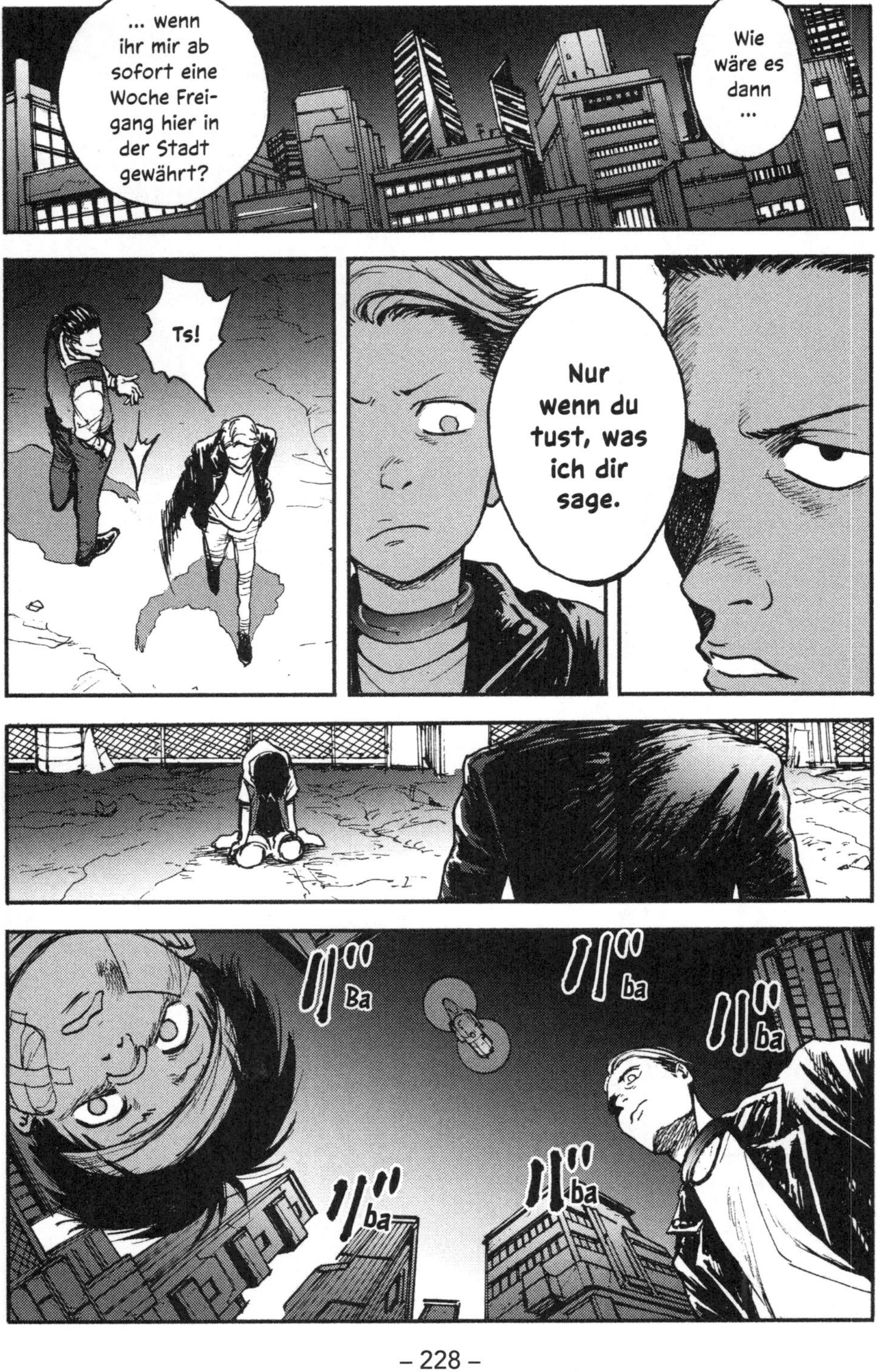
Wie wäre es dann ...
... wenn ihr mir ab sofort eine Woche Freigang hier in der Stadt gewährt?
Nur wenn du tust, was ich dir sage.
Ts!
Ba
ba
ba
ba
ba

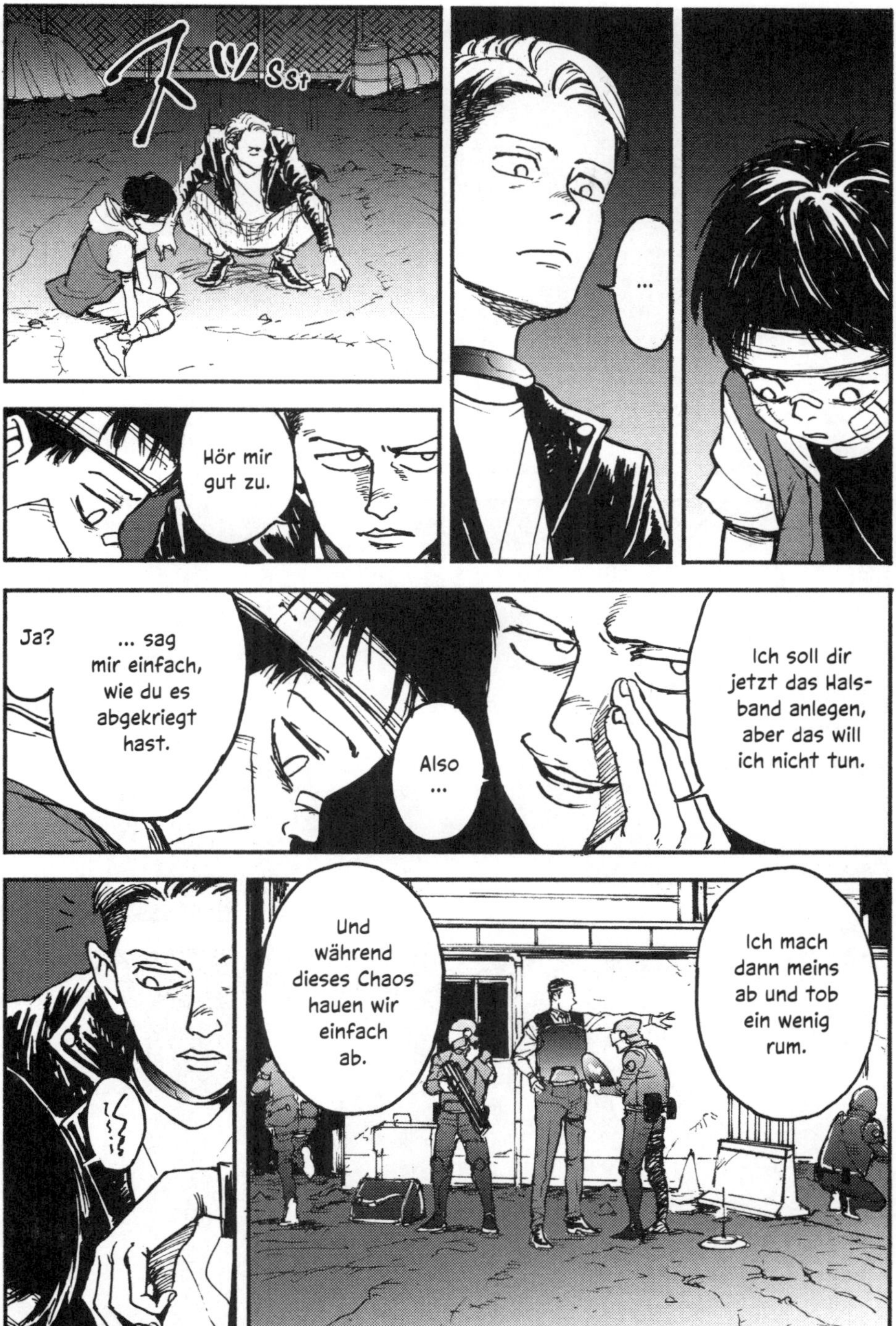

Sst
...
Hör mir gut zu.
Ich soll dir jetzt das Halsband anlegen, aber das will ich nicht tun.
Also ...
... sag mir einfach, wie du es abgekriegt hast.
Ja?
Ich mach dann meins ab und tob ein wenig rum.
Und während dieses Chaos hauen wir einfach ab.

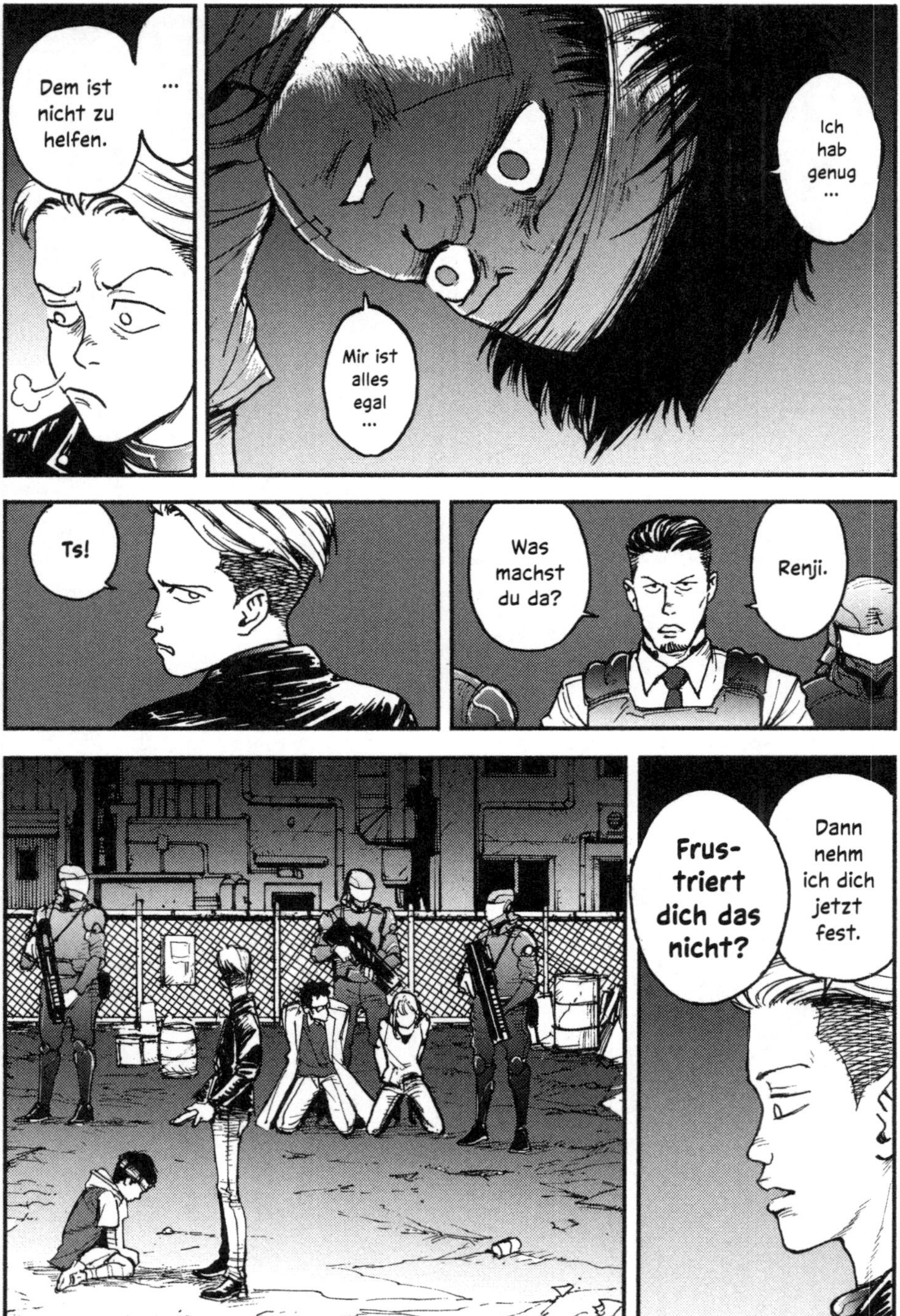
Ich hab genug ...
Mir ist alles egal ...
...
Dem ist nicht zu helfen.
Renji.
Was machst du da?
Ts!
Dann nehm ich dich jetzt fest.
Frus-triert dich das nicht?

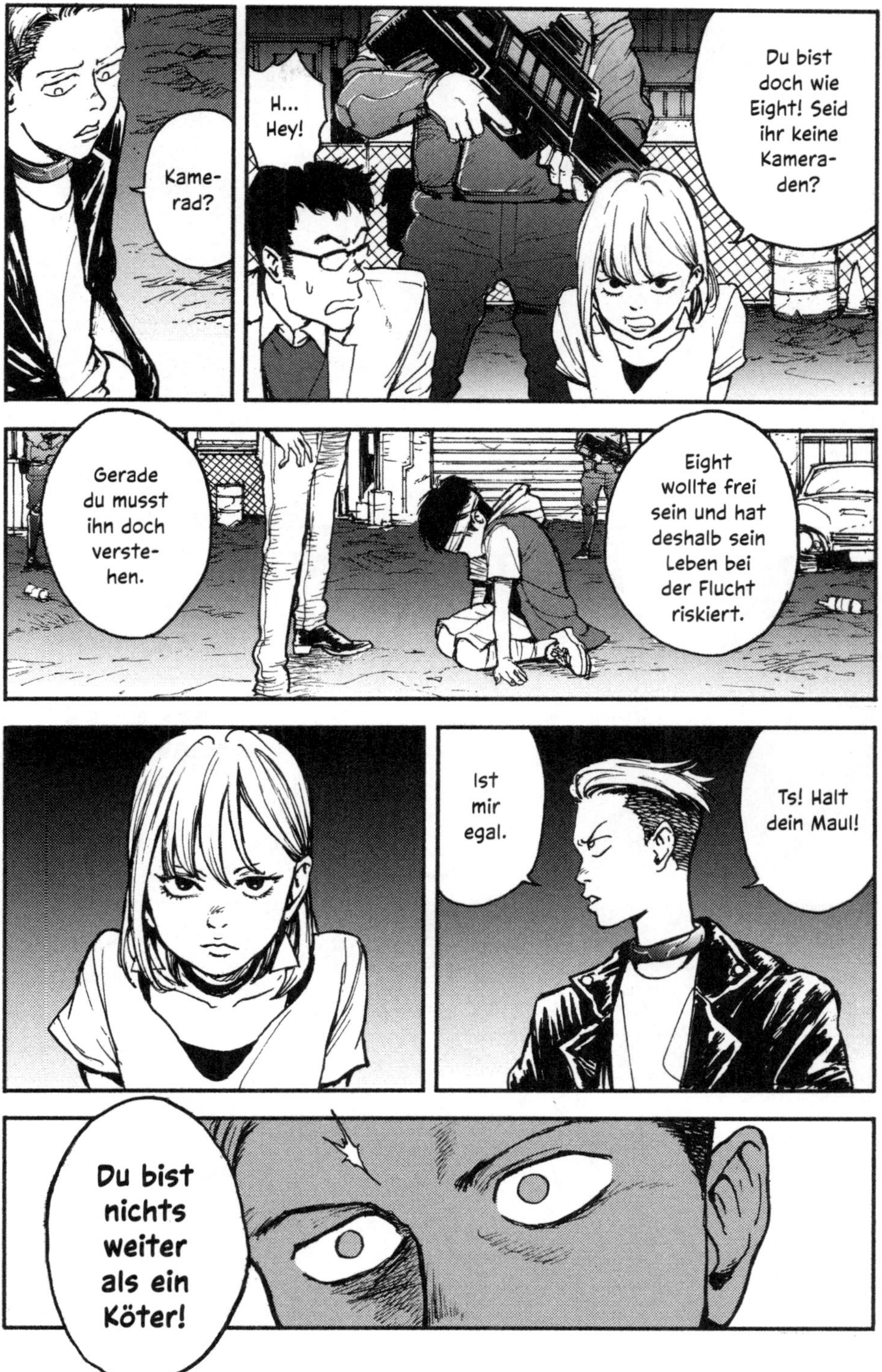
Du bist doch wie Eight! Seid ihr keine Kamera-den?
H... Hey!
Kame-rad?
Eight wollte frei sein und hat deshalb sein Leben bei der Flucht riskiert.
Gerade du musst ihn doch verste-hen.
Ts! Halt dein Maul!
Ist mir egal.
Du bist nichts weiter als ein Köter!

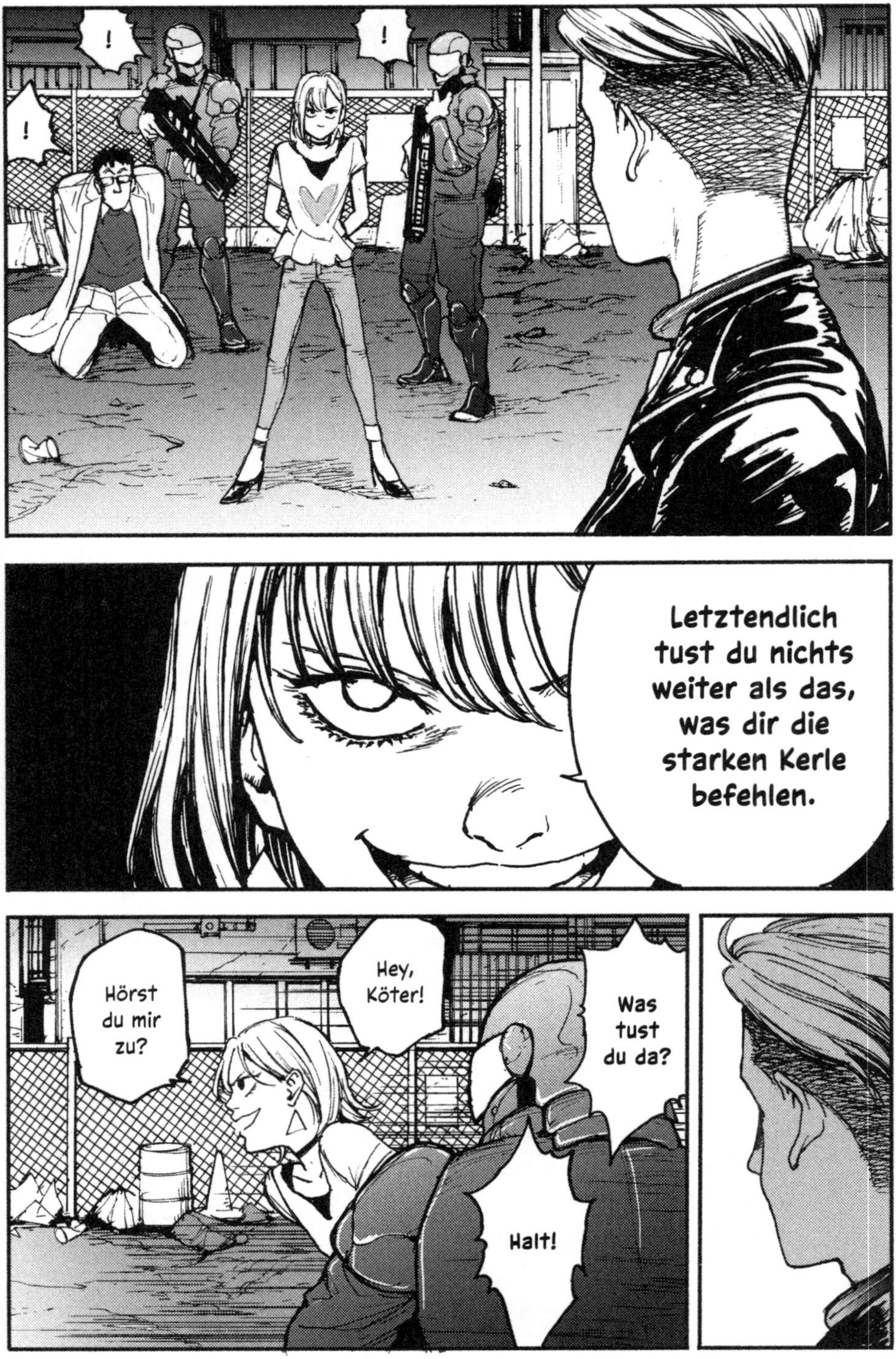
!
!
!
Letztendlich tust du nichts weiter als das, was dir die starken Kerle befehlen.
Was tust du da?
Halt!
Hey, Köter!
Hörst du mir zu?

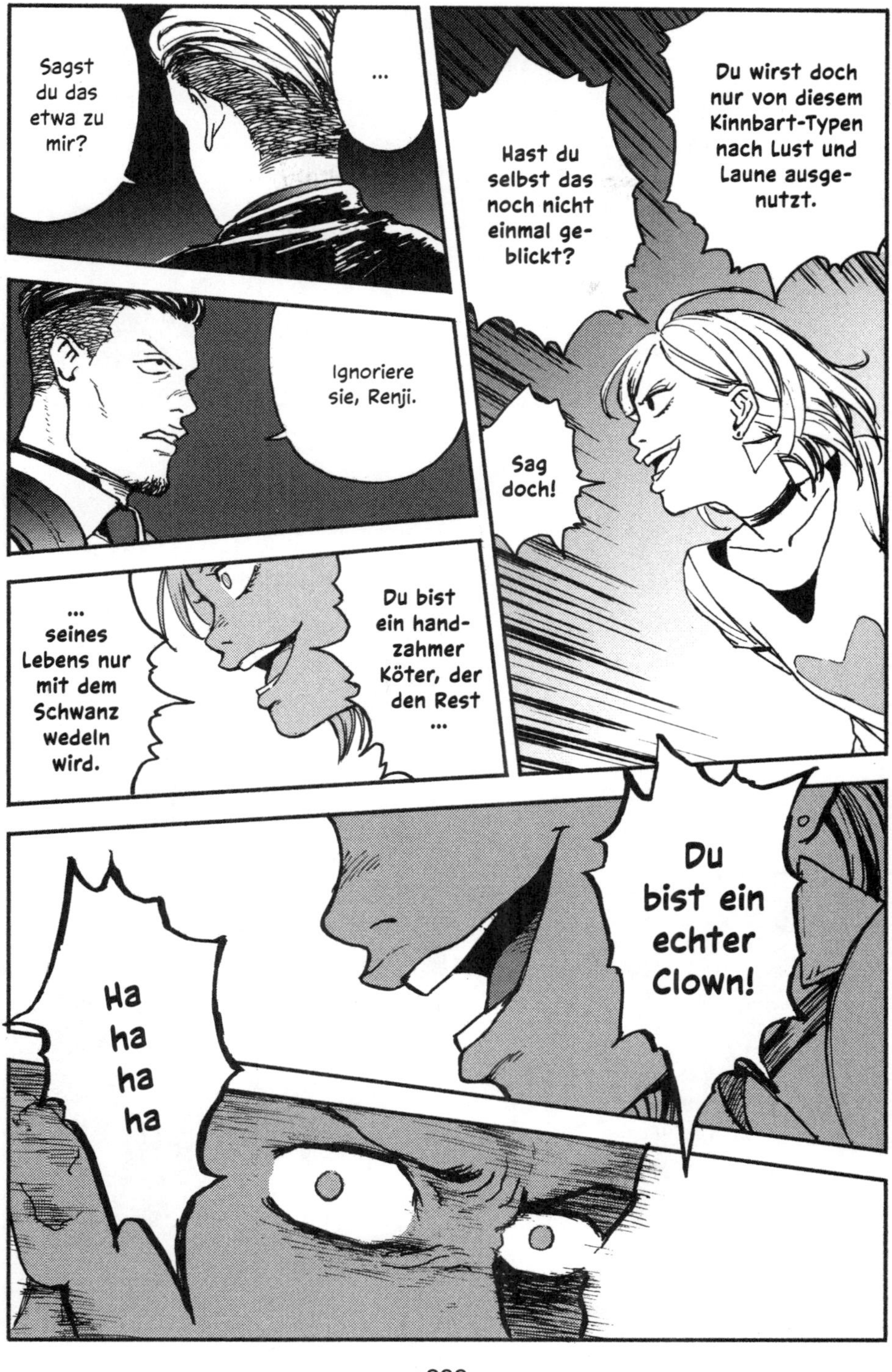
Du wirst doch nur von diesem Kinnbart-Typen nach Lust und Laune ausgenutzt.
Hast du selbst das noch nicht einmal geblickt?
Sag doch!
...
Sagst du das etwa zu mir?
Ignoriere sie, Renji.
Du bist ein handzahmer Köter, der den Rest ...
... seines Lebens nur mit dem Schwanz wedeln wird.
Du bist ein echter Clown!
Ha ha ha ha

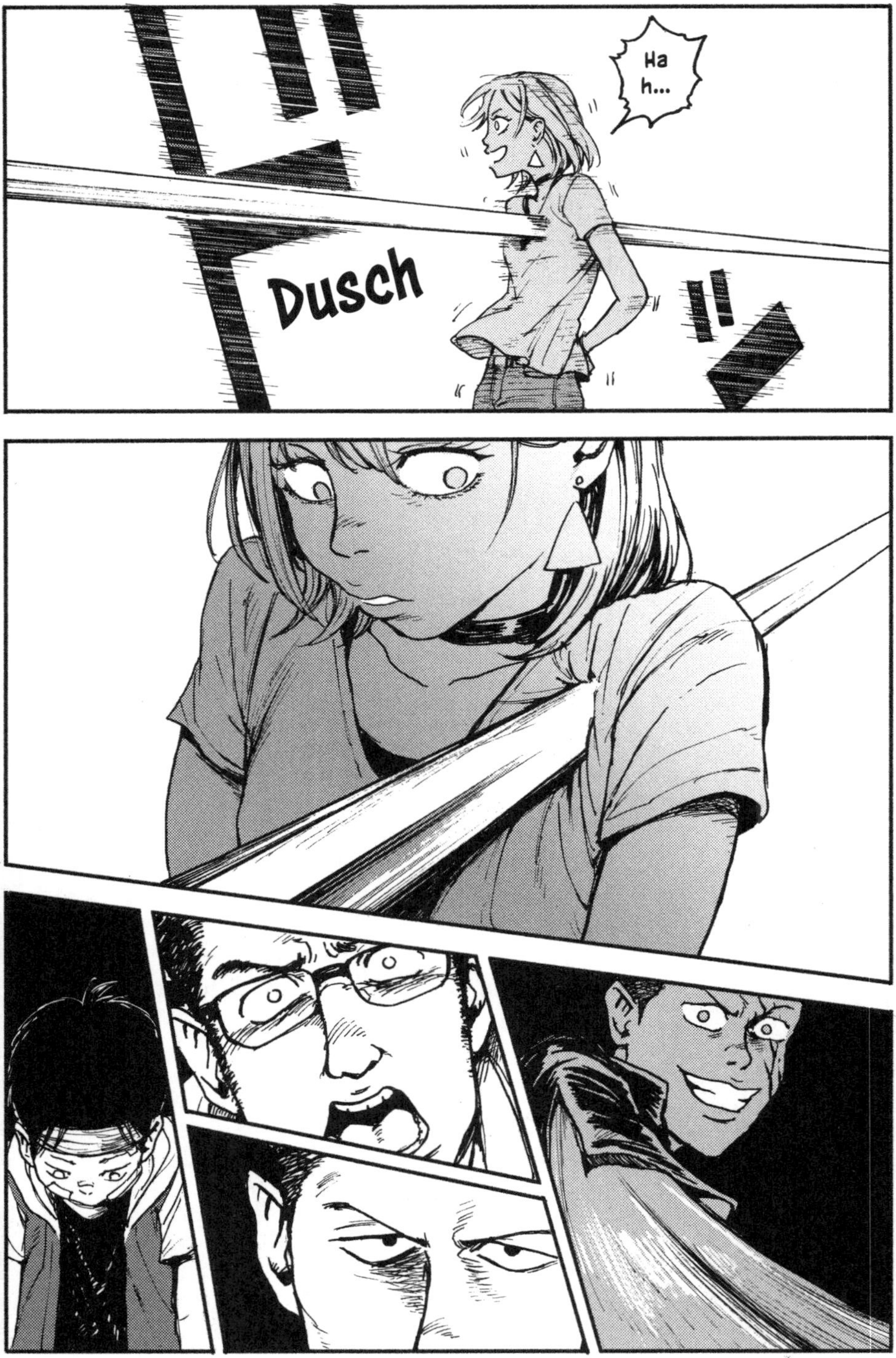
Ha
h...
Dusch

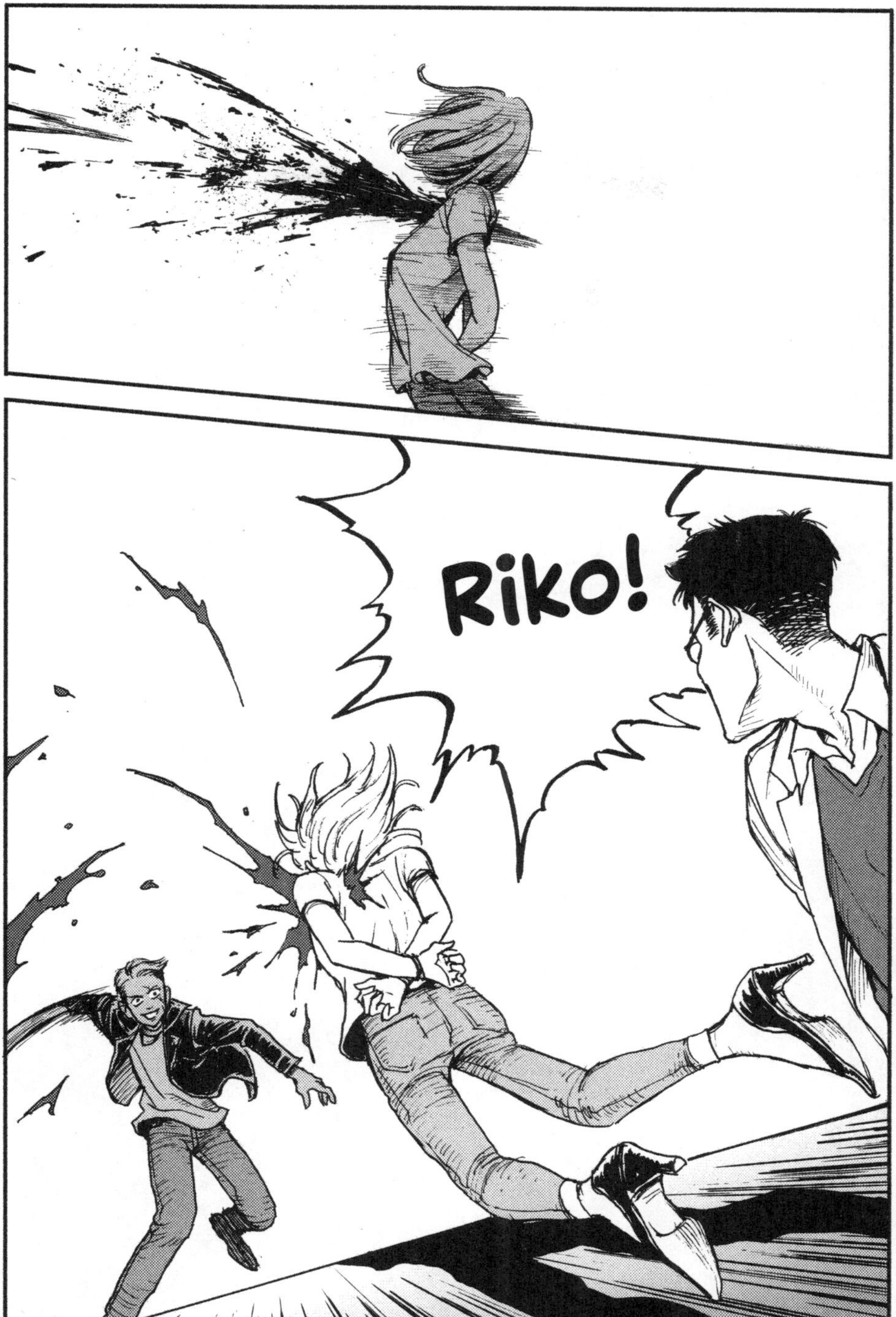
Riko!

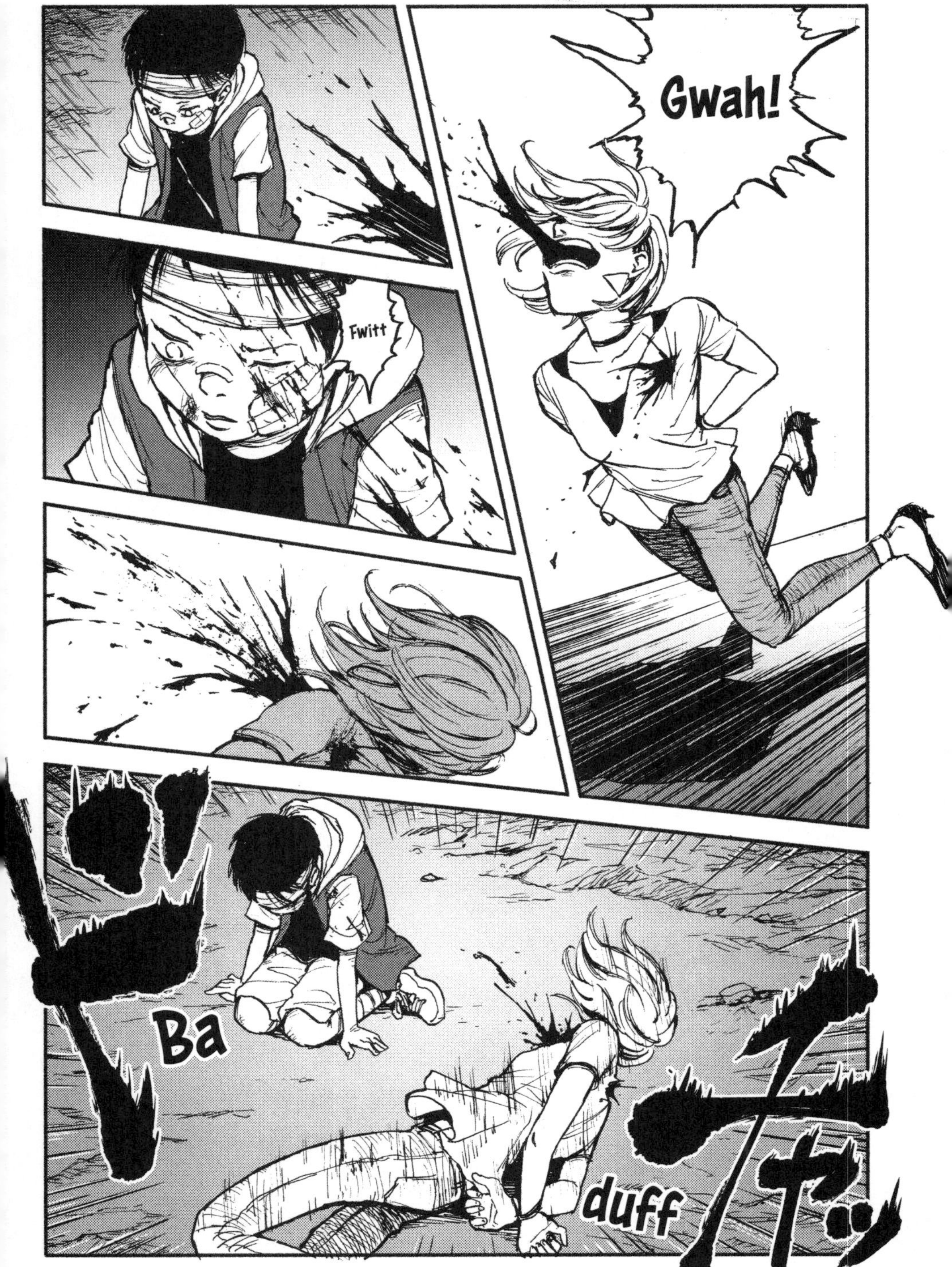
Gwah!
Fwitt
Ba
duff

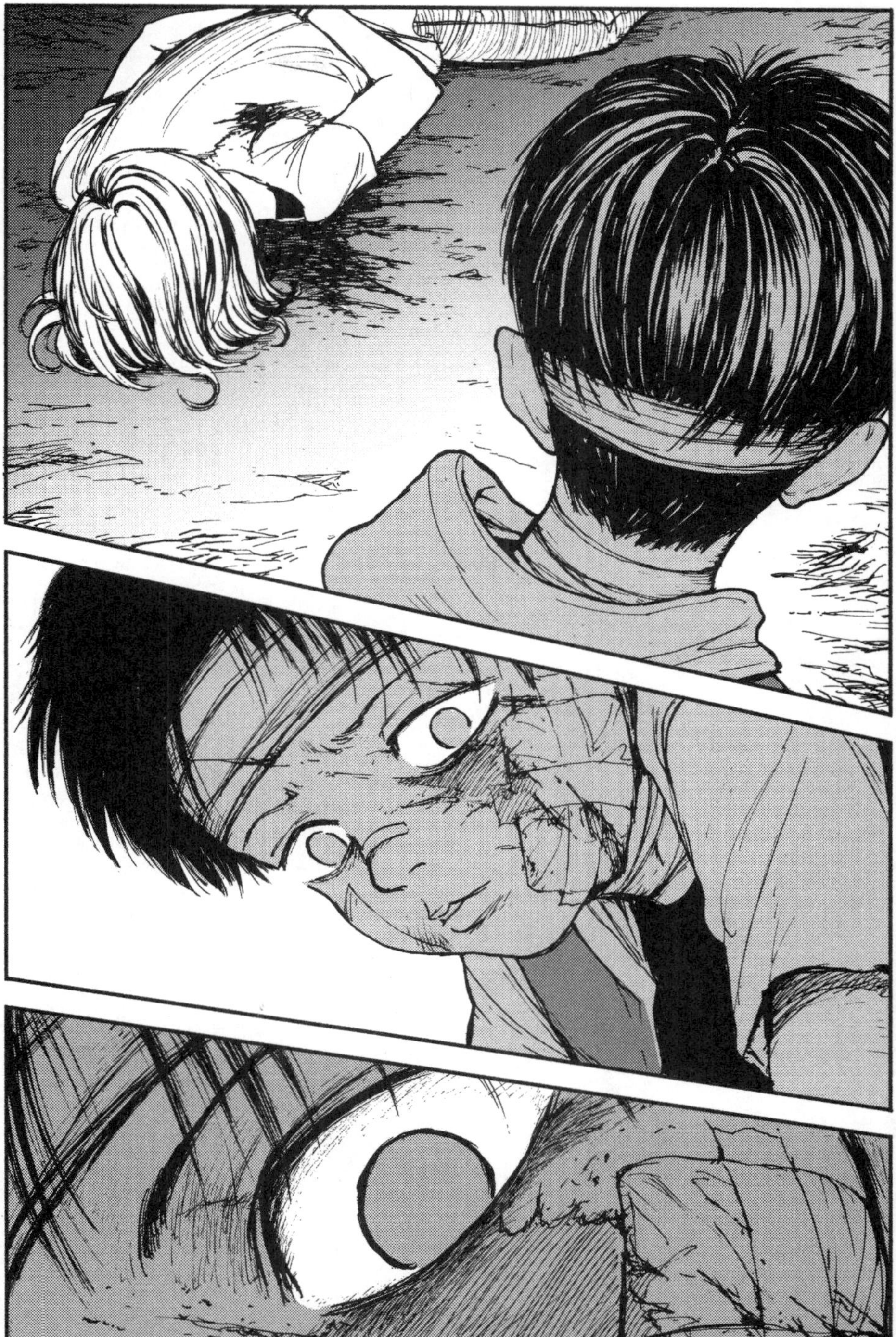

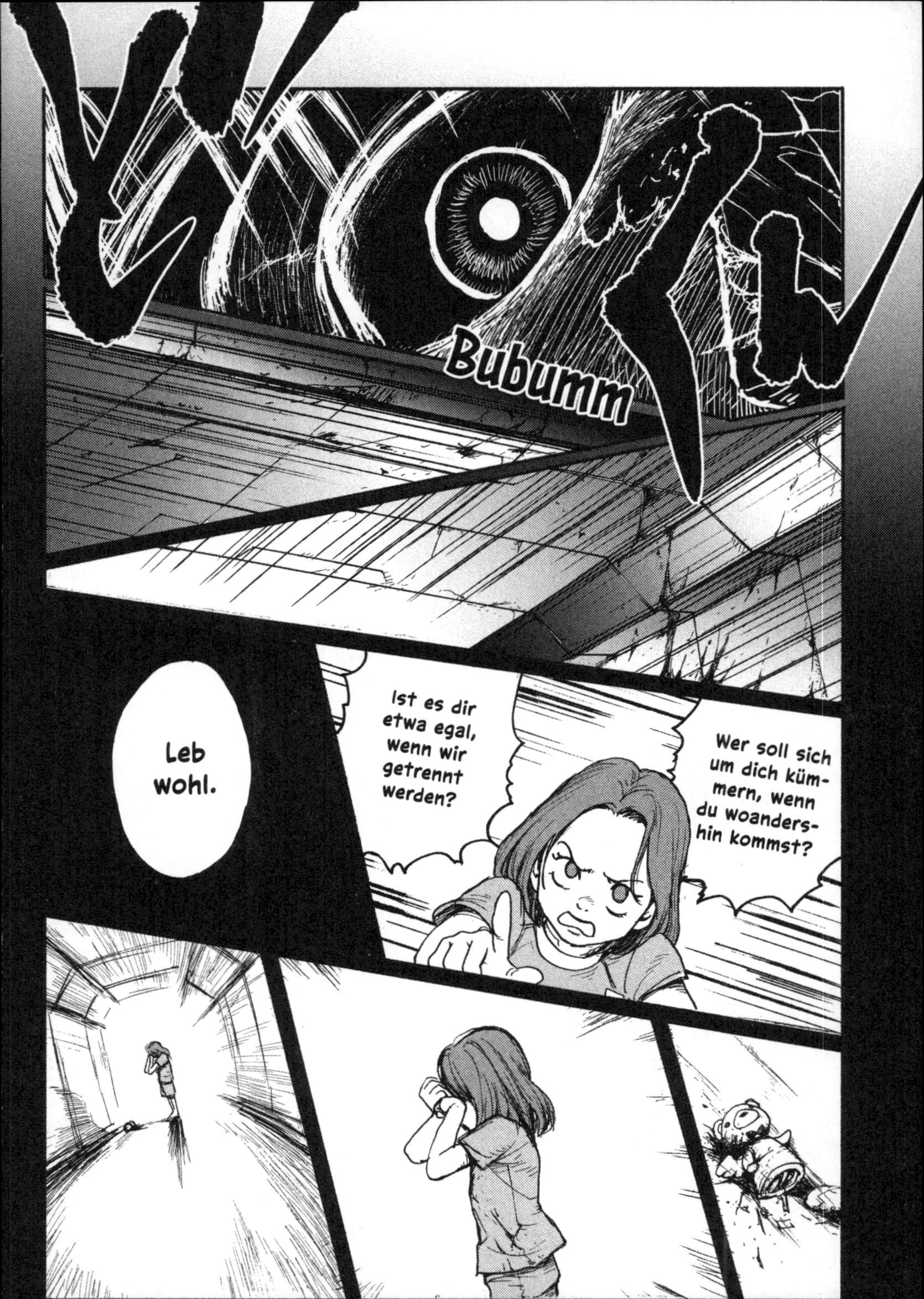
Bubumm
Ist es dir etwa egal, wenn wir getrennt werden?
Wer soll sich um dich kümmern, wenn du woandershin kommst?
Leb wohl.

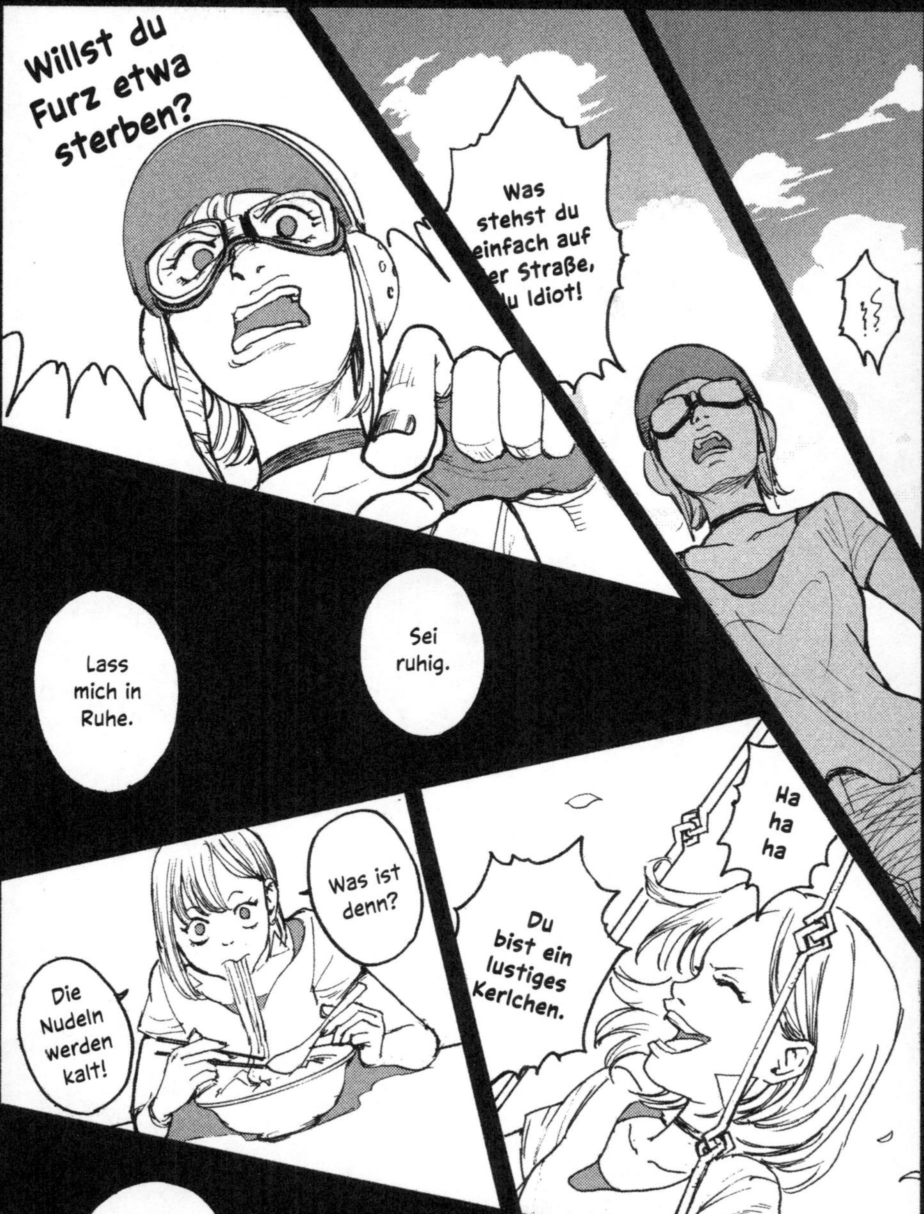
!?
Was stehst du einfach auf er Straße, u Idiot!
Willst du Furz etwa sterben?
Sei ruhig.
Lass mich in Ruhe.
Ha ha ha
Du bist ein lustiges Kerlchen.
Was ist denn?
Die Nudeln werden kalt!
Kümmer dich nicht um mich!

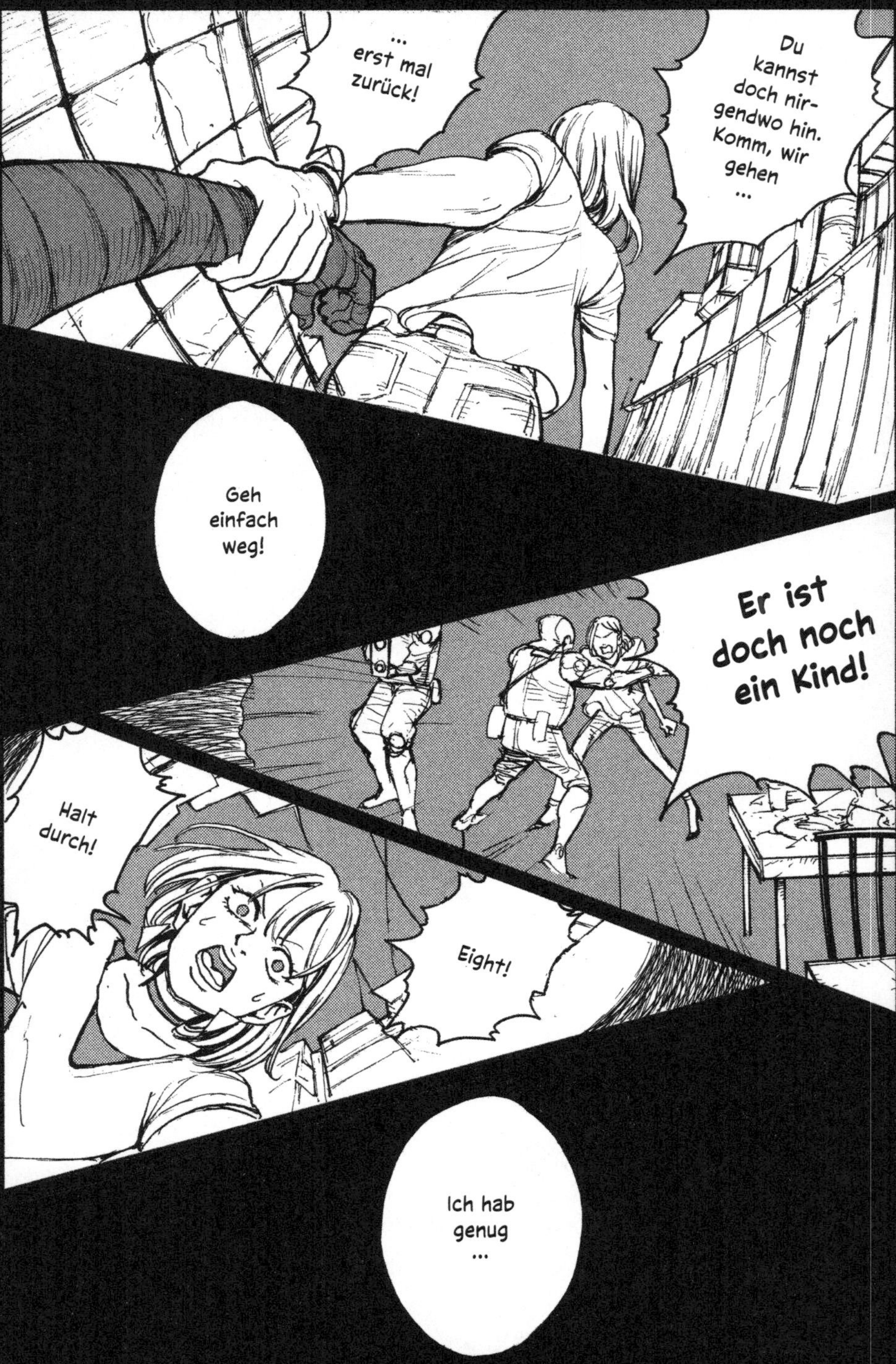
Du kannst doch nir-gendwo hin. Komm, wir gehen ...
... erst mal zurück!
Geh einfach weg!
Er ist doch noch ein Kind!
Eight!
Halt durch!
Ich hab genug ...

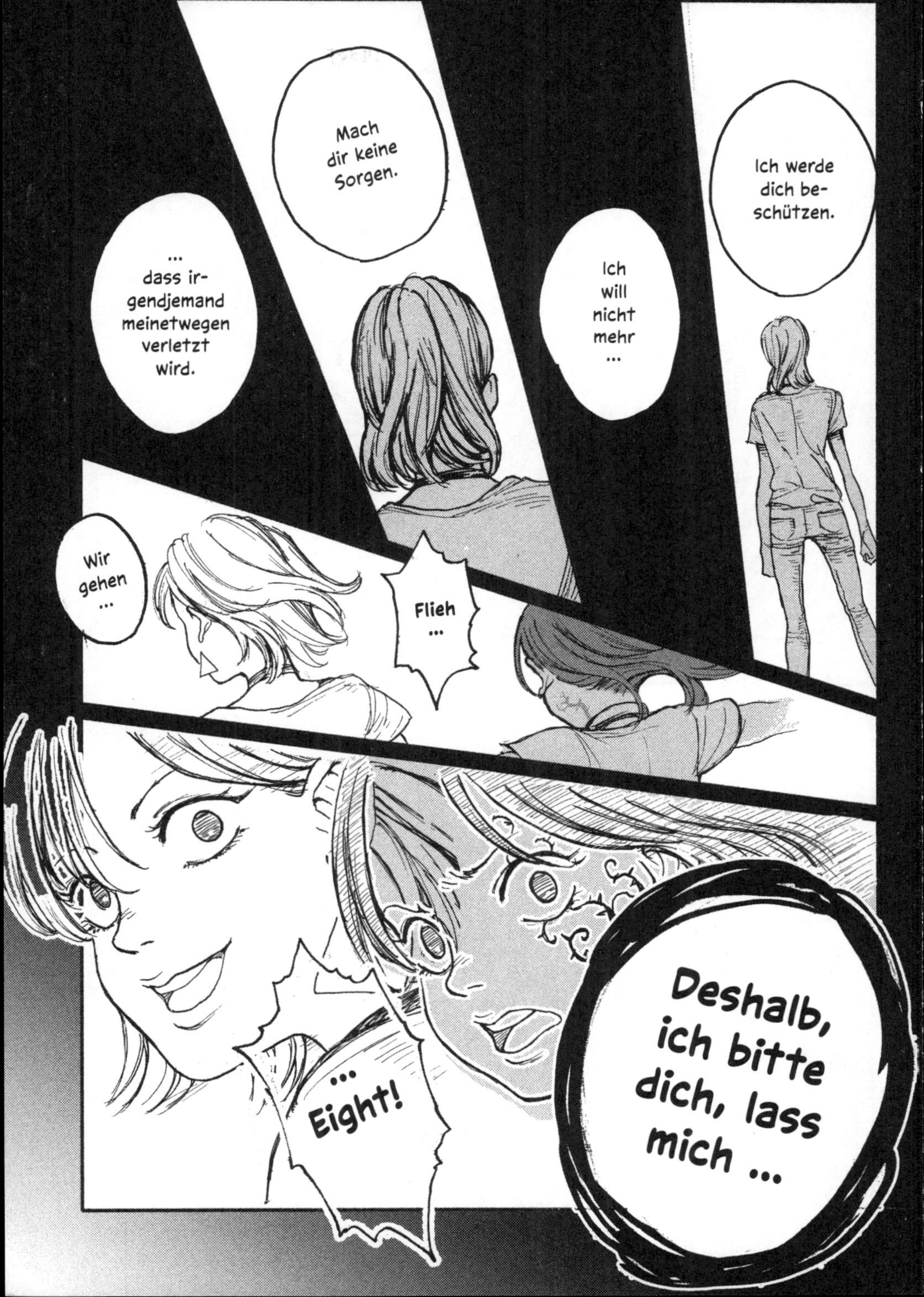

Ich werde dich beschützen.
Ich will nicht mehr ...
Mach dir keine Sorgen.
... dass irgendjemand meinetwegen verletzt wird.
Flieh ...
Wir gehen ...
Deshalb, ich bitte dich, lass mich ...
... Eight!

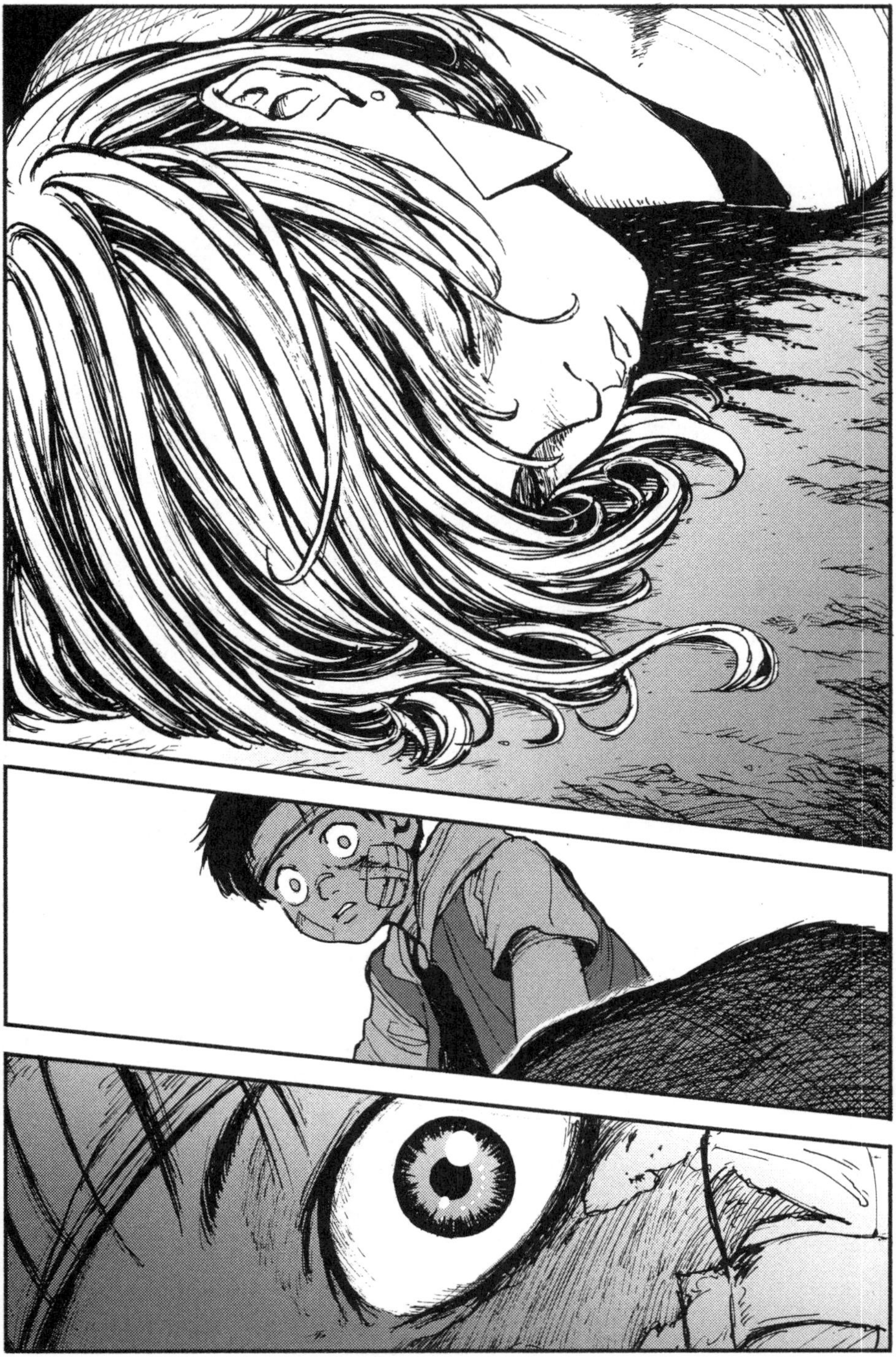

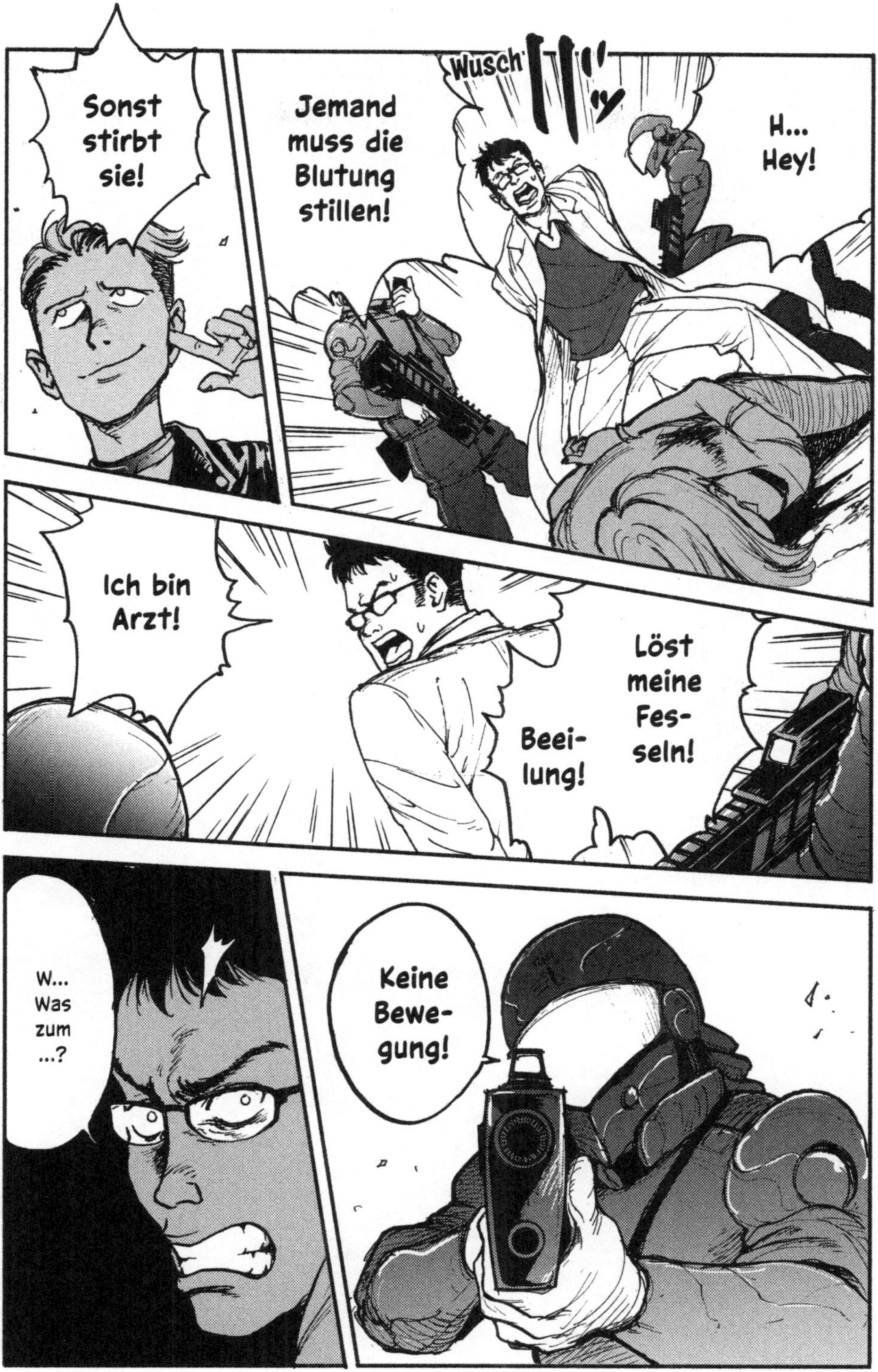
Sonst stirbt sie!
Jemand muss die Blutung stillen!
Wusch
H... Hey!
Ich bin Arzt!
Löst meine Fesseln!
Beeilung!
W... Was zum ...?
Keine Bewegung!

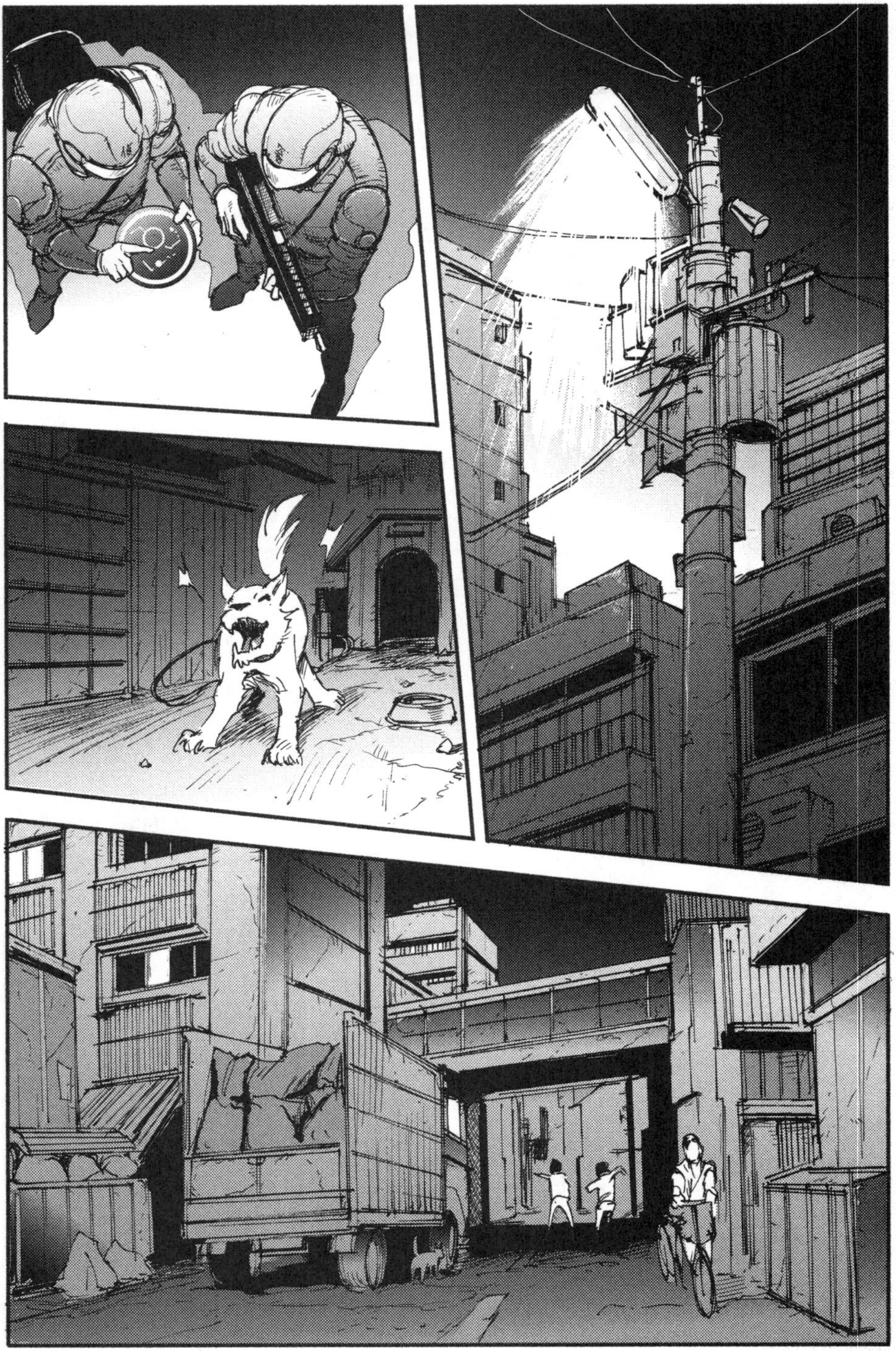

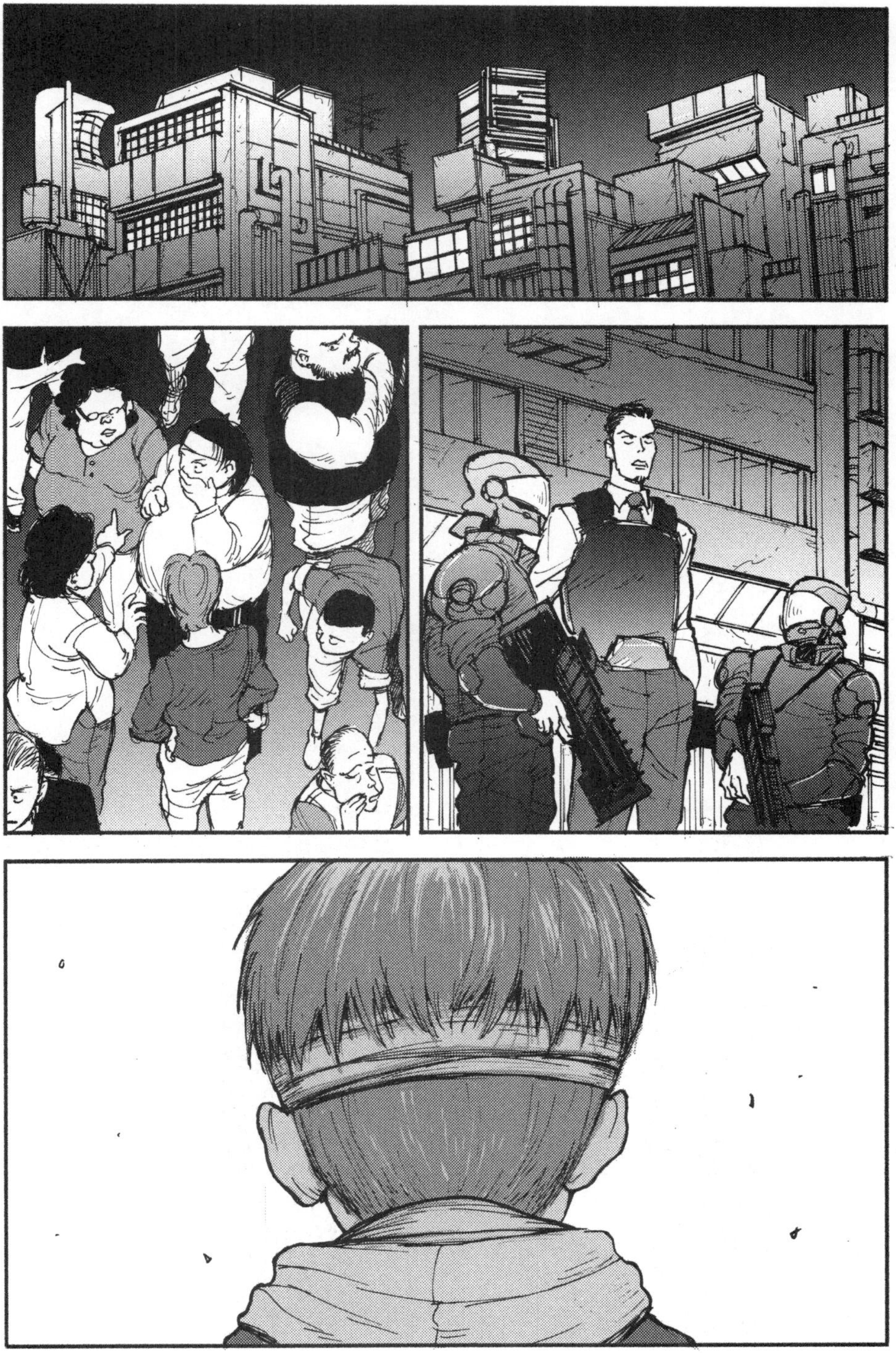

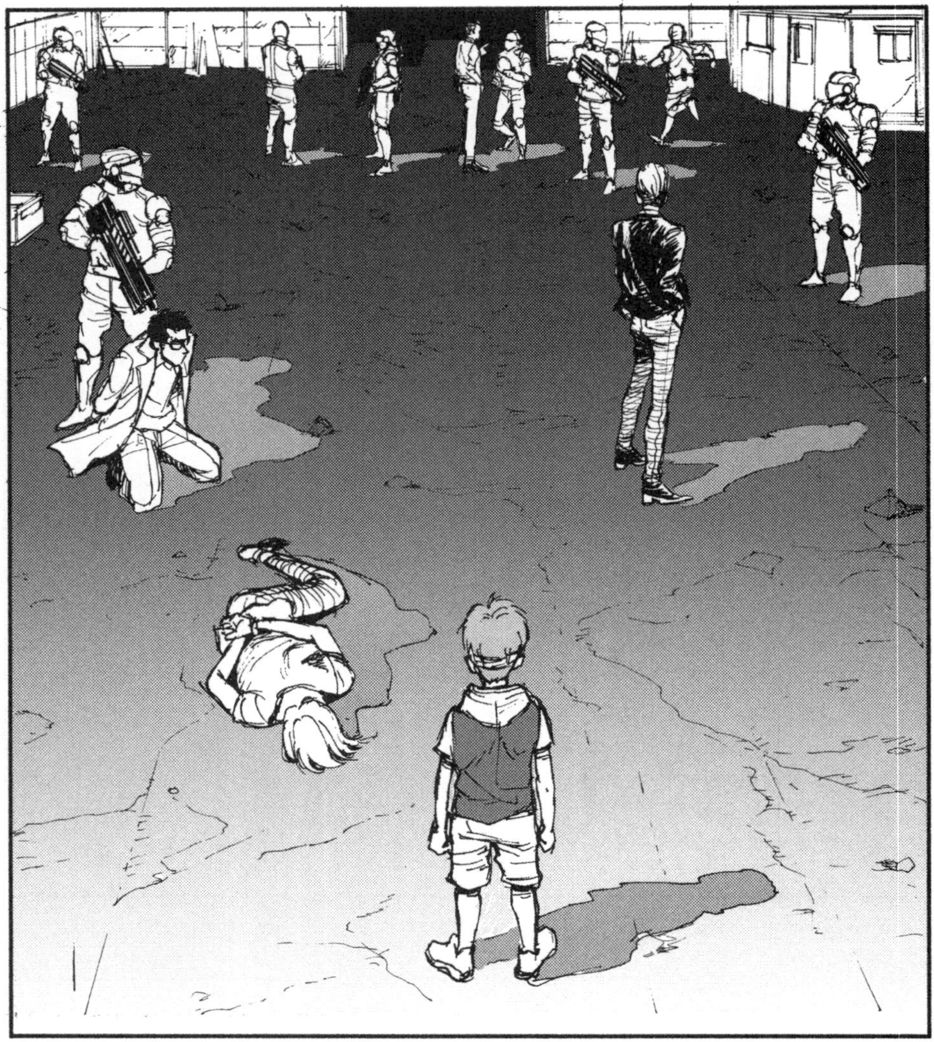

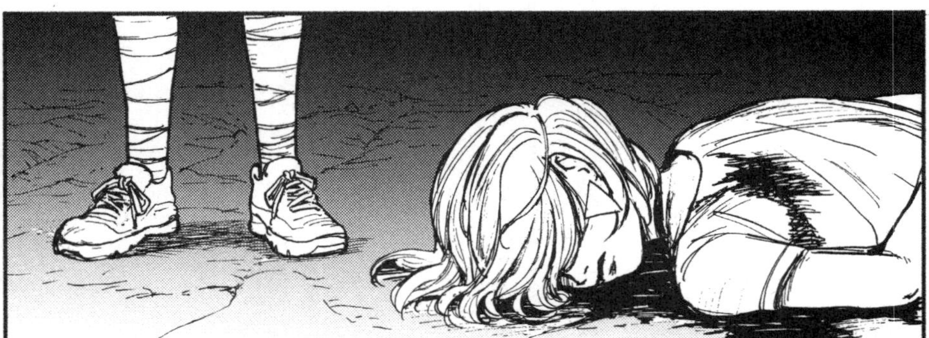

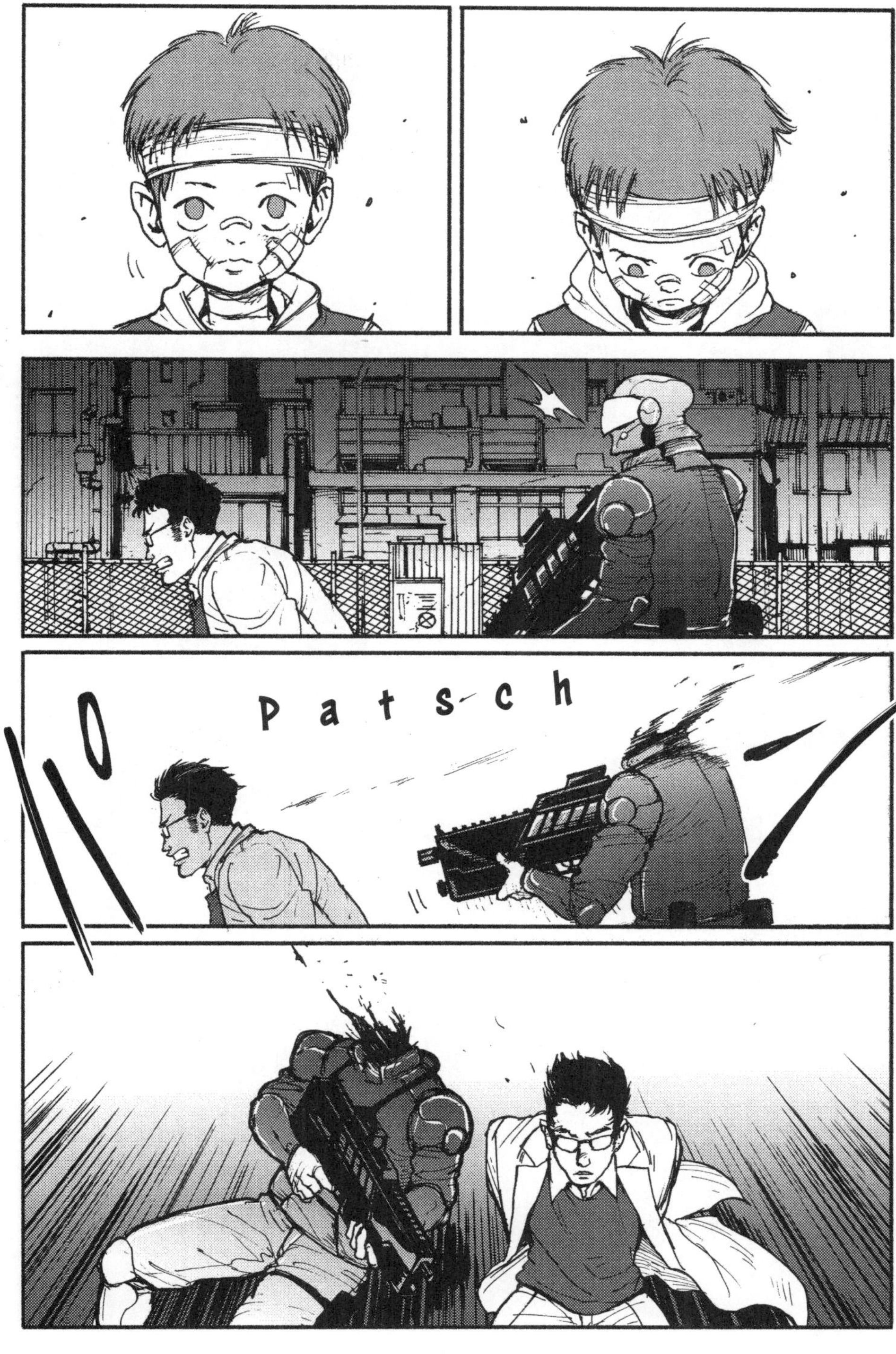
Patsch

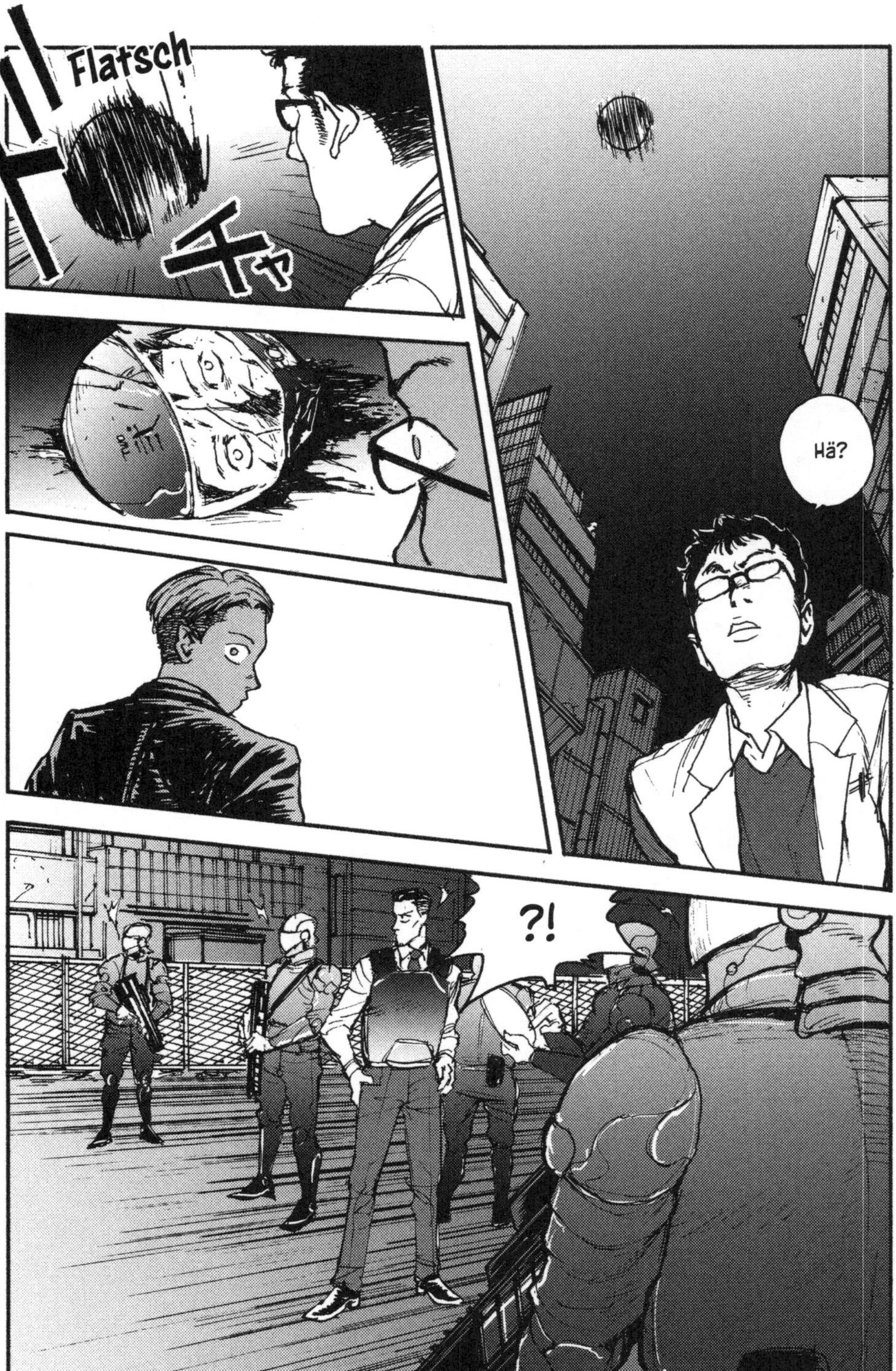
Flatsch
Hä?
?!

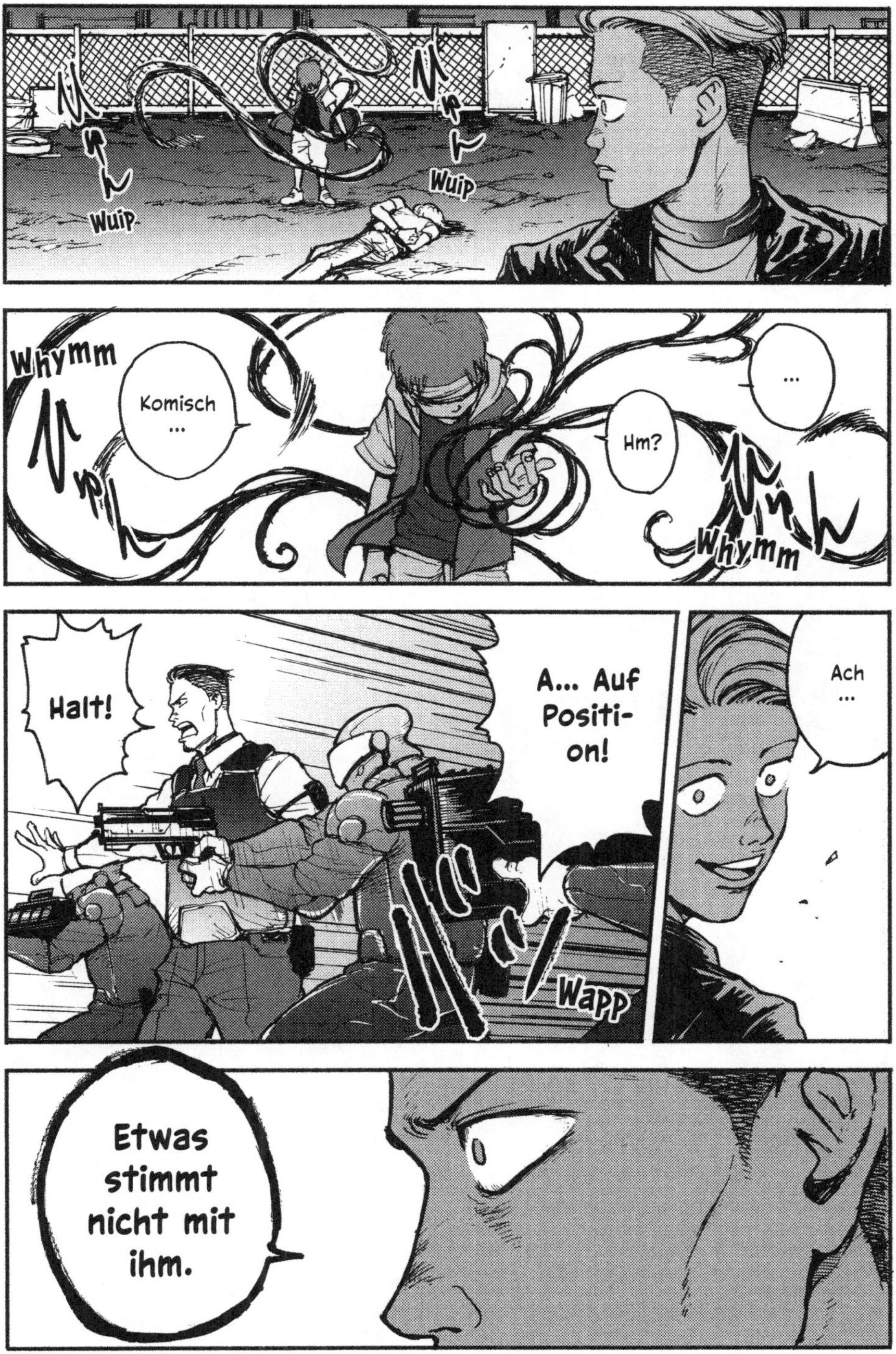

Wuip
Wuip
Whymm
Komisch ...
Hm?
...
Whymm
Halt!
A... Auf Positi-on!
Wapp
Ach ...
Etwas stimmt nicht mit ihm.

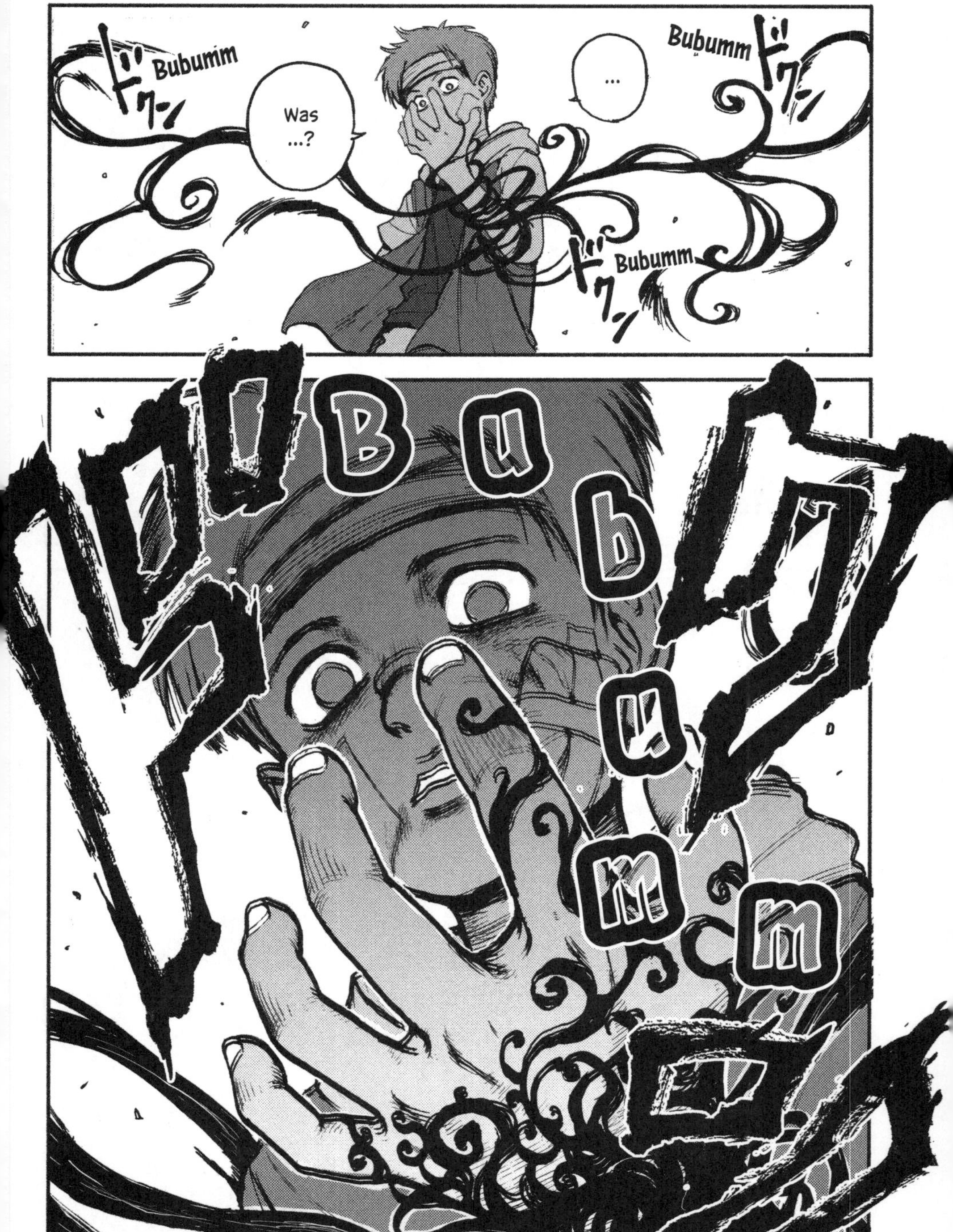

Kapitel sieben / Ende

Mitarbeit an der Geschichte
(erstes bis drittes Kapitel)
Sachiwo Okamoto
Minami Nakai

FORTSETZUNG FOLGT ...

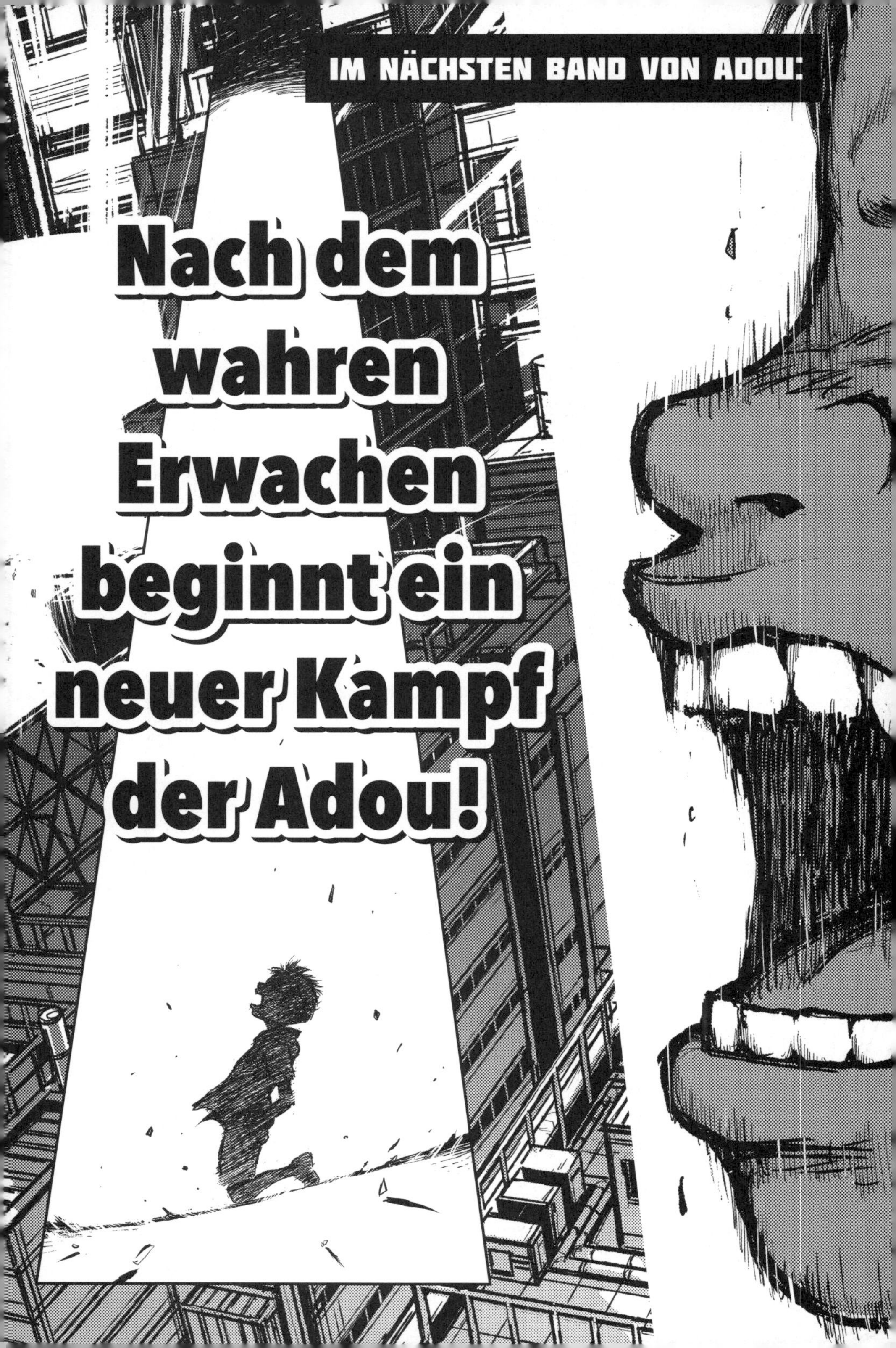
IM NÄCHSTEN BAND VON ADOU:
Nach dem wahren Erwachen beginnt ein neuer Kampf der Adou!

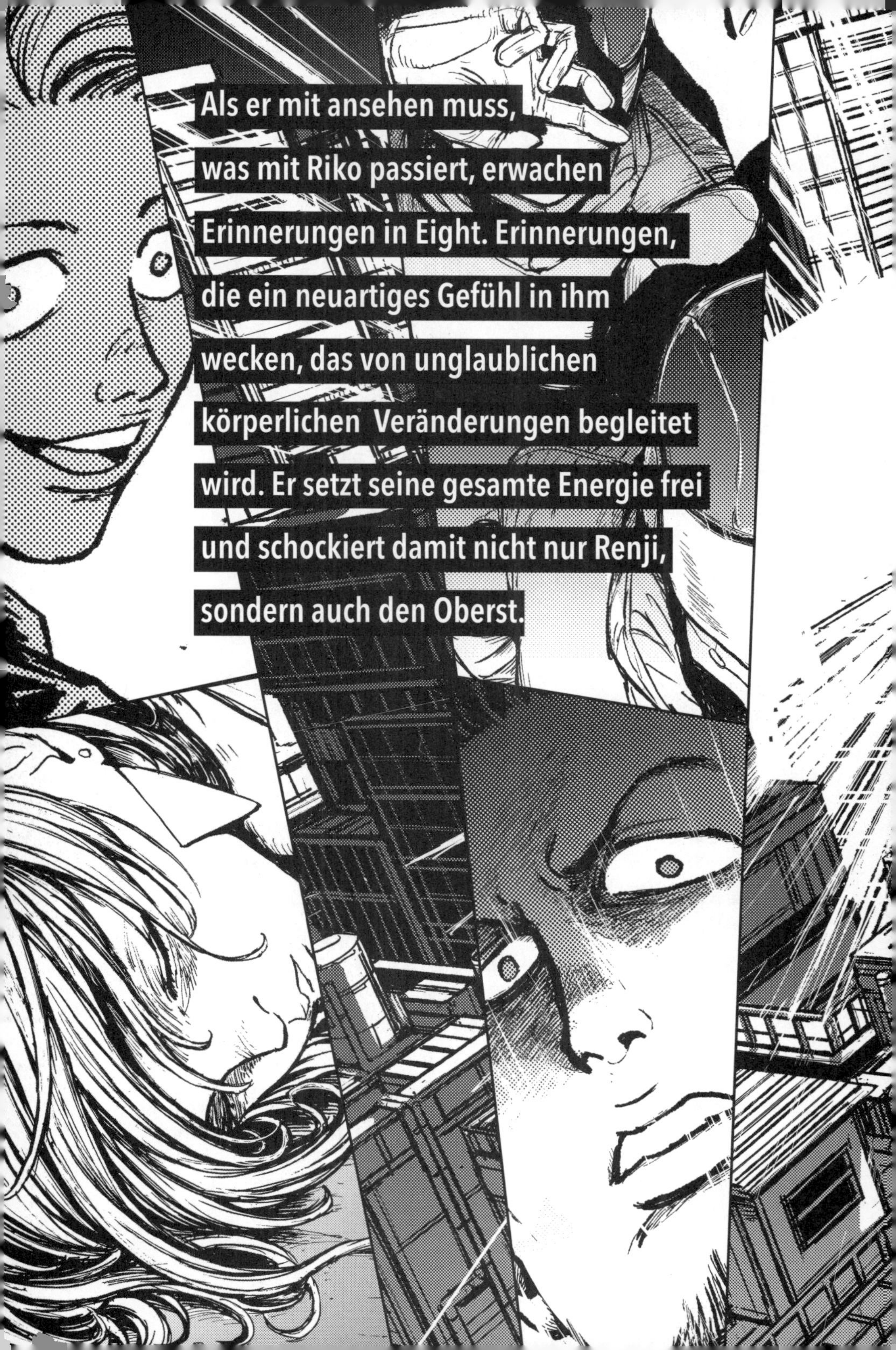

Als er mit ansehen muss, was mit Riko passiert, erwachen Erinnerungen in Eight. Erinnerungen, die ein neuartiges Gefühl in ihm wecken, das von unglaublichen körperlichen Veränderungen begleitet wird. Er setzt seine gesamte Energie frei und schockiert damit nicht nur Renji, sondern auch den Oberst.

Fantasy 16 +

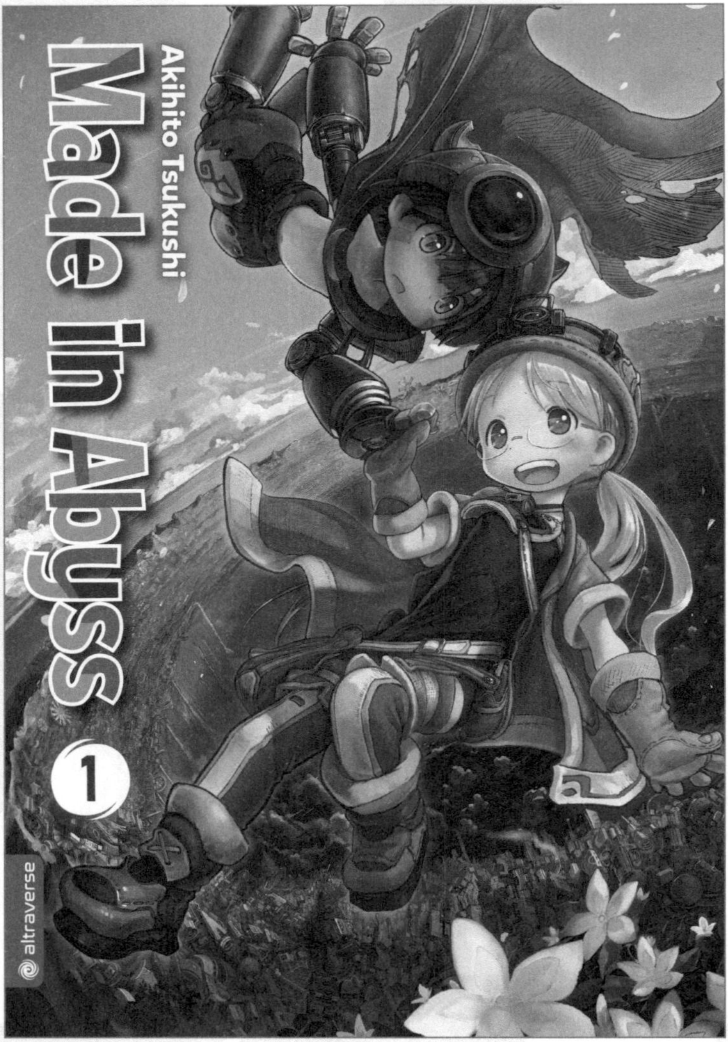

Made in Abyss

Akihito Tsukushi

Das riesige Höhlensystem Abyss ist der letzte unerforschte Ort der Welt. Riko träumt davon, eine genauso berühmte Höhlentaucherin wie ihre verschollene Mutter zu werden. Auf einer Erkundungstour der höheren Ebenen des Abyss macht sie eine Entdeckung, die ihr ganzes Leben auf den Kopf stellen wird …

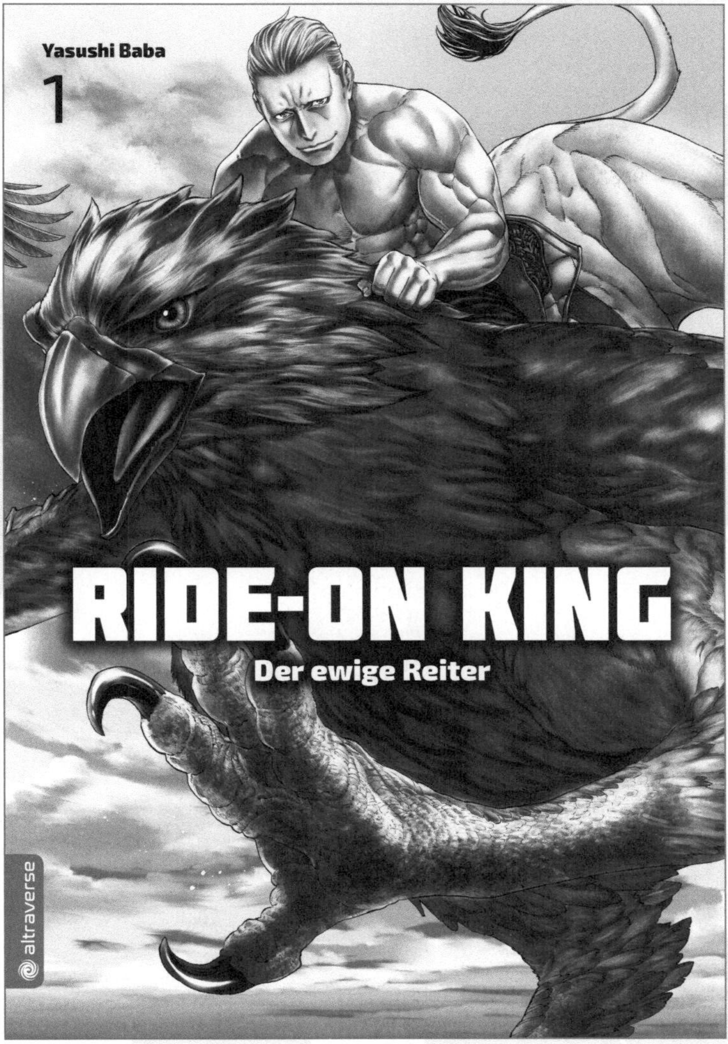

Ride-On King – Der ewige Reiter

Yasushi Baba

Alexander Prutinov, der Präsident Prusslands, liebt nichts mehr, als Dinge zu reiten, aber ihn plagt eine Sorge: Er hat bereits alles in dieser Welt geritten. Als er sich nach einer plötzlichen Terrorattacke in einer Fantasiewelt voller Drachen und anderer unbekannter Wesen wiederfindet, flammt ein Feuer in ihm auf, das er längst erloschen geglaubt hatte.

altraverse

Deutsche Ausgabe / German Edition
Altraverse GmbH – Hamburg 2020
Aus dem Japanischen von Yohana Araki

ADOU

First published in Japan in 2020 by Kodansha Ltd., Tokyo.
Publication rights for this German edition arranged
through Kodansha Ltd., Tokyo.

Redaktion: Johannes Marschallek
Herstellung: Stephanie Gieck
Lettering: Vibrant Publishing Studio

Druck: CPI books GmbH, Leck
Printed in Germany

MIX
Papier
FSC FSC® C083411

ISBN 978-3-96358-696-5 (reguläre Ausgabe)
ISBN 978-3-96358-697-2 (Collectors Edition)
1. Auflage 2020

www.altraverse.de